企业质量管理实务

主　编　罗卢洋　韦中新　邹东群

副主编　杜凯阳　覃汉华　郑美华

合肥工业大学 出版社

图书在版编目(CIP)数据

企业质量管理实务/罗卢洋,韦中新,邹东群主编. —合肥:合肥工业大学出版社,2023.5
ISBN 978-7-5650-6360-2

Ⅰ. ①企… Ⅱ. ①罗… ②韦… ③邹… Ⅲ. ①企业管理-质量管理 Ⅳ. ①F273.2

中国国家版本馆 CIP 数据核字(2023)第 096480 号

企业质量管理实务

主 编 罗卢洋 韦中新 邹东群		责任编辑 毕光跃	责任印制 程玉平

出 版	合肥工业大学出版社	版 次	2023 年 6 月第 1 版
地 址	合肥市屯溪路 193 号	印 次	2023 年 6 月第 1 次印刷
邮 编	230009	开 本	787 毫米×1092 毫米 1/16
电 话	理工图书出版中心:0551-62903204	印 张	19
	营销与储运管理中心:0551-62903198	字 数	450 千字
网 址	www.hfutpress.com.cn	印 刷	安徽联众印刷有限公司
E-mail	hfutpress@163.com	发 行	全国新华书店

ISBN 978-7-5650-6360-2　　　　　　　　　　　　定 价:55.00 元

如果有影响阅读的印装质量问题,请与出版社营销与储运管理中心联系调换

前　言

根据中共中央、国务院印发的《质量强国建设纲要》（2023 年 2 月 6 日），中共中央办公厅、国务院办公厅印发的《关于深化现代职业教育体系建设改革的意见》（2022 年 12 月 21 日），以及建立中国质量研究与教育（南宁）基地的文件精神和要求，广西质量技术工程学校在自治区市场监督管理局的指引下，针对企业对中、高级质量管理复合型人才的需求，结合现代职业教育规律和特点，组织来自多家单位的专家学者共同编写了本书。

全书分为 4 篇，共计 13 章，分别为质量安全生产——市场监管事务基础（工业产品质量安全、食品生产质量安全和特种设备生产安全）、质量管理工具——质量内训师应知应会（企业计量体系建设、企业标准化体系建设、质量统计技术应用和现场质量管理）、质量检验技术——质量检验师实操技能（质量检验常用仪器设备和产品质量检验技术方法——以食品生产出厂检验为例）、质量保证与效益提升——质量总监成长之路（全面质量管理与精益生产、质量管理体系与认证、企业质量文化与形象建设和企业质量品牌培育）。全书从企业质量管理从业人员的岗位任职要求出发，介绍与市场监管事务密切相关的、涉及产品质量和安全生产的基础知识，系统讲解企业如何系统构建符合企业自身特点的质量体系，包括计量管理体系、标准化管理体系、质量管理体系、现场质量管理体系。书中还以几种典型食品的生产为例，从微观层面介绍质量检验技术在出厂检验这一关键质量环节上的具体应用。最后从宏观层面介绍一些质量管理新技术和行业发展新趋势，如精益化生产、第三方质量认证、企业质量文化与形象建设、企业公共区域品牌培育等，以推动企业未来进一步降本提质增效，助力我国企业实现百年基业长青。

作为"市场监管能力提升系列教材丛书"的其中一本，本书紧密围绕"质量教育"和"质量服务"两个中心，从宏观与微观两个维度切入，对现代质量技术在企业管理中的实际应用进行全面论述。其内容涵盖面广、针对性强、可操作性高，不仅贴合企业质量管理工作实际，也符合职业院校学生的学习特点，可以快速提升质量从业人员的岗位胜任能力。本书可供各省份市场监督管理局，各质量相关学会、协会，各地企事业单位作为培训教材选用，对市场监管基层干部、企业质量总监、首席质量官、品控管理人员开展岗位综合技能培训时使用。同时，本书还供开设有质量管理工程、产品质量监督检验、食品安全与检测、标准化工程等与质量管理相关专业的各大中专院校作为专业基础课教材选用。编者期望通过本书的出版，助力社会各界培养出一大批高技能、复合型的质量管理高级人才，为质量强国建设注入澎湃动力。

本书由广西质量技术工程学校的罗卢洋、韦中新和邹东群担任主编。南宁学院、中国检验认证集团广西有限公司、广西质量协会、广西标准化协会，以及广西质量管理与设备监理协会等单位专家为本书大纲的前期规划、内容编写及审核提供了专家意见，南宁学院食品与质量工程学院质量协会、南宁学院食品协会的刘浜剑、罗小妹、宋佳佳等为本书的资料收集提供了帮助。其他学校领导和同事、行业专家也在各方面给予了大力支持。

　　编者在编写本书的过程中，参考引用了国内一些优秀质量书籍的管理观点、配套插图，在此一并致以最诚挚的谢意！

　　由于编者水平有限，加之时间仓促，本书的不足之处在所难免，恳请广大读者批评指正。

编　者

2023 年 2 月

目　　录

第一篇　质量安全生产——市场监管事务基础

第三篇　质量检验技术——质量检验师实操技能

第四篇　质量保证与效益提升——质量总监成长之路

第一篇
质量安全生产——市场监管事务基础

第一章　工业产品质量安全

企业工业化批量生产商品，应满足一定的安全生产条件、达到一定的质量水平，并获得市场监管部门审批的生产许可证才能生产投放市场。作为企业质量管理人员，应了解与市场监管部门进行业务对接的相关常识，掌握使用特种设备进行安全生产的技术，掌握按照国家产品标准生产并识别符合质量要求的产品的技能，切实杜绝假冒伪劣不合格产品流入市场。

第一节　服装、首饰产品质量安全

一、羊绒衫

（一）羊绒衫简介

羊绒制品是指产品中山羊绒含量占 30%以上的纺织制品。羊绒制品中消费者选择购买较多的是羊绒服饰，其主要特点如下。

1）珍贵如金：羊毛根部而肉皮之上的绒毛叫作羊绒，是一种非常珍贵的纺织原料，含量少，品质高，价格昂贵，在国际市场上享有"软黄金"的美称。

2）质地柔软，光泽柔和：羊绒服饰具有细腻、柔软滑润的优良特性。

3）轻薄保暖：一款羊绒服饰的重量只有 300g 左右，羊绒纤维细度在 15μm 左右，因此织物纹路密而薄，并有天然卷曲、松轻而含空气，故保暖性好。

4）舒适且富有弹性：羊绒服饰具有良好的吸湿性和透气性，贴身穿着时会使人倍感舒适，具有独特的手感、浓郁的自然气息色彩。

（二）标准解读及关键指标分析

1. 标准解读

与其他服装标准体系的构建不同，羊绒制品标准体系的建设需要充分考虑原料特点，保障羊绒制品质量安全。

国内涉及羊绒制品质量安全的主要有以下标准。

GB 18401—2010《国家纺织产品基本安全技术规范》是强制性标准，规定了产品的色牢度、异味、甲醛、pH 值和可分解芳香胺染料等几项化学安全性指标，主要防止因接触人体而导致的不适、过敏或潜在致癌性因素。该标准是目前我国对羊绒制品质量安全进行监管的主要依据。

FZ/T 73009—2021《山羊绒针织品》是推荐性标准，规定了羊绒针织品的技术要求、试验方法、检验及验收规则和包装标志，适用于鉴定精、粗梳羊绒针织品和羊绒含量达 30%及以上的羊绒混纺针织品的品质。

FZ/T 24007—2021《粗梳羊绒织品》是推荐性标准，规定了粗梳羊绒制品的技术要求、试验方法、检验规则及包装和标志，适用于鉴定各类机织服用粗梳纯羊绒和羊绒含量达 30%及以上的羊绒混纺及交织品的品质。

FZ/T 24009—2021《精梳羊绒织品》是推荐性标准，规定了精梳羊绒制品的技术要求、试验方法、检验规则及包装和标志，适用于鉴定各类机织服用精梳纯山羊绒、山羊绒混纺及山羊绒交织品（山羊绒含量不得低于 30%）的品质。

FZ/T 24011—2019《羊绒机织围巾、披肩》是推荐性标准，规定了羊绒机织围巾、披肩的技术要求、试验方法、检验及验收规则、使用说明、包装、运输和贮存，适用于纯山羊绒和山羊绒含量达 30%及以上的围巾、披肩；不适用于单位平方米重量为 50g/m² 及以下的超薄山羊绒围巾、披肩。其他特种动物纤维纯纺或混纺的围巾、披肩可参照执行。

2. 关键指标分析

（1）性能指标

产品性能指标涉及使用效果、外观形象、舒适度等方面，主要的性能指标有以下几个。

1）纤维成分含量。纯羊绒针织品应含有 100%的山羊绒纤维，考虑到山羊绒纤维存在形态变异及非人为混入羊毛的因素，其含量不得超过 5%，即成品中山羊绒纤维含量达 95%及以上时，可视为 100%羊绒，并可标为 100%羊绒。羊绒混纺针织品优等品和一等品中的羊绒纤维含量百分比允许偏差为 3%，即羊绒纤维的减少不高于 3%。羊绒混纺针织品中的其他纤维成分仅限于蚕丝、羊毛等动物纤维及棉、麻等天然植物纤维。

2）单件重量偏差率。羊绒针织品以件为单位。在加工每件羊绒针织品时，根据使用的纱线粗细、编织的密度等因素设计单件重量。FZ/T 24011—2019 中规定的单条重量偏差率精梳一等品为≤5%，合格品为≤7%；粗梳一等品为≤5%、合格品为≤7%。

3）单位面积质量偏差。此项指标主要反映羊绒机织品的重量指标。FZ/T 24007—2021 中优等品范围为-3.0%～+3.0%，一等品范围为-5.0%～+5.0%，合格品范围为-7.0%～+7.0%；FZ/T 24009—2021 中优等品与一等品的范围均为-4.0%～+4.0%，合格品范围为-5.0%～+7.0%。

4）顶破强度。此项指标反映了羊绒针织品的坚牢程度。顶破强度指标的大小与纱线的粗细、编织的密度等有关。顶破强度越大，表明产品使用寿命越长。由于羊绒纤维细度较细，羊绒针织品比一般的羊毛针织品的强度要低。精梳羊绒针织品顶破强度为≥225kPa，粗梳羊绒针织品顶破强度为≥196kPa。

5）断裂强度。与顶破强度一样，此项指标反映了羊绒机织品的坚牢程度。FZ/T 24007—2021 中优等品≥147N，一等品和合格品≥127N；FZ/T 24011—2019 中经向断裂强力精梳品≥100N，粗梳品≥70N。

6）编织密度系数。编织密度系数只考核粗梳单面针织物的优等品和一等品。如果这项指标小于 1.0，那么表明产品的编织密度设计不合格，产品较松懈。

7）起球。羊绒针织品在实际穿用与洗涤过程中，不断经受摩擦，其表面的纤维端会露出，在表面呈现许多的毛绒，即起毛。如果这些毛在继续穿用中不能及时脱落，就互相纠缠在一起，被揉成许多球形小粒，通常称为起球。羊绒针织品起球会使产品外观质量恶化。羊绒纤维细而软，较易起球。考核这项指标是为了控制羊绒针织品的起球程度，起球指标共分 5 级，1 级最差，5 级最好。根据 FZ/T 24007—2021、FZ/T 24009—2021，粗梳品和精梳品光面：优等品不低于 3～4 级，一等品不低于 3 级。另外，精梳品光面：优等品不低于 4 级，一等品不低于 3～4 级。

8）二氯甲烷可溶性物质。二氯甲烷可溶性物质指标可以测定羊绒针织品中所含二氯甲烷可溶性物质的成分。这项指标过高，会使产品产生异味，手感发黏。要求生产企业在加工工序时控制油剂和助剂用量。优等品不高于1.5%，一等品不高于1.7%。

9）松弛收缩。松弛收缩是指羊绒针织品在动态下洗涤后产品的尺寸变化。产品洗涤后无论与原尺寸相比是收缩还是涨大都要进行控制。FZ/T 24009—2021中落水变形优等品为4级，一等品和合格品为3级。FZ/T 24011—2019中干洗尺寸变化率精梳一等为-2.0%～+3.0%，合格品为-2.0%～+3.0%；粗梳一等品为-3.5%～+2.5%，合格品为-4.5%～+2.5%；水洗尺寸变化率精梳一等为-2.0%～+3.0%，合格品为-2.5%～+4.0%；粗梳一等品为-2.0%～+4.0%，合格品为-3.0%～+5.0%。

10）标识标签。标识标签是指随服装一起的说明书、标牌、合格证等，一般包括品名、产品等级、执行标准、成分、洗涤说明等信息，是消费者选购服装的参考依据，如果标注不正确或不标注就会误导消费者，损害消费者的权益，存在欺诈行为。

（2）安全指标

羊绒针织品安全方面主要涉及化学安全方面，标准中主要安全指标如下。

1）甲醛含量。甲醛是一种无色、具有刺激性气味且易溶于水的有机物，纺织品在树脂整理及固色处理过程中都会使用甲醛。GB 18401—2010按婴幼儿用品（A类）、直接接触皮肤产品（B类）、非直接接触皮肤产品（C类）分类后分别进行了限量：A类≤20mg/kg，B类≤75mg/kg，C类≤300mg/kg。这与欧美指令和目前国际通行的实际控制标准基本一致。

2）pH值。pH值是考核面料酸碱度的一项指标。由于人体的皮肤呈弱酸性（健康皮肤的pH值为5.0～5.6），GB 18401—2010规定直接接触皮肤的产品pH值为4.0～8.5，非直接接触皮肤的产品pH值为4.0～9.0，超出范围均为不合格，以确保产品的安全性。目前欧洲联盟及欧洲各国均没有制定控制的法规，我国作为强制性标准进行限量，严于欧洲联盟法规。

3）色牢度。通常我们把染色的产品经受外界作用而能保持其原来色泽的性能称作色牢度。色牢度主要考核染料附着在纤维、织物之上的牢度，尤其是织物经水湿水洗、日晒、汗渍或物理摩擦后色泽所发生的变化。羊绒针织品的色牢度考核后以级数评定，级数越高，色牢度越好。

耐光是指测定羊绒针织品的颜色耐天然光的能力，深颜色和浅颜色耐光色牢度的考核标准不一样；耐洗是指经在特配的洗液（仿常用洗液）中洗涤后，羊绒针织品的颜色褪色程度；耐汗渍是指经在特配的汗液（仿人体分泌的汗液）中洗涤后，羊绒针织品的颜色褪色程度；耐水指经水洗涤后，羊绒针织品的颜色褪色程度；耐摩擦是指经摩擦后羊绒针织品的颜色褪色程度。

4）可分解致癌芳香胺染料及致癌致敏染料。GB 18401—2010规定禁用的可还原致癌芳香胺的偶氮染料为24种，与国际接轨，最高限量值为20mg/kg，严于欧洲联盟禁用染料规定纺织品致癌芳香胺浓度低于30mg/kg的要求。

二、皮具

下面具体介绍皮具中的皮鞋。

（一）皮鞋简介

皮鞋是以天然皮革人造材料等为帮面，经缝绱、胶黏或注塑等工艺加工成型的鞋类。皮鞋的历史相当悠久，但在中国，现代皮鞋的生产历史只有130多年。皮鞋因其透气、吸湿，具有良好的卫生性能，并且外观端庄大气，被视为各类鞋靴中品位最高的产品，已成为人们喜爱的一种鞋类，成为美化人们生活的大宗商品之一。

皮鞋根据穿用对象可分为男、女、童皮鞋；根据穿用季节可分为春秋鞋、凉鞋、棉皮鞋；

根据鞋帮面结构可分为高统（高腰）、低统（矮腰）、单皮鞋、夹皮鞋；根据穿用性质可分为生活用鞋、劳动保护用鞋；根据穿着场合可分为休闲皮鞋（图1-1）、商务正装皮鞋（图1-2）、时尚皮鞋、户外皮鞋、工作鞋、庭院鞋等几类。

图1-1　休闲皮鞋　　　　　　　　　　图1-2　商务正装皮鞋

（二）标准解读及关键指标分析

1. 标准解读

经过多年的发展，我国已经建立了较为完善的鞋类标准体系，有效地规范了我国鞋类的生产，促进和提高了鞋类产品的质量，但现行的相关标准多为推荐性标准，涉及消费者安全的强制性标准有 GB 30585—2014《儿童鞋安全技术规范》等。

尽管标准的范围拓宽到皮鞋产品生产的各个过程，内容延伸到产业链的上下游环节，包括鞋、鞋楦及鞋用配件、原辅材料和鞋油等，基本建立起以国家标准和行业标准为主体、地方标准或企业标准相配套的鞋类标准体系，但因强制性标准的缺失和安全指标的匮乏，我国尚不能全面保证产品质量的安全。表 1-1 列出了皮鞋产品质量相关标准。

表 1-1　皮鞋产品质量相关标准

序号	标准号	标准名称	主要技术指标	标准性质	适用范围
1	GB/T 28011—2021	鞋类勾心	规定了鞋（含靴）用勾心的产品分类、技术要求、试验方法、检验规则和标志、包装、运输、贮存	推荐性国家标准	适用于鞋号 200 及以上鞋（含靴）用勾心，不适用于木质勾心或类似物
2	GB/T 22756—2017	皮凉鞋	规定了使用胶粘、缝制、模压、硫化、注塑、灌注等工艺，以天然皮革、人造革、合成革、纺织品或多种材料为帮面制造的皮凉鞋的技术要求、试验方法、检验规则及包装、运输、贮存	推荐性国家标准	适用于成人穿用的皮凉鞋（含凉靴），不适用于婴幼儿、儿童穿用的皮凉鞋（含凉靴）。帮面为其他材料，采用同等制作工艺制作的凉鞋可参照执行
3	QB/T 2880—2016	儿童皮鞋	规定了使用胶粘、缝制、模压、硫化、注塑、灌注等工艺，以天然皮革、人造革、合成革为主要帮面制造的儿童皮鞋的术语和定义、分类、要求、试验方法、检验项目及判定规则、标志、包装、运输、贮存	推荐性行业标准	适用于一般穿用的儿童皮鞋和婴幼儿皮鞋。以纺织品或其他材料为帮面，采用同等制作工艺制作的儿童皮鞋可参照执行本标准
4	QB/T 2955—2017	休闲鞋	规定了休闲鞋的术语和定义、分类、要求、试验方法、检验规则、包装储运图示标志、包装、运输、贮存	推荐性行业标准	适用于日常穿用的成人休闲鞋。不适用于鞋跟高度大于 20.0mm 且跟口大于 8.0mm 的女鞋；鞋跟高度大于 25.0mm 且跟口大于 10.0mm 的男鞋；以及儿童穿用的休闲鞋产品

续表

序号	标准号	标准名称	主要技术指标	标准性质	适用范围
5	QB/T 1002—2015	皮鞋	规定了各种工艺制作的皮鞋的术语和定义、分类、要求、试验方法、检验项目及结果判定、检验规则和标志、包装、运输、贮存	推荐性行业标准	适用于天然皮革、人造材料等做帮面的一般穿用皮鞋（含靴）。不适用于安全、防护及特殊功能的鞋类，以及婴幼儿、儿童穿用的皮鞋（含靴）
6	QB/T 2673—2004	鞋类产品标识	鞋上应注明商标或企业名称、中国鞋号；内包装应注明生产者依法注册的厂名、厂址和邮政编码，进口鞋应注明原产国或地区及代理商的信息；应注明帮面材料、鞋号、执行标准、颜色、货号等信息	推荐性行业标准	适用于在中华人民共和国境内生产、销售的鞋类产品的标识

2. 关键指标分析

（1）剥离强度和帮带拉出强度

剥离强度和帮带拉出强度是表征鞋帮与外底黏合牢度的重要指标。

产品缺陷现象：剥离强度和帮带拉出强度检测不合格的皮鞋在穿着过程中极易出现开口或开胶。

（2）耐折性能

耐折性能是考核成鞋的耐屈挠性能（或耐弯折性能）。

产品缺陷现象：耐折检测不合格的皮鞋在穿着过程中会出现鞋底断裂或帮面开裂及屈挠部位帮底开胶等问题。

（3）鞋类勾心

在 QB/T 1002—2015 中规定跟高大于 20mm 且跟口高度大于 8mm 的皮鞋要装有勾心并且对其抗弯刚度和硬度有所要求。勾心安装在皮鞋外底与外中底之间的腰窝部位，支撑并保持着皮鞋的整体形状。虽然从外观上不能直接看到勾心，但是勾心直接影响皮鞋的穿着安全和舒适度。为此国家制定了推荐性标准 GB/T 28011—2021，并于 2022 年 3 月 1 日实施，为皮鞋的质量安全提供有力的保障。勾心的硬度和纵向刚度、抗疲劳性和弯曲性能等指标关系到皮鞋的质量安全和耐穿性能。

安全问题：硬度低或抗弯刚度较差的勾心可能在皮鞋穿用过程中因受力而变形，从而使皮鞋整体变形、鞋跟晃动，使消费者行走不稳，严重者甚至造成崴脚、摔倒。尤其是对于具有较高较细鞋跟的女士高跟鞋，勾心的质量对消费者的安全具有更大的影响。同时抗疲劳性差的勾心可能在皮鞋穿用过程中因反复受力而出现断裂或损坏，不仅会缩短皮鞋的穿用寿命，还会存在影响消费者安全的隐患。

（4）鞋跟结合力

鞋跟结合力考核装配式鞋跟与鞋底的结合强度。

安全问题：如果鞋跟结合力过低，则在穿着过程中可能出现鞋跟松动甚至脱落而造成消费者崴脚、摔倒。

（5）鞋跟硬度

鞋跟硬度是考核皮鞋的成型底鞋跟的硬度指标。

安全问题：如果鞋跟硬度过低，则易造成穿着过程中鞋跟塌陷、变形现象，长期穿用过软的鞋底甚至会造成脚弓塌陷。如果鞋跟硬度过高，则穿着舒适性较差且不利于防滑（过硬的鞋底对人体行走的运动学、动力学影响大，足底受冲击力大）。

（6）外底耐磨性能

外底耐磨性能是考核鞋底材料耐磨程度的重要指标，耐磨性能的好与差直接影响皮鞋的穿用寿命。

产品缺陷现象：耐磨性能差的皮鞋在穿着过程中前掌或后跟部着力部位会出现明显磨损，既不美观，又影响穿着舒适性和鞋的耐穿用性。

（7）衬里和内垫摩擦色牢度

衬里和内垫摩擦色牢度是考核鞋的衬里和内垫在穿用过程中脱色程度的重要指标。

产品缺陷现象：摩擦色牢度检测不合格的皮鞋在穿用过程中易出现衬里或内垫掉色而污染穿着者的袜子。消费者因鞋里掉色而投诉现象时有发生。

（8）感官质量

感官质量主要指鞋的外观质量，是指通过感官观察和测量比较，对皮鞋的外观质量进行判定。

皮鞋感官质量缺陷包括主跟大小不一致、主跟不平、包头软而变形、皮鞋内里破损、主跟垮塌变形、钉脚不平、鞋内里不平服、鞋内底不平服等。感官质量缺陷不但影响皮鞋的美观，而且影响消费者的穿着舒适性，甚至有些缺陷（钉脚不平）还可能对消费者造成伤害。

（9）标识

标识是反映皮鞋商品信息和属性的重要方式。

产品缺陷现象：鞋号型标注不符合我国相关标准的规定，会使消费者选择合适尺码的鞋时产成困扰；皮鞋帮面材质不标，甚至以次充好，侵犯消费者的知情权，甚至欺骗消费者；企业名称、地址、联系方式等信息不全给消费者带来阻碍。

（10）化学安全指标——甲醛含量

甲醛可以作为纤维素类织物可免烫树脂整理、直接染料和活性染料染色后的固色处理、涂料印花浆料等的交联剂使用，也可以提高皮革的染色牢度和防皱性能。在制鞋行业中，它还是一种重要的有机原料，主要用于人工合成黏结剂。含有甲醛的皮鞋，在穿着和贮存过程中，在温度和湿度的作用下，部分未交联的甲醛和水解产生的甲醛会被释放出来，皮肤直接接触甲醛，可引起皮炎、色斑、坏死。

GB 20400—2006《皮革和毛皮 有害物质限量》和 GB 18401—2010《国家纺织产品基本安全技术规范》对皮革和毛皮及纺织品分别按婴幼儿用品（A 类）、直接接触皮肤产品（B 类）、非直接接触皮肤产品（C 类）分类后进行了限量规定。GB/T 22756—2017 及 QB/T 2955—2017 也均对该指标进行了规定。

原因：皮鞋产品中帮面材料（包括皮革和纺织品），在用树脂整理及固色处理过程中都可能因使用甲醛而将其引入鞋材中；此外，皮鞋生产中所用的某些胶黏剂中也可能有较高含量的甲醛。

（11）化学安全指标——可分解致癌芳香胺染料

偶氮染料是皮革、毛皮或纺织品染色常用的染料，而可分解致癌芳香胺染料是指那些可能在适当条件下会分解出 24 种致癌芳香胺的偶氮染料，如果皮鞋中这些禁用偶氮染料含量超标，使人体长期接触并被人体吸收后，在人体正常代谢的生化条件下，可能发生还原反应转化为致癌性的芳香胺染料。

表 1-1 所列各项标准对皮鞋产品的质量指标进行了规定，对鞋类标识也予以了规范，尤其

鞋类勾心是应用于中高跟皮鞋中的主要配件，是连接后跟和前掌的大梁，是皮鞋的"脊梁"，起着重要的承重及平衡作用，其质量影响着皮鞋的安全性和舒适程度。因此，对于使用勾心的皮鞋产品，其勾心必须符合 GB/T 28011—2021 的要求。

为了对皮鞋的质量进行有效的检测和监控，我国除制定了相应的产品标准，还有一系列的整鞋检测方法标准和鞋类部件相关标准与之匹配，如 GB/T 3903.1—2017《鞋类　整鞋试验方法　耐折性能》、GB/T 3903.2—2017《鞋类　整鞋试验方法　耐磨性能》、GB/T 3903.3—2011《鞋类　整鞋试验方法　剥离强度》、GB/T 3903.4—2017《鞋类　整鞋试验方法　硬度》、GB/T 3903.5—2011《鞋类　整鞋试验方法　感官质量》、GB/T 3903.24—2008《鞋类　鞋跟试验方法　持钉力》、GB/T 3903.25—2021《鞋类　整鞋试验方法　鞋跟结合强度》、GB/T 21396—2022《鞋类　成鞋试验方法　帮底粘合强度》、GB/T 11413—2015《皮鞋后跟结合力试验方法》等。

三、眼镜

（一）产品简介

按产品的生产情况，配装眼镜分为批量生产的老视镜和按个人验光处方定制的定配明镜。眼镜镜片和眼镜架是生产配装眼镜的元件，老视镜是由工厂按规定的度数和适用的瞳距范围批量规模化连续生产出来的，供那些因为生理原因而眼睛自然老花的人群选用，通常可以在眼镜店直接购买；定配眼镜则是用于矫正屈光不正，根据验光师对个体的验光数据，一对一专门制作的，定配眼镜的制作生产是随着验光手段的科学化和冷加工设备的机械化而形成行业规模的。

老视镜在产品上应标注度数和光学中心距。定配眼镜应附有信息完整的配镜加工单。

（二）标准解读及关键指标分析

1. 标准解读

我国发布实施的配装眼镜的产品标准有 GB 13511.1—2011《配装眼镜　第 1 部分：单光和多焦点》、GB 13511.2—2011《配装眼镜　第 2 部分：渐变焦》。

2. 关键指标分析

（1）球镜顶焦度偏差

根据配镜单上球镜顶焦度值，标准有 4 挡不同的允许偏差要求（详见 GB 10810.1—2005《眼镜镜片　第 1 部分：单光和多焦点镜片》）。一般，球镜顶焦度绝对值小于等于 9.00D 的，允许偏差为 ±0.12D；9.00D 以上的，允许偏差为 ±0.18～±0.37D。

注：-9.00D 为我们俗称的 900 度近视，+2.00 为我们俗称的 200 度老光或远视。

（2）柱镜顶焦度偏差

根据配镜单的球镜顶焦度及相应的柱镜顶焦度值，其允许偏差被列于 GB 10810.1—2005 表 1 中。一般而言，对于球镜顶焦度绝对值在 3.00D 以内的小柱镜（柱镜不超过 0.75D），标准允许偏差为 ±0.09D；3.00D 以上的小柱镜，允许偏差为 ±0.12D。球镜和柱镜的顶焦度越大，允许的绝对偏差值也越大。

注：柱镜即我们俗称的散光。

（3）柱镜轴位偏差

根据配镜单柱镜顶焦度值，柱镜轴位方向允许偏差分别为 ±9°、±6°、±4°、±3°、±2°，标准中主要根据柱镜的大小，来确定柱镜轴方向允许偏差，柱镜度数越大，允许的轴位方向偏差越小，杜镜大于 250°，其轴位允许偏差为±2。

注：只有有柱镜的眼镜，才会涉及柱镜轴的方向，如配镜单中标明轴位 180° 或 75° 等。

（4）光学中心水平偏差

根据配镜单最大顶焦度值不同，光学中心水平允许偏差范围为±6.0～±2mm。对于一副眼镜而言，两片镜片都有光学中心，左右片光学中心水平距离原则上应和人眼的瞳距一致。度数不同，允许的光学中心水平偏差也就不同。度数越大，允许的光学中心水平偏差越小，如果度数超过 4.25D，光学中心水平距离和人眼瞳距的偏差仅允许 2mm。定配眼镜的光学中心除了水平偏差应满足标准要求，单侧瞳距与一半的水平中心距离之间的差不能超过标准允许偏差的 1/2，理想情况是配戴者的眼瞳与眼镜的光学中心重合。

（5）光学中心垂直互差

根据配镜单最大顶焦度值不同，由低向高，其垂直互差的允许值从 3.0～1.0mm（详见 GB 13511.1—2011 表 2）。度数越高，允许的光学中心垂直互差就越小。人眼对垂直方向偏差的承受力远低于水平方向，垂直互差会引起佩戴人员的不适。比较光学中心水平偏差和光学中心垂直互差指标，也可明显看出允许范围的差异，前者是 6.0～2.0mm，后者则为 3.0～1.0mm。

（6）镜片的表面质量和内在疵病

在镜片中心 ϕ30mm 的区域内，不能存在影响视力的内在缺陷。镜片表面应光洁，透视清晰。像跳就是由镜片材料不均匀或加工的表面畸变引起的，表现为在镜片很小的区域内顶焦度反生突变。有这种问题的镜片看上去仍是透明的，消费者不容易发现问题，佩戴此种镜片制作的眼镜会使消费者感到头晕。

（7）装配质量

装配上的镜片应不松动，无明显隙缝。如果是金属架，则其锁接管的缝隙应不大于 0.5mm。外观无崩边、钳痕、镀（涂）层剥落及明显擦痕、零件缺损等。

第二节　电器产品质量安全

一、电取暖器

电取暖器是冬季人们在室内常用的取暖工具，产品种类繁多、应用普遍，与民众日常生活密切相关。取暖器同时又是直接涉及人身和财产安全的消费类电器，因此其产品质量至关重要。只有合理选择、正确使用，才能给消费者带来真正的平安和温暖。

（一）产品简介

电取暖器的主要功能是将输入的电能转换成热能，并通过辐射、对流等传递方式，将热量散发到房间以达到取暖御寒的目的。电取暖器除主要用于室内取暖外，还可用于物品的干燥、加热等方面。

电取暖器主要有红外石英管取暖器、红外卤素管取暖器、红外反射式取暖器［又称小太阳，图 1-3（a）］、红外线浴霸［图 1-3（b）］、散热式取暖器（又称电热油汀）、强制通风式取暖器［又称暖风机，图 1-3（c）］、对流式取暖器、电热膜取暖器［图 1-3（d）］及复合式取暖器等品种。实际上，任何一种取暖器都存在辐射与对流这两种传热作用，其中辐射的主要成分是红外线。

如果取暖器以辐射传热为主导，则可称为红外辐射式取暖器；如果取暖器以对流传热为主导，则可称为对流式取暖器。各种产品的结构特点简述如下。

（a）红外反射式取暖器　　　　　　　　（b）红外线浴霸

（c）强制通风式取暖器　　　　　　　　（d）电热膜取暖器

图 1-3　几种典型的室内加热器

1. 红外辐射式取暖器

红外辐射式取暖器依靠电热辐射元件及反射装置向空间特定方向发射主波段为 2.5～15μm 的红外辐射来实现传热功能。红外辐射（红外线）是波长位于可见光红光和微波之间的电磁波，具有传递迅速（真空中速度约为每秒 30 万 km）和热效应显著的特点。人体和自然界的多数物质对红外辐射具有较强的吸收特性，能在接受辐射后加剧其分子运动，并立即转化为热能，温度迅速升高，这就是红外线的热效应。

红外辐射式取暖器的特点是加热迅速、能量集中，能在辐射距离范围内对局部空间进行定向加热；发射的红外辐射直接作用于人体，可让用户享受到阳光般温暖舒适的采暖效果，并且对人体有良好的保健理疗作用；红外线具有消毒杀菌的作用，可使本来不太流通的室内空气变得清新、无菌；减少或避免对流供暖扬起的灰尘污染，无噪声。

2. 强制通风式取暖器

强制通风式取暖器利用取暖器内的风机将室内的冷空气从进气口吸入，流经电热元件加热升温后再由排气口送出热风，从而达到加热的目的。强制通风式取暖器的产品形式有壁挂式、台式、立式等，所使用的电热元件主要有普通电热丝和PTC（Positive Temperature Coefficient，正温度系数）元件两种。这类取暖器的优点是加热速度比较快、室温比较均匀舒适；缺点是能耗相对较高，风机转动会产生噪声，空气的快速流动会产生扬尘污染，使用一段时间后导致空气质量有所下降。

3. 对流式取暖器

对流式取暖器外壳上方为排气口，下方为进气口。通电后电热元件周围的空气被加热上升，从排气口流出，而取暖器外部的冷空气则自然地从进气口流入补充。如此反复循环，使室内温度得以提高。对流式取暖器的安全性能较高，运行安静；缺点是升温缓慢，室内温度均匀性较差，流动的空气会产生一定程度的扬尘污染。

4. 散热式取暖器

散热式取暖器腔体内充有导热油，外表有大面积的散热片，当接通电源后，内置电热元件周围的导热油被加热，然后通过散热片向空间散发热量，达到取暖的目的。由于其散热过程主要包括辐射，因此它属于低温辐射型取暖器。散热式取暖器一般采用可调式双金属温控器来控制温度。这类取暖器的导热油无须更换，使用寿命长，具有安全、卫生、无尘的优点；缺点是能耗相对较高，热惯性大，升温较缓慢。

5. 电热膜取暖器

电热膜取暖器包括高温电热膜取暖器和低温电热膜取暖器两种，属于辐射型取暖器。这类取暖器以电热膜为发热材料，是近几年发展较快的产品。但由于功率低，多作为辅助加热。电热膜发热元件还可与装饰画复合在一起，制成壁挂式或台式电热画，是一种美观实用的多功能工艺品。

6. 复合式取暖器

复合式取暖器采用辐射、对流、强制通风方式中任何两种以上的组合方式传递热量，达到加热房间的目的。例如，同时装有红外线灯泡和PTC元件，兼有换气、吹风、照明等功能的浴室取暖器，就是一种辐射与强制通风方式组合的复合式取暖器。它既能通过红外线灯泡直接辐射人体达到取暖的目的，又可通过PTC元件送出热风来提高室温，从而达到人体迅速升温和浴室内温度均匀分布的效果。

我国对室内加热器实施强制性产品认证（3C认证）管理制度。产品必须通过认证检查、取得3C认证证书，并标明3C强制性认证标识后方可出厂销售。

（二）标准解读及关键指标分析

1. 标准解读

目前，国内关于室内加热器的标准主要包括安全标准（含电磁兼容）及产品标准两个方面。
（1）安全标准

安全标准是室内加热器产品执行的强制性标准，这类产品涉及两项强制性安全标准： GB 4706.1—2005《家用和类似用途电器的安全 第1部分：通用要求》、GB 4706.23—2007《家用和类似用途电器的安全　第 2 部分：室内加热器的特殊要求》。这两项标准均等同采用对应的 IEC（International Electrotechnical Commission，国际电工委员会）国际标准；针对产品可能出现的触电危险、机械危险、过热及起火危险、辐射危险、化学危险、电磁干扰危险、结构危险及元件失效等危险规定了安全要求，以防止由于上述各种危险所造成的人身危害或财产损失。

（2）产品标准（行业标准）

产品标准有 QB/T 4096—2010《家用和类似用途室内加热器的性能　第 1 部分：通用要求》、QB/T 4096.21—2011《家用和类似用途室内加热器的性能　第 21 部分：对流式加热器的特殊要求》、QB/T 4096.22—2011《家用和类似用途室内加热器的性能　第 22 部分：风扇式加热器的特殊要求》、QB/T 4096.23—2011《家用和类似用途室内加热器的性能　第 23 部分：可见灼热辐射式加热器的特殊要求》、QB/T 4096.24—2011《家用和类似用途室内加热器的性能　第 24 部分：充液式散热器的特殊要求》、GB/T 22769—2008《浴室电加热器具（浴霸）》（将于 2023 年 10 月 1 日被 GB/T 22769—2023《浴室电加热器具（浴霸）》替代）。

上述标准分别规定了室内加热器产品的通用技术要求、5 种具体类型产品的特殊性能要求，试验方法、检验规则及标志、包装、运输、贮存等。

2. 关键指标分析

涉及产品安全的标准指标如下。

1）标志和说明：标准规定了器具的铭牌、标志、使用说明书应为使用者提供的具体信息，从而指导使用者正确安全地使用器具。

2）对触及带电部件的防护：器具的结构和外壳应使其对意外触及带电部件有足够的防护。在防触电试验中，模拟人手的试验探棒及试验指应不能触及带电部件。

3）输入功率和电流：在正常工作温度下，器具实际输入功率（电流）对额定输入功率（电流）的偏差应不超过限定值。

4）发热：在正常使用中，器具本身和周围环境的温度应不超过限定值，避免由于温度过高对使用者和环境产生危险。

5）工作温度下的泄漏电流和电气强度：在工作温度下，器具的泄漏电流应不超过限定值；电气强度应满足规定要求。

6）耐潮湿：器具外壳应按器具分类提供相应的防水等级，防止水进入壳内对设备造成有害影响。在正常使用中可预见的潮湿条件下，其泄漏电流应不超过限定值，电气强度应满足规定要求。

7）非正常工作：器具的结构，应可消除因非正常工作或误操作导致的火灾危险、有损安全或电击防护的机械性损坏。在模拟非正常工作的试验期间，器具不应喷射出火焰、熔融金属、达到危险量的有毒或可燃气体，器具表面和周围环境的温升应不超过限定值。试验后，应不能触及带电部件和危险运动部件，绝缘电气强度应不降低到不可接受的程度，保护性电子电路应不失效，器具应不出现危害安全的意外运行。

8）稳定性和机械危险：产品应具有足够的稳定性，防止翻倒；除功能需要外，器具的危险运动部件应被合理放置和充分保护，防止伤害使用者和周围环境。

9）机械强度：产品外壳应有一定的机械强度，使其在正常使用（包括粗鲁操作）中能够达到保护使用者安全、维持产品功能的目的，经过规定的试验后，不应出现导致不符合本标准要求的损坏。

10）结构：产品的结构应符合标准相关规定。主要包括与电源连接方式、实现器具防触电防护类别的基本结构、实现外壳防护及防止有害水影响绝缘的规定、选用材料的限制、外观设计的规定。

11）内部布线：产品的内部布线设置应符合标准相关规定，以防止内部布线受到机械和热损伤，并确保防触电性能。

12）电源连接和外部软线：器具使用的电源线和外部软线的规格、连接和固定方式等应符合标准相关规定，以确保器具的电源连接安全可靠。

13）外部导线用接线端子：应恰当地选择和使用外部导线用接线端子，以保障器具有可靠的电气连接，同时避免误接线、触及带电部件、爬电距离或电气间隙降低等安全隐患。

14）接地措施：器具的接地端子（接地装置）应符合标准相关规定；为避免绝缘失效可能带电的易触及金属部件，应永久可靠地连接到器具内的接地端子；接地电阻不得大于 0.1Ω。

15）螺钉和连接：器具用于紧固装置、电气连接和接地连接的螺钉、螺母和铆钉等应符合标准相关规定，以保证其电气连接和机械连接都具有相应的可靠性。

二、电风扇

（一）产品简介

电风扇（图 1-4）简称电扇，是一种利用电动机驱动扇叶旋转，形成空气流动，产生风动效应的家用电器，主要用来清凉、降温、解暑和加速空气流通。电风扇按用途分类可分为用作降温散热的家用电风扇和用作室内外空气交换用的换气扇，在此基础上还有壁扇、吊扇、转叶扇等。电风扇作为常用的家用电器，属于国家强制性认证（3C 认证）范围内的产品，产品只有贴有 3C 认证标志，才能在市场上销售。

（二）标准解读及关键指标分析

1. 标准解读

目前，我国已经发布并正在实施的关于电风扇产品的重要标准如下。

（1）安全标准

安全标准有 GB 4706.1—2005、GB 4706.27—2008 《家用和类似用途电器的安全 第 2 部分：风扇的特殊要求》。

（2）电磁兼容标准

电磁兼容标准有 GB 4343.1—2018《家用电器、电动工具和类似器具的电磁兼容要求 第 1 部分：发射》、GB 17625.1—2012《电磁兼容 限值 谐波电流发射限值（设备每相输入电流≤16A）》（将于 2024 年 7 月 1 日被 GB 17625.1—2022《电磁兼容 限值 第 1 部分：谐波电流发射限值（设备每相输入电流≤16A）》替代）。

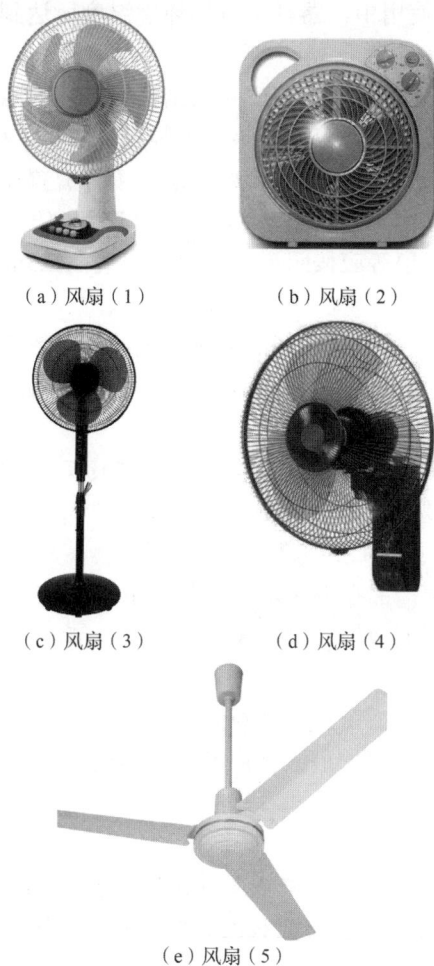

（a）风扇（1）　　　　　（b）风扇（2）

（c）风扇（3）　　　　　（d）风扇（4）

（e）风扇（5）

图1-4　电风扇

（3）产品性能及检测方法标准

产品性能及检测方法标准有 GB/T 13380—2018《交流电风扇和调速器》、GB/T 14806—2017《家用和类似用途的交流换气扇及其调速器》。

（4）噪声限值标准

噪声限值标准有 GB 19606—2004《家用和类似用途电器噪声限值》。

（5）能效标准

能效标准有 GB 12021.9—2021《电风扇能效限定值及能效等级》。

2. 关键指标分析

（1）安全指标

电风扇产品主要涉及电气、机械、热等方面的安全防护，主要安全指标如下。

1）输入功率和电流。主要对实测的输入功率和电流与产品的额定输入功率与电流的偏差做了要求，使消费者了解产品的最大功率。

2）发热。对产品在正常使用中，器具本身和环境温度所达到的最高温度作出要求，避免烫伤使用者，零部件局部温度过高。

3）非正常工作。非正常工作主要是指产品的结构应该能消除因非正常工作或误操作导致的危险，如果电风扇的扇叶被卡死，应该有热保护装置来防止电机过热起火等状况的发生。

4）稳定性和机械危险。主要是指类似台扇、落地扇等放置在桌面或地面上使用的产品应该在正常使用过程中不发生倾倒。网罩应该有足够的强度和密度，防止手指进入网罩触及扇叶等运动部件。对于吊扇和换气扇等应按照说明书要求安装在 2.3m 以上等。

（2）性能指标

1）输出风量。输出风量是指电风扇产品在额定电压和频率下，最高挡位运转时产生的风量，这是风扇重要的性能指标。标准中对不同扇叶直径的电风扇做了相应输出风量的最低要求，如 400mm 落地扇风量不能小于 $54m^3/min$。

2）调速比。电风扇的调速比是指最低挡位的转速与最高挡位的转速的比值。调速比越小，表示电风扇的风量可调范围越大，消费者使用越舒适。

（3）产品能效指标

产品能效指标是指电风扇产品在额定电压和频率下，最高挡位运转时产品实测输出风量与实测电动机输入功率的比值。能效值越大，表示电风扇越节能。

（4）噪声指标

噪声指标是针对电风扇运转所产生的噪声而制定的。标准中对不同扇叶直径的电风扇作了相应的噪声要求，如 1400mm 吊扇的最大噪声值不能超过 70dB。

三、洗衣机

家用电动洗衣机已成为家庭中普及率较高的家用电器。但在使用过程中，如果操作不当，会给消费者带来安全隐患，对常年使用洗衣机的每个家庭来说，安全合理地使用洗衣机十分重要。

（一）产品简介

家用电动洗衣机根据自动化程度，可划分为普通型洗衣机、半自动型洗衣机、全自动型洗衣机；根据结构，可划分为单桶洗衣机、双桶洗衣机、滚筒洗衣机。部分洗衣机如图 1-5 所示。

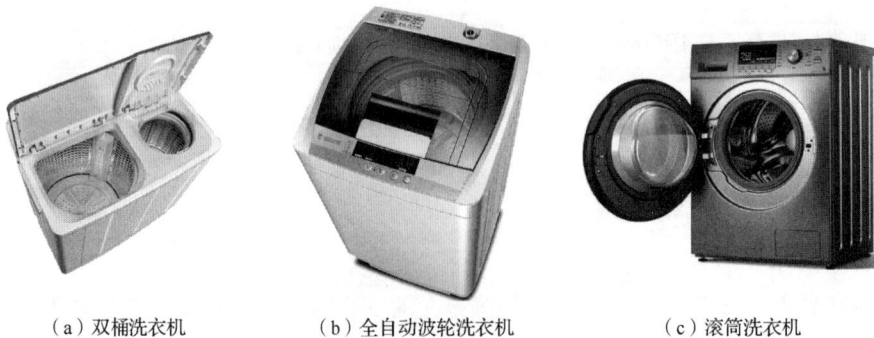

（a）双桶洗衣机　　　　（b）全自动波轮洗衣机　　　　（c）滚筒洗衣机

图 1-5　洗衣机

（二）标准解读及关键指标分析

1. 标准解读

目前洗衣机产品的标准主要有两大体系，一个是以欧洲为首的 IEC 标准体系，欧洲主要使用滚筒洗衣机，2010 年以前欧洲的 IEC 标准并没有涵盖波轮式洗衣机的测试方法。另一个是日本标准体系，主要是针对波轮式洗衣机的测试标准。

我国洗衣机产品的安全标准和 IEC 标准方面整体差异较小。由于人们的生活习惯和经济水平等方面的原因，我国洗衣机产品的性能标准和国际上的主要两大标准体系差异较大，但总的标准原则是一致的。目前，与家用电动洗衣机直接相关的国家标准中涉及的主要内容有电气安全、产品性能、能效等级等，相关的技术指标已经有了规范，这些标准将会促进和提高洗衣机产品的综合质量水平。

国内涉及洗衣机产品质量、安全、性能的主要标准如下：GB 4706.1—2005、GB 4706.24—2008《家用和类似用途电器的安全 洗衣机的特殊要求》、GB 4706.26—2008《家用和类似用途电器的安全 离心式脱水机的特殊要求》、GB/T 4288—2018《家用和类似用途电动洗衣机》、GB 12021.4—2013《电动洗衣机能效水效限定值及等级》、GB 19606—2004《家用和类似用途电器噪声限值》、GB 4343.1—2018《家用电器、电动工具和类似器具的电磁兼容要求 第 1 部分：发射》、GB 17625.1—2012、GB 21551.5—2010《家用和类似用途电器的抗菌、除菌、净化功能 洗衣机的特殊要求》。

2. 关键指标分析

（1）性能指标

1）洗净比。主要反映的是洗衣机对所洗物品的洗净程度，即能把衣服洗得多干净，它是通过与标准洗衣机对比的方式进行评价的。

2）耗电量。主要反映的是洗涤过程中的实际耗电量，以单位洗涤容量用电量表示，即洗涤单位质量的衣服需要用多少电量。

3）耗水量。主要反映的是洗涤过程中实际的用水量，也以单位洗涤容量的用水量表示，即洗涤单位质量的衣服需要用多少升水量。

4）漂洗性能。主要反映的是洗衣机在完成一次洗涤后衣服上残留的洗衣粉浓度。

5）噪声。主要反映的是洗衣机在正常情况下工作时产生的噪声大小。

（2）安全指标

1）电气安全要求。主要是防止洗衣机工作时及在日常使用条件下可能产生的电击危险。GB 4706.24—2008 中对家用洗衣机防触电保护、泄漏电流、耐潮湿、接地电阻、电子电路评估等电气安全方面有详细的要求。

2）机械安全要求。主要针对防止在洗衣机日常使用中可能产生的机械类损伤而提出的要求。GB 4706.24—2008 中对家用洗衣机中防运动部件产生的损伤及机械稳定性、机械危险、内部结构、螺钉和连接等机械安全方面均有详细的要求和规定。

3）发热安全要求。主要针对防止在洗衣机日常使用中产生烫伤、火灾等提出的要求，GB 4706.24—2008 中对家用洗衣机输入功率和电流、发热、非正常工作、耐热耐燃等方面均有详细的要求和规定。

四、电冰箱

家用电冰箱已成为普通家庭生活中不可缺少的家用电器,作为家庭中普及率较高的家用电器,消费者应该学会如何科学地选择和使用电冰箱。

（一）产品简介

家用电冰箱根据用途,可划分为冷藏冷冻箱、冷藏箱、冷冻箱;根据使用时的气候类型,可划分为亚温带型、温带型、亚热带型、热带型;根据控制方式的不同,还可划分为机械温控和电子温控两种。

（二）标准解读及关键指标分析

1. 标准解读

目前冰箱标准的构建与其他家用电器类似,主要还是由国际 IEC 标准转化而来的,等同采用 IEC 标准或根据我国国民实际使用情况补充相关差异试验,主要的制定原则也是侧重质量安全和性能两个方面。近几年随着行业的发展和国民对生活品质要求的日益提高,冰箱标准体系也增加了绿色环保、抗菌、除菌、净化功能等方面的要求。

国内涉及质量、安全、性能的主要标准如下:GB 4706.1—2005、GB 4706.13—2014《家用和类似用途电器的安全 制冷器具、冰淇淋机和制冰机的特殊要求》、GB 12021.2—2015《家用电冰箱耗电量限定值及能效等级》、GB 4343.1—2018、GB 17625.1—2012、GB 19606—2004、GB/T 8059—2016《家用和类似用途制冷器具》、GB 21551.4—2010《家用和类似用途电器的抗菌、除菌、净化功能 电冰箱的特殊要求》。

2. 关键指标分析

（1）性能指标

1）总有效容积:冰箱各冷藏室、冷却室、冰温室、低温室、冷冻室的有效容积的总和,反映的是冰箱储存或冷冻的容量。

2）耗电量:冰箱在稳定条件及标准规定的情况下运行 24h（一天）的耗电量,反映的是电冰箱的耗电情况。

3）储藏温度:冰箱在冷冻或冷藏时能够达到的温度,反映的是冰箱储藏物品时能够达到及保持的温度。

4）冷却速度:反映的是电冰箱空载情况下各间室瞬时温度达到标准要求所需的时间。

5）噪声:反映的是冰箱在正常情况下工作时产生的噪声大小。

（2）安全指标

1）电气安全要求。主要是防止电冰箱在日常使用中产生电击危险。国家强制性标准对家用电冰箱防触电保护、泄漏电流、耐潮湿、接地电阻、电子电路安全性控制的评估等电气安全方面均有详细的要求和规定。

2）机械安全要求。主要是防止电冰箱在日常使用中可能产生机械类损伤而提出的要求。国家强制性标准对家用电冰箱使用中可能产生的运动部件造成的人员损伤,以及由其稳定性、机械危险、内部结构、螺钉和连接等机械安全方面可能产生的危险均有详细的要求和规定。

3）发热安全要求。主要是防止电冰箱在日常使用中因各种原因产生的烫伤、火灾等提出的要求。国家强制性标准对家用电冰箱输入功率和电流、整机及元器件发热、非正常工作的意外及耐热耐燃等方面均有详细的要求和规定。

（3）能效指标

按照 GB 12021.2—2015 的要求，电冰箱类产品均必须满足国家对电冰箱类产品的耗电量限定值的要求正式进入消费市场。能效指标分为耗电量限定值和能效等级两部分，其中耗电量限定值是电冰箱类产品进入市场的准入要求；能效等级以国家规定的产品能效等级标签形式为依据，分为 5 个等级（1、2、3、4 和 5），1 级表示能效等级最高，5 级表示能效等级最低。

五、数码照相机

（一）产品简介

数码照相机（digital camera）是一种利用电子影像传感器把光学影像转换成电子数据的照相机，有别于传统胶片照相机通过光线引起底片上的化学变化来记录图像。在数码照相机中，电子影像传感器用来取代传统照相机底片的化学感光功能。被捕捉的图像数据经集成的微处理器通过一定算法编码后，形成图像文件并储存在存储卡上。

依功能、构造与画质的不同，目前较常见的数码照相机分为不可换镜头数码照相机和可换镜头数码照相机两大类。不可换镜头数码照相机又可分为消费型数码相机（俗称傻瓜相机）和小型专业数码相机，可换镜头数码照相机可分为数码单反照相机和微单数码照相机。

由于数码照相机具有小巧轻便、即拍即有、使用成本低、相片保存方便、分享与后期编辑等诸多优点，其在短时间内得到迅速普及。大部分数码照相机具有录音、摄录动态影像等功能。目前，越来越多的设备，如个人移动终端、个人数字助理、个人计算机、终端机及平板计算机等也整合进了数码照相机的功能。

（二）标准解读和关键指标分析

1. 标准解读

我国发布实施了数码照相机标准，对于数码照相机电气安全和配件（如电池、闪光灯）也都发布了相应的标准进行规范。

1）GB/T 29298—2012 《数字（码）照相机通用规范》。该标准主要规定了数码照相机的影像质量要求，也规定了取景器、内藏闪光灯、电池等数码照相机主要部件的性能要求，对数码照相机整机的环境适应性、安全性、电磁兼容和耐久性能也有详细的规定。

2）GB 4943.1—2011《信息技术设备 安全 第 1 部分：通用要求》（将于 2023 年 8 月 1 日被 GB 4943.1—2022《音视频、信息技术和通信技术设备 第 1 部分：安全要求》）替代。该标准规定了对音频、视频、信息技术和通信技术、商务和办公机器领域内的电气和电子设备的安全要求，不包括设备的性能或功能特性的要求。该标准适用于额定电压不超过 600V 的上述电气和电子设备。

3）GB/T 18287—2013《移动电话用锂离子蓄电池及蓄电池组总规范》。该标准规定了移动电话用锂离子蓄电池及蓄电池组的术语、定义、要求、试验方法、质量评定及标志、包装、运输和储存的要求。

4）GB/T 9316—2007《摄影用电子闪光灯装置安全要求》。该标准规定了电子闪光灯装置的安全警示标志，正常工作条件下的温升，高温环境下的变形，正常工作条件下的触电危害、绝缘要求，故障条件下的保护、机械强度和各部件安全要求。主要技术内容等同采用国际标准IEC 60491：2004《摄影用电子闪光灯装置安全要求》。

5）GB 9254.1—2021《信息技术设备、多媒体设备和接收机 电磁兼容 第1部分：发射要求》。

6）GB 17625.1—2012。

2. 关键指标分析

（1）性能指标

1）影像质量：数码照相机所拍摄的影像的清晰度、颜色、白平衡、曝光性能等指标，是决定数码照相机使用性能最重要也是最基本的指标。

2）取景器性能：数码照相机取景器在取景拍摄中应符合的技术要求，包括取景视场、液晶取景器亮度、液晶取景器显示等内容。如果取景器性能存在问题，则会产生取景偏差、液晶屏过暗导致无法正常观看、显示错误引起的误操作等问题。

3）闪光灯性能：闪光灯正常工作状态下的闪光指数、闪光距离、闪光均匀度和闪光灯充电时间等指标。说明书明示的闪光距离内拍的打闪光的照片过亮或过暗、充电时间过长都是闪光灯性能不符合的表现。

（2）安全指标

1）电气要求（接触电流和保护导体电流，抗电强度）。数码照相机在使用时都配套充电器或电源适配器使用；对于使用时可能接触的或用手操作的裸露零部件，则应使其满足一定的电流限值要求，并和供电电源之间通过适当的绝缘隔离。

2）防火材料。数码照相机内部使用的电池、充放电回路及闪光灯可能产生导致危险的过高温度，必须使用符合要求的阻燃的结构材料，限制易燃材料的用量，或把易燃材料与可能的点燃源屏蔽或隔离。

3）发热要求。数码照相机内部电流在正常充放电过程中或连续工作条件下产生过高温度可能导致引起过热危险。减少这种危险的方法包括：采取措施避免可触及零部件产生高温，如果不可避免接触烫热的零部件，则应提供警告标识以告诫使用人员。

4）结构要求。结构设计可能导致发生危险的原因：尖锐的棱缘和拐角伤害到人体，直插式充电器的插头尺寸不满足要求引起的触点危险。减少这种危险的方法包括：倒圆尖锐的棱缘和拐角，通过测量直插式充电器的插头尺寸确定是否满足国家标准要求。

5）电池安全性。数码照相机基本搭配锂电池或可重复使用的镍镉电池使用，尤其锂电池如果没有采用适当的保护设计，在使用中容易出现各种安全问题，为了确保数码照相机在预定寿命期间能安全可靠地使用，通过在正常工作条件和故障条件下的电池测试确保在制造厂商设定的额定值内不会产生危险。

六、智能手机

（一）产品简介

手机是移动电话的通俗叫法，也可称为手提电话，早期俗称大哥大，是可在不同地点并可移动使用的便携式电话终端。

手机的发展历程（典型机型变化）如图1-6所示。

（a）1G模拟信号手机　　　　　　（b）2G数字信号手机

（c）3G智能手机　　　　　　（d）4G/5G智能手机

图1-6　手机的发展历程（典型机型变化）

第一阶段：第一代手机（简称1G），属于模拟手机，俗称"大哥大"，体积大，功能单一，通话质量不高、不能提供数据业务，保密性差，目前基本已被淘汰。

第二阶段：第二代手机（简称2G），以GSM、CDMA等制式的数字式手机为代表，提供数字化的话音业务及低速数据业务，话音质量、保密性能得到较大的提高，在体积上也真正做到了便携。

第三阶段：第三代手机（简称3G），3G是英文Third Generation的缩写，以TD SCDMA、WCDMA、CDMA2000等数字式的手机为代表，通常是指将无线通信与国际互联网等多媒体通信结合的新一代移动通信终端。3G手机在2G手机的基础上实现了宽带上网、视频通话、手机电视、手机购物、手机定位导航等功能。

第四阶段：第四代手机（简称4G），采用了OFDM和MIMO等新技术，集3G与WLAN于一身，并能够传输高质量视频图像，采用宽带接入IP系统，能够实现100Mbit/s以上的速度下载。无论是在接入的速率、频谱利用率还是在网络的性能上都有大幅提升，进一步提高了用户的体验。

第五阶段：第五代手机（简称5G），目前，4G手机已经进入大规模推广和应用阶段。5G

移动技术也已试点并悄然迈进人们的生活。

手机只有经过 3C 认证和中国型号核准（CTA）入网认证才能进入市场。

3C 认证是指电子产品要进入国内市场销售必须通过国家强制性认证。CTA 入网认证是手机等通信产品要进入市面销售，只有拿到国家相关部门做备案，通过全部 CTA 相关检测后，才能拿到入网证。

（二）相关标准及关键功能或指标

1. 手机产品必须符合的标准

因为手机进入国内市场销售只有获得 3C 认证和 CTA 入网认证才能销售，并且手机的制式比较多，所以涉及的标准也相对比较多。

涉及的主要质量安全标准如下：GB 4943.1—2011、GB/T 22450.1—2008《900/1800MHz TDMA 数字蜂窝移动通信系统电磁兼容性限值和测量方法 第 1 部分：移动台及其辅助设备》、GB/T 19484.1—2013《800MHz/2GHz cdma2000 数字蜂窝移动通信系统的电磁兼容性要求和测量方法 第 1 部分：用户设备及其辅助设备》、YD/T 1592.1—2012《2GHz TD-SCDMA 数字蜂窝移动通信系统电磁兼容性要求和测量方法 第 1 部分：用户设备及其辅助设备》、YD/T 1595.1—2012《2GHz WCDMA 数字蜂窝移动通信系统电磁兼容性要求和测量方法 第 1 部分：用户设备及其辅助设备》、YD/T 1597.1—2007《2GHz cdma2000 数字蜂窝移动通信系统电磁兼容性要求和测量方法 第 1 部分：用户设备及其辅助设备》、YD/T 1214—2006《900/1800MHz TDMA 数字蜂窝移动通信网通用分组无线业务（GPRS）设备技术要求：移动台》、YD/T 1215—2006《900/1800MHz TDMA 数字蜂窝移动通信网通用分组无线业务（GPRS）设备测试方法：移动台》、YD/T 1028—1999《800MHz CDMA 数字蜂窝移动通信系统设备总技术规范：移动台部分》、YD/T 1050—2000《800MHz CDMA 数字蜂窝移动通信网设备总测试规范：移动台部分》、YD/T 1644.1—2020《手持和身体佩戴使用的无线通信设备对人体的电磁照射的评估规程 第 1 部分：靠近耳朵使用的设备（频率范围 300MHz～6GHz）》、GB 21288—2007《移动电话电磁辐射局部暴露限值》（将于 2024 年 1 月 1 日被 GB 21288—2022《移动通信终端电磁辐射暴露限值》替代）、YD/T 1484.1—2016《无线终端空间射频辐射功率和接收机性能测量方法 第 1 部分：通用要求》、YD/T 1547—2019《WCDMA 数字蜂窝移动通信网终端设备技术要求（第三阶段）》、YD/T 1367—2015《2GHz TD-SCDMA 数字蜂窝移动通信网 终端设备技术要求》、YD/T 1368.1—2015《2GHz TD-SCDMA 数字蜂窝移动通信网 终端设备测试方法 第 1 部分：基本功能、业务和性能测试》。

2. 关键功能或指标

（1）基本业务功能

基本业务功能检测主要检查产品能否满足标准或说明书规定的基本功能，这是产品基本应满足的功能要求。如果基本业务功能出现问题，则意味着用户不能正常使用手机。此时，应根据规范所要求的测试项目在实际的网络上进行拨打验证。检查手机能否达到规范要求的预期结果，以保证手机在实际的网络上能够正常工作。

（2）常温电性能

常温电性能检测主要检查产品基本需要满足的射频性能。由于手机是靠射频信号来实现通话功能的，因此射频性能的好坏也直接影响产品的功能和用户的使用感受。射频性能不达标的产品不仅会影响其他同类产品的正常工作，还会影响用户正常使用该产品。

（3）电磁兼容

电磁兼容检测主要检查产品是否会产生无意发射的电磁骚扰和考察是否能在遭受电磁干扰的情况下保持正常工作。产品电磁兼容性能的好坏不仅影响我们生活的电磁环境，还影响整机的可靠性及终端用户的使用感受。

（4）安全性能

安全性能检测主要考察产品是否对人身有足够的保护，在正常或可预见的异常工作时是否会产生触电、高温、爆炸、着火等危险。

（5）比吸收率 SAR

比吸收率 SAR（specific absorption rate，电磁波吸收比值）检测考察手机射频辐射对人体可能产生的危害程度。手机属于手持式收发信机（靠近人体头部使用并且具有一体化天线的移动和便携发射设备），其工作时会产生较强的辐射并且正常使用时离人体头部比较近，虽然目前尚无确切的证据表明其产生的电磁辐射是否会对人体产生危害，但从人体射频安全的角度出发，各国都针对电磁辐射防护制定了相关标准，对移动通信设备用户可能面临的健康风险进行评估。总体来说，SAR 值越低，该产品对用户可能产生的健康风险就越低。

第二章　食品生产质量安全

第一节　食品生产许可管理

一、《食品生产许可管理办法》简介

国家市场监督管理总局在官网公布《食品生产许可管理办法》（以下简称《办法》），自 2020 年 3 月 1 日起施行。

《办法》提出，申请食品生产许可，应当按照以下食品类别提出：粮食加工品，食用油、油脂及其制品，调味品，肉制品，乳制品，饮料，方便食品，饼干，罐头，冷冻饮品，速冻食品，薯类和膨化食品，糖果制品，茶叶及相关制品，酒类，蔬菜制品，水果制品，炒货食品及坚果制品，蛋制品，可可及焙烤咖啡产品，食糖，水产制品，淀粉及淀粉制品，糕点，豆制品，蜂产品，保健食品，特殊医学用途配方食品，婴幼儿配方食品，特殊膳食食品，其他食品等。国家市场监督管理总局可以根据监督管理工作需要对食品类别进行调整。

《办法》称，申请食品生产许可，应当具有与生产的食品品种、数量相适应的食品原料处理和食品加工、包装、贮存等场所，保持该场所环境整洁，并与有毒、有害场所以及其他污染源保持规定的距离；还要具有与生产的食品品种、数量相适应的生产设备或者设施，有相应的消毒、更衣、盥洗、采光、照明、通风、防腐、防尘、防蝇、防鼠、防虫、洗涤以及处理废水、存放垃圾和废弃物的设备或者设施；保健食品生产工艺有原料提取、纯化等前处理工序的，需要具备与生产的品种、数量相适应的原料前处理设备或者设施；有专职或者兼职的食品安全专业技术人员、食品安全管理人员和保证食品安全的规章制度；具有合理的设备布局和工艺流程，防止待加工食品与直接入口食品、原料与成品交叉污染，避免食品接触有毒物、不洁物；法律、法规规定的其他条件。

此外，申请保健食品、特殊医学用途配方食品、婴幼儿配方食品等特殊食品的生产许可，还应当提交与所生产食品相适应的生产质量管理体系文件以及相关注册和备案文件。

《办法》提出，从事食品添加剂生产活动，应当依法取得食品添加剂生产许可。申请食品添加剂生产许可，应当具备与所生产食品添加剂品种相适应的场所、生产设备或者设施、食品安全管理人员、专业技术人员和管理制度。

《办法》还提出，除可以当场作出行政许可决定的外，县级以上地方市场监督管理部门应当自受理申请之日起 10 个工作日内作出是否准予行政许可的决定。因特殊原因需要延长期限的，经本行政机关负责人批准，可以延长 5 个工作日，并应当将延长期限的理由告知申请人。

县级以上地方市场监督管理部门应当根据申请材料审查和现场核查等情况，对符合条件的，作出准予生产许可的决定，并自作出决定之日起 5 个工作日内向申请人颁发食品生产许可证；对不符合条件的，应当及时作出不予许可的书面决定并说明理由，同时告知申请人依法享有申请行政复议或者提起行政诉讼的权利。

二、食品生产许可审查新规

《办法》还就许可证管理、变更、延续与注销等作了明确规定。

为严格落实"四个最严"要求，贯彻党中央、国务院"放管服""证照分离"改革决策部署，加强食品安全监督管理，规范食品生产许可审查工作，依据《中华人民共和国食品安全法》及其实施条例、《办法》等法律法规规章的规定，市场监管总局修订发布了《食品生产许可审查通则（2022 版）》[以下简称《通则（2022 版）》]。

《通则（2022 版）》是落实《食品生产许可管理办法》、规范许可审查工作、统一许可审查标准的重要技术规范文件。《通则（2022 版）》全面总结食品生产许可工作，针对各地食品生产许可审查工作出现的新问题，按照食品安全法律法规的新要求进行修改完善，进一步简化了食品生产许可审查工作的程序，严格了食品生产许可审查工作要求，夯实了生产者食品安全保障能力。

《通则（2022 版）》共 5 章 39 条，包含 5 个附件。在适用范围和使用原则方面，明确了《通则（2022 版）》适用于市场监督管理部门组织对食品生产许可和变更许可、延续许可等审查工作，规定了《通则（2022 版）》应当与相应的食品生产许可审查细则结合使用。在申请材料审查方面，规定了申请材料应当符合《食品生产许可管理办法》的规定，以电子或纸质方式提交，申请人对申请材料的真实性负责；明确了对食品生产许可的申请材料应当审查其完整性、规范性、符合性，对申请人申请食品生产许可、变更许可、延续许可的申请材料审查要求分别作出规定。在现场核查方面，明确了需要组织现场核查的各种情形，规定了现场核查人员具体要求及其职责分工，规定了现场核查程序及特殊情况的处理要求，对现场核查项目及其评分规则进一步细化明确。在许可审查时限方面，现场核查完成时限压缩至 5 个工作日，明确要求审批部门及时组织现场核查、及时向申请人和日常监管部门告知现场核查有关事项，对食品生产许可审查各主要环节完成时限提出了明确要求，提升了食品生产许可工作效率。在审查结果与整改方面，规定了审批部门应当根据申请材料审查和现场核查等情况及时作出食品生产许可决定，要求申请人自通过现场核查之日起 1 个月内完成对现场核查中发现问题的整改，并将整改结果向其日常监管部门书面报告。

三、食品生产许可材料核查预审查

1. 取得申请资格

只有取得营业执照等合法主体资格，才能申请食品生产许可证。

2. 选择申请类别

经营者要明确并选择自己申请的食品生产许可证类别，具体类别见《办法》中所列。

3. 准备申请材料

1）食品生产许可申请书。

2）法人身份证复印件。

3）营业执照复印件。

4）食品生产加工场所及其周围环境平面图、各功能区间布局平面图、工艺设备布局图和食品生产工艺流程图。

5）食品生产主要设备及设施清单。

6）进货查验记录、生产过程控制、出厂检验记录、食品安全自查、从业人员健康管理、不安全食品召回、食品安全事故处置等保证食品安全的规章制度，即食品安全管理制度文本。

7）其他要求提供的材料。

4. 满足申请条件

1）具有与生产的食品品种、数量相适应的食品原料处理和食品加工、包装、贮存等场所，保持该场所环境清洁，确保场所无毒、无害、无污染。

2）具有与生产的食品品种、数量相适应的生产设备或设施，有相应的消毒、更衣、盥洗、采光、照明、通风、防腐、防尘、防鼠、防虫、防蝇、洗涤及处理废水、存放垃圾和废弃物的设备；保健食品生产工艺有原料提取、纯化等前处理工序的，需要具备与生产的品种、数量相适应的原料前处理设备或措施。

3）有专职或兼职的食品安全管理人员和保证食品安全的规章制度。

4）具有合理的设备布局和工艺流程，防止待加工食品和直接入口食品、原料与成品交叉污染，避免食品接触有毒物和不洁物。

5）法律法规规定的其他条件。

5. 选择申请方式并递交申请材料

1）现场申请。现场申请流程如图 2-1 所示。

图 2-1　现场申请流程

由于各地政务事项改革进度不一，如果申请者所在地的办证窗口尚未合并成综合受理窗口，申请者应该到所在地县级以上地方的食品药品监督管理部门提交申请。如果申请者对此还有任何其他疑问，那么可以登录当地的政务服务网留言咨询，或直接拨打当地的食品药品监督管理局电话进行询问。

2）网上申请。网上申请流程如图 2-2 所示。

无论选择哪种申请方式，申请人都要到当地的政务服务中心综合受理窗口提交纸质申请材料。（网上申请只是增加了预受理的环节，目的是加快审查进度。）

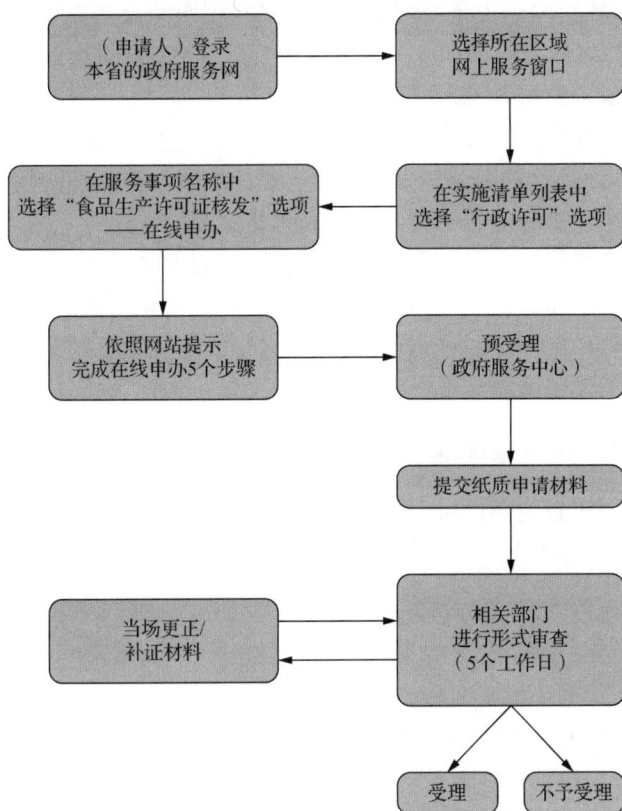

图 2-2　网上申请流程

6. 接受现场核查

现场核查→审批决定（核查不过按意见进行整改）→领取食品生产许可证。

由于各地政务事项改革进度不一，现场核查时间及行政审批时间可能有所不同，如果申请者对此还有任何其他疑问，可以登录当地的政务服务网留言咨询，或直接拨打当地的食品药品监督管理局电话进行询问。

四、食品生产企业现场核查现场评审

《通则（2022 版）》规定现场核查范围主要包括生产场所、设备设施、设备布局与工艺流程、人员管理、管理制度及其执行情况，以及按规定需要查验试制产品检验合格报告。

在生产场所方面，核查申请人提交的材料是否与现场一致，其生产场所周边和厂区环境、布局和各功能区划分、厂房及生产车间相关材质等是否符合有关规定和要求。

在设备设施方面，核查申请人提交的生产设备设施清单是否与现场一致，生产设备设施材质、性能等是否符合规定并满足生产需要；申请人自行对原辅料及出厂产品进行检验的，是否具备审查细则规定的检验设备设施，性能和精度是否满足检验需要。

在设备布局与工艺流程方面，核查申请人提交的设备布局图和工艺流程图是否与现场一致，设备布局、工艺流程是否符合规定要求，并能防止交叉污染。实施复配食品添加剂现场核查时，核查组应当依据有关规定，根据复配食品添加剂品种特点，核查复配食品添加剂配方组成、有害物质及致病菌是否符合食品安全国家标准。

　　在人员管理方面,核查申请人是否配备申请材料所列明的食品安全管理人员及专业技术人员;是否建立生产相关岗位的培训及从业人员健康管理制度;从事接触直接入口食品工作的食品生产人员是否取得健康证明。

　　在管理制度方面,核查申请人的进货查验记录、生产过程控制、出厂检验记录、食品安全自查、不安全食品召回、不合格品管理、食品安全事故处置及审查细则规定的其他保证食品安全的管理制度是否齐全,内容是否符合法律法规等相关规定。

　　在试制产品检验合格报告方面,根据食品、食品添加剂所执行的食品安全标准和产品标准及细则规定,核查试制食品检验项目和结果是否符合标准及相关规定。

　　在现场核查时,审查细则对现场核查相关内容进行细化或者有补充要求的,应当一并核查,并在《食品、食品添加剂生产许可现场核查评分记录表》中记录。

五、食品安全管理能力核查现场评审

　　食品安全管理能力核查现场评审主要审查企业的资源管理、计划管理、生产管理、质量管理、监管与控制。

　　（一）资源管理

　　1. 人员构成

　　1）专业人员占全部人员的比例。
　　2）本科以上学历人员占全部人员的比例。
　　3）管理人员从事工作的年限。
　　4）对从业人员的培训和考核。

　　2. 基础设施

　　1）厂房。
　　2）化验室。
　　3）现代化自动流水线。

　　（二）计划管理

　　在计划管理方面,考察信息技术管理、成本管理、客户管理、供应商管理,具体包括信息技术应用情况、有效降低成本取得最大产出、生产营销模式以客户为导向、与固定供应商合作、供应商的信用管理、供应商原料合格性要求等。

　　（三）生产管理

　　在生产管理方面,考察组织管理、产品计划、生产技术与方法,具体包括食品安全管理体系组织结构、产品形成流程的规划情况、企业的技术水平、企业的创新实力。

　　（四）质量管理

　　在质量管理方面,考察现场管理、原料管理、生产过程控制、出厂检验、运输及销售,具体包括现场与关键控制点是否矛盾、食品进货查验记录、原材料的管理机制、生产过程规范流程、质量安全控制机制、食品安全的检验工作、出厂检验记录制度、运输设备无毒无害处理、销售场地检查、销售与售后的配套措施、食品安全信息可追溯体系。

（五）监管与控制

在监管与控制方面，考察产品质量监督抽检及处罚、产品自查、产品召回管理、产品纠偏，具体包括是否存在违法行为处罚、食品安全自查制度、产品召回制度、产品纠偏的管理流程。

第二节　农兽药残留与重金属污染监督管理

《进一步提高产品、工程和服务质量行动方案（2022—2025年）》（以下简称《行动方案》），其中提出"加快推进食品安全追溯体系建设，严控农药兽药残留、重金属、食品污染物等安全风险"。

《行动方案》要求，扩大安全优质农产品食品供给。强化农业投入品质量安全风险评估，推广应用缓释肥、有机肥和高效低风险农药。完善农业全产业链标准体系，强化米面油等大宗粮油产品和蔬菜、果品、木本油料质量保障。着力提高乳制品质量安全水平，增强国产婴幼儿配方乳粉竞争力。加强冷链食品监管，严格排查管控涉疫食品，防止脱冷变质的冷藏冷冻食品流入市场。加快推进食品安全追溯体系建设，严控农药兽药残留、重金属、食品污染物等安全风险。完善食品质量标准体系。推进绿色、有机、地理标志和达标合格农产品（农产品"三品一标"）发展以及优质农产品基地建设，开展地理标志助力乡村振兴行动，推进地方特色产品标准化、品牌化，继续实施地理标志农产品保护工程。

《行动方案》提出，到2025年，质量供给与需求更加适配，农产品食品合格率进一步提高，消费品优质供给能力明显增强，工业品质量稳步向中高端迈进，建筑品质和使用功能不断提高；生产性服务加快向专业化和价值链高端延伸，生活性服务可及性、便利性和公共服务质量满意度全面提升。

一、农兽药残留

农药是指用于预防、消灭或控制危害农业、林业的病、虫、草和其他有害生物，以及有目的地调节植物、昆虫生长发育的化学合成。农药按化学结构分为有机氯类、有机磷类、有机氮类、拟除虫菊酯类等，按用途分为杀虫剂、杀菌剂、除草剂、植物生长调节剂等。

兽药是指用于预防、治疗、诊断动物疾病或者有目的地调节动物生理机能的物质（含药物饲料添加剂），主要包括疫苗、中药材、化学药品、抗生素、生化药品及外用杀虫剂、消毒剂等。

农药残留是指农兽药使用后残存于生物体、食品（农副产品）和环境中的微量农药原体、有毒代谢物、降解物和杂质的总称。

兽药残留是指动物性产品的任何可食部分含有兽药母体化合物或其代谢物，以及与兽药有关的杂质的残留。兽药残留形式分为原药、药物在体内的代谢产物、兽药生产中所伴生的杂质，包括抗生素类、驱肠虫药类、生长促进剂类、抗原虫药类、灭锥虫药类、镇静剂类、β-肾上腺素能受体阻断剂等。

因使用农药或兽药而对环境和食品造成的污染，称为环境或食品的农药/兽药残留。农药和兽药的泛滥使用，不仅会造成农产品化学性污染，进入人体后造成多方面的危害，引起急、慢性中毒和致癌、致畸、致突变作用，还会对环境造成不同程度的污染，使环境质量恶化，危害环境生物的健康，导致物种减少和生态平衡破坏。

【典型案例】

海南"毒豇豆"事件

2010 年 1 月，海南豇豆在武汉白沙洲农副产品市场连续三次被检测出含有禁用农药水胺硫磷。随后在武汉、上海、郑州、合肥、杭州、广州等 11 个城市检测出海南豇豆农药残留超标。此次检测的豇豆上发现的水胺硫磷，是一种高毒性农药，该农药属于对儿童的身体健康存在长期威胁的有机磷类农药，它能经由食道、皮肤和呼吸道，引起人体中毒，被农业部列为高毒农药并规定不得使用在蔬菜和水果上。

海南有毒豇豆案例的发生，可见从"田间到餐桌"的食品监管体系还并不健全。

【典型案例】

农贸市场销售的肉类与水产品被检出不合格

物美大卖场枣园店销售的鲜活河虾被检出呋喃西林代谢物，规定为不得检出。华冠天地购物中心销售的牛腱子、翠微家园超市连锁经营有限责任公司销售的科尔沁羊腿被检出克伦特罗，规定为不得检出。据了解，呋喃西林为硝基呋喃类抗生素，为国家禁用鱼药，其残留代谢物有致畸胎、致癌等副作用。克伦特罗则是激素类物质，具有明显的促进生长、提高瘦肉率及减少脂肪的效果，为国家禁用的瘦肉精。另外，还在其他水产品中检出氯霉素，在蜂蜜中检出四环素，在鸡肉中检出土霉素，在猪肉的饲料中也发现有抗生素。

禽畜产品中容易造成抗生素残留量超标。对于抗生素的残留，现在兽药残留快速筛选检测的常用方法有微生物法、免疫法和色谱法。一般使用速测卡、速测盒来进行快速检测。

检测农产品中农药残留的快速检测方法有生化检测法、生物检测法和化学比色法。其中，生化检测包括酶抑制法和免疫分析法。酶抑制技术是研究比较成熟、应用最广泛快速的农药残留检测技术。具体分为速测盒、速测卡和速测仪。目前，果蔬中农药残留测定的国家标准方法是果蔬农残速测卡法。此法具有操作简便、快速、方法易掌握、低耗费等优点，特别适合现场检测及大批量样品的筛选。

下面通过图示简单介绍果蔬农残速测卡（图 2-3）的使用方法（如图 2-4），测试结果判定如图 2-5 所示。

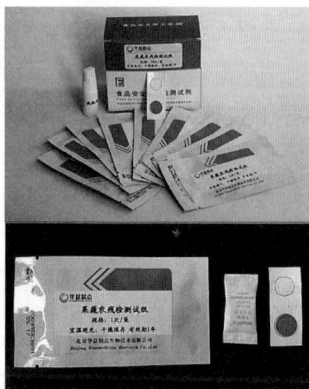

图 2-3　果蔬农残速测卡

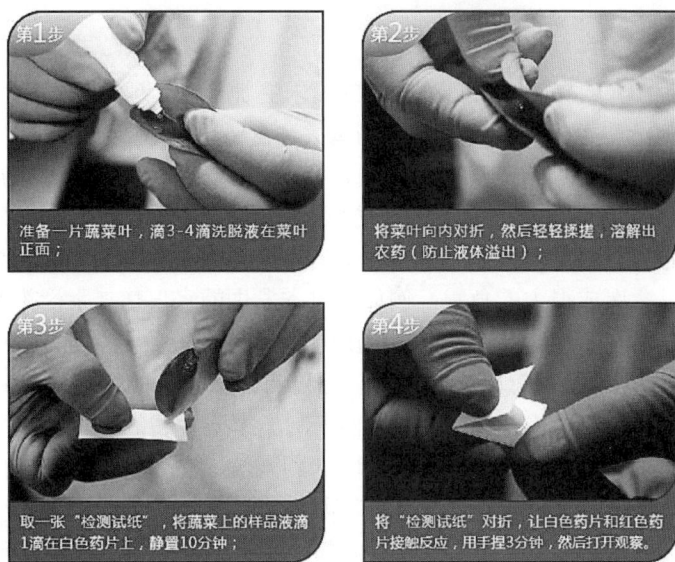

第1步　准备一片蔬菜叶，滴3-4滴洗脱液在菜叶正面；

第2步　将菜叶向内对折，然后轻轻揉搓，溶解出农药（防止液体溢出）；

第3步　取一张"检测试纸"，将蔬菜上的样品液滴1滴在白色药片上，静置10分钟；

第4步　将"检测试纸"对折，让白色药片和红色药片接触反应，用手提3分钟，然后打开观察。

（a）表面测定法

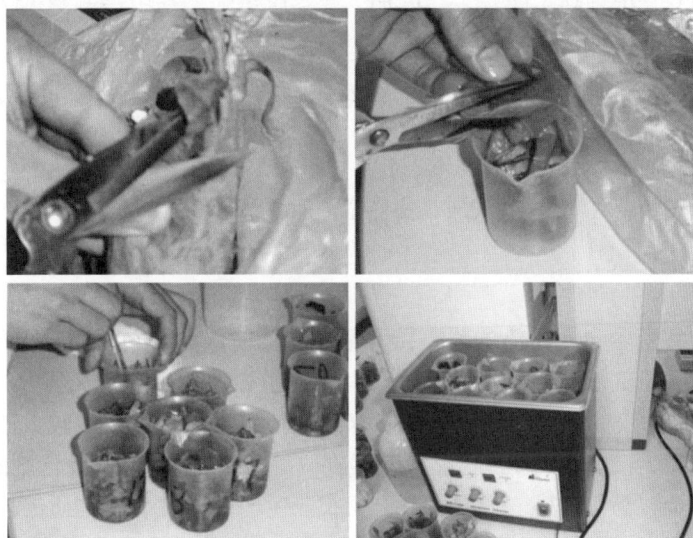

（b）整体测定法

图 2-4　果蔬农残速测卡使用方法

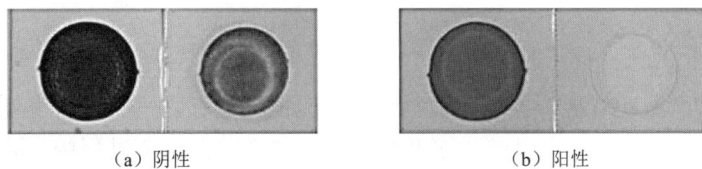

（a）阴性　　　　　　　　　　　　　　　（b）阳性

图 2-5　果蔬农残速测卡测试结果判定

白色药片变为蓝色的为阴性结果，说明不含农药残留；白色药片不变色或略有浅蓝色的为阳性结果，说明农药残留超标。

注意：每批测定都应设一个纯净水或缓冲液的空白对照卡；若洗脱液用完，则可以用瓶装纯净水或蒸馏水替代；若长时间存放（一周以上），则需 4℃冷藏保存，开封后应尽快用完。

二、重金属污染

目前，随着生活水平的提高，人们对健康的需求更加迫切，越来越多的民众加强了对食品质量安全的关注。但一些媒体的宣传使人们侧重关注食品添加剂及农药残留等食品安全问题，而疏忽了对食品中重金属污染的重视。密度大于 $4.5g/cm^3$ 的金属统称为重金属，如金、银、铜、铅、锌、镍、钴、镉、铬和汞等。从环境污染方面所说的重金属，实际上主要是指汞、镉、铅、铬及类金属砷等生物毒性显著的元素，也是指具有一定毒性的一般重金属，如锌、铜、镍、锡等。重金属污染有时会造成很大的危害。例如，日本发生的水俣病（汞污染）和骨痛病（镉污染）等公害病，都是由重金属污染引起的，因此，应严格防止重金属污染。

在食品生产的过程中，不少有机化合物可以通过自然界本身的物理变化和化学变化或生物分解，使其有害性降低或解除。除此之外，人们在制作家庭食品的过程中，可以通过一定程度的洗涤和沸水煮透等加工处理方式，降低或消除农药残留。但重金属污染与农药等其他有机化合物的污染不同，重金属的生物累积性使其能在环境和人体中累积。例如，向土壤中投加浓度为 0.0003%～0.001% 的汞后，冬小麦明显减产，而小麦籽粒中的汞含量会迅速增加。重金属污染的另一危害表现为难以在环境中降解的重金属物质，其生物累积性达到一定浓度后会引起人体慢性中毒甚至癌症、生理畸形等病症。例如，重金属镉被人食用后可在人体的肝、肾等器官组织中蓄积，对各器官组织造成损伤，达到一定浓度后会破坏骨骼中钙的正常补给，甚至造成骨软化症等严重疾病。因此，重金属污染一旦发生，治理难、影响深、危害大。

（一）重金属污染的主要阶段

食品供应过程中引起重金属污染的主要阶段如下。

1. 生产阶段

生产阶段是食品受重金属污染的最直接和最主要的阶段。一方面，农民追求高产，在农业生产过程中施用了大量的农药和化肥，其中含有大量重金属元素，如农药中的铅、汞，磷肥中的镉等，这是重金属污染的重要来源。虽然国家禁止使用含重金属浓度较大的农药，但由于我国耕地面积幅员辽阔、各级管理部门监管力度不到位等，使用违禁农药及化肥的事件时有发生，不能从源头消除重金属污染。另一方面，由于工农业生产中各种有害物质的排放，重金属进入生态环境并导致大气、土壤及水体受到污染。在食品生长环节，大气、土壤和水体的质量对其影响深远。若此 3 项受到重金属污染，会使食品生长及养殖的良好环境受到破坏，在食品供应链的源头即生产环节就被引入大量重金属，造成重金属污染。

2. 加工阶段

随着食品加工产业的发展，各环节被细化，供应链被延长。虽然精益求精，但同时也增加了引入更多危险的可能。目前食品绝大多数使用机械加工，在这个过程中，机器及管道正常磨损及碰撞会使细微重金属粉尘混入食品中，此种情形不可避免，因此肯定会加大铬和镍等重金属的含量，使食品受到重金属污染。另外，厂家为了追求食品口味的丰富、独特及易存储和贮存时间长等特点，在食品加工中会使用食品添加剂，其中常常含有铅、砷、汞、镉等重金属。如果严格按照国家标准使用添加剂，上述重金属基本不会对人体产生危害。然而，许多不良厂家滥用、超范围或超剂量使用食品添加剂，这些不规范加工会导致毒重金属超量进入加工产品中，进而毒害人类的身体健康。

3. 包装物流阶段

在食品包装过程中，为防止一些器皿生锈而使用一定量的铬、镍等重金属。若器皿环境发生变化或被挤压或碰撞，其中的重金属就会析出进入食品中。不仅如此，包装食品材料本身或印刷等也有可能发生物理变化或化学变化，导致其中含有的重金属污染食品。此外，不可忽视的是越来越方便的物流虽然带动了不同地区之间食品产业的飞速发展，但同时也使农产品跨地域污染日益严重和复杂。

4. 销售及食用阶段

在食品的销售环节，如果销售人员存储或运输方式不当，也可能导致重金属直接或间接进入食品中，甚至在食品被销售到消费者手中并进行食用的过程中，消费者使用不当的器皿或不正确的食物加工方式，也会导致食品受到重金属的污染。

食品检验对构建食品卫生体系具有重要的支撑作用。食品重金属检测是食品安全检测的一个重要方面。食品检验与人们的生活及食品的质量有着直接关系，其可以根据相关标准评估食品的状况。目前使用的食品检验体系正在形成，使用的相关技术也比较成熟。食品检验过程主要应用化学和生化知识，将基础理论与相应技术结合，检测食品原料、成品、副产品和其他相关农产品。根据相关标准对副产品的质量进行检查和评估，以确定产品是否合格。

食品检验内容包括感官检验、食品中相关营养素检验、食品中有害物质检验等。

（二）食品检验方法与重金属检测的前处理方法

1. 食品检验方法

在我国食品管理体系不断完善的过程中，食品检验方法也得到了改进。因此，我国已经确定相关检验指标，并且对食品检验提出较高要求。这些指标包括成分分析、农药残留分析、食品添加剂分析等。不同的检测方法有不同的检测指标，我们不仅要注意检测的数值和指标，还要注意检测方法，只有采用更可靠的检测方法，才能保证产品的质量。仪器分析是除常规分析方法外常用的检测方法，可以利用紫外可见分光光度法和氢化物发生原子荧光光谱法等化学方法分析相关数据。在实际应用过程中，一般通过常用食品检验方法对相关食品进行监管。具体检测方法如下。

（1）紫外可见分光光度法

紫外可见分光光度法最初是比较常用的检测食品重金属的方法，紫外可见分光光度法是在190～800nm波长范围内测定物质的吸光度，用于鉴别、杂质检查和定量测定的方法。当光穿过被测物质溶液时，物质对光的吸收程度随光的波长不同而变化。因此，通过测定物质在不同波长处的吸光度，并绘制其吸光度与波长的关系图即得被测物质的吸收光谱。这种检测方法的灵敏度高、操作简单、成本低，但检测结果易受着色剂或色系的影响，并且通常含有有毒物质。在这种情况下，一次只能测量很少的样品。此外，紫外可见分光光度法的检测限相对较低。若要使用分光光度法来充分地检测食品中的重金属含量，则该方法必须找到合适的显色剂，以增加系统的吸光度。

（2）氢化物发生-原子荧光光谱法

氢化物发生-原子荧光光谱法这种重金属污染物的检测方法是介于原子发射和原子吸收之

间的光谱分析技术。该种检测方法的工作原理是，被测原子吸收特定光谱辐射能后，由高能级跃迁到低能级，激发到高能级，从而发出特定波长的荧光，检验员可以通过荧光强度分析被测样品的含量。该种检测方法虽然操作快捷方便，可用于各种重金属物质的检测，但检测重金属元素含量低的食品并不容易。因此，在检测这些重金属元素时，需要加入一些增效剂。

（3）电化学分析法

电化学分析法是指利用基本的电化学方法和原理，对物质进行电化学检测，对重金属进行定量分析和结构分析。该种检测方法具有灵敏度高、成本低、结果准确、检测速度快、简便易行等特点。电化学分析法也可应用于各种重金属的检测。虽然重金属污染物的最低检测阶数可以达到 $10\sim12mol/L$，但是这种检测方法的选择性比较低。目前，测定食品中镉等重金属含量，比较常用的电化学方法有示波极谱法和溶出伏安法。此外，示波极谱法还可用于测量重金属中的铜和铅，溶出伏安法可以同时检测汽车中的铜、镉和铅等重金属元素。

（4）电感耦合等离子体原子发射光谱法

电感耦合等离子体原子发射光谱法的工作原理是利用电感耦合等离子体作为激发光源，激发测试样品中各种元素和各种原子之间产生的各种谱线。因此，不同谱线的波长和长度本身可以为检验人员提供确定重金属含量的依据。例如，检验人员可以使用电感耦合等离子体原子发射光谱法专门检测水果和蔬菜中镉、砷、铅、锡、铜和铬等有害重金属的含量。该检测方法的平均回收率为 $91\%\sim107\%$，相对标准偏差（relative standard deviation，RSD）不超过 3.5%，镉的确定最低检测限为 $0.03ng/kg$。

2. 重金属检测的前处理方法

重金属检测的前处理方法如下。

（1）微波消解法

微波消解法是将样品置于密封的聚四氟乙烯消解管中，微波加热，完成有机质分解的工作。同时，微波消解法的消解罐一般是密封的，可以减少试样的挥发损失、酸溶液的用量，也可以减少加酸后释放的氮氧化物。这样可以避免对溶液、检验人员和实验室造成损害，并提高测试结果的准确性。但是，采用这种处理方法一次可以处理的测试样本数量非常有限，因此无法处理大量的测试样本。

（2）超声辅助提取法

超声波辅助提取法是利用一系列超声波空化效应、热效应和机械效应，增加介质的运动速度和介质分子的渗透，加速活性物质的溶解、释放、扩散，实现快速萃取分离。超声辅助提取可分为静态超声提取和动态超声提取。在某些工艺中，通常将数控超声波清洗单元作为主要提取单元，酶、酸、水等物质作为提取样品。这种预检测处理方法的主要影响因素是电振荡的强度和频率、样品颗粒的大小及样品提取溶剂的性质。这种处理方法比较简单、安全、节能、省时，用途广泛。

（3）湿法消解法

湿法消解法也称湿氧化法或湿灰化法，样品在强酸、强氧化剂并加热的条件下，其中的有机质被分解，其中碳、氢、氮以二氧化碳、水和氨的氧化物等形式挥发逸出，无机盐和金属离子则留在溶液中，湿法消解法是目前最经济、最有效、最直接的元素分析处理方法，其适用于在测试前处理所有样品，并且可以同时处理多个样品。但该处理方法对操作条件要求较高，试剂消耗较多。此外，因为试剂具有氧化性和腐蚀性，所以会污染容器和测试样品。

第三章　特种设备生产安全

第一节　锅炉安全使用与事故预防

一、锅炉概述

锅炉是由锅和炉两大部分组成的，上面的盛水（或导热油等介质）部分为锅，下面的加热部分为炉，锅和炉的一体化设计称为锅炉。锅的原义是指在火上加热的盛水容器，锅主要包括锅筒（或锅壳）水冷壁、过热器、再热器、省煤器、对流管束及集箱等；炉是指燃烧燃料的场所，主要包括燃烧设备和炉墙等。

锅炉是一种能量转换设备，向锅炉输入的能量有燃料中的化学能、电能、高温烟气的热能等，而经过锅炉转换，向外输出具有一定热能的蒸汽、高温水或有机热载体。

随着社会的发展，锅炉的燃料主要为天然气、生物质、燃煤等。

二、锅炉的分类

市面上常见的锅炉有燃煤锅炉、燃油锅炉和燃气锅炉、空气源锅炉和电锅炉、生物质锅炉。

（一）燃煤锅炉

燃煤锅炉在使用中容易发生两种危害：一种危害是燃煤锅炉烟尘排放导致的环境危害，另一种危害是燃煤锅炉结焦导致的锅炉危害。

1. 燃煤锅炉烟尘排放导致的环境危害

1）劣质煤含硫量高，处理不到位的烟气含有大量烟尘，是造成大范围雾霾天气的重要的原因之一，解决烟尘大量排放一般采用静电除尘器、袋式除尘器、水墨除尘器。

2）煤炭燃烧时除产生大量的一氧化硫外，还生成少量的三氧化硫，一般烟气中三氧化硫的浓度为 $10\sim40g/L$。由于烟气中含有水，使生成的一氧化硫瞬间内形成硫酸雾。当温度较低时，硫酸雾凝结成硫酸，附着在设备的内壁上，或溶解于洗涤液中，腐蚀吸收塔和其他有关设备。

解决的办法主要有：采用耐腐蚀材料作吸收塔，如不锈钢、环氧树脂玻璃钢、硬聚氯乙烯、陶瓷等；设备内壁涂敷防腐材料，如水玻璃等；设备内衬橡胶等。含有烟尘的烟气高速穿过设备及管道，在吸收塔内同吸收液湍流搅动接触，致使设备严重磨损。

2. 燃煤锅炉结焦导致的锅炉危害

1）结焦会引起过热汽温升高，并导致过热汽温、再热汽温减温水开大，甚至会招致汽水管爆破；使锅炉出力降低，严重时造成被迫停炉；缩短锅炉设备的使用寿命；排烟损失增大，锅炉效率降低；引风机消耗电量增加；由于结焦往往是不均匀的，因此水冷壁结渣会对自然循环锅炉的水循环安全性和强制循环锅炉水冷壁的热偏差带来不利影响。

2）结焦易成灰渣大块，使捞渣机、碎渣机运输困难，有时会过载跳闸，严重时使渣沟受堵，不得不降负荷运行。

3）结焦若熔合成大块时，因重力从上部落下，导致砸坏冷灰斗水冷壁。低负荷会因掉大块焦而引起燃烧不稳甚至熄火。

4）当造成水冷壁全部结焦时，只有停炉进行人工清焦。

5）锅炉的大焦块掉在捞渣机中后瞬间产生大量的水蒸气，破坏捞渣机的水封，同时使炉底漏入大量冷风，造成燃烧器区域（尤其是下排燃烧器区域）煤粉火焰着火状况的严重恶化，使炉膛负压产生剧烈波动（超限）而引起锅炉灭火。

3．防止燃煤锅炉结焦的办法

1）在运行方面，防范措施如下。

① 选择合理的运行氧量，即炉内的氧化或还原性气氛。

② 选择合理的炉膛出口温度。

③ 保证空气和燃料的良好混合，避免在水冷壁附近形成还原性气氛，防止局部严重积灰、结焦。

④ 应用各种运行措施控制炉内温度水平。

⑤ 组织合理而良好的炉内空气动力场是防止结焦的前提。

⑥ 四角煤粉浓度及各燃烧器配风应尽量均匀。

⑦ 要有合适的煤粉细度。

⑧ 适当提高一次风速可以减轻燃烧器附近的结焦。

⑨ 炉膛出口温度应尽可能均匀。

⑩ 掺烧不同煤种。

2）在配风方面，高负荷开大底层风。加强对炉膛的吹灰，防止低负荷掉灰对锅炉燃烧产生不良的扰动。

3）燃烧中配合化学除焦。根据国内外不同电厂锅炉结焦的情况分析，专家得出一致结论：不管锅炉如何设计，运行上如何精心调整，世界上没有一台燃煤锅炉能杜绝锅炉结焦这一难题。根据科技发展的现状，燃烧中配合化学除焦，应该是目前较好的途径。

（二）燃油锅炉和燃气锅炉

燃油锅炉和燃气锅炉的燃料都属于易燃易爆物。锅炉房发生爆炸的危害比较大，而发生的来源一般是电、天然气和油。因此，对于锅炉房的防爆必须从电路和天然气与油的管理来做起。从导致燃油燃气锅炉房爆炸的三个来源分析，总结出可能导致燃油燃气锅炉房爆炸的可能因素，使我们在以后的工作中可以避免锅炉爆炸发生。

1．释放源

可释放出能形成爆炸性物质所在的位置或地点称为释放源。密闭容器和通道本身不被视为释放源，当事故情况或在正常操作过程中产生易爆可燃物质外泄时，则被看作释放源。释放源应按照易燃物的释放频率和持续时间的长短进行分级。对于有爆炸危险的物质，最重要的是努力保证其不发生外泄。然而，这种外泄是不可避免的，如自动仪表、自动分析表计和阀门等。

因此，在设计中，必须考虑电气设备在这种环境中长期正常工作的设备防爆问题。

2. 点燃源

明火、火花、化学反应热和热物体表面等都可以起到点燃作用，成为点燃源。电气设备，如开关、刀闸、磁力启动器等分和过程中产生的电弧及电气设备表面的热积累都有可能成为点燃源。在电气设计中最主要的就是要防止因电气设备导致点燃的问题。

3. 爆炸浓度

爆炸性气体只有与空气混合成一定比例，才能形成爆炸性混合物，这种比例称为爆炸浓度。当混合物的浓度超过爆炸浓度的上限或低于爆炸浓度的下限时，都不会发生爆炸。在上限与下限的危险区域之间，特别是下限，由于低于下限的混合物经过积累，随时都有可能达到爆炸浓度下限而被点燃。因此，在燃油燃气锅炉房的设计中应注意对爆炸混合物浓度的检测，并加强室内通风。

（三）空气源锅炉和电锅炉

空气源锅炉和电锅炉的安全危害主要是存在漏电的危险。只要做好漏电保护和规范锅炉操作即可。

（四）生物质锅炉

生物质锅炉的安全危害主要体现在因缺水导致的安全危害。厂家在生产生物质锅炉时做好自控保护装置即可。

总之，燃煤锅炉因为污染大气，现有环保政策不允许新建燃煤锅炉。燃油锅炉和燃气锅炉有爆炸隐患，而且燃料受国际石油、天然气价格的影响，使锅炉燃料的成本与供应都不稳定。空气源锅炉在夏天使用比较划算。冬天使用的运行成本等同于电锅炉。电锅炉的运行成本是所有锅炉中最高的。生物质锅炉排放烟尘无污染，没有爆炸隐患，运行成本是所有锅炉中最低的。

三、安全使用

（一）购买

使用单位应购买有锅炉生产资质单位生产并检验合格的产品。

（二）安装

由锅炉生产厂家或有资质单位按照《锅炉房设计规范》的要求，在锅炉房基础建设完成后，进行锅炉主体安装，待土建工程完成后再安装锅炉附件。

（三）调试使用

锅炉安装结束后，进行调试和生产试运行。

1. 启动前检查

对新装、迁装和检修后的锅炉，启动前要进行全面检查，主要检查内容如下。

1）检查受热面及承压部件的内部和外部，观察其是否处于可投入运行的良好状态。

2）检查燃烧系统各个环节是否处于完好状态。

3）检查各类门孔、挡板是否正常，使之处于启动所要求的位置。

4）检查安全附件和测量仪表是否齐全、完好，并使之处于启动要求的状态。

5）检查锅炉架楼梯、平台等钢结构部分是否完好。

6）检查各种辅机特别是转动机械是否完好。

2. 上水

为防止产生过大热应力，上水温度最高不超过 90℃，水温与筒壁温差不超过 50℃。对水管锅炉，全部上水时间夏季不少于 1h，冬季不少于 2h，冷炉上水至最低安全水位时应停止上水，以防止受热膨胀后水位过高。

3. 烘炉

新装、迁装、大修或长期停用的锅炉，其炉膛和烟道的墙壁非常潮湿，一旦骤然接触高温烟气，将会产生裂纹、变形，甚至发生倒塌事故。为防止此种情况发生，此类锅炉在上水后、启动前要进行烘炉。

4. 煮炉

新装、迁装、大修或长期停用的锅炉，在正式启动前必须煮炉。煮炉的目的是清除蒸发受热面中的铁锈、油污和其他污物，减少受热面腐蚀，提高锅水和蒸汽品质。

5. 点火升压

一般锅炉上水后即可点火升压。点火方法因燃烧方式和燃烧设备而异。层燃炉一般用木材引火，严禁用挥发性强烈的油类或易燃物引火，以免发生爆炸事故。点火升压阶段应注意的安全事项如下。

（1）防止炉膛爆炸

点火前须清除炉膛中可能残存的可燃气体或其他可燃物。防止炉膛爆炸的措施：点火前开动风机给锅炉通风 5～10min，没有风机时可以自然通风 5～10min，以清除炉膛及烟道中的可燃物质。点燃气、油、煤粉炉时，应先送风，之后投入点燃火炬，最后送入燃料。一次点火未成功须重新点燃火炬时，一定要在点火前给炉膛和烟道重新通风，待充分清除炉膛及烟道中可燃物之后再进行点火操作。

（2）控制升温升压速度

在点火过程中应对各热承压部件的膨胀情况进行监督，发现有卡住现象应停止升压，待排除故障后再继续升压，发现膨胀不均匀时应采取相应措施消除。

（3）严密监视和调整仪表

在一定时间内压力表指针应离开原点，若指针不动，则须将火力减弱或停息，校验压力表并清洗压力管道，待压力表恢复正常后，方可继续升压。

（4）保证强制流动受热面的可靠冷却

对过热器的保护措施：在升压过程中，开启过热器出口集箱疏水阀，对空排气阀，使一部分蒸汽流经过热器后被排出，从而使过热器足够冷却。

对省煤器的保护措施：对钢管省煤器（再循环管），点火升压期间，将再循环管上的阀门打开，使省煤器中的水经锅筒、再循环管重回省煤器，进行循环流动。在上水时应将再循环管上的阀门关闭。

6. 暖管与并汽

暖管即用蒸汽慢慢加热管道、阀门、法兰等部件，使其温度缓慢上升，避免向冷态或较低温度的管道突然供入蒸汽，以防止热应力过大而损坏管道、阀门等部件，同时将管道中的冷凝水驱出，防止在供汽时发生水击。并汽也称并炉、并列，即新投入运行的锅炉向共用的蒸汽母管供汽。并汽前应减弱燃烧，打开蒸汽管道上的所有疏水阀，充分疏水以防水击；冲洗水位表，并使水位维持在正常水位线以下；使锅炉的蒸汽压力稍低于蒸汽母管内的气压，缓慢打开主汽阀及隔绝阀，使新启动锅炉与蒸汽母管连通。

（四）锅炉正常运行使用

1. 水位的监督调节

司炉工应不间断地通过水位表监督锅炉水位。锅炉水位应经常保持在正常水位线处，并允许在正常水位线上下50mm内波动。锅炉在低负荷运行时，水位应稍高于正常水位，以防负荷增加时水位降得过低；锅炉在高负荷运行时，水位应稍低于正常水位，以防负荷降低时水位升得过高。

2. 气压监督调节

锅炉在正常运行中，其蒸汽压力应基本保持稳定。当蒸发量和负荷不相等时，气压就会发生变动，若负荷小于蒸发量，气压上升；负荷大于蒸发量，气压下降。因此，调节锅炉气压就是调节其蒸发量，而蒸发量的调节是通过燃烧调节和给水调节来实现的。司炉工应根据负荷变化来相应增减锅炉的燃料量（增大或降低火力），根据风量、给水量来改变锅炉的蒸发量，使气压保持相对稳定。

对于间断上水的锅炉，为了保持气压稳定，注意均匀上水，上水间隔的时间不宜过长，一次上水不宜过多。在燃烧减弱时不宜上水，人工烧炉在投煤、扒渣时不宜上水。

3. 气温调节

根据锅炉负荷、燃料和给水温度的改变时间调节温度。

4. 燃烧监督调节

做好燃烧监督调节，主要可以使燃料燃烧供热适应负荷要求，维持气压稳定；使燃烧完好正常，尽量减少未完全燃烧损失，减轻金属腐蚀和大气污染；对于负压燃烧炉，维持引风和鼓风的均衡，保持炉膛一定的负压，以保证操作安全和减少排烟损失。

5. 排污和吹灰

排污是为了保持受热面内部清洁，避免锅水发生汽水共腾及蒸汽品质恶化而进行的操作。吹灰主要是为了清除烟气流经蒸发受热面过热器、省煤器及空气预热器时沉积的微粒。如果不定期清理积尘，就会影响导热、蒸汽温度，降低锅炉效率。排污和吹灰主要针对燃煤锅炉。

（五）停炉及停炉保养

1. 停炉

（1）正常停炉

按照预先计划内的停炉，停炉次序为停止燃料供应，停止送风，减少引风，同时逐渐降低锅炉负荷，相应地减少锅炉上水（应维持锅炉水位稍高于正常水位）。对于燃气锅炉和燃油锅炉，炉膛停火后，引风机至少要继续送风 5min 以上。

锅炉停止供汽后，应隔断与蒸汽母管的连接，排气降压。为保护过热器，防止金属超温，应打开过热器出口集箱疏水阀适当放气。

在降压过程中，司炉工应连续监视锅炉，待锅炉内无气压时开启空气阀，避免锅内因温度降低而形成真空。

停炉时应打开省煤器旁通烟道，关闭省煤器烟道挡板，但锅炉进水仍需经过省煤器。

对于钢管省煤器，锅炉停止进水后，应开启省煤器再循环管。对于无旁通烟道的可分式省煤器，应密切监视其出水口的水温，并连续经省煤器上水放水至水箱中，使省煤器出水口的水温低于锅筒压力下饱和温度 20℃。

正常停炉 4～6h 内，应紧闭炉门和烟道挡板，之后打开烟道挡板，缓慢加强通风，适当放水。停炉 18～24h 内，当锅水温度降至 70℃ 以下时，方可全部放水。

（2）异常停炉

当出现以下情况时应异常停炉，又称紧急停炉：锅炉水位低于水位表的下部可见边缘；不断加大向锅炉进水及采取其他措施，但水位仍继续下降；锅炉水位超过最高可见水位（满水），经放水仍不能见到水位；给水泵全部失效或给水系统发生故障，不能向锅炉进水；水位表或安全阀全部失效；设置在蒸汽空间的压力表全部失效；锅炉元件损坏，危及操作人员安全；燃烧设备损坏、炉墙倒塌或锅炉构件被烧红等严重威胁锅炉安全运行；其他异常情况危及锅炉安全运行。

紧急停炉操作次序：立即停止添加燃料和送风，减弱引风；同时设法熄灭炉膛内的燃料，对于一般层燃炉可以用砂土或湿灰灭火，链条炉可以开快挡使炉排快速运转，把红火送入灰坑；灭火后即把炉门、灰门及烟道挡板打开，以加强通风冷却；锅炉内可以较快降压并更换锅炉中的水，锅水冷却至 70℃ 允许排水。因缺水紧急停炉时，严禁给锅炉上水，并不得开启空气阀及安全阀快速降压。

紧急停炉是为了防止事故扩大不得不采用的非正常停炉方式，有缺陷的锅炉应尽量避免紧急停炉。

2. 停炉保养

停炉保养是为减轻或避免汽水系统对锅炉的腐蚀而采取的防护保养措施。

保养方式：压力保养、湿法保养、干法保养和充气保养，具体保养方法参照锅炉制造企业给出的作业指导书或操作规定等执行。

（六）事故预防

1. 锅炉爆炸事故原因

1）超压爆炸。压力表失灵或操作人员对压力监视不严，致使压力上升，此时安全阀失效，从而造成锅炉锅筒内的压力超过其承受能力而破裂爆炸。

2）缺陷导致爆炸。锅炉承受的压力未超过额定压力，但主要承压部件出现裂纹、严重变形、腐蚀等情况，导致承压部件丧失承载能力，突然破裂爆炸。预防这类爆炸主要是加强检验，及时发现和处理存在的缺陷，避免锅炉带病运行。

3）严重缺水导致爆炸。锅炉一旦缺水，主要承压部件就得不到正常冷却，甚至烧红，此时如果给锅炉上水，就会酿成爆炸事故。

2. 锅炉重大事故预防

1）缺水事故。操作人员对水位监视不严，或给水系统故障、锅炉管子爆破漏水等原因，造成锅炉水位低于水位表最低安全水位刻度线，形成缺水事故。严重缺水会使锅炉蒸发受热面管子过热变形甚至爆破，处理不当还会导致锅炉爆炸事故。发现锅炉缺水时，首先用"叫水"的方法判断缺水的程度，然后予以不同的处理。对于轻微缺水，可以立即向锅炉上水；严重缺水时，必须紧急停炉检查，不得给锅炉上水。

2）满水事故。操作人员对水位监视不严，或水位表故障出现假水位而操作人员未及时发现，造成锅炉水位高于水位表最高安全水位刻度线，形成满水事故。严重满水时，锅水可进入蒸汽管道和过热器，造成水击和过热器结垢，并降低蒸汽品质。发现满水后，首先冲洗水位表，一旦确认满水，应立即关闭给水阀停止向锅炉上水，开启排污阀和疏水阀加强放水。

3）汽水共腾。锅水品质太差，或负荷变化过快，使锅炉蒸发表面汽水共同升起，产生大量泡沫并上下波动，形成汽水共腾现象。严重的汽水共腾会使蒸汽带水，导致蒸汽管道发生水击，并降低蒸汽品质。发现汽水共腾后，应减弱燃烧，关小主汽阀，打开排污阀，同时上水，以改善锅水品质。

4）锅炉爆管。管子结垢、严重缺水、烟气磨损、腐蚀等原因，导致锅炉蒸发受热面管子（包括水冷壁管子、对流管束管子）在运行中爆破。爆管会造成锅炉水位下降，蒸汽压力下降，燃烧不稳定等。发生爆管后，通常必须紧急停炉修理。

5）省煤器损坏。飞灰磨损严重，或给水未进行除氧、管道水击等原因，造成省煤器管子破裂或省煤器其他零部件损坏。省煤器损坏严重时，锅炉水位下降，烟道潮湿或漏水，致使锅炉缺水而被迫停炉。发现省煤器损坏，若能经直接上水管给锅炉上水，则可不停炉进行省煤器修理，否则必须停炉进行修理。

6）过热器损坏。过热器内结垢，或过热器管子超温、飞灰磨损严重等原因，导致省煤器管子破裂，造成过热器损坏事故。过热器损坏严重时，过热蒸汽温度上升压力下降，炉膛负压减小，此时需要停炉修理过热器。

7）水击事故。锅炉给水管道或省煤器管道，由于阀门启闭速度过快，高速流动的水突然受阻，造成水击；过热器管道水击则常常发生在满水或汽水共腾事故中。发生水击时，管道承受的压力骤然升高，常常造成管道、阀门等的损坏。因此，水击后应认真检查管道、阀门、法兰等有无异常情况。为了防止发生水击事故，给水管道和省煤器管道的阀门启闭速度要缓慢，避免发生满水和汽水共腾事故。

8）炉膛爆炸。炉膛爆炸常发生在燃油、燃气、燃煤粉的锅炉中。当炉膛内积存的可燃性混合物浓度到达爆炸极限时，遇明火就会发生爆燃。炉膛爆炸可造成水冷壁、刚性梁及炉顶、炉墙破坏，严重时会造成人员伤亡。为防止炉膛爆炸事故的发生，应装设可靠的炉膛安全保护装置，如防爆门，连锁、报警、跳闸系统及点火程序。启动锅炉点火时，严格按操作程序进行，严禁采用"爆燃法"点火。点火失败后，先通风吹扫 5～10min 后才能重新点火。

9）尾部烟道二次燃烧。尾部烟道二次燃烧常发生在燃油锅炉上，易在停炉之后不久发生。锅炉停炉时燃烧不稳定，可燃物随烟气进入并积存于尾部烟道受热面（空气预热器、省煤器）上，在一定条件下这些可燃物自行着火燃烧。尾部烟道二次燃烧常常将空气预热器、省煤器损坏。要防止尾部烟道二次燃烧，就要组织好燃烧，尽可能减少不完全燃烧损失，在燃油锅炉的尾部烟道上装设灭火装置。

10）锅炉结渣。锅炉结渣常发生在燃煤锅炉上，灰渣在高温下粘结于受热面、炉墙、炉排之上，并越积越多。结渣会降低受热面的吸热能力，影响和破坏水循环；严重的结渣会妨碍燃烧设备的正常运行，甚至被迫停炉。防止结渣的主要措施是：控制炉膛燃烧热负荷，使炉膛出口温度不超过灰渣变形温度；合理控制过量空气系数和减少漏风；发现锅炉结渣时要及时清除。

第二节　起重作业安全使用与事故预防

起重机械是指用于垂直升降或垂直升降并水平移动重物的机电设备。起重机械的划定范围规定为额定起重量大于或等于 0.5t 的升降机，额定起重量大于或等于 1t 且提升高度大于或等于 2m 的起重机，以及承重形式固定的电动葫芦等。

一、综合管理

综合管理是指制定具有针对性的起重设备安全管理制度、安全岗位职责、安全操作规程及事故应急救援预案等。

（一）起重机械的安全管理措施

1. 起重机械安全管理制度

起重机械安全管理制度的项目包括司机守则；起重机械安全操作规程；起重机械维护、保养、检查和检验制度；起重机械安全技术档案管理制度；起重机械作业和维修人员安全培训、考核制度；起重机械使用单位应按期向所在地的主管部门申请在用起重机械安全技术检验及更换起重机械准用证的管理等。

2. 起重机械安全技术档案

起重机械安全技术档案的内容包括设备出厂技术文件；安装、修理记录和验收资料；使用、维护、保养、检查和试验记录；安全技术监督检验报告；设备及人身事故记录；设备的问题分析及评价记录。

3. 起重机械定期检验制度

起重机械定期检验的周期为 2 年。此外，使用单位还应进行起重机的每日检查、每月检查和年度检查等。

（1）每日检查

每日检查应在每天作业前进行，应检查各类安全装置、制动器、操纵控制装置、紧急报警装置，轨道、钢丝绳的安全状况。当在检查的过程中发现有异常情况时，必须及时处理，严禁各类装置"带病"运行。

（2）每月检查

每月检查的项目包括安全装置、制动器、离合器等有无异常，其可靠性和精度是否符合要求；重要零部件（如吊具、钢丝绳滑轮组、制动器、吊索及辅具等）的状态是否正常，有无损伤，是否应报废等；电气、液压系统及其部件的泄漏情况及工作性能；动力系统和控制器等。停用 1 个月以上的起重机构，使用前也应做上述检查。

（3）年度检查

每年对所有在用的起重机械至少进行 1 次全面检查。停用 1 年以上、遇 4 级以上地震或发生重大设备事故、露天作业并经受 9 级以上风力后的起重机，使用前都应做全面检查。

4. 作业人员的培训教育

起重作业是指由指挥人员、起重机司机和司索工群体配合完成的集体作业，要求起重作业人员不仅应具备基本文化和身体条件，还必须了解有关法规和标准，学习起重作业安全技术理论知识，掌握实际操作和安全救护的技能。起重机司机必须经过专门考核并取得合格证，方可独立操作。指挥人员与司索工也应经过专业技术培训和安全技能训练，了解所从事工作的危险和风险，并具有自我保护能力和保护他人的能力。

（二）起重作业的安全防护

高处作业的安全防护：起重机金属结构高大，司机室往往设在高处，很多设备也安装在高处结构上，因此，起重机司机的正常操作、高处设备的维护和检修及安全检查都需要登高作业。

为防止人员从高处坠落，防止高处坠落的物体对下面人员造成伤害，在起重机上，凡是高度不低于 2m 的一切合理作业点，包括进入作业点的配套设施，如高处的通行走台、休息平台、转向用的中间平台及高处作业平台等，都应予以防护。

安全防护的结构和尺寸应根据人体参数确定，其强度、刚度要求应根据走道、平台、楼梯和栏杆可能受到的最不利载荷来考虑。

（三）起重作业的安全操作技术

1. 吊运前的准备工作

吊运前的准备工作包括正确佩戴个人防护用品，如安全帽、工作服、工作鞋和手套，高处作业还必须佩戴安全带和工具包；检查并清理作业场地，确定搬运路线，清除障碍物；进行室外作业时要了解当天的天气预报；流动式起重机要将支撑地面垫实、垫平，防止作业中地基沉陷；对使用的起重机和吊装工具、辅件进行安全检查；不使用报废元件，不留安全隐患；熟悉被吊物品的种类、数量、包装状况及与周围的联系；根据有关技术数据（如质量、几何尺寸、精密程度、变形要求等）进行最大受力计算，确定吊点位置和捆绑方式；编制作业方案对于大型、重要物件的吊运或多台起重机共同作业的吊装，事先要在有关人员参与下，由指挥、起重机司机和司索工共同讨论，编制作业方案，必要时报请有关部门审查批准；预测可能出现的事故，采取有效的预防措施，选择安全通道，制定应急对策。

2. 起重机司机通用操作要求

1）有关人员应认真交接班，对吊钩、钢丝绳、制动器、安全防护装置的可靠性进行检查，发现异常情况应及时报告。

2）开机作业前，应确认处于安全状态方可开机，需确认的内容包括所有控制器是否置于零位；起重机上和作业区内是否有无关人员，作业人员是否撤离到安全区；起重机运行范围内是否有未清除的障碍物；起重机与其他设备或固定建筑物的最小距离是否在 0.5m 以上；电源断路装置是否加锁或有警示标牌；流动式起重机是否按要求平整好场地，支脚是否牢固、可靠。

3）开车前，必须鸣铃或示警；操作中接近人时，应给予断续铃声或示警。

4）司机在正常操作过程中，不得利用极限位置限制器停车；不得利用打反车进行制动；不得在起重作业过程中进行检查和维修；不得带载调整起升、变幅机构的制动器，或带载增大作业幅度；吊物不得从人头顶上通过，吊物和起重臂下不得站人。

5）严格按指挥信号操作，对于紧急停止信号，无论何人发出，都必须立即执行。

6）吊载接近或达到额定值，或起吊危险物品（如液态金属，有害物，易燃、易爆物等）时，吊运前应认真检查制动器，并用小高度、短行程试吊，确认没有问题后重机共同作业的吊装，事先要在有关人员的参与下，由指挥、起重机司机和司索工共同讨论，编制作业方案，必要时报请有关部门审查批准；预测可能出现的事故，采取有效的预防措施，选择安全通道，制定应急对策。

7）起重机各部位、吊载及辅助用具与输电线的最小距离应满足安全要求。

8）有下列情况时，司机不应操作：起重机结构或零部件（如吊钩、钢丝绳、制动器、安全防护装置等）有影响安全工作的缺陷和损伤；吊物超载或有超载可能，吊物质量不清；吊物被埋置或冻结在地下或被其他物体挤压；吊物捆绑不牢或吊挂不稳，被吊重物棱角与吊索之间未加衬垫；被吊物上有人或浮置物；作业场地昏暗，看不清场地、吊物情况或指挥信号；钢（铁）水过满；室外遇到 6 级以上大风。在操作中不得歪拉斜吊。

9）工作中突然断电时，应将所有控制器置于零位，关闭总电源。重新工作前，应先检查起重机工作是否正常，确认安全后方可正常操作。

10）有主、副两套起升机构的，不允许同时利用主、副钩工作（设计允许的专用起重机除外）。

11）用 2 台或多台起重机吊运同一重物时，每台起重机都不得超载。在吊运过程中应保持钢丝绳垂直，保持运行同步。吊运时，有关负责人员和安全技术人员应在场指导。

12）当风力大于 6 级时，露天作业的轨道起重机应停止作业。当工作结束时，应锚定住起重机并将挂钩固定。

13）禁止同时使用 2 台或 2 台以上起重设备吊运一个重物或一个工件。

3. 司索工安全操作要求

司索工主要从事地面工作，如准备吊具、捆绑被吊物、挂钩起钩、摘钩卸载、搬运过程中的指挥等，多数情况下还担任指挥任务。司索工的工作质量与整个搬运作业安全的关系极大，其操作工序要求如下。

（1）准备吊具

对吊物的质量和重心估计要准确，如果是目测估算，则应增大20%来选择吊具；每次吊装都要对吊具认真地进行安全检查，如果是旧吊索，则应根据情况降级使用，绝不可侥幸超载或使用报废的吊具。

（2）捆绑被吊物

对被吊物进行必要的归类、清理和检查，被吊物不能被其他物体挤压，被埋或被冻的物体要完全挖出。

切断与周围管线的一切联系，防止造成超载；清除被吊物表面或空腔内的杂物，将可移动的零件锁紧或捆牢，形状或尺寸不同的物品不经特殊捆绑不得混吊，以防止坠落伤人；被吊物捆扎部位的毛刺要打磨平滑，尖棱利角应加垫物，防止起吊吃力后损坏吊索；表面光滑的被吊物应采取措施来防止起吊后吊索滑动或吊物滑脱；吊运大而重的物体时应加诱导绳，诱导绳的长度应能使司索工既能握住绳头，又能避开吊物正下方，以便发生意外时司索工可利用该绳控制吊物。

（3）挂钩起钩

吊钩要位于被吊物重心的正上方，不准斜拉吊钩硬挂，防止提升后被吊物翻转、摆动。吊物高大需要垫物攀高挂钩、摘钩时，脚踏物一定要稳固垫实，禁止将易滚动的物体（如圆木、管子、滚筒等）作为脚踏物。

攀高时必须佩戴安全带，防止人员坠落跌伤。挂钩要坚持"五不挂"，即起重或被吊物质量不明不挂，重心位置不清楚不挂，尖棱利角和易滑工件无衬垫物不挂，吊具及配套工具不合格或报废不挂，包装松散、捆绑不良不挂，将安全隐患消除在挂钩前。

当多人吊挂同一被吊物时，应由一位专人负责指挥，在确认吊挂完备，所有人员都离开并站在安全位置以后，才可发出起钩信号。起钩时，地面人员不应站在被吊物倾翻、坠落可波及的地方，若作业场地为斜面，则应站在斜面上方（不可站在死角处），防止吊物坠落后继续沿斜面滚移伤人。

（4）摘钩卸载

吊物运输到位前，应做好安置，卸载时不要挤压电气线路和其他管线，不要阻塞通道。针对不同吊物的种类应采取不同措施加以支撑、垫稳、归类摆放，不得混码、互相挤压、悬空摆放，防止吊物滚落，侧倒、塌垛。摘钩时应等所有吊索完全松弛后再进行，确认所有绳索从钩上卸下再起钩，不允许抖绳摘索，更不允许利用起重机抽索。

（5）搬运过程中的指挥

无论采用何种指挥信号，必须规范、准确、明了；指挥者所处位置应能全面观察作业现场，并使司机、司索工都可清楚地看到。

在作业进行的整个过程中，特别是重物悬挂在空中时，指挥者和司索工都不得擅离职守，应密切注意观察吊物及周围情况，若发现问题，则应及时发出指挥信号。

二、制造使用管理

（一）对制造厂和自制、改造的要求

制造厂应对起重机的金属结构，以及零部件、外购件、安全防护装置等质量全面负责。产品质量应不低于专业标准和其他有关标准的规定。

1）对于自制或改造的起重机械，应先提出设计方案，图纸、计算书和所依据的标准、质

量保证措施报主管部门审批，同级劳动部门备案后，方可投入制造或改造。

2）起重机械制造和改造后，应按有关标准的要求试验合格。

3）起重机的专业制造厂，必须具备保证产品质量所必要的设备、技术力量、检验条件和管理制度。起重机械产品应向劳动人事部委托的单位登记、检验并取得合格证。

4）起重机发生重大设备事故，如确属由设计、制造原因引起，制造厂应承担责任。对产品不能满足安全要求的制造厂应吊销合格证。

（二）对使用单位的要求

使用单位应根据所用起重机械的种类、复杂程度，以及使用的具体情况，建立必要的规章制度，如交接班制度、安全技术要求细则、操作规程细则、绑挂指挥规程、检修制度、培训制度、设备档案制度等。

1. 购置要求

购置起重机时应遵守下述要求：必须在指定的并有劳动部门发给合格证的专业制造厂选购；起重机的安全、防护装置应齐全完善，并有产品合格证。

2. 设备档案要求

使用单位必须对本单位的起重机械、重要的专用辅具建立设备档案。

设备档案的内容应包括：起重机出厂技术文件，如图纸、质量保证书、安装和使用说明书；安装后的位置，启用时间；日常使用、保养、维修、变更，检查和试验等记录；设备、人身事故记录；设备存在的问题和评价。

3. 金属标牌要求

在起重机的明显位置应有清晰的金属标牌，标牌应有下述内容：起重机名称、型号，额定起重能力，制造厂名称、出厂日期，其他所需的参数和内容。

4. 保持间隙要求

起重机无论在停止或进行转动状态下与周围建筑物或固定设备等均应保持一定的间隙。凡有可能通行的间隙不得小于 400mm。

5. 对司机的要求

1）起重机司机的操作应由下述人员进行；经考试合格的司机；司机直接监督下的学习满 6 个月以上的学徒工等受训人员；为了执行任务需要进行操作的维修、检测人员；经上级任命的劳动安全监察员。

2）司机应符合下述条件：年满 18 周岁，身体健康；视力（包括矫正视力）在 0.7 以上，无色盲；听力应满足具体工作条件要求。

3）司机岗位职责：掌握所操纵的起重机各部分的构造和技术性能，起重机操作规程、本规程及有关法令，安全运行要求，安全、防护装置的性能；原动机和电气方面的基本知识，指挥信号，保养和基本的维修知识。

（三）检验维修

1. 检验

下述情况下应对起重机按有关标准的要求试验合格：正常工作的起重机，每 2 年进行 1 次检验；经过大修、新安装及改造过的起重机，在交付使用前须进行检验；闲置时间超过 1 年的起重机，在重新使用前进行检验；经过暴风、地震等重大事故后，可能使强度、刚度、构件的稳定性、机构的重要性能受到损害的起重机须进行检验。

2. 经常性检查

应根据工作繁重、环境恶劣的程度确定检查周期，但每月不得少于 1 次。检查内容一般应包括：起重机正常工作的技术性能；所有的安全、防护装置；线路、罐、容器阀，泵、液压或气动的其他部件的泄漏情况及工作性能；吊钩、吊钩螺母及防松装置；制动器性能及零件的磨损情况；钢丝绳磨损和尾端的固定情况；链条的磨损、变形、伸长情况；捆绑、吊挂链和钢丝绳及辅具。

3. 定期检查

应根据工作繁重、环境恶劣的程度，确定检查周期，但每年不得少于 1 次，一般应包括：经常性检查的内容；金属结构的变形、裂纹，腐蚀及焊缝、铆钉、螺栓等连接情况；主要零部件的磨损、裂纹、变形等情况；指标装置的可靠性和精度；动力系统和控制器等。

4. 维修

1）维修更换的零部件应与原零部件的性能和材料相同。

2）结构件需焊修时，所用的材料、焊条等应符合原结构件的要求，焊接质量应符合要求。

3）起重机处于工作状态时，不应进行保养维修及人工润滑。

4）维修时应符合下述要求：将起重机移至不影响其他起重机的位置，对因条件限制，不能符合以上要求的起重机，应有可靠的保护措施，或设置监护人员；将所有的控制器手柄置于零位；切断主电源、加锁或悬挂标志牌，标志牌应放在有关人员能看清的位置。

第二篇
质量管理工具——质量内训师应知应会

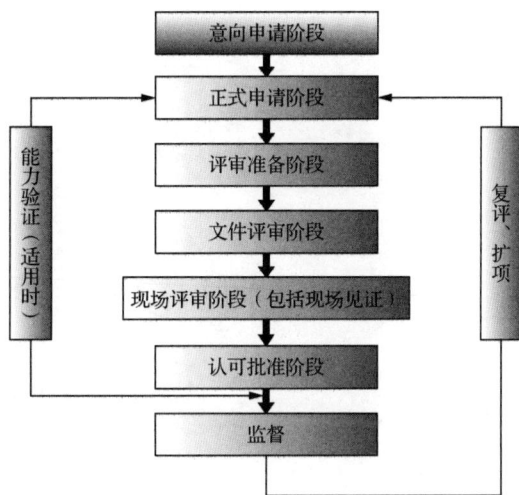

```
              ┌──────────────┐
              │  意向申请阶段  │
              └──────┬───────┘
                     ↓
    ┌──────────→┌──────────────┐←──────────┐
    │           │  正式申请阶段  │           │
    │           └──────┬───────┘           │
    │                  ↓                   │
  ┌─┴─┐        ┌──────────────┐          ┌─┴─┐
  │能 │        │  评审准备阶段  │          │复 │
  │力 │        └──────┬───────┘          │评 │
  │验 │               ↓                  │、 │
  │证 │        ┌──────────────┐          │扩 │
  │（ │        │  文件评审阶段  │          │项 │
  │适 │        └──────┬───────┘          │   │
  │用 │               ↓                  │   │
  │时 │   ┌────────────────────────┐     │   │
  │） │   │现场评审阶段（包括现场见证）│     │   │
  │   │   └──────────┬─────────────┘     │   │
  │   │              ↓                   │   │
  │   │        ┌──────────────┐          │   │
  │   └───────→│  认可批准阶段  │←─────────┘   │
  └───┘        └──────┬───────┘              │
                      ↓                      │
               ┌──────────────┐              │
               │     监督      │              │
               └──────┬───────┘              │
                      └──────────────────────┘
```

第四章　企业计量体系建设

第一节　企业计量管理体系建构

计量管理是一项细致而复杂的工作，是企业管理的重要组成部分，是技术、质量和经济工作的基础；计量管理直接或间接影响企业产品质量和经济效益的提高。

随着我国经济体制改革的逐步深化和世界经济贸易竞争日趋激烈，ISO（International Organization for Standardization，国际标准化组织）质量体系认证在企业中对提高产品质量、节约能源、降低消耗等方面起着越来越重要的作用。计量管理是一项细致而复杂的工作，是企业管理的重要组成部分，是技术、质量和经济工作的基础；计量管理直接或间接影响企业产品质量和经济效益的提高。

一、健全机构规范制度

（一）计量管理机构的设置

企业应设立专门的技术监督部门作为计量管理监督部门，由主管技术的负责人直接领导。凡有关计量工作的重大问题经主管领导决策后由技术监督部门执行。

技术监督部门配备一定数量的专职计量管理人员，负责宣传贯彻执行国家有关计量工作的法律、法规及方针政策，负责制定相应的实施办法；负责编制计量工作发展规划，组织重大计量科研项目计划的讨论与实施；负责计量考核、换证工作。

（二）计量技术机构的设置

设立专门的计量技术机构，受计量管理机构的指导监督，实现从计量器具的选型、安装、调试、抄表、统计分析、维护、检定的全过程管理。

（三）计量管理制度的制定及执行

企业的技术监督部门应制定计量器具的使用、维护制度，计量器具的采购、流转、报废制度，计量器具的管理制度，计量器具的周期检定制度，计量技术档案、资料保管使用制度、计量人员岗位责任制等管理制度，并监督执行，规范企业的计量工作。

（四）计量体系文件的建立

企业应将计量体系所使用的方法编成文件，并使其成为企业总体系必不可少的一部分。体系文件化是基本要求，只有成文才能变为在一定范围内的规章，才便于执行，便于检查。体系运行的好坏将反映在文件中，并且文件也是对体系进行评审的依据。

二、强化计量数据管理

1. 建立和完善计量检测系统

企业中的计量数据由于人、测量设备、环境条件、原理方法、测量对象和测量标准方面的影响，都会使计量数据失准。

企业应根据自身特点，依据《中华人民共和国计量法》（以下简称《计量法》）的要求，针对产品质量监控、能源消耗计量、环境监测、安全保护检测、经营管理检测等方面，制定计量法规、法纪，使计量工作制度化、程序化、规范化，保证计量人员不受到工作性质的压力或诱惑，出具不合格数据，也不会因为人员的变动而影响工作。

2. 加强计量数据的确认工作

企业的技术监督部门，通过日常对测量设备、计量人员、测量条件和管理制度的全面监督，保证计量数据原始取得程序化、规范化。

除此之外，应针对计量单位的特点，将主要的操作规程、检测流程图、质量保证体系图，订成框上墙，使每个计量人员做到标准操作、安全测试，实现对计量人员的标准化管理，从而确认计量数据的准确性。

3. 做好计量数据的监督工作

将生产过程中产生的计量数据录入企业的数据文件库，通过数据库来处理不同类型的资料报表。例如，数据反映生产过程不在正常状态，即可根据图表分析计量管理保证的程度，以便及时发现问题、解决问题。

三、加强计量器具管理

1. 建立完整的计量器具管理台账

技术监督部门应建立计量器具管理目录、计量器具总台账，强检计量器具台账。对强制检定的计量器具制订切实可行的周期检定计划。

计量技术机构要建立计量器具总台账及 ABC 三级管理分台账中的 A、B 类计量器具管理台账及计量器具变动台账。

企业要建立 ABC 三级管理分台账中的 C 类计量器具管理台账。

2. 加强计量器具的动态管理

计量器具的添置必须按计划进行，所购计量器具的生产厂家必须持有制造计量器具部门许可证，必须有定型鉴定合格证书及产品合格证。

新领用的计量器具原合格证签发时间已超过检定周期的，必须先检定后投用。报废封存和流转的计量器具必须根据需要分别放置，严禁不合格和报废计量器具倒流使用。

3. 加强计量器具的周期检定

为保证计量器具的测量准确性，应由技术监督部门根据计量器具的特点编制计量器具周检计划，同时根据《计量法》的规定对在用计量器具定期送往有关部门，按时检定。

在用强检计量器具周检率应达到100%，标准器具合格率必须达到100%，在用计量器具周检合格率必须达到98%以上，以确保所用的计量器具准确有效。技术监督部门每月统计周检计划完成情况，保证周检工作落到实处。

4. 注重维修保养，减少计量误差

为保证计量器具的使用周期，各使用单位必须对计量器具配备专人维护保养，并严格按操作规程进行操作。

发现计量器具失准，立刻联系有关部门进行校验，以提高计量器具的精度和延长其使用寿命，减少由计量器具失准造成的系统误差，从而提高计量器具的完好率。

5. 合理选择精度等级，减少误差

根据企业的计量特点，从实际出发合理选用计量器具的精度等级。各单位配备和更换计量器具时首先将计划报技术监督部门，由技术监督部门核定选型，合理选购，由仪器仪表部门负责调试正常后交给基层单位使用。各有关单位严把计量器具精度等级关，从而杜绝使用不合格计量器具现象。

四、完善计量管理体系

通过化验计量认证，保证产品质量。

《计量法》规定，凡向社会出具公正数据的产品质量检验机构，必须经过省级以上人民政府计量认证机构认证。化验计量认证考核化验室测试能力和可靠性，证明其为社会提供公正准确数据的资格。

企业的产品向社会公开销售，应按国家标准要求配备取样、化验仪器设备，把化验室纳入质检机构考核管理，取得质检机构认可证。

同时，对化验人员进行技术培训，提高职工的技术水平及现场操作能力，取得上级组织考核的计量工作人员操作证，持证上岗。

技术监督部门对化验数据定期抽查，保证化验的严肃性，杜绝产品质量出现漏洞。

五、有效运作计量管理体系

计量管理体系的建立和完善，是一个在生产中不断总结、不断完善的过程。有效运作计量管理体系，是提供准确的计量数据、保证产品质量及提高经济效益的关键。

第二节　企业计量认证与实验室认可及计量人员管理

一、计量认证与实验室认可

（一）计量认证

1. 计量认证的概念

依据《计量法》第二十二条规定，为社会提供公正数据的产品质量检验机构，必须经省级

以上人民政府计量行政部门对其计量检定、测试的能力和可靠性考核合格，这种考核被称为计量认证。

《中华人民共和国计量法实施细则》（以下简称《计量法实施细则》）体现了计量认证是对检测机构的法制性强制考核，是政府权威部门对检测机构进行规定类型检测所给予的正式承认，其实质是对实验室能力的一种认可。取得计量认证合格证书的检测机构，允许在其检测报告上使用 CMA（China Metrology Accreditation，中国计量认证/认可）标记，有 CMA 标记的检测报告可用于产品质量评价、成果及司法鉴定，具有法律效力。

2. 计量认证的对象

计量认证的对象为所有对社会出具公正数据的产品质量监督检验机构及其他各类实验室，如各种产品质量监督检验站、境检测站、疾病预防控制中心等。

3. 计量认证的执行机构

在我国，计量认证是由我国省级以上人民政府计量行政部门执行的。计量认证分为两级实施：一级为国家级，由国家认可认证监督管理委员会组织实施；一级为省级，由省级质量技术监督局负责组织实施，具体工作由计量认证办公室（计量处）承办。不论是国家级还是省级，实施的效力均是完全一致的。不论是国家级还是省级认证，对通过认证的检测机构，其资质在全国均同样有法定效力，不存在办理部门不同效力不同的差异。

4. 计量认证的依据

计量认证的依据有《计量法》《计量法实施细则》《产品质量检验机构计量认证技术考核规范》等。

5. 计量认证工作的办理程序

1）提出计量认证申请。首次申请计量认证和单位认证（增项认证），由申请单位自主确定；计量认证到期复查申请，须在证书有效期满前 6 个月提出，有增项认证申请，也可以在复查申请中一并提出。

2）提交以下申报材料：①质检机构计量认证/审查认可（验收）申请书一份；②现行有效版本的质量手册一套和程序文件目录；③质检机构法律地位证明文件；④典型检验报告 1～2 份；⑤质检机构批准设置的文件［仅审查认可（验收）的质检机构］；⑥能力验证活动记录（若有）。

3）申请资料审查、受理部门收到计量认证申请书及相关材料后，应组织相关人员对所提交的资料（重点是质量管理手册）进行案头审查，并在 30 个工作日内通知申请单位是否决定受理。

4）现场评审资料审查合格，由受理部门委托行业计量认证评审组或组成计量认证评审组对申请认证单位进行现场评审，评审组由 3～5 名评审员组成，评审员必须是取得有效期内国家局或省局颁发《评审员证》的人员和专家，现场正式评审一般不超过 3 天。现场评审结束，由评审组长负责完成评审报告和其他材料。计量认证评审组自接受现场评审任务之日起，应在 30 个工作日内完成现场评审工作，并将评审报告上报受理部门。

5）审核发证受理部门在 15 个工作日内完成评审报告和评审组上报的相关材料的审核，经受理部门领导批准后作出是否通过、整改或不通过等决定，对通过的颁发《计量认证合格证》。

（二）实验室认可

1. 实验室认可的概念

实验室认可是指由认可机构对认证机构、检查机构、实验室，以及从事评审、审核等认证活动人员的能力和执业资格，予以承认的合格评定活动。实验室认可是由中国合格评定国家认可委员会（China National Accreditation Service for Conformity Assessment，CNAS）对实验室能力进行评定的活动。

根据《中华人民共和国产品质量法》《计量法》《中华人民共和国标准化法》《中华人民共和国进出口商品检验法》《中华人民共和国进出境动植物检疫法》《中华人民共和国食品卫生法》《中华人民共和国国境卫生检疫法》《中华人民共和国产品质量认证管理条例》等法律法规的规定，由中国实验室国家认可委员会对实验室的能力进行认可，这种认可是非强制性的、自愿的。

2. 进行实验室认可的原因

（1）提升市场竞争力

实验室的检测结果和报告是实验室最终产品，出具高质量（准确、可靠、及时）的检测结果和报告，并得到社会各界的信任和认可，已成为实验室赖以生存的核心问题。通过实验室认可的实验室，可以表明实验室具备按有关国际认可准则开展检测活动的技术能力和管理能力，为接收服务的客户在检测数据的信任上提供了信心。进行实验室认可能增强实验室的市场竞争能力，赢得政府部门、社会各界的信任；同时减少实验室自身可能出现的质量风险和实验室的责任；平衡实验室与客户之间的利益。

（2）发展国际贸易

获得与签署互认协议方国家和地区实验室认可机构的承认；参与国际实验室认可双边、多边合作，得到更广泛的承认；消除国际贸易中的技术壁垒，互认检测结果。在国际贸易中，提供准确可靠的商品质量检测数据和检测报告被国际承认，这就要求各类检测实验室能够在具有一套国际公认的权威实验室认可组织下，对检测技术能力和管理体系的规范性给予一种正式承认，以便实验室给出的检测结果能够充分被服务对象接受。

（3）进行公正活动

解决双方的纠纷需要靠仲裁，这就要求具有公正地位的，经过认可的实验室为他们服务，一个被权威机构正式承认的实验室出具的检测结果则是协商处理纠纷的最有力的证据。

（4）进行政府管理

在进行规范市场行为、查处假冒伪劣产品时，政府要依靠各类检测实验室为其提供服务。因此，各类实验室的公正性和检测能力需要通过一个统一的标准和权威机构进行。

3. 实验室认可对企业的帮助

1）成为国家实验室成员之一，对外公开查询，增加公司的知名度。

2）申请政府资助和补贴，每个地区每年对实验室都有不同类型的补助。

3）实验室人员的技术能力有较大提高。

4）节约对外检测费用，减少样品外送频率，实验室出具认可范围内的证书。

4. 实验室认可的申请流程

申请实验室全流程如下。

（1）申请账号

1）未获认可机构账号的获取方式。

① 登录 CNAS 网站（www.cnas.org.cn），选择"首页"→"在线服务"→"实验室/检验机构认可业务在线申请"→"进入系统"→"实验室/检验机构"选项，打开系统登录页面，如图 4-1 所示。

图 4-1　系统登录页面

② 单击登录页面下方的"新机构用户注册"按钮，进行预申请操作，如图 4-2 所示。

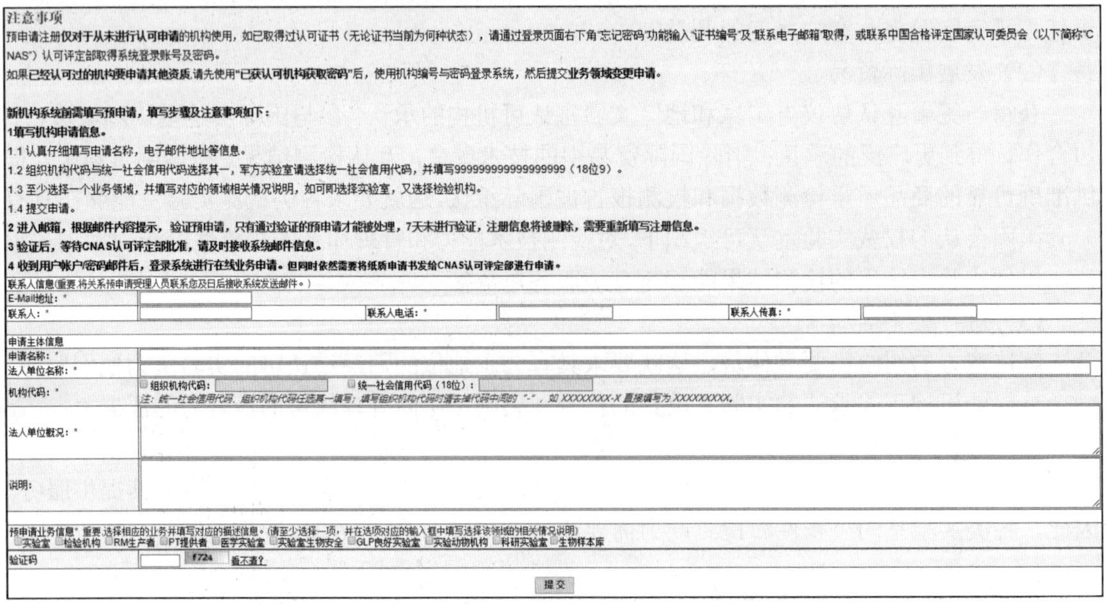

图 4-2　进行预申请操作

③ 预申请页面的上方是注意事项和预申请操作步骤，操作前应仔细阅读。下面是需要机构用户输入的信息，包括联系人信息、申请主体信息和预申请业务信息。

注意事项如下：预申请注册仅对于从未进行认可申请的机构使用，如果已取得过认可证书

（无论证书当前为何种状态），请通过登录页面右下角的"忘记密码"功能取得，或联系 CNAS 认可后取得系统机构登录账号及密码。提交后的预申请，可在预申请上填写的邮箱中找到，查看、验证邮件。通过预申请后可以进行在线申请，但同时依然需要将纸质申请书发给 CNAS 认可评定部进行申请。

如果已经认可过的机构要申请其他资质则先登录系统，然后在菜单栏中选择"业务领域管理"→"业务领域变更"选项，如图 4-3 所示，在弹出的界面中增加其他资质。例如，已经获得实验室资质，但是还要获取其他检验机构资质的情况。

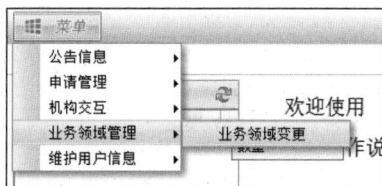

图 4-3　变更增加其他资质

联系人信息很重要，影响与预申请受理人员联系及日后接收系统发送邮件。

目前本系统向用户发送邮件所用的系统邮箱是 cnaslas@cnas. org. cn。

预申请业务信息很重要，要选择相应的业务并填写对应的描述信息。应至少选择一项，并在选项对应的输入框中填写选择该领域的相关情况说明。

填写组织机构代码时须去掉中间的"-"，如××××××××-L 直接填写为×××××××××L。

页面中标注红色星号的为必填项，如果漏填，则系统将无法保存所填信息。

④ 填写完各项信息之后单击按钮，系统对输入的信息进行正确性校验，提交成功后显示提示信息，如图 4-4 所示。

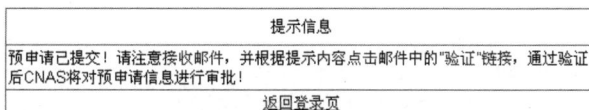

图 4-4　显示提示信息

⑤ 机构用户登录邮箱，打开收件箱，查看邮件通知，如图 4-5 所示。

图 4-5　查看邮件通知

⑥ 通过浏览器访问邮件中的验证预申请的地址，打开网页，如图 4-6 所示。

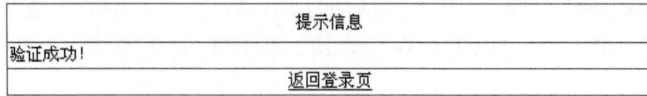

提示信息
验证成功！
返回登录页

图 4-6　访问邮件中的验证预申请的地址

通过浏览器访问查看已提交的预申请信息的地址，打开网页，如图 4-7 所示。

预申请				
联系人信息				
E-Mail地址：	●●●●@163.com			
联系人名称：	●●●	联系人电话：	●●●●●	联系人传真：	●●●●●
申请主体信息				
申请名称：	北方检验检测中心			
法定机构名称：	北方检验检测中心		组织机构代码：	●●●●
法人机构概况：	法人机构概况信息			
说明：	说明信息			
预申请业务信息（实验室 检查机构）				
实验室申请概况描述、检测或者校准描述	实验室申请概况描述，检测或者校准描述			
检查机构申请概况描述	检查机构申请概况描述			

图 4-7　查看已提交的预申请信息的地址

⑦ 预申请验证成功之后，预申请记录流转到 CNAS 的预申请受理列表，CNAS 具有预申请管理角色的用户会进行处理，结论为批准或不批准，如图 4-8 所示。

图 4-8　查看结论

如果批准机构预申请，将发送邮件通知机构用户，机构用户登录邮箱，打开收件箱，查看邮件通知，获取批准用户名和密码，用户名和密码中的英文字母要区分大小写。

机构用户输入预申请批准后获得的用户名和密码登录系统，在菜单栏中选择"维护用户信息"→"修改用户密码"选项，在弹出的界面中可以修改密码。

⑧ 通过浏览器访问邮件中的查看已批准预申请信息的地址，打开网页，如图 4-9 所示。

2）已获认可机构账号的获取方式。

① 登录 CNAS 网站，选择"首页"→"在线服务"→"实验室/检验机构认可业务在线申请"→"进入系统"→"实验室/检验机构"选项，打开系统登录页面。

② 进入用户登录页面后，通过单击"已获认可机构密码"链接（图 4-10）找回机构账户密码。

预申请			
联系人信息			
E-Mail地址:	████@163.com		
联系人名称:	████	联系人电话: ████	联系人传真: ████
申请主体信息			
申请名称:	北方检验检测中心		
法定机构名称:	北方检验检测中心	组织机构代码:	████
法人机构概况:	法人机构概况信息		
说明:	说明信息		
预申请业务信息(实验室 检查机构)			
实验室申请概况描述,检测或者校准描述	实验室申请概况描述,检测或者校准描述		批准
检查机构申请概况描述	检查机构申请概况描述		批准
审批信息	请一个月内同时提交电子版申请书和纸质申请资料到认可七处。		

图4-9　查看已批准预申请信息的地址

图4-10　登录CNAS网站

③ 输入证书号,系统自动带出之前申请认可对应的联系人邮箱,如图4-11所示,单击"提交"按钮。若需要修改邮箱,发送邮件至 tianss@cnas.org.cn,信息包括单位名称、认可注册号、原邮箱、更改后的邮箱,联系人姓名和电话。在发送邮件后的1～2个工作日后重新登录系统,用更改后的邮箱自助找回原用户名和密码。若已经成功修改了邮箱,仍无法登录,请发邮件至 kuiy@cnas.org.cn 咨询,相关工作人员将会在2～3个工作日进行邮件回复。

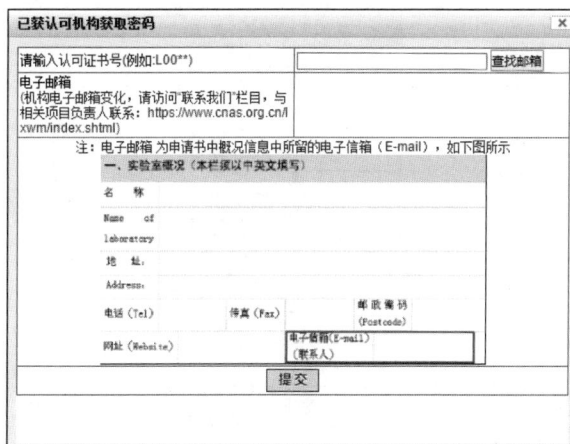

图4-11　输入证书号,单击"提交"按钮

④ 系统会向用户的邮箱地址中发送一封邮件,用户打开邮件进行密码更改操作,如图4-12所示。

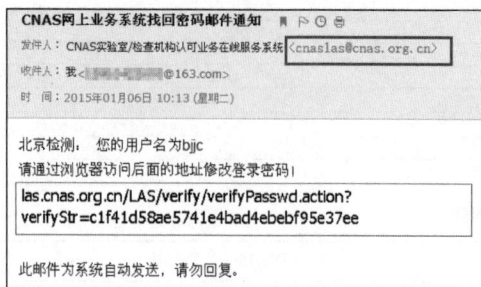

图 4-12　打开邮件进行密码更改操作

⑤ 通过浏览器访问邮件中的网址,打开机构用户登录密码修改页面,如图 4-13 所示。

图 4-13　打开机构用户登录密码修改页面

⑥ 在用户新密码、确认新密码文本框中输入新密码,单击"提交"按钮,系统弹出提示对话框,如图 4-14 所示。

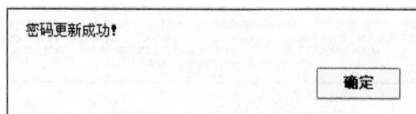

图 4-14　提示对话框

⑦ 单击"确定"按钮,打开系统登录页面。

(2)完成在线提交。

登录实验室/检验机构认可业务系统,填写相关信息。具体步骤流程可参考如图 4-15 所示的实验室认可流程。

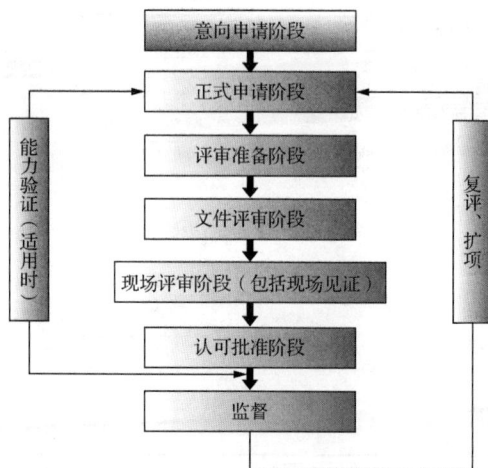

图 4-15　实验室认可流程

二、计量人员管理

计量检测体系的建立是否科学、完善，能否有效地发挥保证作用，很大程度上取决于计量人员的水平。因此，建立起一支技术水平高、有经验、有才能、懂管理的计量人员队伍，是保证计量检测工作有效实施的关键。企业应保证所有的计量工作都由具备相应资格、受过培训、有经验、有才能的人员来实施，并有人对其工作进行监督。企业计量人员的配备必须与企业生产和经营管理要求相适应。

相适应是指计量人员配备的数量要满足工作量的需要，人员结构要合理，人员素质要高，能满足各类计量活动的要求。计量人员中既要配备管理人员和技术人员，又要配备相当数量技术熟练的工人。计量人员队伍应保持稳定，有计划地进行技术业务的培训，不断提高技术业务水平，建立起一支法制观念强、技术业务精、工作效率高的计量队伍。

计量人员是企业员工的组成部分。计量人员按工作分工的不同分为计量管理人员、计量监督人员、计量技术人员、计量检定人员、计量维修人员。

（一）计量人员的素质要求

企业对计量人员的控制主要包括资格、培训、能力和品德等方面，主要要求如下。
1）熟悉我国的计量法律、法规和规章制度。
2）具有高中以上文化水平。
3）熟悉有关的计量知识，经过培训熟悉企业计量规章制度和计量管理规定。
4）具有一定的组织工作能力和管理经验。
5）工作认真细致、能深入基层，作风正派、秉公办事。

具有公司或公司以上级单位颁发的计量上岗证或计量培训合格者可直接上岗工作，否则应先参加公司的培训，经考核合格者，可上岗。

在岗的计量人员，不经过公司计量主管部门同意，不得随意更换。当因工作或其他原因须更换时，应提前一个月向计量主管部门提出申请，并且计划更换后的计量人员必须符合要求；否则驳回更换请求。

（二）计量人员的配备

1）企业计量人员的配备比例应达到行业主管部门配备规范的要求。没有制定行业规范的，建议企业计量人员总数占企业职工总数的 1%～2%。
2）企业计量技术人员总数一般应占企业计量人员总数的 15%以上。
3）从事计量管理的人员应占企业计量人员总数的 5%～10%。

（三）计量人员的资格认定

计量是技术较为复杂、涉及知识面较为宽广的一类工作。计量人员从事计量工作，就要求在专业技术方面或专业管理方面有相应的水平。目前，对计量人员的资格认定通常采用以下几种形式。

1）对于计量技术人员的资格认定。计量技术人员应有学历的要求，或者经过一定的技术培训取得培训合格证。企业在计量技术管理上设置不同岗位，每个岗位要设置相应的岗位职责，要胜任这些岗位职责就要具备一定的水平，进行上岗前的考核。这种考核一般由企业组织进行，考核合格后颁发上岗证。

2）对于计量管理人员，可以采用与计量技术人员类似的方式和要求进行资格确认。只是岗位责任制内容有较大不同，其职责突出了管理能力和管理效率要求，主要应对管理水平进行考核。

3）对计量体系进行审核的人员，除了要有学历、测量技术基本知识、管理水平的要求，还应按有关体系审核员的标准要求对其进行考核。企业有条件的，可派员参加国家或省、部级计量部门举办的审核员培训学习。

（四）计量人员的培训

对计量人员的培训是随着计量检测体系的建立而进行的。培训应按有关规定要求有组织、有计划地进行。培训的水平很大程度上决定了计量人员的水平，而计量人员的水平又很大程度上决定了计量工作的水平。因此，应对人员培训给予足够的重视。

对计量人员资格取得后的培训是为了适应测量水平发展的需要。测量新方法的采用，测量技术的进步，以及计量检测体系的完善提高，都要求计量人员更新思想观念，改善知识结构，增强业务能力。

因此，对计量人员的培训应成为一项长期的、经常性的活动。对计量人员培训的内容主要有以下几个方面。

1）所有计量人员都要了解和掌握测量的基本知识、计量检测体系所依据的国际标准，国家有关计量法律、法规，本单位计量检测体系的有关手册、文件、程序等。

2）测量设备校准、调试、修理、操作的人员，要了解或掌握相关的测量设备原理、结构、性能、使用和溯源等方面的知识。

3）测量技术人员要掌握基本的误差理论，熟知相关的测量技术文件，具有对测量设备计量特性进行误差修正的专业技术知识，掌握对相关的测量设备的确认要求及测量新技术、溯源新方法、检测新要求等知识。

4）测量管理人员应掌握法制计量管理和科学计量管理的基本知识，测量设备配置和管理的知识，以及对先进计量管理方法、人际关系技巧、工作统筹计划的了解。

5）计量体系审核人员不仅要了解各方面计量管理和测量技术知识，还要不断提高对其掌握的程度，以增强对体系审核的能力。除此之外，计量体系审核人员还要更多地了解体系审核的方法和技巧，进一步提高审核效率和审核质量，提高计量检测体系的有效性、适宜性、符合性。

对计量人员培训的内容应不限于以上内容，企业应根据需要和发展来确定培训内容，制订长期或短期培训计划，尽可能落实到每个计量人员。培训计划应由专业机构实施。实施机构应提前准备好培训的教材，提出培训要达到的目的，并将培训结果记录在案。培训重在对知识的掌握，但同时也是对人员的考核。培训的方式可多种多样，可讲授、自学、函授、使用计算机培训软件、现场操作等。注意收集计量工作正反两个方面的事例，提高计量培训水平。

（五）计量人员的管理要求

要对计量人员进行严格、科学、系统的管理。管理的方式、方法及内容要求通过编制的《计量人员管理程序》体现。该程序大体要考虑以下几个方面。

1）计量人员的种类划分及职责范围的确定。

2）计量人员的岗位责任制。

3）各种计量人员的资格确定。

4）计量人员培训的规定。

5）明确对计量人员监督管理的机构。

6）对计量人员的监督及考核规定。

7）对违反有关规定行为并造成损失的惩处措施。

8）对业绩突出人员的奖励措施。

对计量人员监督管理机构要定期或不定期地实施人员考核，对不称职的人员应取消资格。要根据本单位计量体系的变化和发展及时调整计量人员，并相应考虑对人员提出新的要求。

（六）计量人员的个人技术档案

企业应建立计量人员的个人技术档案，作为计量人员文化水平、工作经验、资质能力、培训经历、技术成果的客观证据。个人技术档案一般应包括如下内容。

1）个人情况履历表。

2）学历证书复印件。

3）专业技术职称及其他资格证复印件。

4）计量专业方面的学术论文、技术成果证明复印件。

5）各类计量培训、考核成绩。

6）有关的计量工作奖惩证明。

对个人技术档案应采用动态管理的方法。对建档后的新信息应及时输入，以保证个人技术档案的有效性。

计量人员的个人技术档案一般建立在企业计量机构，必要时，也可以建立在企业的其他部门。无论建立在哪个部门，都应做到信息的完整性、有效性，便于查阅。

（七）计量人员的考核

考核是人员管理中的重要环节，是培训任用的依据，也是激励的重要手段。考核的目的在于计量目标的实现，在于激励人员的进取，在于企业的持续发展。

1. 考核的内容

考核的内容应当包括工作绩效、工作能力、工作态度3个部分。工作绩效包括工作数量、工作质量、工作效率、工作效益等方面；工作能力包括计量业务水平、综合分析能力、自学能力、语言表达能力、文字表达能力、组织协调能力、创新能力、决策能力、人际关系协调能力、工作经验等；工作态度主要包括政治思想素质、道德素质、心理素质、事业心、责任感、服务态度、出勤率等。

2. 考核的标准

对考核内容的具体化就形成考核标准。它包含两个基本要素，一是对考核内容的要求的具体描述；二是评价等级，其中包括定性评定和定量打分。

3. 考核的原则

考核工作要搞好，考核目标要实现，就必须坚持考核的原则，即公平、公正、实事求是，注意双向沟通，面向未来，面向发展。

4. 考核的方法

1）确定考核标准。制定人员考核标准要紧贴工作程序要求，考核标准尽量细化、量化，内容应当是员工能够掌握或控制的。

2）把握考核标准。坚持绝对标准，不搞相对标准。将员工与工作程序进行比较，确定员工哪些方面做得好，哪些方面存在缺陷。不将员工之间进行比较。

3）设计考核表格。考核表格是考核工作的工具、考核标准的展现。设计考核表格的各个栏目的要求是直观、填写方便、汇总便利。

（八）计量人员的岗位职责要求

1）认真学习、宣传、贯彻、执行国家计量法律、法规，制定实施办法和管理制度，以及负责组织实施和督促检查，并接受上级部门的监督检查。

2）负责计量文件的编写、修改或改版。

3）统一管理公司的计量器具和设施，组织对生产经营用计量器具的配备。

4）建立计量器具管理台账，随时进行计量器具的核对工作，保证计量器具管理台账与实物一对应。

5）将强制检定的计量器具登记造册后向质监部门申报，制订周期检定计划，负责计量器具的周期检定工作。

6）编制本单位计量器具的购置、封存、开封及报废计划，报公司审批后实施。

7）监督管理生产经营活动的各项计量检测数据。

8）编制本单位的工程项目和计量改造项目计量器具选用方案，报公司主管部门审批备案。

9）年初编制本单位的在用计量器具（A、B类）周检计划，经领导签字确认审核合格后，严格按计划实施。负责C类计量器具的外观检查和对比检查工作，每6个月进行一次，做好相应记录。

10）负责对所辖计量器具进行标识，无法粘贴标识的应做好标识牌，标明器具当前状态。

11）负责所辖计量器具的发放、交接及报废器具的回收、处理。

12）做好施工现场的计量法规宣传，监督指导计量器具的正确使用和维护保养，确保器具处于良好状态。

13）对在有效期内失准的计量器具，应立即组织修理、调整及校准，查明失准原因，所有记录报公司计量管理部门审核。封存的计量器具由计量员保存时，其保养工作由计量员完成，并做好相应记录。

14）建立并保存计量器具的各类原始记录及技术档案。

15）按时参加公司计量工作例会或计量业务知识培训等活动。

第三节　企业计量器具检定、校准及使用管理

一、计量器具的概念及分类

（一）计量器具的概念

在 JJF 1001—2011《通用计量术语及定义》中，测量仪器和计量器具两个术语使用了相同的定义。测量仪器（计量器具）的定义为："单独或与一个或多个辅助设备组合，用于进行测量的装置"。从量值传递和量值溯源的角度而言，我国通常使用"计量器具"术语，《计量法》及其相关法律、法规中普遍使用"计量器具"一词。

（二）计量器具的分类

1）依据《计量法》及其相关法律、法规，按量值传递和量值溯源要求将计量器具分为计量标准器具和工作计量器具。

2）JJF 1001—2011 中注明的计量器具类别如下。

① 一台可单独使用的测量仪器是一个测量系统。

② 测量仪器可以是指示式测量仪器，也可以是实物量具。实物量具包括有证标准物质。

二、计量器具检定

（一）量值传递

1. 量值传递的基本概念

谈到计量检定和校准的概念，首先要搞清楚量值传递的概念和相关内容，因为计量检定和校准都是为了准确传递量值而采取的技术方法。

量值传递是指通过对计量器具检定或校准的办法，将国家基准（标准器）所复现的计量单位值，通过各级标准（装置）逐级传递到工作计量器具，以保证计量器具对被测对象所得的量值的准确和一致。

2. 量值传递的特点

量值传递的对象表面是计量器具，实质是"量值"，是国家基准（标准）保存和复现的量值；手段是使用具有不同测量误差限（或准确度等级）的标准（装置）逐级传递，直至作计量器具；在逐级传递的过程中，计量器具在检定与被检定中的主从关系及对技术、计量性能的规定构成量值传递系统，或称检定系统、量传系统、计量器具等级图等。

3. 量值传递的必要性和基本方法

随着测量方法的研究深入、材料科学的发展及实验设施条件的改进，人类测量的能力和水平达到了前所未有的高度。但任何新的高度和水平都面临着新的局限和盲区，正是由于方法、器具、实验条件的局限，任何一种或一次的测量都始终具有不同程度的误差。另外，由于不同的行业、产品和不同的需求，人们对每次测量的准确度要求也不一样。因此，只有通过量值传

递，才能明确不同等级标准器的测量误差，满足不同层次测量的需求。可见，量值传递是统一计量器具量值的重要手段，是保证计量结果准确可靠的基础。

量值传递的基本方式为实物标准逐级传递、标准装置全面考核、标准物质传递、发播标准信号。另外，也不排除随着科学技术的进步，采用新的方式传递或对独特的量值采用独特的方式进行传递。

（二）计量检定

1. 计量检定概述

（1）计量检定的概念

JJF 1001—2011 中对计量检定的定义是查明和确认计量器具是否符合法定要求的程序。它包括检查、加标志和（或）出具检定证书。从该定义可以看出，计量检定就是为了评定计量器具包括外观在内的品质、技术条件、计量性能是否符合规程规定的全面检查。重点是仪器的计量性能，并根据检定结果给出合格、不合格结论，加注标志或出具检定证书（或结果通知书）所进行的全部工作。

计量检定是量值传递过程中采用的技术手段之一，是保证量值准确和统一的重要措施，是我国对计量器具进行管理的主要技术手段。计量检定工作在计量工作中具有十分重要的地位。

（2）计量检定的特点和主要内容

法制性是计量检定突出的特点。建立计量检定标准必须按照国家检定系统进行，计量标准器必须满足规定的技术条件和达到测量准确度等级要求，社会公用和企业最高计量标准必须经过政府计量部门考核。检定必须依据技术法规即检定规程规定的检定项目、检定条件、检定方法、周期（检定间隔时间）及检定结果的处理等要求进行。检定必须给出结论和有效期。

（3）计量检定的方法

1）整体检定法，又称综合检定法，是指直接用计量基准或计量标准来检定计量器具的计量性能，是主要方法之一，在日常检定中主要采用该方法。

整体检定法分为：①用计量基准或标准来检定计量器具；②用标准量具检定计量器具；③用标准物质检定计量器具；④用标准信号检定计量器具。

特点：简便可靠，直接得出计量器具的误差，但在不合格时，有时较难确定原因。

2）单元检定法，又称部件检定法或分项检定法，是指分别检定影响受检计量器具准确度的各项因素所产生的误差，然后通过计算求出总误差，以确定受检计量器具是否合格的方法。

特点：弥补整体检定不能涵盖的器具或对整体进行检定较困难时采用；用于探索新的检定方法，但检定和计算的过程均较烦琐，可靠性不高或较易出错，须做验证实验。

《计量法》规定，无论采用何种方法，"计量检定必须按照国家计量检定系统表进行"，"计量检定必须执行计量检定规程"。关于技术法规，此处不再赘述，只强调一点：检定系统表和检定规程不是一成不变的，随着技术条件、经济条件的改变，对其进行修订，制定科学先进、经济合理的检定系统表和检定规程，既可保证被检计量器具的准确度，满足生产和技术发展的需要，体现出国家计量技术和计量管理水平，又可避免标准器精度过高造成的浪费和维护成本及人力的不必要浪费。

在计量检定中，检定的主要内容是计量器具的计量性能。因此，这里简单介绍计量器具的计量性能。

（4）计量器具的计量性能

计量器具的计量性能是指与仪器测量功能和性能有关的和对器具功能性能造成影响的仪器的特性和技术指标，主要包括准确度、稳定度、重复性、量程、分辨力、测量范围、静态、动态响应特性等。

需要强调的是，不能将计量器具的耐压、绝缘、额定工作条件等安全、环境、机械的特性指标与计量特性指标混淆。

2. 计量检定的实施

要实施计量检定工作，除必须遵循相关技术法规外，还必须具备相应的标准器（装置）及配套设备、满足检定规程要求的实验室、检定技术人员和实验室管理人员等基本的标准设备和实验室设施条件。此外，如果作为企业或本行业最高计量标准或社会公用计量标准，开展相应计量检定，还需要通过建立计量标准考核许可和行政授权许可（限强制检定类项目适用）。概括起来，有法制、技术条件和行政管理 3 个方面的实施要求。以下重点介绍实施计量检定的技术条件。

（1）实施计量检定的技术条件

实施计量检定的技术条件如下。

1）具有计量性能符合规程要求，并通过建立计量标准考核的标准器（装置）、标准物质等计量标准。

2）具有正常开展检定工作所需要的满足规程要求的实验场所和环境条件等基础设施。

3）具有满足相应条件和技术资质（如检定员证、注册计量师等）的研究、检定使用、维护的人员。

4）具有完善的实验室管理、设备使用、维护和运行等制度。

在上述技术条件要求中，计量标准设备是计量检定实施的物质基础。离开计量标准设备，检定工作就无从谈起。由于覆盖面、应用领域和在量值传递系统的地位不同，对同一个标准装置的功能，特别是准确度等级的要求也不一样。即使同为企业的最高标准，由于行业性质、产品特点不同，对标准装置的准确度等级要求也不一样。以下重点阐述计量检测体系和设备配置应遵循的原则。

（2）计量检测体系建立和设备配置应遵循的原则

计量检测体系建立和设备配置应遵循的原则如下。

1）按照企业生产工艺过程检测、产品质量控制等企业经营管理和发展的需求，结合能力提升需要，确立企业计量检测体系建立的层次，确定配备企业所需的各类计量器具。

2）依据企业计量器具的种类、功能、性能来确定要建立的计量标准的种类、数量和应具备的功能、性能。

量值溯源是保证计量标准量值准确可靠的必要技术手段，要严格按期定时对计量标准进行量值溯源。进行区间核查和参加量值比对，对保证计量标准的准确可靠、促进计量检定技术提高非常必要。

3）在满足覆盖需求的同时，还要兼顾使用、维护、溯源的方便性。

4）应基于上述基本原则对计量体系建立、检定工作开展进行技术经济分析。计量标准设备的性能指标是设备价格的重要构成部分，应避免出现"大马拉小车"的资源、资金浪费现象，尤其要杜绝功能、性能不能覆盖需求的情况发生。

（3）使用维护人员是检定实施的关键

从业人员的基本素质和综合技术能力决定了检定工作的质量。计量管理、检定工作岗位是企业关键的生产技术岗位，对该岗位重要性认识的不足和偏离，可能导致计量管理和检定工作质量低下和不能满足企业需求的情况发生。要杜绝把计量管理、检定工作纳入后勤服务或闲职次要部门的做法。

（4）实验室基础条件和相应的管理制度是计量体系建立和检定实施的基础保障

维护和保持计量标准量值的准确可靠，是计量管理的主要内容之一，是保证被测量值准确可靠的前提。标准器（装置）的维护和保持需要满足一定的实验室和环境基础条件，建立和提供这些基础条件是企业的基础工作之一。

三、计量器具校准

（一）量值溯源

1. 量值溯源的基本概念

计量校准的目的之一就是实现计量器具的溯源性。因此，在介绍计量校准前，首先介绍量值溯源的基本概念。

在 JJF 1001—2011 中，对溯源性的定义是通过一条具有规定不确定度的不间断的比较链，使测量结果或测量标准的值能够与规定的参考标准，通常是与国家测量标准或国际测量标准联系起来的特性。不间断的比较链被称为溯源链。

2. 量值溯源的特点

量值溯源除强调测量设备测得的"数据"的溯源性，还强调主动从下向上寻求更高级的测量标准，确定被校仪器测量值的测量误差，本质是量值的统一和准确。在这个过程中，无须按严格的等级测量，因此中间环节较少。

3. 量值溯源的必要性

不管测量设备如何精密，测量的重复性如何，如果测量的结果没有溯源性，数据就缺乏可比较性，就不可能保证测量值的统一、准确，测量结果也就失去了意义。量值溯源性是对测量设备最基本的要求。

4. 量值溯源的基本方法

只要通过溯源链将测量结果与更高的标准的测量值联系起来即可。因此，量值溯源的方法是多种多样的，除常用的计量检定和校准方式外，还有应用现代技术手段和数据统计、分析方法创新的多种量值溯源方式。

（二）计量校准

1. 计量校准的基本概念

在 JJF 1001—2011 中，对校准的定义是，在规定条件下，为确定测量仪器或测量系统所指示的量值，或实物量具或参考物质所代表的值，与对应的由标准所复现的量值之间关系的一组操作。

可见，校准的主要含义如下。

1）校准是在规定的技术条件下进行的。

2）使用一个量值可溯源的参考标准，对包括参考物质在内的测量器具的特性赋值，或确定其示值误差，或确定其他计量特性。

因此，通过计量校准可以对计量仪器、测量系统或实物量具：评定示值误差，并可确定是否在预期的允许偏差范围之内；得出标称值偏差的报告值，可调整测量器具或对示值加以修正；给测量的任何标尺标记或参考物质特性赋值，或确定其他计量特性；实现量值溯源性。

不具有强制性，自主自愿、灵活性是校准的最大特点。

校准依据的方法和周期可遵循统一的校准规范，也可根据对校准结果使用的需要，多方约定制定或自行制定。根据对校准结果使用的需要这一点很重要。在进行计量校准前只有明确校准的目的，才能根据目的选择参考标准、确定依据的技术规范和校准的内容。

2. 计量校准的实施

由校准的定义可知，实施校准必须有校准依据的技术规范、参考标准并满足一定的条件方可实施。

依据的校准规范或校准方法可以是统一制定并在一定区域和范围执行的，也可以是依据设备使用的情况自主制定或委托校准实验室制定或共同商定的。

实施计量校准的主要技术条件要求如下。

1）具有计量性能，符合有关要求并通过建立计量标准考核的标准器（装置）、标准物质等标准。

2）具有正常开展检定工作所需要的实验场所和环境条件等基础设施。

3）具有满足相应条件的进行校准的使用、维护人员。

4）具有完善的实验室管理、设备使用维护等制度。

可见，实施校准的技术条件与实施计量检定的技术条件基本相同。鉴于校准的自主性和灵活性，针对不同的校准目的，上述主要的技术条件的要求程度可以不同。当校准的目的是计量溯源时，必须严格执行上述技术要求，校准实验室必须已建立社会公用计量标准，具备相应资质；校准人员必须具有相应的知识结构和从业资质，校准的项目、提供的信息要满足量值溯源的需求。

3. 校准结果应用的注意

校准侧重点是确定计量器具量值的误差，依据的校准规范和技术方法不一定是强制性的。因此，校准的结果作为量值传递或量值溯源使用时要注意对校准过程、依据的规范和校准证书信息进行评估。一般来说，校准结果只有满足准确性、一致性、溯源性和法制性，校准的结果才能用于量值传递或量值溯源。

准确性、一致性表明校准结果具有可复现性和可比较性。溯源性表明量值可溯源至最高标准，保证和量值源头的同一性，排除量值的多源或多头。法制性是指校准使用的标准（装置）经过建立标准考核，依据的校准规范和技术方法经过评审。计量校准的法制性也是源于计量的社会性特点。

4. 计量校准的发展趋势

计量器具的主要特性就是其计量特性。在不同环节使用的计量器具，其计量特性也不同。计量校准的灵活性满足了实际生产管理现实状况的需要，正在发展成为量值传递或量值溯源的主要方式。

四、计量检校过程的控制

过程控制是指为达到质量要求，对过程中的参数、因素等进行控制的过程。计量检校过程控制就是监控检校的各环节，为排除可能导致不合格、不满意的原因，以取得准确可靠的数据和结果而采取的作业技术活动、措施和管理手段等。

计量检校过程的控制强调的是检校过程各环节均处于受控状态。这些环节包括管理体系、人员、设备、环境条件、技术规程/规范、样品的处置等。其中，人员是计量检校过程控制的关键，设备功能、性能的控制是基础，管理体系、技术规程/规范的控制是保障。

控制的方法就是针对检校过程可能产生影响的因素采取应对的控制手段、管理措施和技术活动。

可采取的控制手段、管理措施和技术活动的具体形式多种多样，可以是一次性的，也可以是定期进行的。例如，针对管理体系，定期进行内审和管理评审，保证体系的有效性和适应性；针对人员因素，具有继续学习和定期培训的计划和实施方案，通过人员比对和技术考核制度，控制人员因素；针对标准装置、设备的因素，通过制订期间核查计划并实施，通过量值比对、能力验证和实验室间比对等，实现对标准装置设备的控制；针对规程/技术法规及技术方法，可通过方法比对及定期技术法规、方法评审，保证规程/规范的现行有效，保证技术方法的科学先进，实现对方法的控制等。

计量检校过程的控制的措施和技术活动，针对不同行业和不同层次实验室的情况，侧重点、采取的方式和频次可能不一样，这里不再展开叙述，但保证检校质量的目的是一致的。在具体实施中，要因地制宜，制定符合性和可行性满足的控制措施及技术活动。要避免形式化、敷衍了事和过度控制化、谨小慎微，否则会妨碍技术的创新和改进。

五、计量检定与计量校准的区别

以下重点对计量检定与计量标准两种量值传递或溯源的方式进行比较。

1）计量校准的重点是计量器具的量值和量值的误差；计量检定则是查明和确认计量器具是否符合法定要求的程序，包括对计量特性和技术要求的全面评定。可以说，对测量仪器功能/性能检查的全面性上，计量校准不如计量检定。

2）计量检定依据的是按法定程序审定、批准公布的计量检定规程。《计量法》规定"计量检定必须按照国家计量检定系统表进行"。国家计量检定系统表由国务院计量行政部门制定。计量检定必须执行计量检定规程，国家计量检定规程由国务院计量行政部门制定，没有国家计量检定规程的，由国务院有关主管部门和省、自治区、直辖市人民政府计量行政部门分别制定部门规程和地方计量检定规程，并向国务院计量行政部门备案。规定中两个"必须"体现了检定的法制性和强制性。计量校准的依据则是校准规范、校准方法。这些既可以是国家统一制定的，又可以是自行制定的，没有强制性。

3）计量检定要对所检的计量器具作出合格与否的结论。计量校准不判断器具合格与否（因无强制的规范和方法，无统一的校准要求规定），但当需要时，也可确定计量器具的某一计量性能是否符合预期的要求。

4）计量校准的结果通常是发校准证书或校准报告，检定结果合格发的是检定证书，不合格的发检定结果通知书。

虽然计量检定和计量校准具有上述各方面的差异性，但不能片面地将计量检定和计量校准对立起来。要摒弃现实工作中计量以校准代替计量检定或无视计量校准在量传中的地位的情况，发挥计量检定具有全面性、计量校准具有灵活性的特点。在计量标准器具的管理中，有国家规程的必须按国家规程进行检定。进行计量校准时，为保证量值的溯源性，必须考虑作为溯源标准的测量不确定度（或最大允许误差），特别是对计量标准器具的校准必须确定计量性能是否符合或使用者必须对校准结果的满足性作出评估。

计量检定和计量校准都是实现单位统一和量值准确可靠的主要方式，具有不同的侧重和应用场合，它们不可能被相互代替，在量值传递或量值溯源中都具有重要的地位。

六、计量器具使用管理

依据《计量法》及其相关法律、法规的要求对有关计量器具实施监督管理，主要是对计量器具检定/校准的法制管理和对计量器具（包括进口计量器具）产品的法制管理，对计量标准器具则实行考核管理制度。

（一）计量器具检定的法制管理

实施计量器具强制检定是《计量法》的重要内容之一。强制检定是指由县级以上人民政府计量行政部门所属或授权的计量检定机构，对法律规定必须强制检定的计量标准器具、工作计量器具实行的定点定期的检定。

1）强制检定的计量标准器具：社会公用计量标准器具，部门和企业、事业单位使用的最高计量标准器具。

2）强制检定的工作计量器具：用于贸易结算、安全防护、医疗卫生、环境监测方面的列入强制检定目录的工作计量器具。

强制检定的主要特点如下。

① 县级以上人民政府计量行政部门对本行政区域内的强制检定工作实施监督管理。

② 固定检定关系，定点、定期检定溯源。属于强制检定的计量标准，由主持考核的有关人民政府计量行政部门安排、指定的计量检定机构进行检定。属于强制检定的工作计量器具，由当地县（市）级政府计量行政部门安排、指定的计量检定机构进行检定。

③ 使用属于强制检定的计量器具的单位，应按规定登记造册，向当地政府计量行政部门备案，并向指定的计量检定机构申请强制检定。

④ 使用属于强制检定的计量器具的单位和个人，未按规定向政府计量行政部门安排、指定的计量检定机构申请周期检定的，要追究法律责任，责令停止使用，可并处罚款。

（二）非强制检定计量器具的法制管理

对其他非强制检定的计量标准器具和工作计量器具，《计量法》第九条规定：使用单位应当自行定期检定或送其他计量检定机构检定。

企业、事业单位应根据所配备的与生产、科研、经营管理相适应的计量检测设施情况，制定具体的检定/校准管理办法和规章制度，规定本单位管理的计量器具明细目录及相应的检定/校准周期，保证使用的非强制检定的计量器具定期检定/校准溯源。

（三）计量器具（包括进口计量器具）产品的法制管理

1. 计量器具产品的法制管理

纳入法制管理的计量器具产品的范围是指列入《实施强制管理的计量器具目录》的计量器具。

对计量器具产品实施法制管理的措施如下。

（1）计量器具新产品的型式批准制度

《计量法》第十三条规定："制造计量器具的企业、事业单位生产本单位未生产过的计量器具新产品，必须经省级以上人民政府计量行政部门对其样品的计量性能考核合格，方可投入生产"。《计量器具新产品管理办法》对计量器具新产品管理作出具体规定。

型式批准是指质量技术监督部门对计量器具的型式是否符合法定要求而进行的行政许可活动，包括型式评价、型式的批准决定。

列入国家质量监督检验检疫总局（以下简称国家质检总局，现为国家市场监督管理总局）重点管理目录的计量器具，型式评价由国家质检总局授权的技术机构进行，列入《实施强制管理的计量器具目录》中的其他计量器具型式评价由国家质检总局或省级质量技术监督部门授权的技术机构进行。

（2）制造、修理计量器具许可制度

《计量法》第十二条规定："制造、修理计量器具的企业、事业单位，必须具有与所制造、修理的计量器具相适应的设施、人员和检定仪器设备"。《制造、修理计量器具许可监督管理办法》对规范制造、修理计量器具许可监督管理作出具体规定。

2. 进口计量器具的法制管理

进口计量器具是指从境外进口在境内销售的计量器具。依据《计量法》《中华人民共和国进口计量器具监督管理办法》《中华人民共和国进口计量器具监督管理办法实施细则》的规定，对进口计量器具实施检定和型式批准管理制度。

（1）进口计量器具的检定

列入《中华人民共和国依法管理的计量器具目录》的进口计量器具，在销售之前必须经县级以上政府计量行政部门检定。当地不能检定的，向国务院计量行政部门申请检定。未经检定或不合格的，不得销售。

（2）进口计量器具的型式批准

凡进口或外商在中国境内的销售列入《中华人民共和国进口计量器具型式审查目录》内的计量器具的，应向国务院计量行政部门申请办理型式批准。未经型式批准的，不准进口或销售。

第五章　企业标准化体系建设

第一节　企业标准化体系与服务体系

一、企业标准化体系基础知识

1. 标准的定义

标准就是为了在一定的范围内获得最佳秩序，经协商一致制定并由公认机构批准，共同使用的和重复使用的一种规范性文件。注：标准宜以科学、技术和经验的综合成果为基础，以促进最佳的共同效益为目的。

2. 标准体系的定义

标准体系是一定范围内的标准按其内在联系形成的科学的有机整体。

3. 标准化的定义

标准化就是为了在一定范围内获得最佳秩序，对现实问题或潜在问题制定共同使用和重复使用的条款的活动，主要包括编制、发布和实施标准的过程。

标准化的实质是通过制定、发布和实施标准，达到统一；标准化的目的是获得最佳秩序和社会效益。

二、企业标准化体系构成

企业标准化就是为在企业的生产、经营、管理范围内获得最佳秩序和最佳效益为目标，以企业生产经营与技术等各方面活动中大量重复性事物为研究对象，以先进的科学技术和生产实践经验为基础，以制定企业及贯彻实施各级有关标准为主要工作内容的一种有组织的科学活动。

企业标准化是企业基础，又是整个标准化工程的基本子系统，如果离开企业标准化管理，标准化工程就成为无源之水，无从谈起。

（一）企业标准体系

体系是相互关联或相互作用的一组要素。如果这一组要素是企业标准，它们就组成企业标准体系。因此可以定义企业标准体系为：企业内的标准按其内在联系形成的科学的有机整体。

1）企业标准体系中的标准不仅是企业标准，还是企业内的标准，即该企业实施的国际标准、国家标准、行业标准、地方标准和企业标准，甚至该企业采用的国内外其他企业的先进标准。

2）企业标准体系中的各类标准不是杂乱无章的标准叠加集合，而是相互有内在联系的，也是相互发生作用的。

3）企业标准体系是一个科学的有机整体。它表明企业标准体系具有以下特性：首先要有科学性，即能依据该体系科学地开展企业标准化工作；其次要有适宜性，即是随企业生产经营而动态发展的标准体系，而不是固定不变的；最后要有整体性或全局性，即是整体优化的。

（二）企业标准体系表

1. 企业标准体系表的构成

企业标准体系表就是企业标准体系内的标准按一定形式排列起来的图表。这就是说，企业标准体系表是企业标准体系的形态表现方式，一般来说，它包括以下内容。

1）企业标准体系结构图。可以把企业标准体系划分为4个基本标准群体单元，即基础标准、技术标准、管理标准和工作标准4个子体系。

2）各类标准明细表。具体列出企业内各类标准的标准号、标准名称、标准水平或采标程度、检索号等。

3）标准统计汇总表。从企业标准化管理的需要出发，设计和填写各类标准的汇总统计数。

4）编制说明。一个完整科学的企业标准体系表应该有编制说明，如说明其编制依据、原则、方式及相关内容的解释性说明。如果企业标准体系表以企业标准形式编制，则可按标准编制说明形式进行说明，同时，还可在企业标准体系结构图与各类标准明细表中进行简短的文字解释说明。

2. 企业标准体系表的设计依据和方法

（1）设计依据

1）该企业适用的法律、法规和规章。

2）相关的国家标准、行业标准和地方标准。

3）企业的标准/制度。

（2）设计方法

设计企业标准体系表，从本质上来说，就是一项重要的企业标准化活动过程。因此，理所当然地应掌握标准化的原理和原则，采用标准化的方法。尽管企业的隶属行业不同，生产经营的产品不同，其企业标准体系表的结构图、明细表的具体内容与形式都会不同，但一般可以按以下步骤设计。

1）充分做好编制企业标准体系表的准备工作。

2）确定或制定有市场竞争力的企业产品标准。

3）以产品标准为龙头，以产品实现过程为主线，采用过程模式，充实和完善企业技术标准体系。

4）综合采用管理技术，确定或与技术标准对应的管理标准体系。

5）收集和制定企业基础标准。

6）按照"共性标准在上层"的原则分别确定企业基础标准与企业技术/管理基础标准和通用工作标准。

7）完成企业标准体系表，并通过评审后发布试行。

8）实施验证和确认。

9）逐年修订，动态受控。

（三）企业标准化组织及其职责

1. 设置相应的标准化组织机构

企业标准化工作并不只是企业标准化人员的工作，而是整个企业管理中的基础工作。不论企业规模大小，均应设置相应的标准化组织机构。

一般来说，大中型企业应有主要领导挂帅的标准化委员会或标准化与质量管理委员会等决策领导机构，下设标准化办公室或标准处（科），或明确一个综合管理部门作为标准化工作机构。同时，制定企业标准化机构或人员职责、企业最高管理者职责，以及企业各职能部门和生产经营单位的职责。

2. 整理和收集标准/制度

企业标准化体系应密切结合企业实际，建立在企业原有的标准/制度基础上。因此，应认真清理企业现行的标准和各项规章制度，通过清理，弄清企业应执行哪些标准与制度，企业现行的标准中哪些仍适用，哪些部门适用，哪些应更改或修订，哪些已不适用应废止，哪些制度应转化为标准。

3. 编制企业标准化工作规划和计划

根据生产、技术和经营、管理对企业标准化工作的需要，有计划地开展企业标准化活动，企业应认真制定企业标准化工作规划和计划，或编入企业和生产经营发展规划和计划中，并纳入企业目标管理。

企业标准化规划的期限一般为 3 年，计划的期限一般为 1 年。必要时也可缩短或延长。

在企业标准化工作规划/计划实施过程中，可以根据实际需要适时进行增补、修改，并注意规划与计划、计划与计划、规划与规划之间的衔接；采取滚动计划，实现企业标准化规划/计划，推进企业生产经营规划/计划的实现。

4. 拟定企业标准体系结构框图

企业标准体系是企业标准体系的基础和前提。因此，企业标准化工作部门在企业标准化工作规划/计划中首先应该确定的任务就是编制和建立一个科学、合理、有效的企业标准体系。

由于标准化体系是建立在各职能标准子体系基础上的，企业各业务职能部门应对本部门所负责的各项职能工作，认真拟定其职能标准子体系。

5. 完善企业技术标准体系

以高质量的产品（工程/服务）标准为中心，建立完善的企业技术标准体系，是建立企业标准化体系的关键环节。

6. 制定企业管理标准体系

在企业技术标准体系基本形成之后，企业为了确保技术标准的顺利实施，并促进企业相关管理工作的有序化和规范化，应制定企业管理标准体系。

7. 建立企业工作标准体系

对企业标准化中需要协调统一的工作所制定的标准，是企业的工作标准。每个企业应按工作岗位，在岗位责任制的基础上，建立企业工作标准体系。

重复性的工作事项主要是指与人和岗位的工作范围、权限、作业、程序内容与要求等，它是按岗位制定的衡量其工作质量的标准。它具体规定了每个工作岗位应该承担的职责和任务，完成任务的数量、质量要求，任务的完成期限，完成规定任务的程序和方法，与其他机关岗位工作的配合要求，信息的传递方式，以及工作检查和考核办法等。由于岗位的工作性质不同，有时又称之为岗位操作规程、作业标准或服务规范等。

企业制定岗位工作标准，是企业管理从"物"的管理转向"人"的管理的客观需要。它不但使相关岗位之间的工作互相衔接、协调一致，从而使每个岗位工作服务于企业的总目标，形成一个全员的目标保证系统，发挥企业整体优化效应和系统功能；而且是为了更好地落实和实施技术、管理标准，并便于监督和考核每个企业职工的工作质量，只有控制人的工作质量，才能确保其产品或服务的质量。

但是，企业工作标准只是衡量企业工作质量的基本依据，而不是全部依据或唯一依据。因此，企业既要个个岗位有标准，人人工作有标准可依，又不能把工作标准绝对化，仅满足于达于工作标准，而是要采取各方面措施，鼓励企业职工在达到工作标准之后，能继续进行创造性工作，优质高效地工作。

8. 确定企业基础标准体系

在企业范围内作为其他标准的基础普遍使用，对企业各类标准具有指导意义的标准是企业基础标准。它位于企业标准体系的第一层，必要时还可分成企业通用基础标准、企业技术基础标准、企业管理基础标准。

9. 建立企业标准体系

建立企业标准体系，仅仅是建立企业标准化体系的第一步，更重要的是认真实施各类标准，并在实施中不断完善企业标准体系，从而不断提高企业标准化体系的水平。

1）加大标准化投入，配置标准实施必需的设施设备和仪器。实施标准，首先要靠具有标准化意识的员工队伍，企业职工应有"以法管企，按标办事"的良好素质和作风。同时，要增加标准化投入。

2）认真抓好标准实施的检查和考核。要实施标准，就要抓好标准实施的考核，并和企业经济责任制紧紧挂起钩来，也可以通过企业标准化水平的确认来不断提高企业标准化体系的水平。

3）不断改进和完善企业标准化体系。市场环境和形势在不断变化，任何企业都处于不断的发展变化中，其企业标准体系也应处于不断的修订、补充和动态发展中。切忌"一劳永逸"，使企业标准体系表流于形式，不能指导企业标准化工作。

企业标准化工作部门应每半年审核一次其企业标准体系中每项标准的适用性，每年评审一次企业标准化体系的适宜性和有效性，以确保企业标准化体系的科学性、先进性和有效性。

10. 标准化教育

标准化教育就是要通过多种培训方法，对企业管理者和标准化管理人员进行标准化法、标准化技术业务知识和以岗位工作标准为核心内容的培训，从而提高企业干部、职工的标准化意识。

11. 贯标过程中标准化机构及其人员的工作职责

1）确定并落实标准化。

2）组织制定并落实标准化工作任务和指标。

3）建立和实施标准体系，编制标准体系表。

4）组织实施有关国家标准、行业标准、地方标准和企业标准。

5）对实施标准情况进行监督检查，并进行内部审查。

6）组织制定标准化管理标准。

7）组织标准化培训。

8）统一归口管理各类标准，建立标准档案，搜集国内外标准化信息，并及时提供给使用部门。

（四）企业标准化活动的组织实施及评价

1. 企业标准化实施活动的内容

1）计划。标准实施前应制订工作计划或方案；

2）准备。组织准备。设专人负责实施工作；人员准备，实施前做好标准的宣贯，关键岗位需配备具有相应资质的工作人员；物资准备，需要时应事先配备相应的设施设备、服务用具；技术准备，当涉及服务技术改进时，必要时进行技术攻关或改造。

3）实施。当标准开始实施时，上述准备工作应确保到位。服务规范已转化为各个岗位的具体工作要求；安全、环保又具体的措施；实施中的问题能够解决。

4）信息反馈与改进。在实施过程中应认真做好各种记录，当发现标准有存在不完善的地方时，应及时向发布部门反映，促使他们研究修改。

2. 标准实施评价

用内部审核方法进行标准实施评价。具体包括：检查标准的落实情况；评价标准的适宜性、充分性、有效性、可操作性。

3. 企业标准管理体系的落实

在各项工作中使每位职工进一步明确"做什么、为何做、有谁做、如何做"。严格按照标准体系的要求，做到"写你做的、做你写的、记录自己所做的纠正不合格"，充分体现出"凡事有章可循、凡事有人负责、凡事有人监督"的管理思想，做到各项工作可控、在控。

4. 实施标准化纠正措施的步骤

对服务过程中出现的不合格实施纠正措施，以消除不合格的原因，防止不合格的事再发生。纠正措施的实施采取以下步骤：①职能部门组织评审不合格；②通过对服务、安全、操作过程进行分析，确定不合格的原因；③评价确保不合格不再发生的纠正措施的要求；④确定并实施所需的纠正措施；⑤跟踪记录纠正措施实施的结果；⑥评审纠正措施的有效性；⑦通过纠正措施的制定与实施，确保标准体系不断完善和持续改进。

三、企业标准化体系建设方法

企业在实行标准化管理的过程中，要在贯彻落实国家关于标准化工作的法律、法规、政策、方针的基础上，建立健全以技术标准为核心，以管理标准为支持，以工作标准为保障的企业标准化体系。

对企业流程进行全面梳理，整合优化制度、组织岗位、业务表单等要素，构建企业标准化体系，实现"三大"标准协同。主要方法如下。

1. 理清业务现状，为标准体系构建奠定基础

流程体系建设是标准体系建设的基础。通过统一的、规范的建模方式，规范表述流程环节、工作内容、职责划分、管理要求等内容，实现业务流程可描述、可操作、可分析、可衡量。

2. 理清岗位与流程关系，为工作标准自动生成奠定基础

通过角色设计实现流程和组织的管理，确保同一套流程在全企业范围内适用。通过流程角色与岗位职责匹配，建立起岗位、权限、角色、流程之间的连接关系，消除组织、岗位变动对流程的影响，有效支持企业组织变革。

3. 实施端流程优化，提升企业核心业务竞争力

局部最优未必全局最优。在对流程进行梳理和优化的基础上，需要针对企业核心业务，跨部门梳理端到端流程。在此基础上，确定业务关键控制点并制定管控措施，优化流程及管理要求，消除专业、层级壁垒，提升企业核心业务竞争力。

4. 以流程体系为基础，构建企业标准体系

标准与业务高度融合是标准落地的基础。通过实施制度、标准、流程一体化解决方案，可以将非结构化的制度及标准文件转化为结构化数据，实现对制度、标准内容的管理。对制度、标准与流程进行匹配，可实现"三大"标准基于流程的协同。

总之，以流程管理为基础，开展企业标准体系建设，通过建立流程与标准、岗位的关联关系，实现"三大"标准基于流程的协同和动态管理，促进标准落地。以流程管理为基础，实现制度、标准、风控、绩效等多体系的统一管理，可促进不同管理体系相互融合、相互依托和协同改进，有效提升企业管理水平。

四、企业标准化案例分析——旅游标准化

1. 旅游标准化的概念

旅游标准化是我国旅游业发展的重要技术支撑，是提高旅游产品和服务的质量、规范旅游市场秩序、强化行业监督管理、推动旅游产业转型升级、提升旅游产业总体素质和提高国际竞争力的重要手段，也是旅游业落实科学发展观，实现又好又快发展的必然要求。它是指对旅游行业的生产、经营、服务、管理等活动中的重复性事物和概念，包括旅游业六大要素各个环节中带有普遍性与重复性的事物和概念。通过制定标准、贯彻实施标准和对标准实施情况的监督检查，以求得从整体上提升旅游发展质量的动态过程。

2. 开展旅游标准化工作的必要性

旅游行业的特点是相当一部分旅游服务的水平和质量无法确定,只有在旅游过程中才能表现出来,特别是以人力资本为主的行业,这种特点更加突出。如果没有有效的旅游服务行为规范,消费者就会对旅游服务质量心存疑虑,而且服务产品质量的好坏也没有评价的依据。因此,开展旅游标准化工作是发展旅游业的客观需要,旅游业必须像制造业一样采用标准化管理,尽快制定并推广实施相应的服务标准。旅游标准化的作用就是规范(市场秩序和经营服务行为)、提高(行业整体水平,包括服务质量、产品开发与促销、经营创汇)、服务(指导企业提高经营管理,服务游客及旅游企业)、接轨(国际化进程)。我国旅游标准化发展规划的目标是:通过努力在旅游基础、旅游质量、旅游资质、旅游设施、旅游信息、旅游安全和卫生、旅游环境保护等方面构建一个完整的旅游标准化体系。

3. 建立旅游企业标准体系应符合的要求

1)标准体系内的标准应符合国家有关法律法规要求,符合国家对服务标准的分类和编写要求,应优先采用相对较高级别的标准,各标准间应相互协调。

2)应结合服务业组织的需要制定标准,不断完善标准体系。

3)标准体系可根据 GB/T 24421.2,结合服务业组织实施情况进行删减和扩充。

4)标准体系表编制应符合 GB/T 13016。

4. 旅游服务质量和旅游服务规范的定义

旅游服务质量是旅游服务活动所能达到规定效果和满足旅游者需求的能力和程度。旅游服务规范是为达到某一服务标准而采取的以程序化、定量化、制度化为主要内容的科学方法。

5. 旅游企业在标准化工作中应做的工作

1)设立标准化工作机构。

2)建立符合旅游企业发展特点的旅游标准化体系。

3)编制本企业的各项标准。

4)进行标准的实施、监督、评价和改进。

5)员工标准化知识培训。

6)服务标兵岗位评定、劳动竞赛、服务竞赛、应急标准演练等。

6. 旅游企业标准化工作的基本要求

1)体现行业特点、突出地域特色,促进行业健康有序发展。

2)提高服务质量,规范服务行为,满足顾客需求。

3)关注安全、环境和卫生,维护顾客和员工的权益。

4)全面协调开展工作,实施统一管理。

5)支持全员参与和持续改进。

7. 旅游标准化建设的基本原则和具体目标

旅游标准化建设的基本原则:科学性、系统性、多元性、渐进性原则。

旅游标准化建设的具体目标：建立健全旅游业基础标准、要素系统标准、扶持系统标准和工作标准四大标准体系；建立旅游标准动态优化、组织协同、宣传推广、监督评估四大运行机制；形成旅游标准自主创新和领域拓展、管理机制与机制创新、品牌培育和质量提升、理论研究与标准体系构筑 4 个方面的创新与突破；实现旅游行业规范度和标准领域覆盖率、旅游产品质量和管理服务水平、旅游产业素质和产业地位、旅游强国建设能力和国际竞争力 4 个有效提升。

【典型案例】

餐饮服务标准化

在餐饮业，服务质量和食物质量同等重要，当企业将对顾客需求的快速反应作为竞争力来打造时，服务就显得更重要了，而员工的积极性和归属感则会直接影响服务质量。在员工个人的作用和属性被削弱的时候，A 企业需要怎样来调和员工的心态，激发他们的热情，凝聚他们的归属感？

A 企业是一家餐饮企业，在实行技术革新过程中出现了员工对变化的不适，甚至影响到员工的工作心态和热情，从中我们可以看到企业变革中文化适应性建设的必要性。通过文化建设和有效引导，实现餐饮企业因技术变革而给员工带来的心理调适的顺利过渡。

1. 中式餐饮技术革新是大势所趋

近年来，一大批中式餐饮企业获得了风投青睐，有些已经成功上市，如小肥羊、味千拉面等。为什么这么多餐饮企业，它们会脱颖而出呢？在从事餐饮企业管理咨询和研究的过程中可以发现，这些企业不约而同地采用了烹饪技术革新，借助先进的烹饪设备，减少人为控制环节和因素，达到标准化、流程化运作模式，实现"无厨师"操作的后台加工局面。另外，这些餐饮企业在商业模式上，进一步借助标准化技术手段，连锁发展自己的经营网点，通过快速复制，形成规模实力。

A 企业在烹饪技术革新方面做了许多尝试和创新，为了实现食物中的营养不流失，保持蒸菜的原汁原味，同时实现快速上餐，达到 60s 内将客人的点餐送达，烹饪技术革新是提升效率且保证品质的重要法宝。为此，A 企业在烹饪设备上不断研发，一次次试验，不断改进菜品加热技术，减少不必要的流程，以近乎电脑程序化的步骤进行操作加工，打造出了"既营养又快捷"的中国"功夫快餐"。

为了缩短从客人点餐到送餐到手的时间，许多餐饮企业建设了自己的中央厨房和配送系统，将各类食物原料进行了分类、清洗、加工、装袋、冷藏，做成半成品后再由物流配送到分布在城市里的各个餐厅网点。这样，餐厅实际上已经变为了整个食物加工链的终端。

2. 技术革新的核心是标准化建设

技术革新让越来越多的餐饮企业尝到了甜头，但如果一味地追求技术而忽视标准化建设，也只能是白费功夫。技术革新的核心就是标准化建设，这主要表现在以下 3 个方面。

1）加工设备标准化建设。这是技术革新的基础。许多企业都是从实验室里经过一次次的反复试验后才找到提高运作效率的加工设备的，一旦这个设备被确定为最佳方案，接下来就需要依此作为标准，进行批次制造生产，以保证所有的设备参数都是一致的，确保不管是谁在一套操作程序下都可以做出同样口味的食物。

2）操作工艺和流程标准化建设。设备标准化容易做到，操作工艺和流程标准化因为涉及人的因素，所以在标准化建设上要难得多。有的人认为只要有一本标准化操作手册就可以搞定，实际上长期化的标准操作和流程培训活动才是至关重要的。目前，一些具备长远眼光的餐饮企业纷纷建立自己的企业大学，来系统培养自己的各层级员工，以满足企业快速发展的需要。小蓝鲸、蒙自源、净雅、俏江南等餐饮集团企业都纷纷成立了自己的人才培养基地，在这方面先行一步，奠定了企业发展的人才基础。

3）服务标准化。这里以麦当劳举例说明。麦当劳的服务标准化建设从细节入手。当一名顾客走进麦当劳的门时，收银员已经远远地在柜台后向他打招呼了，"欢迎光临，请到这边点餐"。在顾客点餐过程中，收银员会向顾客推荐最新推出的套餐新品，在收银机上麻利地完成点餐的同时，她还会向顾客推荐其没有点到的薯条、可乐。当顾客表示已点完时，收银员会给顾客报上餐费金额，收到顾客的钱时她会报出收到的钱数，还会报出找给的钱数，之后就是为顾客配餐。当顾客端走餐盘的时候，她还会送上一句："祝您就餐愉快！"这只是一名收银员的一项工作的标准化服务流程。事实上，麦当劳的每个岗位都有一本厚厚的服务管理标准化手册，而且这本手册已经被所有的员工烂熟于心，他们通过行为准确地体现出了服务的标准化，确保客户体验的一致性。

标准化建设的同时要注重文化建设。餐饮企业标准化建设带来的是效率的提升、服务的一致，但同时也带来员工职能的变化，以及企业文化的变化。

第二节　公共服务标准化

公共服务标准化是实现基本公共服务均等化的核心手段，是提升公共服务效能的重要抓手。我国对公共服务标准化的研究开始从标准化转向均等化，党的十九大报告将基本公共服务均等化基本实现作为2020—2035年的发展目标。《"十四五"公共服务规划》明确提出，"十四五"时期，我国将推进基本服务标准化体系建设补齐基本公共服务短板、推动提升均等化水平。公共服务标准化建设是实现基本公共服务均等化的奠基石，助力我国公共服务均等化的建设。

全面推动基本公共服务补短板、非基本公共服务强弱项、提高公共服务质量工作，是贯彻落实党中央、国务院《关于建立健全基本公共服务标准体系的指导意见》《关于保持基础设施领域补短板力度的指导意见》的重要决策部署。

实现基本公共服务均等化的关键是推进基本公共服务的标准化，以标准化手段优化资源配置、规范服务流程、提升服务质量、明确权责关系、创新治理方式，确保全体公民都能公平可及地获得大致均等的基本公共服务，从而切实提高人民群众的获得感、幸福感和安全感。

一、推行公共服务标准化的必要性

近年来，在各部门、各地方大力推进下，基本公共服务的构建理念逐步明晰，制度框架渐趋成熟，权责关系逐渐理顺，政策措施日臻完善，服务水平不断提升，保障能力不断增强，群众满意度不断提高。但与人民群众日益增长的美好生活需要相比，基本公共服务均等化发展仍然面临着一些困难和障碍，亟待通过推进基本公共服务标准化加以解决。

基本公共服务发展不平衡不充分，需要推进标准化。由于发展基础、历史欠账等因素的影响，城乡、区域、群体之间的基本公共服务存在较大差距。推进基本公共服务标准化，通过设定基本公共服务的设施建设、设备配备、人员配备和服务管理等软硬件标准，达到补短板、强弱项、提质量的效果。

基本公共服务的服务质量参差不齐，需要推进标准化。由于对基本公共服务具体内容认识的差异和服务提供能力的差距，各地基本公共服务的服务质量存在较大不同，城市优于农村，发达地区高于欠发达地区，常住人口强于流动人口。推进基本公共服务标准化，通过明确国家基本公共服务质量要求，达到区域间协调和群体间一致。

基本公共服务的服务水平与经济社会发展不适应，需要推进标准化。由于长期以来的"重经济、轻社会"的倾向，造成社会发展滞后于经济发展，服务水平与所处经济社会发展阶段不相适应。因此，应通过明确国家基本公共服务标准和细化地方具体实施标准，实现服务水平与经济社会发展相适应。

党的十九大报告提出，要坚持在发展中保障和改善民生，必须多谋民生之利、多解民生之忧，在发展中补齐民生短板，促进社会公平正义。国家基本公共服务涵盖幼儿服务、公共教育、劳动就业、医疗卫生等领域，聚焦人民最关心、最直接、最现实的利益问题。通过健全基本公共服务标准体系，确保基本公共服务覆盖全民、兜住底线和均等享受，使人民群众的获得感、幸福感、安全感更加充实、更有保障、更可持续。

二、社会管理和公共服务标准化试点

2007 年，国家标准化管理委员会在各地方服务业标准化试点运行经验的基础上开展了国家级服务业标准化试点工作，旨在通过服务业标准化试点优化服务产业结构、促进服务业的可持续发展。服务业标准化试点的重点领域为现代物流业、商贸和餐饮住宿业、旅游业、社区和村镇服务、商务和专业服务、体育服务及其他服务类，其他服务类包括社会保障和社会福利服务、殡仪服务、教育、卫生等方面。国家服务业标准化试点的创建为加快服务标准化工作的深入开展，提高我国服务业的整体水平，促进和谐社会建设做出了巨大的贡献。

随着服务型政府目标的明确，各级政府和行政机构越来越重视自身的服务能力和服务水平，而标准化作为提供机构服务能力和服务水平的重要技术手段，政府和行政机构对其的重视程度也日益提升。因此，有越来越多的社会管理和公共服务部门加入服务业标准化试点的行列中，希望以试点单位创建为契机，提升自身的标准化水平和业务水平，以达到更好地为广大群众服务的目的。自 2007 年以来，全国开展了涉及社会管理和公共服务的国家级服务业标准化试点 50 项，涵盖了社区服务、行政服务、科技服务、文化服务、市政公用事业等领域。通过试点示范，社会管理和公共服务标准的宣贯实施得到进一步强化，对提升公众满意度起到了积极的作用。例如，上海市的医疗保险服务标准化试点、陕西省的养老保险经办服务标准化试点、杭州市上城区的行政管理和公共服务标准化试点等。社会管理和公共服务类标准化试点工作的开展，有效地促进了试点单位行政工作的精细化、工作流程的规范化、责任权限的明朗化、服务过程的透明化，试点单位以标准作为改善自身管理的手段，通过标准的制定、发布、实施及持续改进，提升了机构的服务水平，提高了公众的满意度。

鉴于社会管理和公共服务类机构在服务业标准化试点工作中取得的成绩，考虑到社会管理和公共服务与传统服务业的差别、服务业标准化试点的实施细则和评估机制对社会管理和公共服务类机构不能完全适用等问题，国家标准化管理委员会决定加大对社会管理和公共服务标准化工作的支持力度，开展了"社会管理和公共综合标准化试点"工作。

三、地方探索

为贯彻《社会管理和公共服务标准化工作"十二五"行动纲要》《关于推进服务标准化试点工作的意见》《上海市标准化发展战略纲要（2007—2020年）》，进一步加强和创新社会管理、提升公共服务水平，上海市质量技术监督局于2013年度开展社会管理和公共服务标准化试点工作，以达到培育社会管理和公共服务标准化品牌的目的。上海市的社会管理和公共服务标准化重点试点领域包括公共教育服务、劳动就业服务、社会保险服务、基本社会服务、公共卫生和计划生育服务、公共基础设施管理与服务、公共交通服务、公共文化体育服务、司法行政与服务、城市运行安全、社区服务、社会公益科技信息服务、生态保护和环境治理服务、行政服务等。上海市的社会管理和公共服务标准化试点，要求试点单位按照综合标准化的要求，依据GB/T 2421《服务业组织标准化工作指南》等国家标准建立并完善科学合理、层次分明、满足实际需要的标准体系，并组织实施相关领域的国家、行业和地方标准，制定实施单位内部标准。在试点建设期间，试点单位通过标准化和各岗位标准的培训，规范服务和管理行为，持续改进服务质量和提高管理水平，提高服务效能和管理成效。

此外，上海市还率先在全国试点实行行政审批标准化工作。通过行政审批改革清理和整顿行政审批事项，并对行政审批事项进行目录管理。公众可通过政府网等公开渠道查询各政府部门的行政审批事项。针对行政审批工作，上海市发布DB31/T 544—2011《行政审批业务手册编制指引》和DB31/T 545—2011《行政审批办事指南编制指引》两项地方标准，作为行政审批标准化工作的指导性文件。

第六章　质量统计技术应用

第一节　抽样检验技术

抽样检验是指从交验的一批产品（批量为 N）中，随机抽取一个样本（由 n 个单位产品组成）进行检验，从而对批产品质量作出判断的过程。抽样检验示意如图 6-1 所示。

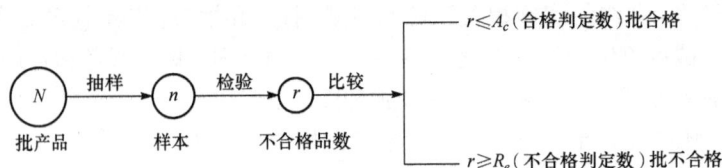

图 6-1　抽样检验示意

一、抽样检验术语、原理及风险

（一）抽样检验术语

1）单位产品：为实施抽样检查的需要而划分的基本单位，可为单件产品，也可为一个部件。

2）检查批（简称批）：为实现抽样检查汇集起来的单位产品。检查批可以为投产批、销售批、运输批。每个检查批应由同型号、同等级、同种类，并且生产条件和生产时间基本相同的单位产品组成。

3）批量：检查批所包含的单位产品数，记为 N。

4）样本单位：从检查批中抽取并用于检验的单位产品。

5）样本：样本单位的全体。

6）样本大小：样本中包含的样本单位数，记为 n。

在具体实施抽样检查时，先根据提交检查批的批量与检查水平，查表确定样本大小字码（如 A、B、C）。由查出的样本大小字码、检验严格度和抽样方案的类型，查表即得此抽样方案下的样本大小 n。

7）不合格：单位产品的质量特征不符合规定，称为不合格。不合格按质量特性不符合的严重程度或质量特性的重要性分为 A 类、B 类、C 类不合格。

① A 类不合格为单位产品极重要特性不符合规定或单位产品的质量特性极严重不符合规定。

② B 类不合格为单位产品重要特性不符合规定或单位产品的质量严重不符合规定。

③ C 类不合格为单位产品一般质量特性不符合规定或单位产品的质量特性轻微不符合规定。

8）合格质量水平（acceptable quality level，AQL）：在抽样检查中，认为可以接受的连续提交检查批的过程平均上限值。原则上，按不合格的分类分别规定不同的合格质量水平。对A类规定的合格质量水平要小于对B类规定的合格质量水平，对C类规定的合格质量水平要大于对B类规定的合格质量水平。

9）合格判定数：作出批合格判断样本中所允许的最大不合格品数或不合格数，记为 Ac（简记为 c）。

10）不合格判定数：作出批不合格判断样本中所不允许的最小合格品数或不合格品数，记为 Re。

11）检查水平（inspection level，IL）：提交检查批的批量与样本大小之间的等级对应关系。

在 GB/T 2828.1—2012《读数抽样检验程序 第 1 部分：按接收质量限（AQL）检索的逐批检验抽样计划》中，给出了 3 个一般检查水平Ⅰ、Ⅱ、Ⅲ和 4 个特殊检查水平：S-1、S-2、S-3、S-4。除非另有规定，通常采用一般检查水平Ⅱ。当需要的判别力比较低时，可规定使用一般检查水平Ⅰ。当需要的判别力较高时，可规定使用一般检查水平Ⅲ。特殊检查水平仅适用于必须使用较小的样本，而且能够或必须允许较大的误判风险时。

（二）抽样检验原理

在实际抽样检验中，如果交验批产品的不合格率为 p，那么批产品有多大的可能被判为合格批而予以接收，或者被接收的概率有多大？通常把接收概率记为 $L(p)$，根据概率统计原理可以计算 $L(p)$ 的值 $[0 \leqslant L(p) \leqslant 1]$。

抽样特性曲线（operating characteristic curve，OC 曲线）表示具有某种质量特性的批量与在该质量特性中的合格批量的概率之间的关系，一旦决定了抽检方案，就可以按照这种方式描绘图形。

设有一批产品批量为 N，样本大小为 n，假定这批产品的不合格品率为 p。采用抽检方案（N，n，c）来检验这批产品，当 $p=0$ 时，肯定是接收的；而当 $p=1$（100%）时，肯定是拒收的。但是当 $0<p<1$ 时，可能接收，也可能拒收。p 越接近零，接收的可能性越大；p 越接近 1，拒收的可能性越大。因此，研究在 $0\sim1$ 范围内的接收概率就非常重要。接收一批产品的可能性的大小用接收概率 $L(p)$ 表示。只要抽检方案确定了，接收概率 $L(p)$ 只取决于不合格品率 p。

1．理想检查方案

如果规定，当批的不合格品率 p 不超过 p_0 时，这批产品是合格的。那么，一个理想的抽检方案应当满足：当 $p \leqslant p_0$ 时，接收概率等于 1；当 $p > p_0$ 时，接收概率等于 0，如图 6-2 所示。

图 6-2 中的两段直线完全反映出一个理想的抽检方案的特性。然而，由于抽样检验中存在着两种错误，这样的理想抽检方案实际上是不存在的。形成这种形状的曲线，在全数检查中是可能的，但在抽样检查中，由于抽样的误差，难免会使某种程度的坏批量成为合格品，或使好批量成为不合格品。

2．很不好的抽检方案

抽检方案决定了 OC 曲线，在实际中，应该根据抽样检验理论来设计参数 c。例如，$c=0$ 看起来似乎是很可靠和合理的，因为 $c=0$ 意味着样本 n 中的不合格数为 0，但这是一个完全错误的概念。

如图 6-3 所示，可以发现，当 p 较小时，$L(p)$ 下降得十分快，显然，这会在 p_i 很小一段内拒收大量优质批量。从图 6-3 中的几何意义来讲，就是没有一个从 0 到 p_0 较平的、$L(p)$ 值较高的缓冲曲线。这对生产方和用户都是不利的。因此，$c=0$ 抽检方案并不理想。事实上，在 OC 曲线中，n 和 c 都大一些的抽检方案比较合理。

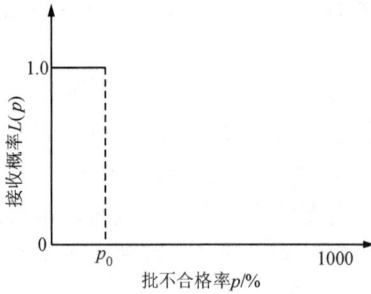

图 6-2　理想的抽检方案的 OC 曲线

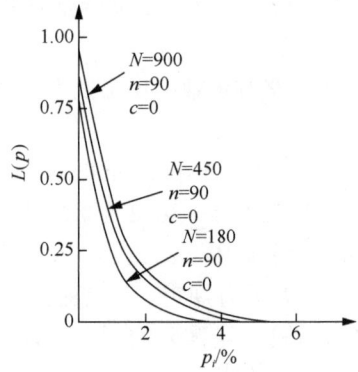

图 6-3　$c=0$ 时的 OC 曲线

另外，如果 n 的抽取不合理也会出现对生产方和用户不利的现象。例如，一批产品 $N=20$，采用抽检方案（N，n，c），设 $n=1$，$c=0$，即（20，1，0）。从这批 20 个产品中随机抽取 1 个产品进行检验，如果它是合格品，则判断这批产品合格，予以接收；如果它是不合格品，则判断这批产品不合格，予以拒收。这样可以得到如表 6-1 所示的结果。

表 6-1　$n=1$ 时不合格品率与接收概率的关系

批中不合格品个数	批不合格品率/%	接收概率	批中不合格品个数	批不合格品率/%	接收概率	批中不合格品个数	批不合格品率/%	接收概率
0	0	1.00	7	35	0.65	14	70	0.30
1	5	0.95	8	40	0.60	15	75	0.25
2	10	0.90	9	45	0.55	16	80	0.20
3	15	0.85	10	50	0.50	17	85	0.15
4	20	0.80	11	55	0.45	18	90	0.10
5	25	0.75	12	60	0.40	19	95	0.05
6	30	0.70	13	65	0.35	20	100	0.00

可见，当 $p \leqslant 5\%$ 时接收概率不低于 0.95，产品是合格的；但是，当 $p=50\%$，即不合格品率为 50% 时，接收概率仍为 0.50。这也就是说，当这批产品的质量已经坏到含有 1/2 的不合格品时，两批中仍有一批可以接收。可见，这种抽检方案对批质量的判断能力及对用户的质量保证都是很差的。这种抽检方案的 OC 曲线如图 6-4 所示，这是一个很不理想的 OC 曲线。

3. 实际好的抽检方案

当这批产品质量较好，$p \leqslant p_0$ 时，以高概率判断这批产品合格，予以接收；当 $p \geqslant p_1$ 时，则以高概率判断这批产品不合格，予以拒收；当产品质量变坏，$p_0 < p < p_1$ 时，接收概率迅速降低。这种抽检方案的 OC 曲线如图 6-5 所示。

通过 OC 曲线能了解抽样检查的性质，即 p_0 和 p_1 之间的曲线越接近垂直，其他曲线越近似水平，就越能接近理想曲线。

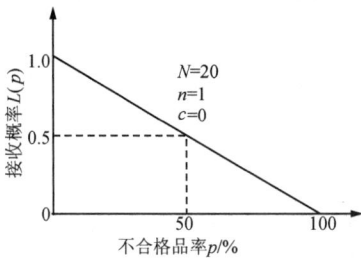

图 6-4 方案（20，1，0）的 OC 曲线

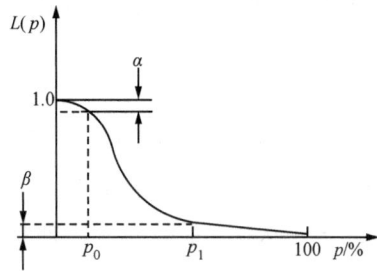

图 6-5 实际好的抽检方案的 OC 曲线

4. N、n、c 的变化对接收概率 $L(p)$的影响

调整参数 n 和 c 可以改变 OC 曲线，但 n 增大时，就接近全数检查，因此，在决定这些数值时，应在经济上进行权衡。如图 6-6 所示为各参数变化引起的 OC 曲线性质的变化。

如图 6-6（a）所示，当样本大小 n 和合格判定数 c 不变时，批量 N 对 $L(p)$的影响很小，尤其当 $N/n \geqslant 10$ 或 $N \geqslant 400$ 时，其影响是非常微小的。因此，某些抽样方案不考虑批量 N 的大小。如图 6-6（b）所示为当批量 N 和样本大小 n 不变时，合格判定数 c 对 OC 曲线的影响。如图 6-6（c）、（d）所示为批量 N、样本大小 n、合格判定数 c 三者相对固定的情况下，OC 曲线的变化趋势。

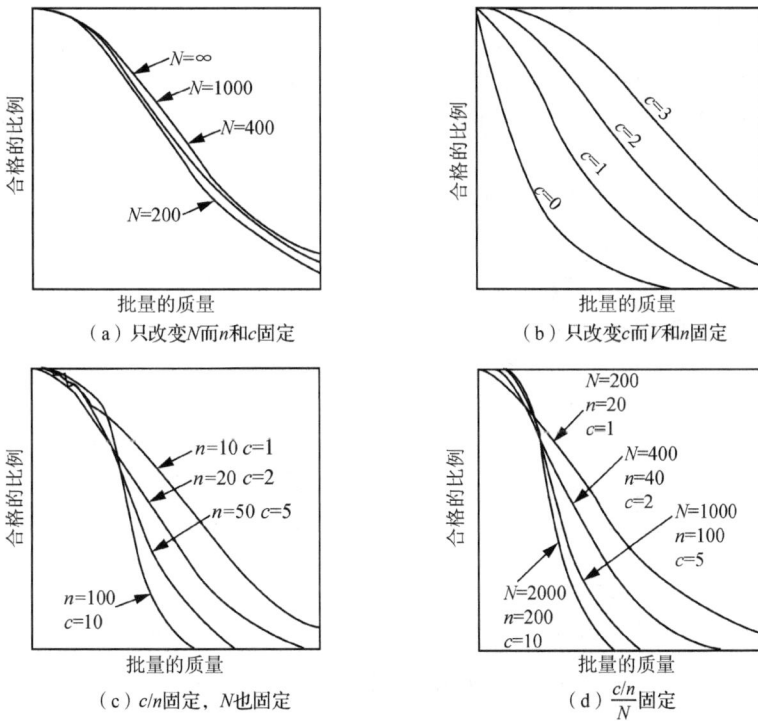

（a）只改变N而n和c固定

（b）只改变c而N和n固定

（c）c/n固定，N也固定

（d）$\dfrac{c/n}{N}$固定

图 6-6 因 N、n、c 的变化引起的 OC 曲线性质的变化

5. 抽样特性函数（OC 曲线）的计算

（1）超几何分布计算公式

在 OC 曲线中，接收概率 $L(p)$的大小要用超几何分布计算公式来计算。

当一批产品的不合格品率为 p 时，接收概率的计算公式为

$$L(p) = \sum_{d=0}^{c} \frac{C_{pN}^{d} C_{N-pN}^{n-d}}{C_N^n} \tag{6-1}$$

式中，　C_{pN}^{d} ——从批的不合格品数 pN 中抽出 d 个不合格品的所有组合数；

　　　　C_{N-pN}^{n-d} ——从批的合格品数（$N-pN$）中抽出（$n-d$）个合格品的所有组合数；

　　　　C_N^n ——从批产品数为 N 中抽取 n 个产品的所有组合数。

（2）二项分布计算公式

超几何分布计算公式中有阶乘计算，很麻烦，当 N 很大时，一般(N/n)>10 时，可用二项分布计算公式求 $L(p)$ 的近似值。

$$L(p) = \sum_{d=0}^{c} C_n^d P^d (1-p)^{n-d} \tag{6-2}$$

从上述二项分布计算公式中不难看出，$L(p)$ 的大小已经与批量 N 无关，仅取决于 p、n、c。

（3）泊松分布计算公式

当(N/n)>10，且 p<10%时，$L(p)$还可用泊松分布计算公式计算其近似值，公式为

$$L(p) = \sum_{d=0}^{c} \frac{(np)^d}{d!} \mathrm{e}^{-nd} \tag{6-3}$$

一般情况下，用二项分布计算公式比用泊松分布计算公式计算要精确。

（三）抽样检验风险

抽样检验风险主要有两个方面的风险，即生产方风险和使用方风险。

采用抽样检验自然不同于全检，从如图 6-7 所示的 OC 曲线中可以看出供需双方的风险。

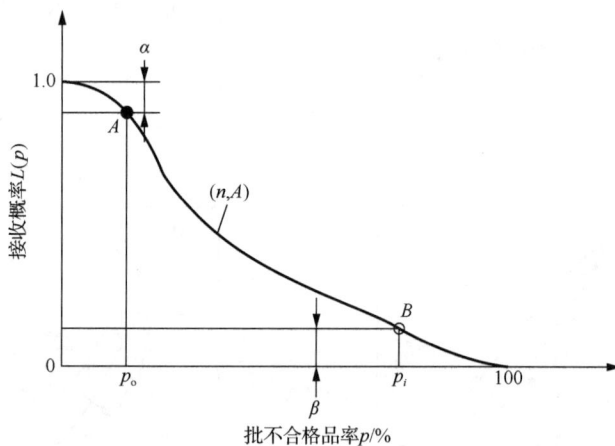

A—生产方风险点；B—使用方风险点；$P_\circ$—生产方风险质量；P_i—使用方风险质量；α—生产方风险；β—使用方风险。

图 6-7　OC 曲线上的供需双方的风险

合格批也可能有 α 的概率遭到拒收，而不合格批也会有 β 的概率被接收。前者被称为生产方（供方）风险（α 为弃真概率），后者被称为使用方（需方）风险（β 为取伪概率）。

在实际应用中应照顾双方的利益，使生产方风险和使用方风险都尽可能小。

1. 生产方风险质量

生产方风险质量（p_0）又称优质批质量、合格质量，是可接收的质量水平。

当交验批不合格品率 $p = p_0$ 时，抽样方案以高概率（0.95 左右）接收，因此对生产方进行了保护。

但也存在这样一个问题，当交验批不合格品率 p 等于或优于 p_0 时，有一个小概率（0.05 左右）拒收产品，使生产方承担风险。

2. 使用方风险质量

使用方风险质量（p_i）又称劣质批质量、极限质量或极限不合格品率（lot tolerance percent defective，LTPD），是尽量避免的质量水平。

当交验批不合格品率 $p = p_i$ 时，抽样方案以低概率（0.10 左右）接收，即高概率拒收，因此对使用方进行了保护。

当然也存在交验批不合格品率 $p = p_i$ 时，产品通过了检验，使用方蒙受了损失。

3. 生产方风险

生产方风险（α）是指对于给定的抽样方案，当批质量水平（如不合格品率）为某一指定的可接收值（如可接收质量水平）时的拒收概率，即好的质量批次被拒收时生产方所承担的风险。

4. 使用方风险

使用方风险（β）是指对于给定的抽样方案，当批质量水平（如不合格品率）为某一指定的不满意值（如极限质量水平）时的接收概率，即坏的质量批次被接收时使用方所承担的风险。

二、抽样方案

（一）一次抽样方案

一次抽样方案是最简单的计数验收抽样方案，通常用 N、n、c 表示。从批量 N 中随机抽取 n 件检查，并预先规定一个合格判定数 c，如果发现 n 中有 d 件不合格品，当 $d \leqslant c$ 时，则判定该批产品合格，予以接收；当 $d > c$ 时，则判定该批产品不合格，予以拒收，如图 6-8 所示。例如，当 $N=1000$，$n=100$，$c=3$ 时，则这个一次抽样检验方案可表示为（1000，100，3）。其含义是从 1000 件中抽取 100 件，如果这 100 件中有不合格品的数目为 0，1，2 或 3，则判定该批产品合格，予以接收；如果有 4 件及以上不合格品，则判定该批产品不合格，予以拒收。

（二）二次抽样方案

二次抽样方案包括 5 个参数，即 N、n_1、n_2、c_1、c_2（$c_1 < c_2$）。其中，n_1 为抽取第一样本的大小；n_2 为抽取第二样本的大小；c_1 为抽取第一样本时的合格判定数；c_2 为抽取第二样本时的合格判定数。

二次抽样方案的具体操作程序如图 6-9 所示。例如，当 $N=1000$，$n_1=36$，$n_2=59$，$c_1=0$，$c_2=3$，则二次抽取方案为（1000，36，59，0，3），抽取样本判别程序如图 6-10 所示。

$$N,\ n_1,\ n_2,\ c_1,\ c_2$$

在N中随机抽样取n_1，检验出d_1件不合格产品

随机抽样n件检验，验出d件不合格产品

若$d_1 \leqslant c_1$，则判定合格

若$c_1 < d_1 \leqslant c_2$，则再取n_2件，检验出d_2件不合格产品

若$d_1 > c_2$，则判定不合格

若$d \leqslant c$，则判定该批产品合格

若$d > c$，则判定该批产品不合格

若$d_1 + d_2 \leqslant c_2$，则判定合格

若$d_1 + d_2 > c_2$，则判定不合格

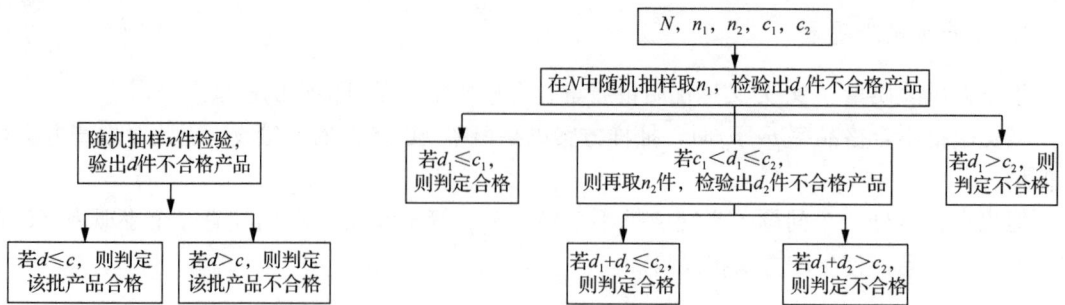

图 6-8　一次抽样检验示意　　　　　图 6-9　二次抽样方案的具体操作程序

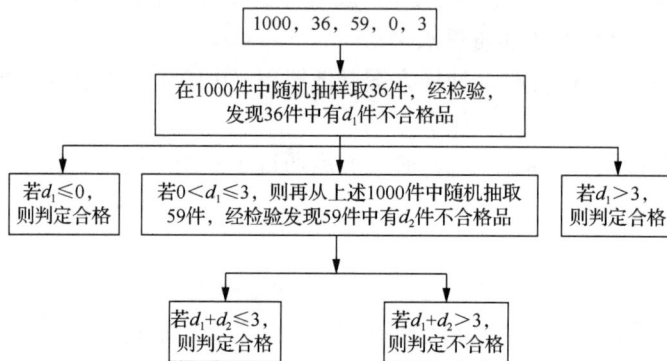

$$1000,\ 36,\ 59,\ 0,\ 3$$

在1000件中随机抽样取36件，经检验，发现36件中有d_1件不合格品

若$d_1 \leqslant 0$，则判定合格

若$0 < d_1 \leqslant 3$，则再从上述1000件中随机抽取59件，经检验发现59件中有d_2件不合格品

若$d_1 > 3$，则判定合格

若$d_1 + d_2 \leqslant 3$，则判定合格

若$d_1 + d_2 > 3$，则判定不合格

图 6-10　二次抽样判别程序

（三）多次抽样方案

多次抽样方案是允许通过 3 次以上的抽样逐渐对一批产品作出判断，其基本思路与二次抽样方案类似。在进行抽样检验时，必须掌握以下几点。

1）抽样检验是对批量进行合格与否的判定，而不是逐一检验批量中的每个产品。因此，如果产品不是作为批量处理时，就不应采用抽样检验。

2）通过抽样检验后，即使是合格的批量，其中也应允许有某种程度的不合格品存在。

3）抽样检验是以随机抽取试样为基本条件的，如果不能满足这种条件就不适用。因此，必须采取能随机取样的具体措施。

三、计数型抽样方案应用举例

（一）计数标准型抽样方案

1. 计数标准型抽样方案概述

计数标准型抽样方案是基本的抽样方案。标准型抽样方案是指同时严格控制生产方与使用方的风险，按供需双方共同制定的 OC 曲线所进行的抽样检验，即它同时规定生产方的质量要求和对使用方的质量保护。代表生产方和使用方利益的就是 P_0、α、P_1、β 这 4 个参数。

典型的标准型抽样方案是希望不合格品率为 P_1 的批尽量不合格，设其接收概率 $L(P_1) = \beta$；希望不合格品率为 P_0 的批次尽量合格，设其拒收概率 $1 - L(P_0) = \alpha$。一般规定 $\alpha = 0.05$、$\beta = 0.10$。OC 曲线如图 6-11 所示。

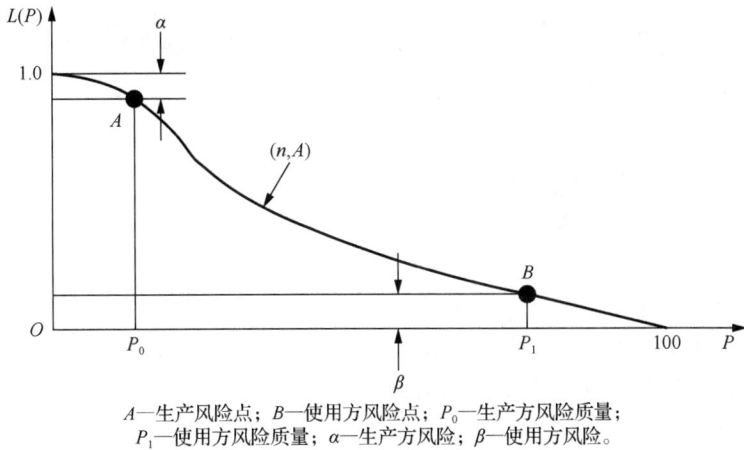

A—生产风险点；B—使用方风险点；P_0—生产方风险质量；
P_1—使用方风险质量；α—生产方风险；β—使用方风险。

图 6-11　计数标准型抽样方案的 OC 曲线

生产方风险 α：好的质量批次被拒收时生产方所承担的风险。

使用方风险 β：坏的质量批次被接收时使用方所承担的风险。

生产方风险质量 P_0：对于给定的抽样方案，与规定的生产方风险相对应的质量水平。

使用方风险质量 P_1：对于给定的抽样方案，与规定的使用方风险相对应的质量水平。

计数标准型抽样检验方案的特点如下。

1）通过选取相应于 P_0、P_1 的 α、β 值，同时满足供需双方的需求，保护供需双方。

2）不要求提供检验批验前资料（如制造过程的平均不合格品率），适用于孤立批的检验。

3）同时适用于破坏检验和非破坏性检验。

4）对拒收的质量批未提出处理要求。

5）由于同时保护供需双方，在同等质量要求下，所抽取的样本量较大。

2. 计数标准型抽样表的构成

在计数标准型一次抽样表中，只要给出 P_0、P_1 就可以从中求出样本量 n 和合格判定数 Ac。GB/T 13262—2008《不合格品百分数的计数标准型一次抽样检验程序及抽样表》中的抽样表由下列内容构成。

1）P_0 栏从 0.091%~0.100%（代表值 0.095%）至 10.1%~11.2%；共分 42 个区间；P_1 栏从 0.71%~0.80%（代表值 0.75%）至 31.6%~35.5%；共分 34 个区间。

2）样本量 n，考虑到使用方便，取以下 209 级：5，6，…，1820，2055。

3. 计数标准型抽样的步骤

（1）确定质量标准

对于单位产品，应明确规定区分合格品与不合格品的标准。

（2）确定生产方风险质量与使用方风险质量

P_0、P_1 值应由供需双方协商决定。作为选取 P_0、P_1 的依据，通常取生产方风险 $\alpha = 0.05$，使用方风险 $\beta = 0.10$。

决定 P_0、P_1 时，要综合考虑生产能力、制造成本、质量要求和检验费用等因素。通常，A 类不合格或不合格品的 P_0 应选得比 B 类的要小，而 B 类不合格或不合格品的 P_0 值又应选得比

C类的要小。

P_1 的选取，一般应使 P_1 与 P_0 拉开一定的距离，通常取 $P_1 = （4～10）P_0$。P_1/P_0 过小，会增加样本量，检验费用增加；P_1/P_0 过大，又会放松质量要求，对使用方不利。

（3）批的组成

如何组成检验批，对于质量保证有很大的影响。组成批的基本原则是同一批内的产品应当是在同一条件下生产的。因为质量不同的几组产品组成一批，很难通过抽检区分其中的"好的部分"与"差的部分"。

一般来说，按包装条件及贸易习惯组成的批，不能直接作为检验批。批量越大，单位产品所占的检验费用的比例就越小。然而，批量过大，一旦优质批被错判为不合格，或劣质批被错判为合格，就将使全数挑选的工作量大幅增加。

（4）检索抽样方案

根据事先规定的 P_0、P_1 值，在表中先找到 P_0 所在的行和 P_1 所在的列，然后求出它们相交的栏。栏中标点符号左边的数值为 n，右边的数值为 Ac，于是得到抽样方案（n，Ac）。

（5）选取样本

选取样本的关键是尽量做到"随机化"。随机抽样的方法很多，可采取单纯随机抽样，也可采取分层随机抽样等。

（6）检验样本

根据规定的质量标准，测试与判断样本中每个产品合格与否，记下样本中不合格品数 d。

（7）批的判定

如果 $d \leqslant Ac$，则批合格；如果 $d > Ac$，则批不合格。

（8）批的处置

判为合格的批即可接收。至于样本中已发现的不合格品中是直接接收、退货，还是换成合格品，要按事先签订的合同来定。

对于判为不合格的批，全部退货。但是，也可以有条件地（如降价）接收，或进行全数挑选仅接收其中的合格品，不过这要由事先签订的合同来定。

（二）计数调整型抽样方案

下面介绍以 GB/T 2828.1—2012 为代表的计数调整型抽样检验标准。

1. GB/T 2828.1 的发展历程

美国军用标准 MIL-STD-105D 是较早使用的调整型抽样标准，也是应用最为广泛的调整型抽样标准。它是 1945 年由哥伦比亚大学统计研究小组为美国海军制定的抽样检验表。后经多次修改，由 ISO 发布为 ISO 2859：1974《计数抽样检查程序及抽样表》，我国参照这个标准制定了 GB/T 2828—1987《逐批检查计数抽样程序及抽样表（适用于连续批的检查）》（已作废）。ISO 后来对 ISO 2859：1974 进行了重大修订，将该标准作为一个通称为《计数抽样检验程序》的系列标准的第一部分，即《按接收质量限（AQL）检索的逐批抽样计划》，编号为 ISO 2859—1：1999。

我国于 2003 年发布了与此等同的国家标准 GB/T 2828.1—2003《计数抽样检验程序　第 1 部分：按接收质量限（AQL）检索的逐批检验抽样计划》（已作废）。2012 年，我国又对该标准进行修订，现行的为 GB/T 2828.1—2012。

2. GB/T 2828.1—2012 的主要特点

（1）主要适用于连续批检验

连续批是由同一生产厂在认为相同条件下连续生产的一系列的批。如果一个连续批在生产的同时提交验收，在后面的批生产前，前面批的检验结果可能是有用的，检验结果在一定程度上可以反映后续生产的质量。当前面批的检验结果表明过程已经变坏，就有理由使用特殊规则来执行一个更为严格的抽样程序；反之，若前面的检验结果表明过程稳定或有所好转，则有理由维持或放宽抽样程序。

（2）接收质量限及其作用

在 GB/T 2828.1—2012 中，接收质量限（acceptable quality limit，AQL）有特殊意义，起着极其重要的作用。AQL 是指当一个连续批被提交验收抽样时，可允许的最差过程的平均质量水平。它反映了使用方对生产过程质量稳定性的要求，即要求在生产连续稳定的基础上，过程不合格品率的最大值。例如，规定 AQL=1.0（%），是要求加工过程在稳定的基础上最大不合格品率不超过 1.0%。AQL 也与过程能力指标有关，若要求某产品加工过程能力指数 Cp 为 1.0，则要求过程不合格品率为 0.27%，此时设计抽样方案可以规定 AQL 为 0.27（%）。

在 GB/T 2828.1—2012 中，AQL 也被作为一个检索工具。使用这些按 AQL 检索的抽样方案，来自质量等于或好于 AQL 的过程的检验批，其大部分将被接收。AQL 是可以接收和不可以接收的过程平均之间的界限值。AQL 不应与实际的过程质量相混淆，在 GB/T 2828.1—2012 中，为避免过多批不被接收，要求过程平均质量比 AQL 值更好；如果过程平均质量不比 AQL 值更好，将会转移到加严检验，甚至暂停检验。

在 GB/T 2828.1—2012 中，AQL 的取值为 0.01～1000，共 31 个级别，它的数值和样本量一样，都是根据优先数系的原则设计的。若 AQL 的取值与抽样表中所给数据不同，则不能使用该抽样表。因此，选取的 AQL 值应和 GB/T 2828.1—2012 抽样表中的数据一致。

3. 计数调整型抽样的步骤

（1）规定单位产品的质量特性要求（标准）

质量特性是产品、过程或体系与要求有关的固有可区分的特征。这些特征有很多，如理化的、感官的、行为的、时间的、功能的等。有关特性达到什么标准才算符合要求，应在检验规范或订货合同中明确表述。

（2）确定不合格类别和缺陷的级别

不合格品分类与质量缺陷严重性分级参考表 6-2。

表 6-2　不合格品分类与质量缺陷严重性分级

缺陷的级别	安全性	运转或运行	寿命	可靠性	装配	使用安装	外观	下道工序	本系统内处理权限	检验严格性
A（致命缺陷）	影响安全所有缺陷	会引起难于纠正的非正常情况	影响寿命	必然会造成产品故障	难以装配	会造成产品安装的困难	一般外观缺陷不构成致命缺陷	肯定造成下道工序的混乱	总质量工程或工艺师	100%严格检验、加严检验

续表

缺陷的级别	安全性	运转或运行	寿命	可靠性	装配	使用安装	外观	下道工序	本系统内处理权限	检验严格性
B（严重缺陷）	不涉及	可能引起易于纠正的异常	能影响寿命	可能引起易于修复的故障	肯定造成装配困难	可能影响产品安装顺利	使产品外观难于接受	给下道工序造成比较大的困难	检验部门负责人（处长、科长）	严格检验、正常检验
C（一般缺陷）	不涉及	不会影响运转或运行	可能影响寿命	不会成为故障的起因	可能影响产品装配顺利进行	不涉及	对产品外观影响比较大	对下道工序影响较大	检验工程师	一般正常检验、抽样检验
D（轻微缺陷）	不涉及	不涉及	涉及	不涉及	不涉及	不涉及	对产品外观有影响	可能对下道工序有影响	检验班、站、组长	抽样检验、放宽检验

不同级别的不合格，其对应的 AQL 值也不相同。一般 A 类不合格（品）的 AQL 值应小于 B 类，B 类不合格（品）的 AQL 值应小于 C 类。

对同一不合格类的多个项目（特性检验数），也可以规定一个 AQL 值，一般项目多时 AQL 值也应大一些。

（3）确定合格质量水平（接收质量限）AQL

AQL 在 GB/T 2828—1987 中称为合格质量水平，GB/T 2828.1—2012 将其改称为接收质量限。它是当一个连续系列批被提交验收抽样时，可允许的最差过程平均质量水平。在 GB/T 2828.1 中，要按它检索抽样方案。AQL 值的确定，应由供、需双方协商解决。AQL 值过大，需方得不到满意的产品，造成使用方风险太大；AQL 值过小，导致增加制造成本，造成供方风险太大。

在 GB/T 2828.1—2012 中规定的 AQL 取值范围为 0.01%～1000%。当 AQL≤10%时，既可表征百件产品中的不合格品数，又可表征百件产品中的不合格数；但当 AQL>10%时，则只表征百件产品中的不合格数。

设计抽检方案时，首先要考虑 AQL 取多大。规定了 AQL，如果供应者的产品质量水平接近 AQL，则进行正常检查；对质量水平比 AQL 好的生产者进行放宽检查，对质量水平比 AQL 差的生产者则加严检查。

确定 AQL 值有很多方法，一般可采用经验法。

1）按照产品的使用要求，可参考表 6-3 确定 AQL 值。

表 6-3　AQL 经验数据参考表 1

使用要求	特高	高	中	低
AQL	≤0.1	≤0.65	≤2.5	≥4.0
使用范围	导弹、卫星和宇宙飞船等	飞机和舰艇等重要军工产品	一般军用产品和一般工农业产品	一般民用产品

2）按照不合格品或不合格种类，可参考表 6-4 确定 AQL 值。

表 6-4　AQL 经验数据参考表 2

项目	不合格品或不合格种类	AQL
进料检验	重不合格品	0.65、1.5、2.5
	轻不合格品	4.0、6.5

续表

项目	不合格品或不合格种类	AQL
成品出厂检验	重不合格品	1.5、2.5
	轻不合格品	4.0、6.5

3）按照产品的性能，可参考表 6-5 确定 AQL 值。

表 6-5　AQL 经验数据参考表 3

质量特性	电气性能	力学性能
AQL	0.4～0.65	1.0～1.5

4）按照产品的检验项目数量，可参考表 6-6 确定 AQL 值。

表 6-6　AQL 经验数据参考表 4

重不合格品		轻不合格品	
检验项目（质量特性）数	AQL	检验项目（质量特性）数	AQL
1～2	0.25	1	0.65
3～4	0.40	2	1.0
5～7	0.65	3～4	1.5
8～11	1.0	5～7	2.5
12～19	1.5	8～18	4.0
20～48	2.5	18 以上	6.5
48 以上	4.0		

实际操作时，先参考有关资料（如上述 4 种情况）暂时确定一个 AQL 值，使用一段时间后根据实际情况逐渐修正，至合理为止。

在确定 AQL 值时除考虑以上因素外，还应兼顾组织其他的与质量有关的要求和指标，如质量目标、对过程能力的要求和需方提出的该产品在使用方生产线上的废品率不超过 1%等，均是对质量提出的要求，在确定 AQL 值时应与这些指标协调起来，不能互相矛盾。

在确定 AQL 值时还需要注意：AQL 是对供方过程质量提出的要求，不是针对个别批质量的要求，不是对每个交验批都要确定 AQL 值，在使用 GB/T 2828.1—2012 时，AQL 一经确定，一般不要轻易改变。

（4）确定检验水平

检验水平是用来决定批量与样本大小之间关系的等级的。检验水平是抽样方案的一个事先选定的特性，其作用主要为明确批量 N 与样本量 n 的关系。当批量 N 已知时，只要规定了检验水平，就可以检索到样本量字码和样本量 n。GB/T 2828.1—2012 规定检验水平有两类：一般检验水平Ⅰ、Ⅱ、Ⅲ级和特殊检验水平 S-1、S-2、S-3、S-4 4 类检验水平，可根据需要指定其中的一个。根据不同情况对检验水平的选择如表 6-7 所示，无特殊要求时均可采用一般检验水平Ⅱ。

从表 6-7 中可以看出，检验水平的高低与要求鉴别力的高低成正比，另外还应注意，不同的检验水平对使用方和供方的风险，其 OC 曲线如图 6-12 所示。当不合格品率 p 一定时，检验水平越低，接收概率越大，方案越松（样本量与 A_c、R_e 的比例越大，即取样量越少）。

表 6-7　根据不同情况对检验水平的选择

检验水平	S-1	S-2	S-3	S-4	I	II	III
判别能力	低 →　　　　　　　　　　　　　　　　　　　　　　　→ 高						
产品复杂程度	结构简单、易于制造					中	复杂
单位产品价格	单位产品价格比较低					中	高
检验、试验费用	检验、试验费用高					中	低
检验、试验时间	需长时间才能得到检验结果					中	短
生产的稳定性	生产的稳定性好或属于老产品					一般	差或新产品
批之间的质量差异	批与批之间质量波动幅度小					一般	差异大
产品使用要求	对产品使用要求低，误判不会造成重大损失					居中	要求高

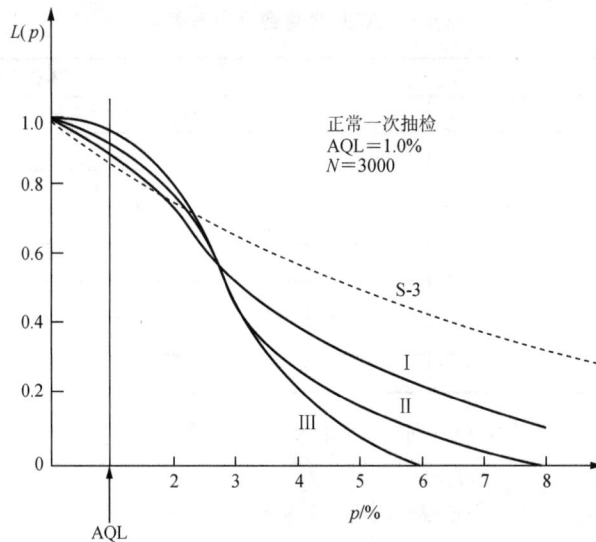

图 6-12　检验水平变化时的 OC 曲线

图 6-12 说明：当 N 和 AQL 一定时，检验水平越低（表 6-8，从下至上），取样量越少，即接收概率越大，方案越松。

表 6-8　AQL=1.0%，N=3000 时的检验水平与抽检方案关系

检验水平	n	A_c	R_e
S-3	13	0	1
I	50	1	2
II	125	3	4
III	200	5	6

在没有特别要求的情况下，通常使用检验水平 II。当降低抽样方案对产品批质量判别能力能接受时，可采用检查水平 I。当需要提高抽样方案对产品批质量的判别能力时，可采用检查水平 III（适用检查费用比较低的场合）。检查水平 S-1～S-4 适用破坏性试验或代价大（产品单价高或实验时间长）的试验，即宁愿增加对批质量误判的危险性，仍希望尽量减少样本容量的情况。

（5）检查的调整

通常先从正常检查开始。根据最初正常检查结果，再按如表6-9所示的转换规则表中的转换条件，考虑选择转移至何种检查（正常、放宽或加严）。

表6-9　转换规则表

转换方向	转换条件
正常检查转加严检查	连续5批中有2批（包括检查不到5批已发现2批）初验不合格
加严检查转正常检查	连续5批合格
正常检查转放宽检查	① 连续10批初验合格； ② 10批中不合格品（或缺陷数）总数在界限个数以下； ③ 生产正常； ④ 主管者认为有必要。 注：以上4个条件必须同时满足
放宽检查转正常检查	① 1批不合格； ② 生产不正常； ③ 主管者认为有必要。 注：只要满足上述3个条件之一
加严检查转暂停检查	加严检查开始后，不合格批数累计5批

至于暂停检查发生后，应允许生产方采取改进质量措施，当使用方或主管部门认为产品质量确定得到了改善，可以恢复检查。但一般应从加严检查开始。

（6）抽检步骤

1）确定质量检查标准。

2）决定AQL。

3）决定检查水平。

4）选择抽检形式，即一次抽验、二次抽检或多次抽检。

5）决定检查的宽严程度。

6）组成检查批并决定批量大小。

7）根据抽检表求抽检方案（ A_c ， R_e ）或 $\begin{bmatrix} A_{c1} & R_{e1} \\ A_{c2} & R_{e2} \end{bmatrix}$ （二次抽检方案）等。

8）抽取样本。

9）测定样本。

10）判定批合格与否。如果样本中不合格品数等于或小于合格判定数 A_c ，则判定该批合格而接收；如果不合格品数等于或大于不合格判定数 R_e ，则判定该批不合格而拒收。

（7）抽样表的构成

GB/T 2828.1—2012中的抽样表主要由转换规则表（表6-9）、样本大小字码表（表6-10）、抽样方案表和放宽检查界限数表组成。

表6-10　样本大小字码表

批量范围	特殊检查水平				一般检查水平		
	S-1	S-2	S-3	S-4	Ⅰ	Ⅱ	Ⅲ
2～8	A	A	A	A	A	A	B
9～15	A	A	A	A	A	B	C
16～25	A	A	B	B	B	C	D

续表

批量范围	特殊检查水平				一般检查水平		
	S-1	S-2	S-3	S-4	I	II	III
26~50	A	B	B	C	C	D	E
51~90	B	B	C	C	C	E	F
91~150	B	B	C	D	D	F	G
151~280	B	C	D	E	E	G	H
281~500	B	C	D	E	F	H	J
501~1200	C	C	E	F	G	J	K
1201~3200	C	D	E	G	H	K	L
3201~10000	C	D	F	G	J	L	M
10001~35000	C	D	F	H	K	M	N
35001~150000	D	E	G	J	L	N	P
150001~500000	D	E	G	J	M	P	Q
500001 及以上	D	E	H	K	N	Q	R

1）样本大小字码表。样本大小字码表的用途：当已知道批量大小并确定了检查水平时，由样本大小字码表中给出相应的字码，由此字码可以确定各类（一次、二次及多次）抽样方案表中相应的样本含量。

2）抽样方案表。在标准中列有 3 组（一次、二次和五次抽样），共计 12 个抽样方案表，本书只取其中一次抽样的 4 个表，即一次正常检查抽样方案、一次加严检查抽样方案、一次放宽检查抽样方案、一次特殊放宽检查抽样方案。

3）放宽检查界限数表给出了从正常检查转到放宽检查的界限数。把连续 10 批或要求多于连续 10 批所抽取的样本内出现的不合格总数低于放宽检查界限数表中规定的界限数作为放宽的必要条件。如果只用"连续 10 批都合格"作为正常检查放宽检查的条件时，即使比 AQL 大的批也会以相当高的概率转移到放宽检查。为避免这漏洞，须增加此表。

【例 6-1】 设有一批产品，N=1000，试根据 GB/T 2828.1—2012 确定调整型一次抽检方案。

解：

1）确定合格质量水平 AQL，经双方商定取 AQL=2.5。

2）选择检查水平 II。

3）查样本大小字码表（表 6-10），由 N=1000 与检查水平 II 的相交栏，得样本大小字码为 J。

4）确定正常抽检方案。从 GB/T 2828.1—2012 的附表 6 中查出样本字码 J 的行与 AQL=2.5 列相交栏查得合格判定数 A_c=5，不合格判定数 R_e=6，另外和 J 相对应的样本含量 n=80，得一次正常抽样方案为（80，5，6），即从 1000 个产品（批）中抽检 80 个样品，若不合格品数 $d \leqslant 5$，则判断该产品批合格；若 $d \geqslant 6$，则判断该产品批不合格。

5）确定加严抽检方案。从 GB/T 2828.1—2012 的附表 7 中查出样本字码 J 的行与 AQL=2.5 的列相交栏得 A_c=3，R_e=4，同时 n=80，故一次加严抽检方案为（80，3，4）。

6）确定放宽抽检方案。从 GB/T 2828.1—2012 的附表 8 中查出字码 J 的行与 AQL=2.5 的列相交栏得 A_c=2，R_e=3，与 J 对应的 n=32，采用一次放宽检查的抽检方案为（32，2，3）。这就是说，从由 1000 个产品组成的批中随机抽取 32 个样品进行测试检查，这 32 个样品中发现的不合格品少于或等于 2 个，则判定该批合格；若不合格品数大于或等于 3 个，则判定该批不合格。如果放宽检查不合格，即 $d \geqslant 3$，必须进行特殊放宽检查。

7）确定特殊放宽抽检方案。从 GB/T 2828.1—2012 的附表 9 中查出字码 J 的行与 AQL=2.5 的列相交，可得一次特宽检查抽样方案（32，4，5），它表示从批中抽取 $n=32$ 个样品进行检查，若 $d≤4$，则判定该批合格；若 $d≥5$，则判定该批不合格。

8）确定调整型抽检方案。把正常检查、加严检查、放宽检查、特殊放宽检查 4 个抽检方案合在一起，并合理运用转换规则表，就得到了一个调整型一次抽检方案，如表 6-11 所示。

表 6-11　调整型一次抽检方案表（N=1000，AQL=2.5）

检查的宽严	n	A_c	R_e
正常检查	80	5	6
加严检查	80	3	4
放宽检查	32	2	3
特殊放宽检查	32	4	5

应当指出，正常检查、加严检查、放宽检查、特殊放宽检查 4 个抽样方案和转换规则是一个不可分割的整体，只有一起使用才能获得良好的抽样检查效果。合格质量水平 AQL 并不是消费者（使用者）要求质量的本身，而是为了进行抽样检查的方便而设置的。只有生产者提供比 AQL 好的产品，才能满足订货要求。

计数调整型抽样方案还有二次抽检方案和多次抽检方案，另外，还有许多其他类型的抽样方案，读者可以参阅有关质量管理书籍。

第二节　过程质量控制

过程质量也称工序质量，包括影响质量制造的 6 个因素（5M1E），即人员（man/manpower）、机器（machine）、材料（material）、方法（method）、测量（measurement）、环境（environment）。过程质量控制是使工序质量的波动处于允许的范围内，通过各种恰当的方式（如工序检验）准确判断加工工序质量是否符合规定的标准，以及是否处于稳定状态；在出现偏离标准的情况下，分析产生的原因，并及时采取纠正措施。工序质量控制流程的最终目的是保证稳定生产合格的产品。

经验与理论表明，这 6 个因素对不同的工序及其质量的影响程度有着显著的差别。这里有必要引进有关工序主导因素的概念。主导因素是指在众多影响最终质量的因素中起到决定全局或占支配地位作用的因素。任何加工制造过程都存在这样的因素，而且一种或几种占支配地位的情况到处可见。根据专业技术知识和经验，人们一般可以从各种影响因素中识别主导因素。例如，铸造上模具、熔炼、型砂起主导作用，加工上除了模具因素，还有工装、工艺参数（刀具、切削速度等）、员工的操作规范等起主导作用。我们可以根据实际分析结果建立控制系统。

在制造过程中，我们可以运用主导因素这一概念分别对不同的工序采取切实有效的防误和控制措施，从而达到控制制造质量的目的。需要强调的是，在不同产品特点的条件下，工序的主导因素各不相同，因此主要控制措施也不相同，应因地、因产品而异。

一、控制图原理、分类及绘制

为了有效地进行现场质量控制，以预防为主，我们需要了解过去、分析现在和预测未来的质量状况，这就需要一种可以在现场直接研究质量数据随着时间变化的统计规律的动态方法，即控制图。

控制图（也称管理图），是美国的 W. A. 休哈特（W. A. Shewhart）在 1924 年首先提出的。控制图是用以进行工序控制，直接控制生产过程，稳定生产过程的质量，达到以预防为主要目的图形。它可以判别生产工序过程是否处于控制状态。利用它可以区分质量波动究竟是由偶然原因引起的还是由系统原因引起的，以便针对具体情况，分别给予有效、及时的解决，控制生产过程的质量。

（一）控制图原理

控制图是用于区分由异常或特殊原因引起的波动和过程固有的随机波动的一种统计工具。这里所讲的过程固有的随机波动是指过程的正常质量波动，因为在过程中正常因素是始终存在的、无法消除的。

1. 控制图原理的两种解释

（1）控制图原理的第一种解释

$\pm 3\sigma$ 原理如下。

在生产过程中，仅有偶然性原因存在时，产品质量特性值 X 形成某种确定的典型分布，如正态分布。当出现系统性原因时，X 就偏离原来的典型分布了。我们可以用统计学中假设检验的方法来及时地发现这种分布的偏离，从而据以判断系统性原因是否存在。下面以 X 服从正态分布为例加以说明。

设当工序不存在系统性原因时，$X \sim N(\mu, \sigma^2)$，则 $P(\mu - 3\sigma < X < \mu + 3\sigma) = 0.9973$。如图 6-13 所示，$X$ 落在两条虚线外的概率之和只有 0.27%，即在 1000 个样品（数据）中，平均约有 3 个数据超出分布范围。有 997 个落在 $(\mu - 3\sigma, \mu + 3\sigma)$ 之中，如果从处于统计控制状态的工序中任意抽取一个样品 X，我们可以认为 X 一定在分布范围 $\mu \pm 3\sigma$ 之中，而认为出现在分布范围之外是不可能的，这就是 $\pm 3\sigma$ 原理。

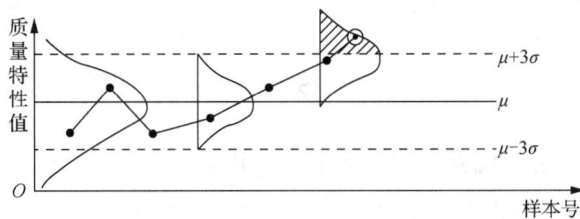

图 6-13　控制图的统计原理示意

按加工次序每隔一定时间抽取一个样品，如果这时工序仍然只受偶然性原因的影响，那么被抽取的产品质量特性值仍服从原来的正态分布，该产品质量特性值落到图 6-13 两条虚线外几乎是不可能的。如果某一产品质量特性值落到了两条虚线外，由于这种可能性只有 0.27%，这是一个很小的概率，这样的事件称为小概率事件。概率统计理论认为，小概率事件在一次实验中是不会发生的，现在发生了，说明原来的分布出现了较大的变化，图 6-13 中 ⊙ 点超出上控制界限（upper control line, UCL）不是偶然的现象，它是分布逐渐变化的结果。分布之所以发生变化，是由于生产过程出现了系统性原因。系统性原因不只影响 ⊙ 点，也会影响其他点，不过以 ⊙ 点较为突出。这时超过上、下控制界限（lower control line, LCL）的面积不再是 0.27%，而是大大超过了 0.27%，可能是百分之几或更大，点子落在虚线外的可能性大大增加了。因此我们可以认为，当点子落到上、下控制界限外时，表明生产过程出现了系统性原因，已处于失控状态，必须追查具体的管理技术原因，采取措施，使工序恢复到控制状态。

一般来说，$\pm 3\sigma$ 原理，在一次实验中，如果样品出现在分布范围 $\mu \pm 3\sigma$ 的外面，则认为生产处于非控制状态。习惯上，我们把 $\mu - 3\sigma$ 定为 LCL，$\mu + 3\sigma$ 定为 UCL，μ 定为 CL，这样得到的控制图称为 $\pm 3\sigma$ 原理的控制图，也称为休哈特控制图。

将正态分布图转换方向，使自变量增加的方向垂直向上，将 μ、$\mu + 3\sigma$ 和 $\mu - 3\sigma$ 分别标为 CL（central line，中心线）、UCL 和 LCL，这样就得到一张控制图。X 控制图如图 6-14 所示。

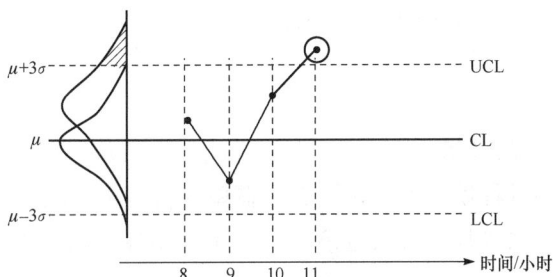

图 6-14 X 控制图

例如，为了控制加工螺栓的质量，每隔 1h 随机抽取一个加工好的螺栓，测量其直径，将结果描点在图 6-14 中，并用直线段将点连接，以便观察点的变化趋势。由图 6-14 可以看出，前 3 个点都在控制界限内，但第 4 个点超出了 UCL，为了醒目，把它用小圆圈圈起来，表示第 4 个螺钉的直径过分粗了，应引起注意。对出现的第 4 个点应做什么判断呢？有以下两种可能性。

1）若过程正常，即分布不变，则出现这种点超过 UCL 情况的概率只有 0.1% 左右。

2）若过程异常，如设异常原因为车刀磨损，则随着车刀磨损，加工的螺栓将逐渐变粗，μ 逐渐增大，于是分布曲线上移。发生这种情况的可能性很大，其概率可能为 0.1% 的几十倍乃至几百倍。

第 4 个点已经超出 UCL，在上述 1）、2）两种情形中，应该判断是由哪种情形造成的。由于情形 2）发生的可能性要比情形 1）大几十倍乃至几百倍，故合乎逻辑地认为上述异常是由情形 2）造成的。得出结论：点出界就判异。

用数学语言来说，这是小概率事件原理：小概率事件在一次试验中几乎不可能发生，若发生，则判断异常。控制图是假设试验的一种图上作业，在控制图上每描一个点就是做一次假设试验。

（2）控制图原理的第二种解释

换一个角度来研究控制图原理。根据来源的不同，影响质量的原因（因素）可归结为 5M1E，但从对产品质量的影响大小来分，又可分为普通原因与特殊原因两类。普通原因是过程固有的，始终存在，对质量的影响微小，但难以除去，如机床开动时的轻微振动等；特殊原因则不是过程固有的，有时存在，有时不存在，对质量影响大，但不难除去，如设备故障等。

普通原因引起质量的正常波动，特殊原因引起质量的异常波动。正常波动是不可避免的，但对质量的影响一般不大；异常波动对质量的影响大，并且可以通过采取恰当的措施消除，因此应多加注意在过程中异常波动及造成异常波动的特殊原因。一旦发生异常波动，就应该尽快找出原因，采取措施加以消除。将质量波动区分为正常波动与异常波动两类，并分别采取不同的对待策略，这是休哈特的贡献。

正常波动与异常波动都是产品质量的波动，如何发现异常波动的存在呢？可以这样设想：假定在过程中，异常波动已经消除，只剩下正常波动。根据正常波动，应用统计学原理设计控制图相应的控制界限，当发生异常波动时，点子就会落在界外。点子频频出界就表明存在异常波动。控制图上的控制界限就是区分正常波动与异常波动的科学界限。综上所述，控制图的实质是区分偶然因素与异常因素两类因素。

2. 控制图的两类错误

（1）第一类错误——弃真错误

弃真错误是把正常的过程误判为异常。弃真概率的符号记为α。

犯第一类错误的概率只受控制界限幅度（上、下控制界限的间距）的影响。当采用3σ原则设计控制图时，弃真概率$\alpha=0.0027$。

国际上大多数国家采用3σ原则设计控制图，只有英国等少数北欧国家以弃真概率$\alpha=0.01$为控制界限的设计原则，相当于$\pm2.5\sigma$。

假设可以改变控制界限幅度，图 6-15 则说明了控制图犯第一类错误（弃真）概率随着控制界限的加宽而减小。

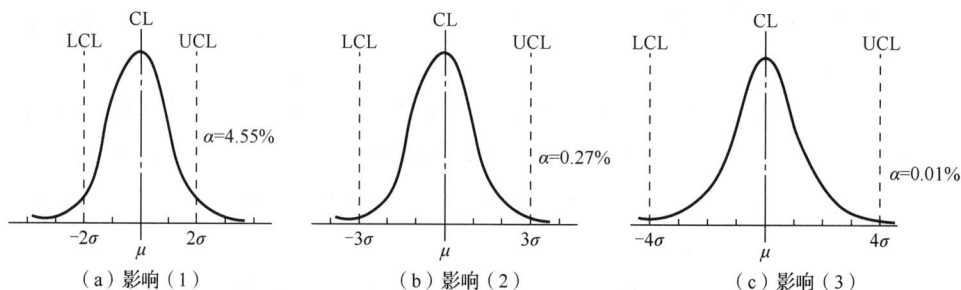

图 6-15　控制界限幅度对犯第一类错误的影响

（2）第二类错误——取伪错误

取伪错误是把异常的过程误判为正常。取伪概率的符号记为β。影响犯第二类错误的概率有 4 个方面的因素：控制界限幅度、均值偏移幅度、标准偏差变动幅度、样本大小。

为了将取伪概率与弃真概率相比较，现将 4 个影响因素的后 3 个因素确定，只分析第一个因素——控制界限幅度对弃真概率和取伪概率的影响的不同。

图 6-16 说明，犯第二类错误的概率随着控制界限的加宽而增大，与控制界限幅度对犯第一类错误（弃真）概率的影响刚好相反。

也就是说，当控制界限幅度加宽后，α减小而β增大；当控制界限幅度变窄后，β减小而α增大。

由此可知，同时避免两类错误是不可能的，图 6-17 是控制图应用中由犯错误所造成的损失与控制界限幅度的关系曲线，可见犯两类错误的总和呈抛物线，恰好在以 3σ 作为控制界限处有最小值。

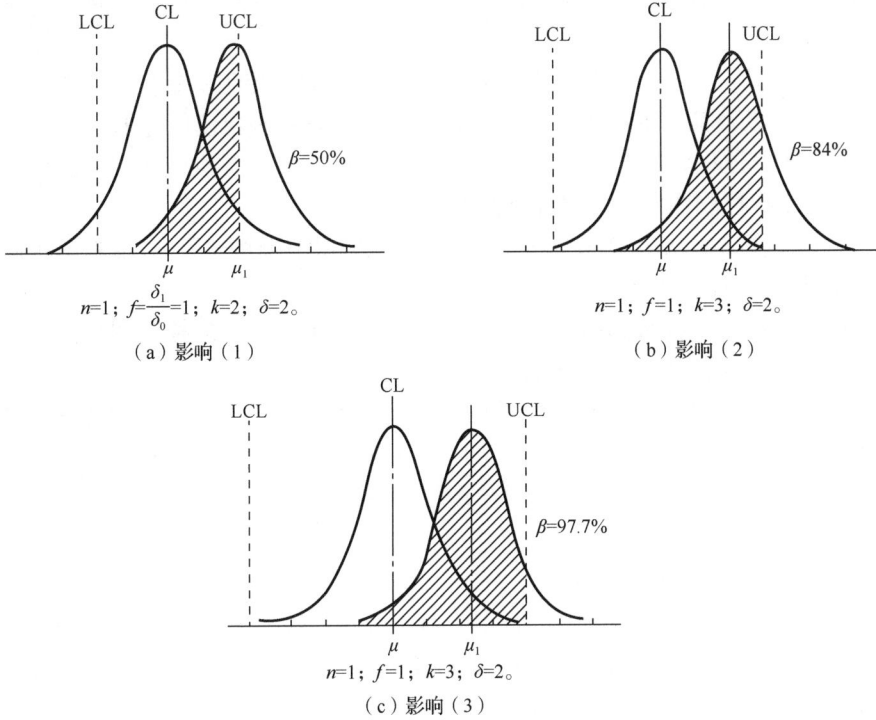

$n=1$；$f=\dfrac{\delta_1}{\delta_0}=1$；$k=2$；$\delta=2$。

（a）影响（1）

$n=1$；$f=1$；$k=3$；$\delta=2$。

（b）影响（2）

$n=1$；$f=1$；$k=3$；$\delta=2$。

（c）影响（3）

图 6-16 控制界限幅度对犯第二类错误的影响

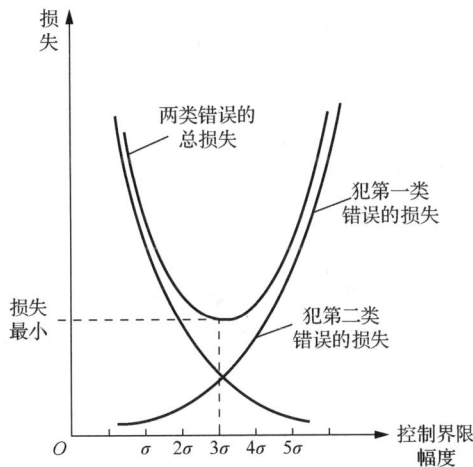

图 6-17 控制图两类错误的损失

因为当采用 3σ 原则设计控制界限时，控制图应用中两类错误的总损失最小，所以 3σ 原则又称最经济原则。

（二）控制图分类

控制图的种类很多，若按统计量分，一般可分为计量值控制图和计数值控制图。

1. 计量值控制图

常用的计量值控制图有以下几种。

1）X 控制图（单值控制图）。该图用于测量数据时存在花费时间多、费用高或样品数据不便分组等情况。

2）$\bar{X}-R$ 控制图（平均值和极差控制图）。此图可以同时控制质量特性值的集中趋势，即平均值 $\bar{X}$ 的变化，以及其离中趋势，即极差 R 的变化。只有联合使用 $\bar{X}$ 控制图和 R 控制图，才能全面地看出生产过程状态的变化。与其他控制图相比，可以提供较多的质量信息和较高的检出力（检出力是指控制图发现工序异常的能力）。

3）$\bar{X}-S$ 控制图（平均值和标准偏差控制图）。该图的用途与 $\bar{X}-R$ 控制图相似，其特点是计算 S 比较烦琐，但检出力比 $\bar{X}-R$ 控制图高。

4）$\tilde{X}-R$ 控制图（中位数和极差控制图）。该图的用途与 $\bar{X}-R$ 控制图相似，其优点是可以减少计算，但检出力不如 $\bar{X}-R$ 控制图高。

5）$X-R_S$ 控制图（单值与移动极差控制图）。R_S 为移动极差，即相邻数之差的绝对值。此图用于数据不能分组时，如对钢水化学成分的控制等。

2. 计数值控制图

常用的计数值控制图有以下几种。

1）pn 控制图（不合格品数控制图），用于对不合格品数、缺勤人数等情况的管理。

2）p 控制图（不合格率控制图），用于控制不合格品率、废品率、交货延迟率、缺勤率、服务部门的差错率等。

3）c 控制图（缺陷数控制图），用于单件上缺陷数，如铸件上的气孔、砂眼数、布匹上的疵点等的控制。

4）μ 控制图（单位缺陷数控制图），用于单位面积、单位长度上缺陷数的控制。

（三）控制图绘制

控制图的基本格式包括两个部分。

1. 标题部分

标题部分包括工厂、车间、班组的名称，机床设备的名称、编号，零件、工序的名称、编号，检验部位、要求，测量器具，操作工、调整工、检验工、绘图者的姓名，以及控制图的名称、编号等。

2. 控制图部分

利用概率统计的原理，在普通坐标纸上作出两条控制界限线和一条中心线，然后把按时间顺序抽样所得的质量特性值（或样本统计量）以点子的形式依次描在图上，从点子的动态分布情况来探讨工序质量及其趋势的图形。控制图的基本图形如图 6-18 所示。

在图 6-18 中，横坐标为以时间先后排列的样本号，纵坐标为质量特性值或样本统计量。两条控制界限线一般用虚线表示，上面一条称为 UCL，下面一条称为 LCL，中心线用 CL 表示。

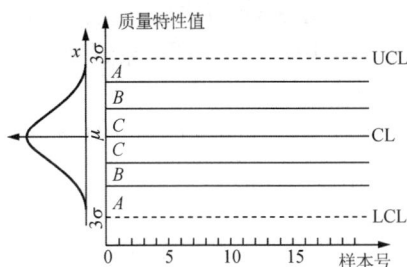

图 6-18　控制图的基本图形

在生产过程中，应定时抽取样本，把测得的点子（数据）按时间先后一一描在图上。

如果点子落在两条控制界限线之间，并且点子排列是随机的，则表明生产过程中仅有由偶然性因素导致的随机误差存在。

生产基本上是正常的，处于统计控制状态，此时对生产过程可不必干预；如果点子落在两条控制界限线之外，或点子在两条控制界限线内的排列是非随机的，则表明生产过程中有系统性原因导致的系统误差存在，工序已处于非统计控制状态。此时必须对工序采取措施使工序恢复正常。这样可用控制图对生产过程不断地进行监控，能够对系统性原因的出现进行及时警告，并对工序进行控制。

二、质量变异统计分析

（一）质量变异的原因

同一批产品，即使所采用的原材料、生产工艺和操作方法均相同，其中每个产品的质量也不可能丝毫不差，它们之间或多或少总是存在差别的。产品质量间的这种差异称为质量变异。

影响质量变异的因素大致可归为以下两类。

1. 偶然性因素

偶然性因素繁多，如原材料性质的微小差异，机具设备的正常磨损、模具的微小变形，操作方法的微小变化等。该类因素不易识别且难以清除，其引起的产品质量差异是随机的，但一般影响并不大，不会造成废品。

2. 系统性因素

系统性因素又称非偶然性因素，如原材料的规格和品种有误、机具设备发生故障、操作不按规程、仪器仪表失灵或准确性差等。该类因素容易被识别，对质量差异的影响较大，可能造成废品、次品，应该尽量避免。

（二）产品变异的分布规律

对于单体中由偶然性因素引起的质量变异是随机性的，但对批量生产的产品来说有一定的规律性。统计数据表明，在正常的情况下，产品质量特性的分布一般符合正态分布规律：

根据正态分布曲线的性质可知，在正常生产的情况下，质量特征在（$\mu-\sigma$）～（$\mu+\sigma$）区间的产品有 68.25%，在（$\mu-2\sigma$）～（$\mu+2\sigma$）区间的产品有 85.45%，在（$\mu-3\sigma$）～（$\mu+3\sigma$）区间的产品有 99.73%，而质量特性在（$\mu\pm3\sigma$）范围以外的产品不到 0.3%。

可以认为，凡是在（$\mu-3\sigma$）～（$\mu+3\sigma$）范围内的质量差异都是偶然性因素作用结果，属于正常范围。如果质量差异超过了这个限值，则是由系统性因素造成的，说明生产过程中发生异常现象，需要立即查找原因予以改进。

在生产过程中，根据正态分布曲线的理论来控制产品质量，必须符合以下条件。

1）只有在大批量生产的条件下，产品质量分布才符合正态分布曲线，对于单件、小批量的产品不一定符合正态分布。

2）必须具备相对稳定的生产过程。如果生产过程不稳定，产品数量时多时少，变化无常，则不能形成分布规律，也就无法控制生产过程。

3）（$\mu-3\sigma$）～（$\mu+3\sigma$）的控制界限必须小于公差范围，否则生产过程的控制就失去意义。

4）要求检查质量数据准确，否则达不到控制与分析产品质量的目的。

三、过程能力计算分析

（一）过程能力的概念

过程能力又称工程能力或工艺能力，过去也称工序能力。它是指过程处于控制状态下衡量过程加工的一致性，或者过程在稳定状态下能够生产出合格品的能力，亦即 5M1E 等质量因素都符合规范规定的要求，作业活动处于受控的状态下所表现出来的保证过程质量的能力，而不是生产能力。

一般情况下，过程能力和产品质量的实际波动成反比，即过程能力越高，质量波动越小，过程质量越容易得到保证。因此，常用质量特征值波动的统计学规律来描述过程能力。如图 6-19 所示为几种不同的过程能力。

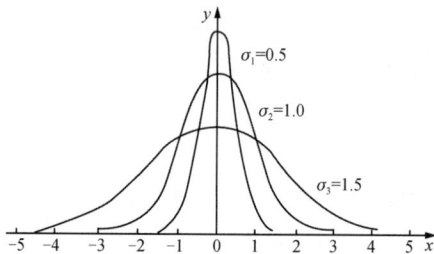

图 6-19　几种不同的过程能力

根据过程质量的统计规律，一般采用 3σ 原则来描述过程能力的大小，即

$$B=6\sigma \tag{6-4}$$

式中，B——过程能力；

　　σ——处于正态分布下的过程质量特征值的标准差。

3σ 原则指出在 $\pm3\sigma$ 范围内，也就是在 6σ 的范围内包含 99.73%的质量特征值，几乎包括全部可能的数值。如果把这一区间取得过小，如取 $\pm$（1σ～2σ），则包含的概率太低，即产品的合格品率太低；如果取得过大，如取 $\pm$（4σ～5σ），则达到这样高的产品合格率成本又太高，很不经济。因此把过程能力定义为 6σ。

可见，σ 是表征过程能力的一个关键的参数，σ 越大，过程能力越低；σ 越小，过程能力越高。图 6-19 中的 3 条曲线代表了 3 个不同的生产过程状态。其中，加工精度以 σ_1 代表的过程为最高，σ_2 次之，σ_3 最差。

过程能力 $B=6\sigma$ 是有前提条件的：首先，质量特征值必须服从正态分布；其次，控制的结果是产品的合格率能够达到 99.73%。因此，上述的过程能力的概念只能应用于一般的过程之中。对于粗加工或精密加工等特殊过程，则不一定适用。若机械地套用 $B=6\sigma$ 来衡量过程能力，则会产生较大的偏差。

提高过程能力的重要途径之一就是尽量减小 σ，使质量特征值的离散程度变小，在实际中也就是提高加工精度和产品质量的一致性。

（二）过程能力指数的概念

过程能力只表示一种过程固有的实际加工能力，与产品的技术要求无关。为了反映过程能力能否满足客观的技术要求，需要将两者进行比较，因此引入了过程能力指数的概念，即过程能力对产品质量技术要求的保证程度，记为 C_p，计算公式为

$$C_p = \frac{T}{6\sigma} \approx \frac{T}{6S} \tag{6-5}$$

式中，T——公差范围；

　　　σ——总体标准差；

　　　S——样本标准差。

（三）过程能力指数的计算

在不同的情况下，过程能力指数的计算方法有所区别。

1. 双向公差，并且过程分布中心 μ 与标准（公差）中心 M 重合

在双向公差，并且过程分布中心 μ 与标准（公差）中心 M 重合的情况下过程能力指数的计算公式为

$$C_p = \frac{T}{6\sigma} = \frac{T_U - T_L}{6\sigma} \approx \frac{T_U - T_L}{6S} \tag{6-6}$$

式中，T_U——公差上限；

　　　T_L——公差下限。

根据正态分布的规律，可以进一步计算出超出公差上限 T_U 的不合格品率 p_U 和超出公差下限 T_L 的不合格品率 p_L，从而得到总的不合格品率 p，计算公式为

$$p = p_L + p_U = 2[1 - \phi(3C_p)] \tag{6-7}$$

或

$$p = 2\phi(-3C_p) \tag{6-8}$$

具体情况如图 6-20 所示。

【例 6-2】 某零件内径尺寸要求为 $\phi 20^{+0.025}_{-0.010}$。加工数量为 100 件，计算得 $\bar{X} = 20.0075$，$S=0.005$，求该过程的过程能力指数及不合格品率。

解： 公差中心为

$$M = (T_U + T_L)/2 = (20.025 + 19.99)/2 = 20.0075$$

又已知 $\bar{X} = 20.0075$，可见 $M = \bar{X}$，即过程分布中心 μ（以平均值 $\bar{X}$ 代替）与公差中心 M 重合。因此

$$C_p = \frac{T_U - T_L}{6\sigma} \approx \frac{T_U - T_L}{6S} = \frac{20.025 - 19.99}{6 \times 0.005} \approx 1.17$$

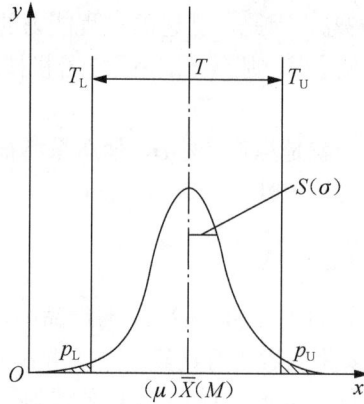

图 6-20 双向公差，并且 μ 与 M 重合

查正态分布表，可以准确计算该工序的不合格品率：

$$p = p_U - p_L$$
$$= 2[1 - \phi(3C_p)]$$
$$= 2[1 - \phi(3 \times 1.17)]$$
$$= 2[1 - \phi(3.5)]$$
$$= 2(1 - 0.9997674)$$
$$\approx 0.00046$$

2. 双向公差，并且过程分布中心 μ 与标准（公差）中心 M 不重合

在实际生产过程中，质量特性值的实际分布中心往往与质量标准的中心不重合，产生一定的偏离，如图 6-21 所示。

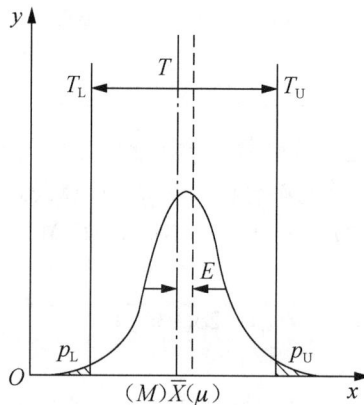

图 6-21 双向公差，并且 μ 与 M 不重合

出现这种情况时，需要对过程能力指数 C_p 进行修正。

为了区别 μ 与 M 重合情况下的 C_p 值，经修正的过程能力指数记作 C_{pk}。C_{pk} 的近似计算公式为

$$C_{pk} = C_i(1-k) \tag{6-9}$$

式中，k——修正系数，$k = \dfrac{|M-\mu|}{T/2} = \dfrac{|M-\overline{X}|}{T/2} = \dfrac{2E}{T}$。

E——绝对偏移量，$E = |M - \bar{X}|$。

因此，

$$C_{pk} = C_p(1-k) = \frac{T}{6S}\left(1 - \frac{2E}{T}\right) = \frac{T-2E}{6S} \tag{6-10}$$

同样，根据正态分布的规律，可以计算出超出公差上限 T_U 的不合格品率 p_U，以及超出公差下限 T_L 的不合格品率 p_L。

无论过程分布中心向上限偏移，还是向下限偏移，最后其总的过程不合格品率的计算公式为

$$p + p_L + p_U = 2 - \phi[3C_p(1+k)] - \phi[3C_p(1-k)] \tag{6-11}$$

或

$$p = 1 - \phi[3C_p(1-k)] + \phi[-3C_p(1+k)] \tag{6-12}$$

【例 6-3】 某过程加工的零件尺寸要求为 $\phi(20\pm0.023)$mm，经随机抽样，测得样本平均值 $\bar{X} =$19.997mm，样本标准偏差 $S=$0.007mm，求 C_{pk} 和 p。

解： 因为 $M = (T_U + T_L)/2 = 20$mm，$M \neq \bar{X}$。故须计算偏移量 E：

$$E = |M - \bar{X}| = |20 - 19.997| = 0.003$$

$$T = T_U - T_L = 20.023 - 19.977 = 0.046$$

$$k = 2E/T = 2 \times 0.003/0.046 \approx 0.13$$

$$C_p = T/6S = 0.046/(6 \times 0.007) \approx 1.095$$

所以

$$C_{pk} = C_p(1-k) = 1.095 \times (1-0.13) \approx 0.95$$

查正态分布表，可以计算该过程的不合格率情况：

$$p = 2 - \phi[3C_p(1+k)] - \phi[3C_p(1-k)]$$
$$= 2 - \phi[3 \times 1.095(1+0.13)] - \phi[3 \times 1.095(1-0.13)]$$
$$= 2 - 0.9998964 - 0.997814$$
$$\approx 0.00229$$
$$\approx 0.229\%$$

3. 单侧公差

在实际生产中，往往存在质量标准只规定单侧界限的情况，如机电产品的机械强度、使用寿命、可靠性等，要求不低于某个下限值，而上限越大越好，如图 6-22（a）所示；而有时又只有上限要求，如机械工业产品的噪声、形位公差（如同心度、平行度、垂直度、径向跳动等）、原材料所含杂质等，其下限越小越好，只要规定一个上限即可，如图 6-22（b）所示。

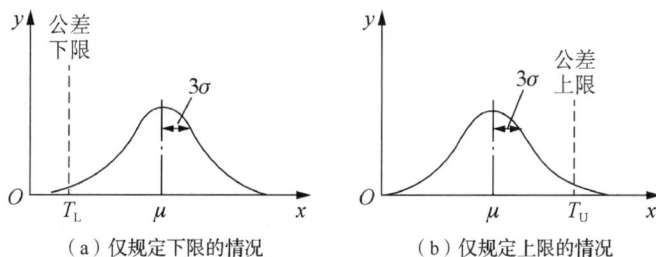

图 6-22　单侧公差的情况

1）当仅有公差下限要求时，过程能力指数用 C_{pL} 表示，计算公式为

$$C_{pL} = \frac{\mu - T_L}{3\sigma} \approx \frac{\overline{X} - T_L}{3S}$$　　　　　　　　　（6-13）

过程不合格品率计算公式为

$$p = p_L = 1 - \phi(3C_{pL})$$　　　　　　　　　（6-14）

2）当仅有公差上限要求时，过程能力指数用 C_{pU} 表示，计算公式为

$$C_{pU} = \frac{T_U - \mu}{3\sigma} \approx \frac{T_U - \overline{X}}{3S}$$　　　　　　　　　（6-15）

过程不合格品率计算公式为

$$p = p_U = 1 - \phi(3C_{pU})$$　　　　　　　　　（6-16）

【例6-4】 某机械零件要求径向跳动不超过 0.05mm，从现场随机抽样得到样本平均值 $\overline{X} = 0.02$mm，样本标准偏差 $S = 0.015$mm，求该过程的过程能力指数并估计其不合格品率。

解：

$$C_{pU} = \frac{T_U - \mu}{3\sigma} \approx \frac{T_U - \overline{X}}{3S} = \frac{0.05 - 0.02}{3 \times 0.015} \approx 0.67$$

过程不合格品率为

$$p = p_U = 1 - \phi(3C_{pU}) = 1 - \phi(3 \times 0.67) = 1 - \phi(2)$$
$$= (1 - 0.97250) \times 100\%$$
$$= 2.75\%$$

第七章　现场质量管理

第一节　现场质量管理的目标、任务和工作内容

一、现场质量管理的目标和任务

现场质量管理的五大目标是提高品质、降低成本、确保交货期、确保人身安全、提高员工士气。下面对以上几点分别加以阐述。

（一）提高品质

品质是企业的生命，保障产品的品质就是保障企业生存的关键。企业从生产初期就应明确品质管理这一目标。企业的快速发展源于对产品及品质保障理念的深入理解。

1. 完善品质保障控制的制度和系统

在生产之初，提前引入相关品质保障控制的制度和系统的认识尤为重要。另外，用其他相关辅助方法解决工作中存在的问题，也是企业在生产过程中必不可少的重要环节，如建立庞大的 QA（quality assurance，质量保证）、QC（quality control，质量控制）、IQC（incoming quality control，进料质量检验）、EQA（external quality assessment，室间质量评价）等组织系统，使品质得到有效的保障，只有随着品质的稳定、消费群体的认同，企业才能形成一个具有竞争力的品牌，而由于品牌好可以促进销售，品质好可以保障品牌，销售好又为企业带来巨大的利润，并且为保障品质奠定了物质基础，这样就形成一个良性的循环，可以使企业的发展具备坚实的基础。因此，企业发展与品质保障是息息相关的，只有保障产品的品质才有可能带来巨大的经济效益和社会效益。

2. 确保食品安全

食品安全是食品企业的命脉，一方面要注重原料的管理，另一方面要注重生产过程的管理与控制。

在原料管理与供应商选择方面要求必须十分严格，目的是在源头保证产品质量安全的基础上保证产品的品质，制定严格的供应商评鉴标准是非常必要的，内容涵盖供应商内部品质管理的各个方面，使企业与供应商同生存、共成长。要让供应商达到更高的标准，以完善供应商的生产和管理水平，使供应商更好地支持企业的发展，而这与企业对供应商的系统管理是分不开的。原料的安全检测也是需要企业高度重视的环节，为了符合国内外大环境的要求，供应商必须依次按标准进行自检，让企业在生产中减少麻烦和因原材料而产生的产品问题。

3. 生产过程实行严格监控

在生产过程中，环境污染是企业在建厂之初就需要考虑的问题，工厂所在地要建在不易受

粉尘、有害气体、昆虫等污染源污染的区域，各工厂的厂区都要有防范外来污染、有害动物侵入的设施，生产区与生活区分开放置，厂区空地进行绿化，根据原辅料、半成品、成品等性质的不同分别设置储藏场所。

工厂要建立 ISO 9001 质量体系，通过明确关键控制点，对生产实行严格的监控。例如，在方便面生产中，棕榈油作为方便面生产的主要原料，其化学性质直接影响产品品质和产品安全，虽然棕榈油的化学性质较为稳定，但是在生产现场还是要将它列为管控重点，在生产时每班两次对它的酸价和过氧化值进行监控，使之稳定在企业制订的内部控制范围内。

之前有很多厂家曾经发生过生产用油超出内控标准，为保证产品安全将超标期间的产品全部报废的案例。设备的保养就需要导入食品加工设备全员设备保全（total productive maintenance，TPM）保养制度，从而使设备在最佳状态下运行。

4. 加强成品的检测

当成品下线后，成品的检测就需要确定详细的成品品质规格、检验项目、检验标准、抽样及检验方法，检验方法应以国家标准为准。如果有能力，在生产中还应应用统计学的方法，对每条生产线产品统计 CPK（complex process capability index，复杂过程能力指数）指标，监控其控制能力，使产品品质管理更具有科学性。

（二）降低成本

企业的产品成本管理主要包括 7 个环节，即成本预测、决策、计划、控制、核算、分析和考核，其核心的内容是以成本核算为基础的成本控制和成本预测管理。企业降低成本的"六字诀"管理办法，即"人、市、物、链、算、测"。下面就"六字诀"进行阐述和分析。

1. 降低成本，"人"的因素第一

"人"的因素是一个动态的概念。首先，要求人具有规范动作、富有责任心；其次，要求人能自主行动，独立创造价值。对于企业来说，首先，人应具有规范动作、有组织观念、富有责任心、有群性本质，这是最基本的；其次，通过企业持续不断地检验，使人逐渐升华为主观能动、富有创业智慧的人。这一过程是一个不断进步、没有止境、无限延续的过程。

以企业的全员全面质量管理为例。全员全面质量管理是企业员工面对具体的产品质量提出来的。

传统的质量成本管理的重点放在生产过程中要求人员严把质量关，如发现零部件、材料制作、加工精练程度有缺陷，在可能的条件下，追加人力、物力、财力，尽量进行质量缺陷的弥补。

随着生产技术的发展，取而代之的是全员全面质量管理理念。这就是以产品质量零缺陷为产品成本的出发点，它把重点放在操作人员的每个加工程序的连续性的自我质量控制上。如果在一个操作环节上发现问题，则立即进行纠正，不允许有问题的产品转移到下一道工序。它要求每个员工具有"人人讲节约，事事讲节约，时时讲节约"的管理意识。它贯穿整个工艺流程的每个环节、每个程序，并充分发挥操作者的主观能动性。这就是"人"的因素的概念和要求。它在 20 世纪 60 年代开始在日本运用并推广，创造了极其可观的经济效益。我国于 20 纪 80 年代末引入全员全面质量管理理念，为我国的企业改制和市场经济建设提供了行之有效的运行理念。

2. 降低成本的"市"的因素

"市"是指应根据市场需求安排生产。市场需求包括变化着的市场容量、市场潜力、市场承载弹性等因素，这里主要是指某种产品的市场占有或控制份额。它既是一个静态的量——现实的量，又是一个不断转化为现实的量。适时生产系统要求实现"零存货"。这既是一个前提，又是一个基础。只有这样，才能大量降低存货成本和仓储成本，节约支出。"市"的因素首先是一个量的因素，其次是一个动态的量的因素，再次是一个以"利"来衡量的量的因素，三者结合在一起才是一个完整的"市"的因素。

3. 降低成本的"物"的因素

"物"是指产品设计所涵盖的全部需要的物化成本，即对产品性能、采用的材料、工艺流程和生产成本都有关键性影响的设计方案所花费的产品成本，这都属于"物"的因素。

根据某一权威部门统计，某一产品的成本有60%～80%在产品的设计阶段就已经基本确定，产品投入生产以后，降低成本的潜力并不是很大。

因此，成本管理模式的重心应放在产品的设计阶段。产品设计的第一步，就是根据市场需求估计出产品的销售价格，再由企业的目标利润和它的盈利率确定产品的目标利润和目标成本。确定目标成本后，设计人员和各环节的操作人员就可以根据市场调查的结果进行设计。

如果产品的全部作业成本低于目标成本，则该产品的设计是可行的；反之，则应重新设计作业链，对成本进行一次又一次的挤压，直到可行为止。

产品设计的第二步必须考虑产品的科技含量。这就是全部的需要物化的成本，即"物"的因素。

4. 降低成本管理的"链"的因素

"链"是指全面降低作业成本链的管理。要建立理想的作业链，就必须对企业的作业进行分析，在采用先进的技术基础上，减少链的长度，实现成本共享、资源共用、程序简化、操作流畅、环环相扣、耗费最低，并且使整个作业链在动态中仍能不断地获得更新和改进，这就是一个动态的"链"。"链"字既是指具体的工艺、车间、厂房连接，又是指管理上的各个职能部门的连接与指令的绝对畅通。当然"链"应建立在安全的基础之上。

总之，各工艺连接得越紧凑，资源利用越充分，程序越简化，操作环环相扣，成本就越低，竞争优势就越大。

5. 降低成本的"算"的因素

工业企业生产经营活动分为供应、生产、销售三大环节，其中生产环节为组织产品生产所发生的直接材料、直接人工和制造费用，按产品对象形成产品生产成本，即制造成本。产品制造成本核算的准确与否，直接影响产品销售成本结转的正确性，进而影响当期的会计利润和应纳税所得额。因此，对制造成本的审查应作为企业所得税纳税审查的重点。

制造成本通过"生产成本"科目和"制造费用"科目进行核算。

"生产成本"科目核算企业进行工业性生产所发生的各项生产费用，包括生产各种产成品、自制半成品、自制材料、自制工具及自制设备等所发生的各项费用；该科目设置"基本生产成本""辅助生产成本"两个二级科目。"基本生产成本"二级科目核算企业为完成主要生产目的而进行的产品生产发生的费用，用于计算基本生产的产品成本；"辅助生产成本"二级科目核算企业为基本生产及其他服务而进行的产品生产和劳务供应发生的费用，用于计算辅助生产产品和劳务成本。

"制造费用"科目核算企业为生产产品和提供劳务而发生的各项间接费用。按不同的车间、部门设置明细账，明细账采用多栏式，按费用项目内容设专栏进行明细核算。

6. 降低成本的"测"的因素

计划指标要定期层层分解，落实到车间、班组和个人，并列表张贴在墙上；实际完成情况也要相应地按期公布，并用作图法，使员工看出各项计划指标完成中出现的问题和发展的趋势，生产任务与生产进度、质量改善目标、生产力改进、停机时间、意外事故等内容要以图表的形式在现场展示出来，以促使集体和个人都能按质、按量、按期地完成各自的任务。

（三）确保交货期

"品种多，数量少，交期短"的订单生产时代已经来临。随着交货期的日益缩短，企业内部原有的生产管理组织体系被打破，停工待料不断、产品质量不稳定、设备故障增加、客户抱怨增多。要想从根本上解决交货期迟缓问题，就要对企业生产管理组织体系进行重新设计，打造一个适应企业的交货期管理运作模式。确保交货期要靠组织力量来保证，要靠制度约束来控制，要靠流程运作来流通。

1. 确保交货期要靠组织力量来保证

对以下问题进行设计。
1）销售与生产与技术之间"相互制约、相互服务"的组织界定。
2）原辅材料、半成品、成品仓库隶属哪个部门最科学。
3）跟单员、计划员、仓管员、设备管理员、外协员、纪检员、物控员、工艺员应该怎样设置才有执行力。
4）各职能部门之间关系应该如何界定，避免推卸责任。

2. 确保交货期要靠制度约束来控制

确保交货期要靠制度约束来控制，具体如下。
1）做到产前有计划。
2）做到产中有控制。
3）做到产后有总结。
4）实现生产数据化。
5）实现控制目标。
6）实现效果评估可量化。

3. 确保交货期要靠流程运作来流通

确保交货期要靠流程运作来流通，具体如下。
1）产销链关系贯通。
2）合同评审运作流程。

3）生产计划制订运作流程。

4）生产进度运作流程。

5）异常问题处理运作流程。

6）流程接口的贯通与运作。

（四）确保人身安全

在企业的生产经营活动中，人是最宝贵、最活跃的生产力，由于受企业生产经营活动职责的影响，企业的员工容易被区分成现场作业人员、企业管理人员、企业生产经营主要负责人等不同层次，由此带来了企业安全生产职责的多层次、多样性。企业安全生产管理最根本的目的是保障企业员工的生命安全和健康安全，以及保护社会生产力，使之能正常生产；保护生产关系，使股东的合法利益不受侵犯，这也是安全生产管理的重要内容。企业的长期安全生产为企业员工带来幸福、使企业社区社会稳定、带动企业经济效益和企业的长远发展。但企业员工也可能萌生轻视、忽视、藐视安全生产的思想。因此，企业应正确认识和掌握安全生产的规律，必须养成"安全生产管理只有起点，没有终点"的长远安全管理目标。

（五）提高员工士气

研究表明，员工缺乏士气与生产力水平低、呈现病态和上升的人员流动率有关。因此，提高士气能增加员工的生产力和工作满足感，减轻员工的压力和降低人员流动率。提高员工士气，首先要留住人才；其次，要加强企业机制建设。

二、现场质量管理的工作内容

现场质量管理的工作内容主要包括人员（操作者、作业人员）的管理、设备（设施）的管理、物料的管理（包括原材料、半成品、成品）、作业方法与工艺纪律管理、工作环境管理、检测设备或器具管理。

（一）人员（操作者、作业人员）的管理

1. 明确不同岗位人员的能力需求

明确不同岗位人员的能力需求，确保其能力是胜任的，并从教育、培训、技能和经验4个方面确定任职或上岗资格，并实施资格评定，尤其对参与关键过程、特殊过程及特殊工种工作的人员应按规定要求或技艺评定准则进行资格认可，保证其具有胜任工作的能力。

2. 提供必要的培训

提供必要的培训或采取其他措施，以满足并提高岗位人员的任职能力。培训内容包括质量意识、操作技能、检测方法、统计技术和质量控制手段等。

3. 鼓励员工参与

鼓励员工参与，以加强对过程的控制和改进，具体如下。

1）明确每个员工的职责和权限。

2）确保岗位人员了解相应层次的质量目标，以及本职工作与实现目标的关系，意识到所承担工作和所执行任务的重要性。

3）进行必要的授权，如员工有权获得必要的文件和信息，有权报告产品不合格并采取纠正措施等。

4）鼓励开展质量管理小组活动或其他形式的团队活动，增强员工自我管理、自我提高和自我改进的能力。

4. 建立食品生产从业人员健康管理制度

1）从事经营活动的每位员工每年必须在区以上医院体检一次，取得健康证明后方可参加工作。

2）凡患有痢疾、伤寒、病毒性肝炎等消化系统传染病（包括病原携带者）、活动性肺结核、化脓性或渗出性皮肤病、精神病及其他有碍食品卫生的疾病的，不得参与直接接触食品的工作。

3）员工患有 2）中疾病的，应立即调离原岗位。病愈要求上岗者，必须在指定的医院体检，体检合格后才可重新上岗。

4）企业发现有患传染病的职工后，相关接触人员必须立即进行体检，确认未受传染的，方可继续留岗工作。

5）每位员工均有义务向部门领导报告自己及家人的身体情况，特别是患有本制度中不允许患有的疾病时，必须立即报告，以确保食品不受污染。

6）在岗员工应着装整洁，佩戴工号牌，勤洗澡、勤理发，注意个人卫生。

7）应建立员工健康档案，档案至少保存 2 年。

（二）设备（设施）的管理

1. 制订设备维护保养制度

制订设备维护保养制度，包括对设备的关键部位的日点检制度，确保设备处于完好状态。食品生产设施、设备、工具和容器等应加强维护保养，及时进行清洗、消毒。在食品生产加工过程中应有效地防止食品受到污染、损坏或变质。

2. 按规定做好设备的维护保养

按规定做好设备的维护保养，定期检测设备的关键精度和性能项目。食品生产企业生产设备的性能和精度应能满足食品生产加工的要求。

3. 规定设备和设施的操作规程

规定设备和设施的操作规程，确保正确使用设备（设施），并做好设备故障记录。

4. 设备、工具和容器要求

直接接触食品及原料的设备、工具和容器必须用无毒、无害、无异味的材料制成，与食品的接触面应边角圆滑、无焊疤和裂缝。

（三）物料的管理（包括原材料、半成品、成品）

1. 质量应有明确规定

对现场使用的各种物料的质量应有明确规定，在进料及投产时应验证物料的规范和质量，确保其符合要求。

2. 明确标识

容易混淆的物料应对其牌号、品种、规范等有明确的标识，确保可追溯性，并在加工转序中做好标识的移植。

3. 检验状态

检验状态清楚，确保不合格物料不投产、不合格在制品不转序。

4. 防护工作

做好物料在储存、搬运过程中的防护工作，配置必要的工位器具、运输工具，防止磕碰损伤。

5. 运输要求

在食品原料、半成品及成品运输过程中应有效地防止食品受到污染、损坏或变质。有冷藏、冷冻运输要求的，企业必须满足冷链运输要求。

6. 废弃物存放要求

加工后的废弃物存放设施应密闭或带盖，存放应远离生产车间，并且位于生产车间的下风向；废弃食用油脂应由专人管理，盛放于标有"废弃食用油脂专用"字样的密闭容器内，定期按有关规定及时清理。

7. 物料堆放整齐

物料堆放整齐，并坚持先进先出的原则。食品入库前要进行验收登记，食品储存应做到分类存放，离地离墙先入先出，定期检验，及时清理；食品仓库内应防鼠、防潮，严禁存放亚硝酸盐及杀虫剂等有害有毒物质。

（四）作业方法与工艺纪律管理

1）确定适宜的加工方法、工艺流程、服务规范，选用合理的工艺参数和工艺装备，编制必要的作业文件，包括操作规程、作业指导书、工艺卡、服务提供规范等。

2）确保岗位人员持有必要的作业指导文件，并通过培训或技术交底等活动，确保岗位人员理解和掌握工艺规定及操作要求。

3）提供工艺规定所必需的资源，如设备、工装、工位器具、运输工具、检测器具、记录表等。

4）严格工艺纪律，坚持"三按"（按图样、按标准或规程、按工艺）生产，并落实"三自"（自我检验、自己区分合格与不合格、自做标识）、"一控"（控制自检正确率）要求。

（五）工作环境管理

1）工作环境主要包括厂区、加工车间及周围环境，卫生环境是食品生产工作环境必不可少的。应确保现场人员有健康和安全的工作环境。

2）开展 5S 管理，建立适宜的工作环境，提高作业人员的能动性，包括环境清洁安全、作业场地布局合理，设备工装保养完好，物流畅通，工艺纪律严明、操作习惯良好。

（六）检测设备或器具管理

1）配合管理部门确定测量任务及所要求的准确度，选择适用的、具有所需准确度和精密度能力的检测设备。

2）使用经校准并在有效期内的测量器具，检定或校准的标识清晰。

3）明确检测点，包括检测的项目、频次、使用的器具、控制的范围和记录的需求等。

4）在使用和搬运中确保检测器具的准确性。

第二节　现场管理之 5S 管理

一、5S 管理建设内容

（一）5S 概述

生产现场管理方法很多，这里仅介绍几个已在企业推行、行之有效的典型方法——5S 管理。生产中企业要结合本企业实际情况，领会精神，加以采用。5S 来自日文 seiri（整理）、seiton（整顿）、seiso（清扫）、seiketsu（清洁）、shitsuke（素养）发音的第一个字母 S，所以统称为 5S。

5S 管理是指对生产现场各生产要素（主要是物的要素）不断地进行整理、整顿、清扫、清洁和提高素养的活动。它是定置管理活动的深入阶段。5S 管理在日本企业中广泛实行，它相当于我国工厂里开展的文明生产活动。5S 管理在西方和日本应用于人车分流，道路通畅，减少事故。危险操作警示明确，员工能正确地使用保护器具，不会违规作业。所有的设备都进行清洁、检修，预防、发现存在的问题，消除了安全隐患。消防设施齐备，灭火器放置定位，逃生路线明确，万一发生火灾，员工的生命安全必然会有所保障。

（二）5S 管理的内容和要求

1. 整理

整理是指彻底清理现场物品，把长期不用及报废的物品清除出去，并根据实际，把保留下来的有用物品按一定顺序摆放好。整理的重点是区分要与不要。对不要的东西，坚决、彻底地清除，让生产现场不存在无用之物。要对车间内的各个地方，包括设备的前后、左右、通道的两边、厂房的上下、工具箱内外等各处进行清理，不留死角。整理可以改善和增大作业面积，可以使通道顺畅、无杂物，可以减少磕碰，有利于安全，可以减少由混放、乱放而造成的差错，也能使库存减少，节约资金，经过整理的现场也给人以舒心的感觉，减少繁杂的心绪。

经过整理应达到以下要求：不用的东西不放在作业现场，坚决清除干净；不常用的东西，放远点儿（工厂的库房）；偶尔使用的东西，集中放在车间的指定地点；经常用的东西，放在作业区。

2. 整顿

整顿是指对整理后需要的物品进行科学、合理的布置和摆放。整顿要规范化、条理化，提高效率，使整顿后的现场整齐、紧凑、协调。经过整顿应达到以下要求：物品要定位摆放，做到物各有位，并且在其位；物品要定量摆放，做到加强目视化，过目知数；物品要便于取存，无须使员工花时间去寻找，很容易取出，也很方便归位；工具归类，分规格摆放，一目了然。

3. 清扫

清扫是指对工作地的设备、工具、物品及地面等进行打扫，去除脏物，创建干净、明快的工作环境。清扫应达到的要求：自己用的东西自己清扫，不依赖他人，不增加清洁工；对设备进行清扫的同时，检查是否有异常，清扫也是点检；对设备进行清扫的同时，要进行润滑，清扫也是保养；如果在清扫中会发现一些问题，如跑、冒、滴、漏等，则要透过现象查出原因，加以解决，清扫也是改善。

4. 清洁

清洁是指对整理、整顿、清扫的坚持和深入，即保持。清洁应达到的要求：车间环境整齐、清洁、美观，保证职工健康，增进职工劳动热情；不仅设备、工具、物品要清洁，工作环境也要清洁，烟尘、粉尘、噪声、有害气体要清除；不仅环境美，工作人员的着装、仪表也要清洁、整齐，从外观上看就是训练有素的；工作人员不但外表美，而且精神上要"清洁"，团结向上，有朝气，相互尊重，有一种催人奋进的气氛。清洁还要做到不搞突击，贵在坚持和保持。

5. 素养

素养是指作业习惯和行为规范，提高素养就是养成良好的风气和习惯、高尚的道德品质，不断加强自身的修养，自觉执行制度、标准，改善人际关系，加强集体意识。要求做到不要别人督促、不要领导检查、不用专门去思考、形成条件反射。例如，在作业前，按时到岗，准备好第一班应做什么，接班应做什么都习以为常，自觉去做好；作业中什么时候该做什么、作业后该做什么一清二楚，条理十分清晰。

二、5S 管理设计

（一）明确 5S 管理的定义

5S 管理是指在生产现场中对人员、机器、材料、方法等生产要素进行有效管理的一种管理活动。

（二）明确 5S 管理的目的

1）充分调动员工参与公司运营管理的积极性，进一步激发员工的创新能力，肯定成绩、固化成果，创造一个持续改善的竞争氛围。

2）提升企业形象。

3）减少浪费。

4）安全保障的基础。

5）标准化的有效推进。

6）提升员工归属感。

7）提高工作效率。

8）品质保障的基础。

（三）明确 5S 管理的范围

5S 管理适用于公司 5S 推进过程中的评价与奖励，适用于公司各部门、技术中心、订单中心、销售管理部。

（四）明确组织架构及职责分工

组长：××总经理负责项目运行的资源支持及项目的最终评定。

副组长：××副总、负责项目运行过程中的整体协调。

推进负责：××组织公司 5S 的开展，月度、季度评比活动，每月回顾 5S 运行情况。

推进小组：负责督促监督各小组的工作开展，协调解决推进过程中遇到的问题。

各 5S 小组长：负责小组 5S 开展、记录、数据汇总和反馈。

（五）设置管理程序

1. 计划管理

年计划：推进负责人根据公司 5S 活动进展情况每年底制订下年度推进计划，5S 小组长根据年计划制订小组年计划，并按计划推动工作，每月总结汇报完成情况。

2. 小组活动

1）5S 小组每月开展一次小组活动，时间不少于 1h，员工参与率不得低于 80%。

2）小组活动内容：问题点自查、联查、头脑风暴、现场改善、标准化、红牌作战、设备故障的分析讨论、班组培训、班组自主管理指标制定及跟进措施、重复性问题的统计分析、安全隐患等。

3. 检查方式

（1）部门自检

若部门有多个小组，则进行部门内小组间互查（每月至少两次）；若部门只有一个小组，则进行部门间互查（每月至少两次），形成部门整改报告并进行上报。

（2）公司月度检查

公司 5S 推进小组月度检查/专项检查，反馈检查问题，得出月度各部门得分，检查得分细化到各小组。

（3）专项检查、工厂间互查

开展针对公司部门的专项检查（如工作坊），开展工厂间互查。

（六）进行奖惩评比

1. 评比标准

沙城工厂共计 14 个部门，其中有 20 个办公现场、34 个生产现场，分为两组，即办公现场和生产现场，两组分别进行评比。评比内容参照《××5S 审计表》。

以各部门 5S 小组为单位，每月 5S 推进小组进行不定时现场检查；5S 检查小组成员根据《××5S 审计表》进行检查、评分；检查评分结果通过各种途径予以公示。

2. 评比成绩

检查评比结果占总成绩的 90%，提交材料、自检得分占总成绩的 10%，即

$$总成绩=检查评比平均分×90\%+（提交材料、自检得分×10\%）$$

3. 鼓励办法

（1）笑脸作战

每 2 周对各小组进行一次 5S 检查，按照得分结果进行排名公示，根据排名比例，分别在所在区域正门悬挂表情贴（笑脸、无表情、哭脸）。

（2）定点摄影

1）每半月选定两个不合乎 5S 管理的区域进行摄影，并将其发至沙城工厂 5S 推进小组群。在选定的地点上挂上红牌，让全体员工监督其改善情况。在规定的整改时间后，在同一地点再给予摄影，同样将其公布在沙城工厂 5S 推进小组群。

2）对于同一地点一次改善彻底的，对小组负责人、部门主管在 DMS（daily management system，日常化管理系统）会议上进行表扬；对于同一地点改善不好、改善力度不够或寻找借口的，对小组负责人、部门主管在 DMS 会议上进行批评。

4. 评比奖励与惩罚

（1）季度评比

推进小组每个季度组织一次评比，根据公司级月度检查结果评选出生产现场前 5 名和办公室现场前 3 名（按照小组 15% 的比例设定，根据小组变化进行调整），给予现金奖励。

5S 获奖最多、效果最突出的部门、班组优先入选公司年度先进集体。

（2）年度评比

推进小组每年组织一次评比，根据公司级月度检查结果评选出生产现场前 5 名和办公室现场前 3 名（按照小组 15% 的比例设定，根据小组变化进行调整），颁发奖章并给予现金奖励。

5S 获奖最多、效果最突出的部门、班组优先入选公司年度先进集体。

（3）"5S 之星"评比

推进小组每年度组织一次评比，由 5S 推进小组推荐优秀个人，并评选出 3 名"5S 之星"。具体办法依据每年年度评选表彰工作实施。

（4）惩罚措施

对月度评比生产现场和办公现场后 3 名进行惩罚，由部门负责人对员工进行相应处罚。若每年 5S 检查排名，小组在本公司排名取不到前 3 名，则取消小组年度评比。

（七）整理相关文件及记录

整理《5S 健康检查表》《非必需品管理制度》《必需品与非必需品清单》等相关文件，并做好记录。

三、5S 管理推进机制

企业只有选择 5S 管理之路，才能发展壮大。企业追求的目标是创造利润，创造利润又建立在高效率、高品质及低成本的基础上，品质是企业发展的根源。

1. 项目推进的整体机制

大事化小，将项目的任务按照一定逻辑进行逐层分解，直到分解到可预测、可管理的单个活动为止。

特点：有组织、有计划、有目标，整体性、前瞻性、主动性。

2. 样板先行的标杆机制

1）设置 5S 活动样板区。
2）实行责任到人。
3）写明 5S 活动时间。

特点：有责任人、有时间段，成果易显性、可复制性。

3. 稳定持续的改善机制

视而不见→知而不行→行而不达→知行合一→坚持不懈。

特点：有目标、有分析、有措施，长远性、针对性、持续性。

4. 奖惩分明的考评机制

进行绩效评估，考核量化。

特点：有方案、有检查、有评比、有改进，全面性、量化性、及时性、合理性。

5. 班组运作的活动机制

员工班组在现场进行改善生产活动。

特点：有组织、有计划、有监督、有活动，整体性、协调性、统一性。

6. 全员参与的长效机制

全员参与，在日常生产中一直做好 5S 管理。

特点：全员、全过程、全方位，长效性、高效性。

第三节　现场质量管理之"三防"

一、"三防"概述

（一）"三防"的内容、作用、宗旨与实施的原因

1. "三防"的内容

（1）"三防"的概念

"三防"是防错、防误和防呆三类预防措施的总称。它们之间既有操作手法上的区别，又有内在的本质联系，属于相辅相成的 3 种现场管理手法。

企业现场管理大多人多事杂、变化多端，发生一些错失往往在所难免，但是，只要我们采取有效措施，就可以一方面减少它出现的机会，从数量上降低比例；另一方面减少造成的影响，也就是说，即使错失行为已经发生，也可以减轻或消除产生的后果。那么，我们采取这些措施的过程就是在实施"三防"。

"三防"有狭义和广义之分，大到波及全球的反恐行动，小到生活细节中的琐碎之事，都可以进行"三防"。狭义的"三防"是指设计一个方法，使差错不会出现或发生。广义的"三防"是指设计一个程序，消除产生差错的条件或使机会降至最低。

"三防"还可以防止工作过程或结果进入死角，形成无法处理的状态，或者防止员工善意地做错事情，具体含义如下。

1）体制结构上的"三防"：即使有人为疏忽也不会发生不良结果，我们无须担心注意力不足。

2）人员变更时的"三防"：如果有外行人来操作也不会出错，使经验与直觉（灵感）变得不再重要。

3）工作交接中的"三防"：不管是谁在何时工作或传递产品，都不会出差错，使一些专业知识技能可以规范而有序地运作。

因此，认识"三防"原理，学习其应用方法，把它们落实到工作中，可以避免发生操作失误，进而使现场达到"第一次就能把工作做好"的境界。

（2）防错

防错是指防止操作员在作业过程中由各种原因造成错误操作并产生后果。例如，计算机应用程序在安装前必须阅读"协议"，不阅读则无法进行安装；电视机背后贴的警告标签可以防止操作员非正常维修，一旦撕破了，就失去了保修的机会。

（3）防误

防误是指防止操作员在作业过程中由于此操作的失误而影响彼环节或产生后果。例如，焊锡时由于焊接时间过长，导致触点开关过热而影响接触效果；钻孔时由于控制不当而钻到垫板；写报告时由于笔墨太重，使下面的纸张受到污染。

失误现象多是由操作员疏忽造成的，为了防止失误，在生产中应多利用便利的治具、夹具等，以防止因失误而产生后果。其实，防误与防错之间并没有本质的区别，其目的都是一样的，只是表现形式略有不同。防错要直接一些，表现得比较明显；防误措施要间接一些，表现得比较抽象，在实际实施时要避免完全没有意义的区分，防止耗费精力。

（4）防呆

呆表示的是一种状态。造成的结果是一时呆住了，不知道怎样办才好。作业中的呆是指那些因操作方法失误而引起的作业状态停顿、失效，导致后续工作进退两难。例如，某产品计划使用材料 1000 件，但采购部因贪图廉价而采购了 1200 件，导致多余的 200 件材料无法使用，变成了呆料；某产品遭到顾客投诉，企业决定改善某零件，供应商却说无法改善，而企业又因成本问题不能改换供应商，因此，工作陷入僵局。

防呆是指通过采取措施防止出现呆的状态，确保生产运作环节顺畅。与防错和防误相比，防呆要显得笼统一些，涉及的领域广，牵涉防错、防误与防呆措施应用技巧的事务杂，应用难度相对较大。但是，防呆措施一旦应用好了，产生的效果也是相当好的。

（5）"三防"的原理

"三防"的原理如图 7-1 所示。

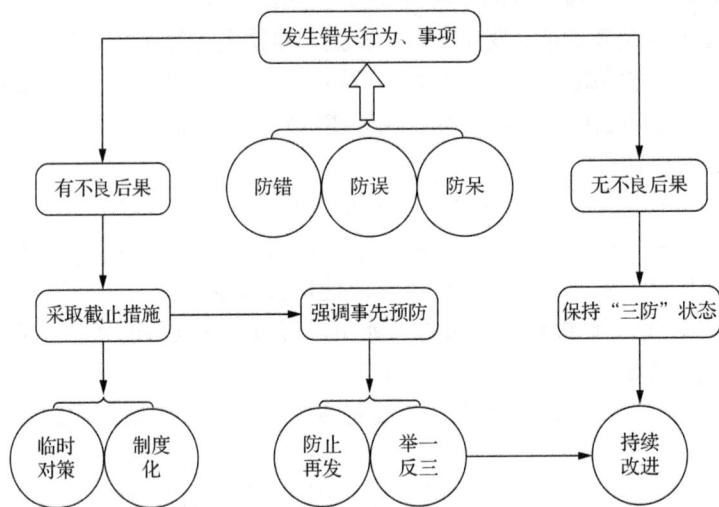

图 7-1　"三防"的原理

（6）纠正措施

纠正措施就是对已经发生的错失行为实施改正，其目的是纠正错失所产生的后果，消除影响，防止再发生。如果纠正的内容只是一种承诺而暂时无法实施，那么它就只能算纠正措施计划，不能算完整的纠正措施，只有等措施落实了，才能算纠正已经完成。例如，某员工操作注塑机时加错了材料，纠正方法是把用错的材料全部清理出来，并把相关的产品隔离。同时，为防止再发生，要教育该员工认识材料，并在料斗上做好标志；某班组的工作目标定得有点儿低，想要提高时却一时找不到支持的数据，因此，决定 1 个月后根据运行结果再修订目标。

总而言之，纠正措施是一种事后行为，其核心是改正已经发生或发现的问题，杜绝再发生的机会，确保生产正常运作。

（7）预防措施

预防措施就是对潜在不合格及其隐患所采取的识别、阻止和消除等方面的具体行为，目的是把产生不合格的各种因素消灭在萌芽状态，确保不会形成恶果。预防措施属于事前行为，具有前瞻性，投入小，收效大，很适合在企业推广。应该说，所有的"三防"措施都属于预防措施的范畴。

2. "三防"的作用

（1）使操作动作轻松化

工作中的一些难于分辨、观察、拿取、搬动、安装等的作业，会使人员变得疲劳而失去耐性，进而发生失误。但是，当区分颜色状态使操作容易分辨，加上把手使产品容易拿，使用搬运器具使动作轻松，配备治具、夹具使操作变得简化时，出差错的概率将大大降低。

（2）减少对技能与直觉的依赖

有些工作需要员工具有一定的技能与直觉，这样才能高质量地完成作业，否则容易发生失误。但是，如果利用辅助器具（包括治具、工具等）把作业内容机械化，就有可能使新进或反映迟钝的员工做得很出色。

（3）消除作业危险，化解管理风险

对于不安全、不稳定的人和事，发生危险的概率较大，那些马虎或勉强工作的员工通常会漏洞百出，如果加以改善，使操作过程变得简单一些，甚至唯一化，那么，这些危险和风险就等同于被阻止。

（4）解放员工的感官

很多作业需要员工用眼睛、耳朵、嘴巴、手等器官感触等进行作业，时间一长，很容易出现失误。如果制作治具或使之机械化，减少使用员工的感官进行判断性的作业，就会使人员因解放感官而变得轻松，进而精力充沛地工作。例如，借助设备使那些感触变成信号，再输入某些装置中发生作用。

（5）减少工作中的扯皮

不合格、不确定、作业不良、缺失标准等不良现象经常会引发部门之间发生扯皮，结果往往是不了了之，后果则是坏料、坏账、纠纷等日渐增多，严重影响员工的正常工作。此时，设置一个有效的工作程序可以从根本上杜绝这一切。例如，有些企业中多余的产品、物料、设备等，员工不知道应该怎样处理，互相推脱，既占用空间，又浪费时间，而当设置了 MRB（material review board，物品评审委员会）程序后，这种现象基本上会杜绝。

（6）防止浪费

不出差错，可以防止出现多种浪费，如因差错行为而造成的机器设备损坏、消耗产品与物料形成价值浪费、因客户投诉而造成的信誉浪费、因政府部门的批评而造成的形象损失等。

3. 实施"三防"的宗旨

那些在落实"三防"过程中具有指导性、核心性和目的性的内容就是"三防"的宗旨，具体内容如图 7-2 所示。

4. 企业实施"三防"的原因

企业的生存与发展是竞争的结果，竞争性一般有两个方面：一是绝对竞争，这是因为顾客的要求不断提高而引发的必然结果；二是相对竞争，这是行业内的同行之间在业务运作过程中因为自发比拼而产生的相对结果。无论对于哪种竞争，有效的"三防"措施都可以提高企业的执行力，进而提升竞争力。

（1）产品交期趋紧，企业没有出差错的余地

由于紧急订单越来越多，产品的交货期普遍接近生产周期，基本上没有留下返工或修理的

余地，这就要求企业必须一次性把产品做好。因此，制程的管控和防错就成为关键。

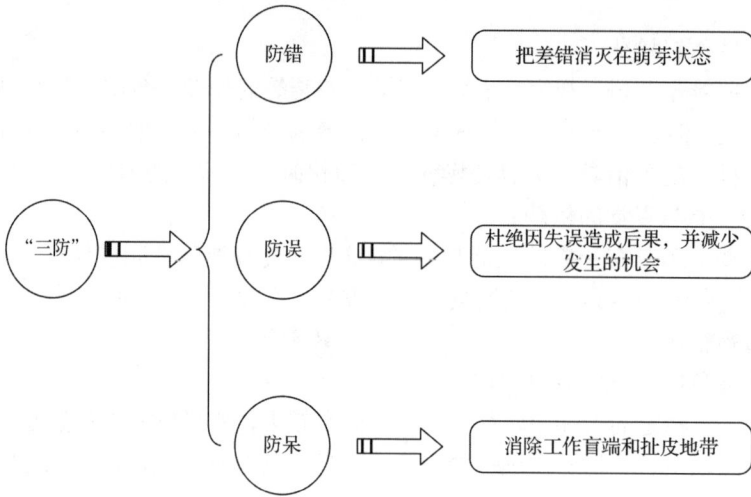

图 7-2　实施"三防"的宗旨

（2）成本要求逼紧，必须提高效率

在当今原材料涨价、产品降价的市场状况下，企业必须从夹缝中寻找利益，否则，将寸步难行。这就要求企业必须从管理上下功夫，提高周转率，降低损耗，提高效率。那么，"三防"措施正是达成这些目标的有力武器，因此，必须实施"三防"措施。

（3）员工流动增大，可变因素无法控制

随着产业升级步步紧逼，员工可能不满足原有的工作岗位，合理流动是必然的，也是必需的。较高层次的人员流动会给企业造成以下影响。

1）技术骨干流失，人心涣散。

2）上岗人员缺乏精湛的手艺，制造能力降低。

3）个别人员对个别操作过程不熟练，产品质量欠佳。

4）组织能力差，生产过程失控。

5）产品质量不稳定，顾客不满意。

"三防"措施正像一道道篱笆，限制因上述因素所造成的影响，防止产生不良后果。因此，企业务必尽早推行"三防"措施。

（二）"三防"措施实施方法

1. 建立预防性的思想

（1）以预防为主

1）管理与处理的本质区别。管理与处理的本质区别是主动与被动。简单地讲，企业的任何工作如果能在产生后果之前就采取措施，那么这个活动就属于管理；之后则基本上属于处理。由此可见，管理是事前行为，具有预防性质，付出的代价往往较小；而处理是事后行为，通常以纠正错误为主。

2）预防性战略。在实施防错管理时，人员的素质不一，并且流动性大，往往会诱发出很多本身的错误。这时就需要我们从制度、培训上给予弥补。从战略出发，建立企业的预防政策，培育企业的防错文化就显得很重要。只有让每个人从自身做起，从一开始就尽力把各种异常状况消灭在萌芽状态，才能使他们在心灵深处部署好自己的预防战略。

3）全员预防。一个人发生的过失通常会导致很多人去承受后果，这种效应反映到企业管理层面就是"酒与污水定律"的印证。为了防止出现这种后果，企业实施的各种预防措施都不能有局限性，必须全面展开，全方位针对，并做到全员行动。

4）及时告诫。对于那些有问题苗头的人和事，我们不是要等着如何去处理他，而是要及时告诫他，让对方有一个清醒的认识，以便能自觉反应，及时刹车，防止出现那些不可挽回的错误局面。

及时告诫既是一种工作手法，又是一种管理思想，还是一种能体现企业文化特色的默契。正确运用它，有利于提高企业的防错管理水准。

（2）机器、设备自动防错

给机器、设备设置一套程序或增加一些功能，让它们自动检测，判别制造出来的产品是否符合标准。当符合时生产运作正常进行，当不符合时则报警提示或自动纠正，这种方法就是利用机器设备进行自动防错。

机器、设备通常是最好、最忠实的工作伙伴，但前提是我们一定要把各项保养措施落实到位。实践证明，利用机器、设备进行自动防错，只要管理得妥当，就会取得比较满意的结果。

（3）必须关注重点事项

重点事项就是我们通过某种方法或经验识别到的影响面比较大的事项。但是，重点与非重点通常是相对的，甚至有时可以相互在企业里面，针对防错对象不同，其关注的结果也大不一样。就某一个特定的事件而言，我们能将重点事项锁定在下列范围。

1）客户指定的项目及其关联事项。

2）制约企业产能的关键工序。

3）存在安全隐患的事项。

4）企业高层领导重点关注的事项。

5）通过以往工作经验识别出来的高风险事项。

（4）着重解决的瓶颈问题

俗话说"麻绳先从细处断"，针对企业的流程也是一样，那些瓶颈环节没有问题则可，一旦有问题，就可能是导致全线瘫痪的大问题。故此，着重解决瓶颈问题，就是要求企业把那些瓶颈环节识别出来，优先采取预防、控制措施。

（5）配套 TOC 管理

TOC（theory of constraints，瓶颈理论）是指约束管理、限制理论、瓶颈管理。这是一种源自美国的西式管理思想，但以色列科学家艾利·M.高德拉特（Eliyahu M. Goldratt）在他的著作《目标》《关键链》这两本书籍中，以小说的形式把 TOC 的管理思想和应用方法阐述得淋漓尽致。该书中的主要管理工具是鼓、缓冲器和绳子。这 3 种在生活中很形象的物品分别代表企业管理的不同环节。鼓代表节拍、速度、比率；缓冲器代表存储量、加工量、提前期；绳子代表关系、流程、次序。它们表现出来的限制性就是企业所要实施管理的要点，同样，也是防错的重点。因此，有效配套 TOC 管理进行防错，可能是一条捷径。

2. 了解防错原理

（1）过错可预防性理论

1）一切皆可预防。过错行为是不以人的意识支配为基点而产生的过程及其结果。有关专家通过对过错行为进行研究、分析，认识到它有如下 4 个可预防性特征。

① 因果性：任何过错都有原因，只要弄清楚这个原因，就可以找到防错的根本方法。例如，用错材料的原因是标识不够清晰，那么，当改用独立标识方法后，这个问题就解决了。

② 随机性：随机性发生的过错的时间、地点、状态等都是偶然的，几乎没有规律，很难预防。但是，当我们把它锁定在某个范畴后，便可以运用统计方法找出其规律，然后探讨预防措施。

③ 潜伏性：从表面上看，过错是一种突发事件，但是，大多数过错在发生之前都有一段潜伏期，也可以看作隐患期。这时，如果能采取措施消除隐患，就会有效防错；如果麻痹大意，忽视了隐患，则有可能酿成大错。

④ 复杂性：过错的原因可能比较简单，但处理起来十分麻烦，要么不着边际，要么使人们无从下手，总之，过错具有复杂性，很难有效处理。对于这样的过错我们可以根据实际情况预防。例如，用户安装汽车音响时使用了过长的螺钉，致使音响主机内部受损。经分析发现，这个原因虽然在于用户，但是用户的情形太复杂，几乎无法控制，因此，采取的对策就是在安装孔内部加一个防护罩，这样，即使用错了螺钉，也不会损伤主机机体。

2）预防措施。

① 展示式预防：展示错误的本质，让人员深度认识，以便做到从实质上防止。例如，企业把典型的不良现象展示在宣传栏内，以便让人员有足够的时间和机会详细观察，认真防止。

② 截断式预防：彻底截断造成错误的路径，挖出根本原因。断绝其形成的条件，确保不会再发生。例如，离家出行时关闭水、电、气的总闸，以防止发生意外。

③ 保险式预防：主要是采取双保险措施，即设置两个及其以上的动作来共同完成某项操作，通过缺失限制防止发生错误。例如，物资部开启贵重品仓库时须有保管员与监督员两个人在场，只有使用两把钥匙同时开启大门锁后，才能将库房打开，以防止存量闪失，出现差错。

④ 限制性预防：即设置限制条件，让错误不可能发生。例如，周转箱里面只能装规定数量的产品，超过时盖子便不能关闭，这样可以防止超装现象。

⑤ 匹配式预防：匹配即一对一方式，用操作部件的规定形状来确定操作对象是否正确，以防止发生装配错误。例如，电器的各组件之间设计不同形状的连接端口，可以防止接错线。

⑥ 密码式预防：用授权的密码来控制使用权限，以防止未授权人员非法使用。例如，ERP（enterprise resource planning，企业资源计划）系统中对各级人员的操作都设有密码，没有授权的人员会因此而不能进行某些操作，可以防止越权使用。在进出开发部的门上安装一个电子卡，只有掌握密码或被授权的人员才能进入。

⑦ 缓和式预防：虽然不能直接消除隐患，杜绝发生错误的诱因，但可以控制所造成的结果，减少影响。例如，对装有危险化学品的器皿设置第二容器，并把其容积控制在 110%～150%，就可以防止化学品溢出的危险。

⑧ 排序式预防：设置程序，安排一系列相关的操作，以防止发生流程前后倒置或遗漏项目。例如，在生产过程中使用流程卡，该卡事先设定了格式，运作中要求关联人员将每一道操作过程按格式记录下来，一旦有错，将会被立即识别出来。

⑨ 标记式预防：在规定的放置处用颜色、线条、符号、图形或贴纸等物品和方法表示物品的原有状态，刻出槽位，以防止某些人随意乱放物品。

⑩ 隔离式预防：为防止"酒与污水定律"所揭示的现象，把属于污水类的东西隔离起来，防止混淆，如隔离不良品、在不良品仓库上加锁等。

⑪ 重复式预防：复制就是把同一件事务重复 2 次以上，通过复制行为，可以明示和加重记忆，证明要求，减少出错。例如，收银员收到顾客现金时要唱收，以防止记忆错失；火车司机在看到指示行车的信号时既要高声呼唤，还要手比演示，以确保准确无误。

⑫ 警告式预防：通过某些适宜的方式为操作者提供可行的提示，以警告要害，防止错误指令被执行。例如，计算机、手机等产品在系统运作时，对于按错键或比较重要的操作，都会发出警告性的对话提示，以防止操作者出现失误。

（2）工程技术防错的原则

企业的防错措施通常在很大程度上属于工程技术部门的工作，虽然这种认识具有片面性，但起码能说明现状和员工的希望。毫无疑问，因变而出错的现象在工厂司空见惯，那么，防错的重点就应该放在控制变化的动态上，这恰恰也是工程技术部门的工作要点，所以，二者不谋而合。

下面 12 个原则通常是工程技术部门实施防错的基本原则。

1）消除潜在隐患，降低风险。工程技术部门是现场制造过程的支柱，在这个阶段采取措施去消除各种隐患，降低制造风险，是确保现场不会发生错误的基础。这些方法通常是把旧的系统、技术、工艺、材料、设备、工具、模具等用新的取代，从而做到工程角度的防错。例如，用阻燃性能比较好的材料替代易燃材料，降低燃烧值，便可消除可燃因素；变人工控制为机器自动控制，以消除人为因素可能造成的异常；通过制度杜绝不合格材料上线，以防止误用不良品。

2）降低危险因素的成分、数值。在实在无法消除隐患的情况下，应当尽量降低危险因素的成分，减少危害因素，从而减少出错机会，降低发生错误的风险，如在控制电路系统把强电直接控制变为弱电间接控制，以降低人体触电的危险因素；在冲床上加装防护装置，以防止冲压时肢体未完全抽出；降低人员的操作速度，以减少出错机会。

3）层层设障，多重预防。采用多个工序、多次机会、多种方案进行预防，以防止一次失效产生的风险，这种防错主要适合那些出错风险很大或后果很严重的场合。例如，在高空作业中既采用安全带又系安全绳（多股），在飞机上安装双引擎，在汽车上设置安全带又配备气囊，在精密机器设备上备有多套替补用的专用装置或零件。

4）自动防控装置。在系统中通过元器件的连锁机构装置自动锁定系统进行防护，以杜绝错误行为发生或程度深入。例如，冲、剪，压设备上的连锁开关，在操作中可以锁闭错误动作，防止非法操作；在容器上安装压力保护阀，当有压力存在时无法打开盖子；在电路中能自动跳闸的保护系统，防止过载，造成事故。

5）屏障危险能量。在人、物与危险源之间设置屏障，防止各种危险能量异常时造成后果。例如，在发热器件上包裹石棉防护层，或在蒸汽发生处设置导管，防止人员被烫伤；在火源上加装防护罩，防止人员被火苗烧伤；在建筑高空作业中设置安全网等。

6）间隔有效距离。当机器之间保持有效防护距离时，就可以防止相互之间的干扰，即使有错误发生，也只是单机，不会累及其他；反之，则可能形成相互干扰，引发连锁效应，甚至造成严重后果。例如，化工厂的生产车间之间必须保持规定的距离，以防止挥发气雾、粉尘等相互影响，引发危险或导致失效。在一些高危物品区设置隔离带，以防止发生异常情况时出现牵连。

7）控制时间因素。时间因素是一种考验，任何工程都会随着时间延长而发生变异，因此，控制时间是非常必要的。例如，剪刀随着使用时间延长而变钝，致使所剪的产品有毛边；操作员作业时间太长，可能会因疲劳而出错；机器设备保养周期设置不当，会导致性能降低或发生故障；毒害因素随着人员的接触时间增多而影响其身体健康。

8）抓住薄弱环节。抓住薄弱环节，即在系统中识别薄弱环节，以局部的、最小的损失换取总体的正常运行和安全。例如，在 SMT（surface mount technology，表面组装技术）作业中，当有零件打歪时先提示报警，待人员处理后再进入回流炉焊锡；在电路上设置保险丝，发生过电流时熔断，以保护电路或元件。

9）放大安全系数。放大安全系数的本质是提高工作的可靠性，以确保生产工程能够产生可以预见的结果。例如，设置产品内控指标时要比出货指标稍微严一点，就可以测试系统的偏差，确保出货过程顺利。

10）关注个体化。关注个体化就是要根据不同工位的作业性质和条件，有针对性地采取措施，防止出现失误。例如，要兼顾人员的个体差异，区别对待左右手习惯和身体高低位等差异特点，以防止发生作业困难或失效。

11）识别替代人员。当工程中出现换人、顶岗和代岗等情况时，由于替代人员对现有工程的熟悉程度不足，就有可能产生差错。这其实是一个管理素质问题，如果平时培养了足够多的多能人员（多面手）时，应该没有问题。可是，偏偏有的人喜欢在熟能生巧后简化作业，这就给接替者又带来了新的麻烦。因此，识别替代人员防错还要注重标准化作业，不管他们出于什么目的，都必须杜绝任何擅自作业的行为。

12）应急预备方案。紧急情况是人们不能预测的，为了做好遇惊不变，我们需要在情况正常时事先制定应急预备方案，并进行适当培训和演习，以防备危急时出现慌乱，招致产生错误结果。通常制定的应急预备方案应包括人员、机器、材料、方法和环境（4M1E）等因素的五大方面，并形成文件。

13）禁止和警告提示。禁止和警告提示属于明示式的防错，方法是通常把警告牌设置在现场适当的地点，以唤醒当事人员的警戒性，达到防错的目的。标识、标志、符号、灯光、声音等都可以作为传递警告信息的工具，常用的实物有标志牌、蜂鸣器、区域标识界限、错误提示显示器、警示灯等。

（3）人为过错的预防方法

1）人为过错的规律性。人的行为具有两重性，既可以防止错误，又能招致错误。前者属于本能，是应该倡导的；而后者往往是无意造成的，需要防止。那么，如果我们掌握了人为过错的规律性，便会有利于更好地防止它，具体见表 7-1。

表 7-1　人为过错的规律性

区分	条件因素	主观因素	一般出错结果	备注
自身因素	生理有缺陷、影响	认为没有办法克服	不负责任，侥幸	
	工作素质、技能差	怀疑先天不足		
	工作品德差	破罐子破摔		
诱发因素	违背生产规章制度	肆意挑战、莽撞	缺少主动，后悔	
	身体疲劳、不适应	心有余而力不足		
	劳动需求变化	浮躁、脱离实际		
外因干扰	家庭、社会影响	寻找伤心的理由	想办法迁就，没辙	
	环境影响	就这样，无可奈何		
	异常因素突然侵入	世事难料、放任		
环境滋生	资讯、信息不准	缺乏主见、随意	能力有限，失控	
	设备、机器有缺陷	巧妇难为无米之炊		
	条件异常、失控	老虎也有打盹的时候		

2）强化预防行动。强化预防行动重在对人员进行培训、教育，提高他们的素质和技术水平，并从如下 3 个方面坚持实施。

① 作业规范化：严格落实各项作业标准，既要创新，又要规范，还要不断增强整个组织的执行力。

② 自主管理：自动自觉，主动出击，始终以管理者的心态要求自己。

③ 自觉抵制违章作业和瞎指挥：不仅自己不能违章，还要抵制他人违章。

3）改变异常行为。异常行为泛指各种不符合规范的操作手法及其关联的动作。异常行为是导致出错的根本诱因，我们必须采取措施彻底改变，具体措施如下。

① 自我控制：自己主动鉴别异常，并对已发现的异常采取必要措施改善。例如，某天车司机因自己昨晚没有休息好，上班时发现精力不济，于是，主动向班长报告，要求临时调岗。

② 跟踪监督：对于有异常行为迹象的人和事指派专人全程跟踪、督导，防止出错。例如，管理 3D 印刷机的机长调墨时常常出错，以至于到最后调好时所用的油墨总是超出指标的两倍以上，浪费颇多。于是，车间主任亲自到现场实地跟踪、控制，最终解决了问题。

③ 监护提示：一般指对从事危险性较大的生产活动人员，指定专人对其进行操作监视和监督。例如，电工在对高压线路进行停、送电作业时，一般需要两人同时作业，一人操作，一人监护，以防止操作失误而引发事故，或者一旦出了事故能够及时救护。

④ 检查结果：结果是过程的目的，通过检查结果，可以防止某些试图投机取巧的人偷工减料或违章作业。例如，塑胶产品一般需要打磨批锋（毛刺），但小王想把未经打磨的产品混入其中，结果被下道工序的员工互检出来后拒收。

⑤ 技术控制：运用技术手段控制人的异常行为，防止产生不必要的结果。例如，用红外线技术测试火车的轴温、运行速度等，防止缺油烧瓦和司机超速。

（4）终以需要为契机

一般来说，假如某个工序从不出现错误，那么，它就没有防错的必要。如果硬要防错，那么只能是画蛇添足。因此，防错的前提是现场确实需要它，而且要确保如果采取了措施，就能起到防错的作用。

3. 制度化、规范化、标准化

（1）全制度是起点

无论企业性质如何，制度都是管理的根本。随着企业不断发展，它的制度虽然不可能定得面面俱到、精细高深，但是要朝着这个方向去努力。这时，我们必须掌握以下几种方法。

① 从无到有：把能人的管理方法写成文件，形成标准，首先做到变人治为法治。

② 从有到好：在实践中不断检讨、修订现有的工作标准。

③ 从好到优：对比行业现状，树立标杆，全方位提升管理档次。

④ 从优到和谐：输入人性化的管理思想，充分张扬个性，追求和谐。

⑤ 从和谐到自然：制度是一种精美的栏栅，让它仅在潜意识里发挥作用。

制度是企业和谐运作的保证，虽然在形式上它是死板的，但有与没有其结果将大不一样。一个好的制度可以打消许多人违章的念头，而一个漏洞百出的制度可能误导众多的人抱着侥幸心理去违犯，甚至铤而走险。因此，健全制度是企业实施防错的起点，先一心一意地建设好它是十分必要的。

（2）规范行为是关键

即使个别人有不好的念头，如果他没有作出任何行动，那么结果始终是空的。因此，我们可以说所有的错误都是由发生的各种不良行为引起的。企业实施防错的关键就是要引导人员的行为，让他们都遵守"游戏规则"、做好自己该做的事情。规范行为的具体要求如图 7-3 所示。

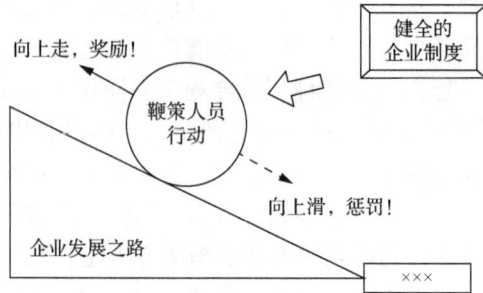

图 7-3　规范行为的具体要求

（3）全面展开标准化

当制度化和规范化运作成熟后，其进一步发展的必然趋势就是标准化。在一个运作真正标准的企业里，人人都遵守岗位责任制，发生错误的机会将非常低。但是，需要注意实施标准化一定要具有全面性，那些片面的、局部性的标准化非但不可能做到真正标准，反而还会引发矛盾，导致出现更大的错误。

（4）基本推进步骤

1）总结以往出现的差错，发现人为疏忽。从班组开始，引导人员主动针对现有状况，识别有关"三防"的事务，然后进行总结，找出最严重的问题点，具体事项包括以下几个。

① 差错的类别：属于产品，过程、程序或技术等。

② 差错的性质：是属于人为疏忽还是属于偶然造成。

③ 产生频率：发生的概率大小。

④ 关联影响：影响面的大小。

⑤ 可能造成的后果：后果是一般还是严重。

⑥ 安全性：有无安全隐患等。

2）设定"三防"目标，制订改善计划。以部门为单位，依据顾客要求和企业现有的条件、能力、经营方针等因素制定改善目标，制订实施计划时要注意目标一定要量化和可测量，计划内容要明确到 5W2H［what（主题）、when（时间）、where（地点）、why（目的）、who（人员）、how（怎么做）、how much（费用）］的各个方面。

3）调查产生差错的根本原因。管理者要多实践走动式管理，利用 4M1E 的方法，从第一现场入手，刨根问底，尽可能广泛地收集情报数据，找出根本原因。

4）搜集防错法的改善方案。针对找出的根本原因，了解前因后果，寻找解决办法，对症下药，将其完全消除。这些方法通常有脑力激荡法、提案制度法、反向推理法、实验与试验法、魔鬼训练法等。

5）实施改善措施。寻找集体智慧，充分发挥利用多功能小组的作用，针对重点事项进行集中时论，然后对各种结果进行筛选，挑出主要内容后按计划实施。

6）确认结果与成效。当各种措施实施一段时间（一般为 1～3 周）后必须进行检查，以便验证实施的程度，确认效果如何，是否达到预定的目标。

7）制度化，维持全面管制状态。"三防"措施是任何人都能应用的，可以说它是一种模式。只有把它的有效内容变成规定，像制度一样去执行时，才能产生真正意义上的效果。另外，实施中要持续关注改善与修订的状况，快速处理发现的异常，以便维护权威性。

8）提炼方法，习惯化应用。精粹的"三防"措施需要通过不断提炼获得，然后通过习惯化的应用达到"长盛不衰"。下列方法可以应用参照。

① 排除法：排除容易造成错误的操作，减少出错机会。

② 分解法：把有风险的操作工序分散在几个不同的工序中，化整为零。

③ 替代法：利用低风险的材料、机器、技术或方法来代替。

④ 容易化：寻求简单，使作业变得更具体、容易，人员合适性强，特性多而共性少，利用差异降低失效。

⑤ 省力化：减轻操作力度，消除人员疲劳，确保持续有效地操作。

⑥ 异常检出：虽然不良或错误现象时有发生，但在下道工序中能够被检出来，确保减少或杜绝其危害的进一步发展。

⑦ 缓和影响：化解作业失效产生的影响，缓和反作用力，消除负面效应。

⑧ 消除障碍：消除各种阻碍因素，铺就水到渠成的作业条件和环境。

⑨ 举一反三：每采取一项措施都要触类旁通，全面检讨并应用。

（5）把"三防"措施用到家

企业实施"三防"的关键在于基层人员的行动，也就是执行力的问题。通常防错措施具有多样性，能否应用到家，取决于具体的操作方法如何。这是一个普遍性的问题，一般需要从4M1E 的五大因素去着手考虑。

1）人员防错。人员是实施"三防"的主体，打造一支素质好、技能过硬的员工队伍，是取得成果的基础保证，具体方法如下。

① 始终坚持确认再确认，作业零缺点。

② 督导人员必须按规定操作，杜绝偷工减料、失误动作；开展素质教育，加强对责任心的认识，提高作业水准。

2）机器、设备防错。机器、设备、工具、器具等是实施"三防"的载体，只有有效维护其机能良好，并按人性的需要适当延伸功能，才能使"三防"具有能动性，具体方法如下。

① 设置傻瓜式的操作系统，使一切错误的操作不会产生作用。

② 多应用自动控制功能，减少出错的机会。

③ 多加装自动监视装置，及时防止出错。

失误现象多是与人员有关联的，为了防止出现失误，在生产中应尽可能多地制作夹具等，以辅助标准作业，防止产生不良后果。

3）材料防呆。用错材料的事其实好预防，防止出现呆料却不那么容易，这是因为前者是细节问题，后者则属于运作程序的失误。因此，想把材料防呆做到家，必须彻底理顺流程次序，具体要求如下。

① 用制度保证在生产中只使用经 IQC（incoming quality control，来料质量控制）检验合格的材料。

② 通过 100%自检，全数剔除各种不良材料。

③ 建立索赔机制，确保供应商供应合格的材料，并不断向上提升。

4）作业方法防错。作业方法防错的关键是要搜寻人员智慧，调集各种力量，在已经比较的方法基础之上再寻找更好的方法，具体如下。

① 深度识别作业干扰，从源头上消除干扰因素。

② 总结分析操作失误，群策群力预防后果。

③ 及时发现运转错误，铲除诱因，预防产生不良后果。

5）生产环境防错。生产环境防错的面很宽，不确定性因素很多，能确保防错到家的措施也是五花八门，而具体结果怎样，关键是积聚企业凝聚力，具体如下。

① 沟通不顺畅，有问题无结果，需要营造工作氛围，提升人员素质。

② 如果噪声过大，影响听觉，会导致作业错误，需要隔离降噪。

③ 有些空中装置未定期检验，因年久失修而不稳、脱落等，需要落实责任。

④ 空间狭小，勉强凑合，会因操作不便而出错，那么应该搬迁。

⑤ 创造适宜的生产环境，防止产生异常。

防误与防错本没有本质上的区别，只不过防误措施常常显示在间接过程中。有效防错是各级生产人员共同的责任，如果发现好的防错措施时，则要主动向上级反映，以便尽快把它转化成制度，使其发挥最大效用。

4. 典型的出错现象

（1）麻痹大意导致出错

某纸品厂啤盒（冲剪纸皮）部的啤机动作很慢，上下模板压合需要 2～3s 的时间，这样，当操作人员发现纸皮放歪时，将手伸进去纠正还来得及（违章作业），一般认为也不会出现事故，但是，有位女工的手被压伤了。分析这个过程主要是麻痹大意的思想导致出错，具体原因如下。

1）因啤机动作慢，人员可能产生不会压着手的错误认识，经过多次这样操作后，把侥幸心理变成习惯，于是，产生麻痹思想。

2）操作员故意违章，冒险作业，而且注意力不集中，眼睛未始终盯住移动的模板，思想可能已经跑到啤机以外的事物上。

3）操作过程迟钝，反应不敏捷，当发现可能要压手时已来不及回避或根本无法采取紧急措施。

在 1）～3）所描述的过程中，导致事故的心理是思想麻痹→违章→操作不注意→动作迟缓→触觉后已来不及抽手→造成事故。由此可以看出，类似这种过程实施防错的核心是消除人员的麻痹思想。

（2）无效的交流沟通导致出错

某厂有一批产品准备出货到澳大利亚，OQC（outgoing quality control，出货检验）检验合格，但是，客户验机时发现包装纸箱上的标记与前一次的标记不一样，便核对了数码相片的记录，确认的确不一样，于是，该批产品被判定为 NG（no good，不好）。

责任划入 OQC，分析原因，发现进料时 IQC 检验合格，理由是有开发部签署的最新变更样板；而 OQC 也收到关联的联络书，主管觉得不妥，便发函给该客户确认。客户认为他们不能接受变更后的样板，于是，用传真回复结果。但是，该传真被压在 OQC 文员处，一直未发出，原因是忘了。

事情查到这里，问题已经很清楚了，完全是各人员之间无效的交流沟通造成这起事故。它的具体表现有如下 3 个方面。

　　1）开发部确认的样板无效，他们在没有取得客户认可的情况下单方面签发样板。因为他们认为已有类似产品得到客户确认，故不需要再次确认，也没有进行相关的交流沟通。

　　2）OQC主管有责任，他疏忽了此问题，即没有与IQC沟通，也没有联络客户确认，更没有追问文员，而是被动等待结果。

　　3）OQC文员有责任，她无故积压客户文件，属于工作失职。现在，让我们来总结上面的情况，如果在这3个环节中有一个环节进行了有效交流沟通，那么这个问题便不会存在，而遗憾的是大家都没有做。

　　（3）非故意违章导致出错

　　铁路机务段的司机霍师傅计划下午3点出车，他和副手按规定提前5h去候班室候班。可是，到了叫班时间，叫班员因忙于琐事忘了，结果到下午2点才叫班，时间整整迟了1h。眼看情况紧急，霍师傅师徒俩没来得及打饭就先出勤报到去了。他们领了钥匙，直奔指定的电力机车，简单而迅速地验车。听值班员说这是一台段备车，上午有学员实习过，没有问题，于是，他们对各要点项目检查进行简略确认后，就急急忙忙出库。

　　车到达发车场后挂在一列新编的大货车上，霍师傅看了看编组单，既超长又超重，他也没有在意。他一边忙着配合列检员试闸，一边又吩咐副手去路边的小食店打快餐，当一切准备就绪时，已是下午3点整。这时，出发信号变成绿灯，车长的发车指令也给了，于是，列车正点开出。

　　大约过了15min后，列车驶出编组区，开始进入站段区间全速行驶。按规定这时需要副手到机车后部巡视一圈，以确认机车的运转状态。但是，副手说他很饿，想等先吃完饭后再去。霍师傅看在他忙乱辛苦的份上默许了。

　　大约跑过1/2区间的时候，前面到了一段下坡路，按惯例霍师傅要开启电阻制动系统准备滑坡。可就在他按下风机按钮的同时，有一股焦煳味从后面传来。霍师傅马上意识到有情况，于是命令副手立刻去查看。副手撂下饭盒，刚打开司机室的侧门，一团浓烟便扑面而来。根据经验，这烟从3#电器柜冒出来，而这个柜子靠近主变压器，有爆炸危险。情况万分紧急，霍师傅撂了一把非常闸（紧急制动）下去，列车便在颤抖中很快停下。紧接着他们降弓、断电，拿灭火器和手电筒，进行检查处理，结果发现平波电抗器已经烧焦。霍师傅决定采取切除方法，先隔离它，然后维持运行。

　　在中途利用待避其他列车的停车时间，霍师傅对机车进行了详细检查。结果发现冷却风机处于关闭状态，风道继电器也被短路了，由于散热不畅，导致该电器被烧毁。这可是由人为造成的事故。

　　列车在晚上11点到达终点站，与计划时间相比，总共晚点2h32min。虽然没有造成机破事故，但晚点事故已经形成，因此调度要求他们写事故报告。霍师傅便把实际经过写了一遍，然后，将其交给值班员。这时已是凌晨3点，他们便去乘务员公寓休息了。然而，过了不久，领导又会叫他们去分析事故。

　　在这个案例中，出错的根本原因是冷却风机没有开启。按道理冷风机不转本不会导致事故发生，原因如下：自动保护系统能通过反馈作用断开主断路器。

　　人工巡查过程中也可以发现。但遗憾的是这两条防错之路都被堵住。前者是由实习的学员做试验造成，他们试验时关闭了冷风机及其风道保护电路，试验后忘记恢复。后者是霍师傅师徒的责任，一方面他们在接班时仔细确认；另一方面副手只顾吃饭，在行车中未按时巡视。另外，叫班员须负间接责任，因为如果按正常时间叫班，也许这一切就都不会发生。

安全员在事后说:"这是一起典型的非故意违章事故,希望大家鉴而戒之。"

(4)心理作用导致失误

1)恐惧心理。有调查资料表明:人在惧怕状态下智商会降低,而且随着惧怕程度的加深,智商降低越多,甚至严重时还会出现意识障碍,具体如下。

① 对人员的惧怕会导致沟通出现障碍。

② 对机器的恐惧会造成操作不到位,引发事故。

③ 对材料的恐惧会导致搬运欠妥当,损坏物品。

④ 对技术的疑虑会导致理解困难,加深难度。

⑤ 对环境的恐惧会导致蹑手蹑脚,无法施展。

2)马大哈心理。具有马大哈心理的人既不能干大事,又不能干实事。因为工作不认真的缘故,细节上总是处理不到位,结果造成错误。例如,一位马大哈式的宿舍管理员,有一次竟把一位留长发的男新生安排到女生宿舍去住。

虽然很多人不是马大哈,但现实中做的不认真的事情实在太多,究其原因,是马大哈的心理在作怪。当我们在本质上不能克服马大哈的时候,就需要从制度上进行防范。

3)憎恶心理。当我们憎恶某件事情的时候,就会看不到这件事情的优点,由于存在憎恶心理而掩盖真相,引发错误的结果。例如,某员工讨厌清洗剂散发出来的味道,他在清洗产品时倒入的量总是偏少,结果导致部分产品不能被清洗干净。

憎恶还会导致感情用事,引发偏见。对于工厂管理人员来说,憎恶心态是一种低素质的表现;对于员工来说,也至少是一个缺点。故此,为了减少工作失误,克服憎恶喜好的影响刻不容缓。

4)习惯心理。不良习惯在形式上有很多,并不是无法改变,而是我们没有认识到它的不良本质,因此,会造成差错。例如,某领导正在给下属安排工作,忽然,过来一个人问其他事情,领导便打断,先接洽他。可是,等接洽完后再继续安排工作时,领导竟忘记了其中的几个要点,结果导致下属工作失效。

打断正在进行的事情,去应付其他事情,这是一种不良习惯,而遗憾的是我们很多人没有这样的认识。当然,对于紧急事项,适当打断是必要的,但这其中需要把握一个度,需要选择取舍,甚至包括接听电话也是一样。

(5)事前违章引发事故

1)拿着烙铁开玩笑,造成严重烫伤。小彦在电子厂做焊锡员。有一次班中短休时,她手持烙铁指着同伴开玩笑,结果烙铁尖掉了出来,恰巧掉到同伴身上,导致同伴被烫伤。

2)注意力分散,造成意外伤害。车工小张一边开冲床,一边吃夜宵,结果不小心筷子掉进冲模内,冲断后弹起的断片划破了他的手。

3)贪图省事,危险多。机修车间的工人为了走近道,故意从吊起重物的吊车下穿行,结果被吊物突然滑脱,砸伤了工人;吊物时,由于被吊物体不平衡,班长要求几个工人站上去保持平衡,结果钢丝绳松脱,工人被掉下来摔伤;在化工车间,一位工人为了抄近路,从溶解槽上跨过去,结果被酸蒸气灼伤。

4)贪图效益,引发事故。贪图效益而酿成事故的情况很多。例如,拉煤的司机为了多完成任务,肆意超载,在本来载重是 5t 的情况下,他却拉到 9t,结果导致刹车力不足,汽车在紧急拐弯处出了事故;烫金工人为了多烫产品,擅自将双手撤钮中的一只卡死,想一只手撤操作,另一只手进料,以加快速度,结果导致手指被压断。

事前违章对于当事人来说虽然有一定的认知度,但是由于当事人未能引起足够重视或抱有侥幸的心理,才导致错误发生。因此,防止事前违章的关键是管理者要改善管理方法,加大执行力度。

（6）动机与行为不协调导致出错

1）三心二意。三心二意是一种很坏的习惯现象,有时候是由氛围不好造成的。如果人员碍于面子,无可奈何地去做事,就会出错。因为没有投入全部心思的人是不可能把工作做到位的。例如,有些人不喜欢本职工作,却又没有办法选择;自大自傲者对工作不屑一顾,轻视任务;后进员工纪律松懈,不认真对待工作;有顾虑,"身在曹营心在汉"。

2）言过其实。言过其实是一种劣根性,对工作的贻害不浅。主要表现是语言浮夸,不顾现实,不自量力,不管什么事,口头上先答应可以完成,对实际行动并不负责任。例如,有的人眼高手低,目空一切,随意承诺;在自负心理的驱使下不求甚解;对事物认识不足,碍于面子,盲目地对待工作;用别人的结果衡量自己,失去基准。

3）应付差事。应付差事是一种不良心态,就与当一天和尚撞一天钟一样,内心无大志,只图混日子,出错在所难免。另外还有一种现象,如打枪,当把枪口对准目标时,结果总是会差一点儿,这是在应付自己。这些现象如下。

① 人员缺乏上进心,全靠主管施加压力工作。

② 岗位责任制不明确,有些事情被踢皮球。

③ 工作流程不合理,接口不正确。

④ 给人员分配的任务超重,毫无希望达成目标。

⑤ 给人员分配的任务过轻,形成松散做事的习惯。

⑥ 企业缺乏激励机制,员工干多干少都一样。

4）弄巧成拙。喜欢耍小聪明的人总是会弄巧成拙。有些人急功近利或好大喜功,情形与这差不多。这些现象如下。

① 工作时投机取巧,欲省事,反而招致麻烦。

② 过于逞强好胜。

③ 判断信息失误,没有把握住全局。

④ 欲借力使力,但目标不正确,导致结果落空。

综上所述,这些案例都是一些工作中动机与行为不协调的现象,那么,怎样才能防止这些现象出现呢?要想让员工一心一意地做事,并真正做到动机与行为协调,少发生或不发生错误,下面介绍的方法可以参考借鉴。

① 建立工作与责任捆绑的管理制度（如岗位责任制）。

② 实现操作过程完全具有可追溯性（如流程卡、签名）。

③ 用制度和执行力两个方面的力量排除现场的各种干扰因素（如禁止串岗）。

④ 在 KPI（key performance indicator,关键绩效指标）的指引下,全面实施绩效考核管理。

⑤ 不断提高作业人员的工作素质（如按计划实施培训）。

二、"三防"十大原理

1. 断根原理

断根原理是指将造成错误的原因从根本上排除,绝不发生错误。一般以不对称的形状、工具改善、排除等方法来防错。

2. 保险原理

保险原理是指两个以上的动作只有共同或依序执行才能完成工作。一般以共同、顺序、交互等动作来防错。

3. 自动原理

自动原理是指以各种光学、电学、力学、机构学、化学等原理来限制某些动作的执行或不执行，以避免错误发生。目前这些自动开关非常普遍，也是非常简易的自动化的应用。一般以浮力、重量、时间、方向等控制来防错。例如，电梯超载时，门关不上，电梯不能上下运行，警告钟也鸣起。

4. 相符原理

相符原理是指用检核是否相符合的动作来防止错误的发生。一般以形状的不同、符号指示、数量指示、声音等方式来防错。例如，开刀手术前后必须点核数量是否符合，以免有工具遗留在人体内。

5. 顺序原理

顺序原理是指避免工作顺序或流程前后倒置，可依编号顺序排列，可以减少或避免错误的发生。一般以编号、斜线等方式来防错。例如，许多档案被归档在资料柜内，工作人员每次拿出来看之后，再将其放回去时可能会放错地方，此时可用斜线标志的方式来改善这个问题。

6. 隔离原理

隔离原理是指用分隔不同区域的方式，来保护某些地区，使其不能造成危险或错误的现象发生。隔离原理亦称保护原理，如将不良品隔开等。

7. 复制原理

复制原理是指同一件工作，如果须做 2 次以上，则最好采用复制方式来达成，省时又不易出错。一般以拓印、口诵、复写、复诵等方式来防错。例如，焊装焊件时可以口诵："一检（来料）、二放（零件）、三按（夹具按钮）、四打（点）、五松（夹具）、六取（零件）、七放（到零件存放区）。

8. 层别原理

层别原理是指为避免将不同的工作做错，而设法将其加以区别。一般以线条的粗细、不同的颜色来代表不同的意义来防错。例如，将不良品挂上"红色"标贴，将危险区域用"黄色"画上，将人行通道刷为"绿色"。

9. 警告原理

警告原理是指如果有不正常的现象发生，能以声光或其他方式显示出各种"警告"的信号，以避免即将发生的错误。例如，汽车速度过高时，警告灯就会亮起。

10. 缓和原理

缓和原理是指用各种方法来减少错误发生后所造成的损害，虽然不能完全排除错误的发生，但是可以降低其损害程度。例如，驾驶汽车时要系安全带，骑电动车时要戴安全帽（或头盔）。

第三篇
质量检验技术——质量检验师实操技能

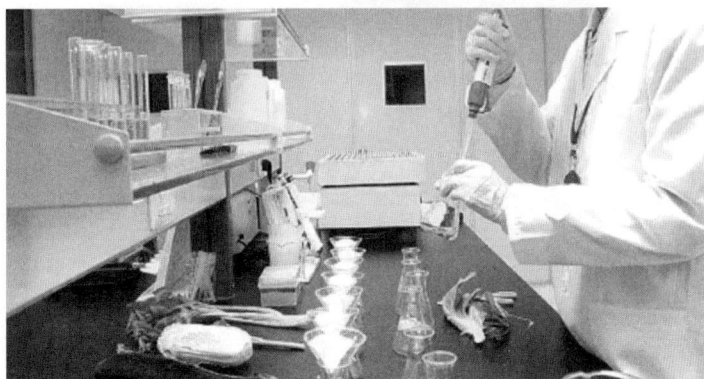

第八章 质量检验常用仪器设备

随着我国社会的飞速发展和人们生活水平的提高，人们日益增长的物质需求推动了食品市场的发展，商家为了抢夺市场先机，争先恐后地研发能获得人们喜爱的食品，这是导致当下食品添加剂种类增加和添加剂滥用的主要原因。关于食品添加剂的使用，国家有明确规定，如果超出规定的添加范围，会对人体造成非常严重的影响。除食品添加剂外，食品检测标准还针对转基因食品提出了具体的要求。要想落实这些要求与管理措施，就必须有准确高效的食品检测仪器设备作为保证。因此，食品检测仪器设备已经成为保证食品安全的主要物质基础。

第一节 检测样品前处理设备

一、组织捣碎机与拍击式均质器

（一）组织捣碎机

组织捣碎机用于将某些动植物样品捣碎成匀浆，以利于提取其中某些成分。组织捣碎机的使用方法如下。

1）将已去除果壳、果核、骨、筋膜等样品用小刀或剪刀切碎并放入玻璃缸中，加入适量水。

2）检查电动机转动轴的转动是否灵活，连接是否牢固可靠，转动轴和刀片不能与橡胶盖或玻璃缸接触。

3）接通电源，电动机轴和刀片转动时应平稳且无跳动现象。待捣碎 1～2min 后，间歇 5min，如果需要，那么继续捣碎。

4）捣碎完毕，要切断电源，松开转动轴连接接头，取下玻璃缸倒出匀浆，洗净、晾干玻璃缸和刀片，以备下次使用。

5）使用中切勿让电动机空转，否则容易烧毁电动机，每次旋转最多不得超过 5min。

（二）拍击式均质器

拍击式均质器是一种微生物实验室的常用实验仪器，其操作简单、快捷，被广泛用于微生物实验操作中对样品的处理。

1. 拍击式均质器的工作原理

拍击式均质器能够有效地分离固体样品内部和表面的微生物,确保无菌袋中混合的样品具有充分的代表性。

在均质时，样本被放置在特制的一次性均质袋中，两个拍击板可以轻柔地将混有溶质的样本进行均质，从而形成均衡的溶液。另外，样本被放置在特制的无菌均质袋中，不与仪器接触，预防交叉污染。

2. 拍击式均质器的特点

拍击式均质器使从固体样品中提取细菌的过程变得非常简单。只需将样品和稀释液加入专用的无菌袋中，一起放到拍击式均质器中，推动把手关上门便可自动开始样品的处理。

拍击式均质器特别适合微生物分析之前的食物和饲料样品的均质，消除了细胞膜破碎的危险，同时保证了所有种类样品有极好的均质效果。

3. 拍击式均质器的用途

拍击式均质器主要应用于食品、药品、临床、分子学、毒素及细菌检测等领域，被广泛用于进行微生物学检测的样本制备上，其制备的样品可以满足无菌、快速及结果准确、重复性好的要求。拍击式均质器主要用于生物技术领域的组织分散、医药领域的样品准备、食品工业的酶处理，以及制药工业、化妆品工业、油漆工业和石油化工等方面。

4. 拍击式均质器的使用方法

1）把须处理的试品放进无菌均质袋中。
2）打开拍击式均质器门，将无菌均质袋开口，在关闭均质器门时夹住。
3）设定使用程序并进行拍打均质工作。
4）实验完毕后，打开拍击式均质器门，取出样品。

二、离心机与分样筛

（一）离心机

离心机是利用离心力，分离液体与固体颗粒或液体与液体的混合物中各组分的机械。

离心机主要用于将悬浮液中的固体颗粒与液体分开，或将乳浊液中两种密度不同又互不相溶的液体分开（如从牛奶中分离出奶油）；它也可用于排除湿固体中的液体，如用洗衣机甩干湿衣服；特殊的超速管式分离机还可分离不同密度的气体混合物；利用不同密度或粒度的固体颗粒在液体中沉降速度不同的特点，有的沉降离心机还可对固体颗粒按密度或粒度进行分级。

1. 离心机的工作原理

当含有细小颗粒的悬浮液静置不动时，重力场的作用使悬浮的颗粒逐渐下沉。粒子越重，下沉越快；反之，密度比液体小的粒子就会上浮。微粒在重力场下移动的速度与微粒的大小、形态和密度有关，并且与重力场的强度及液体的黏度有关。像红细胞大小的颗粒，直径为数微米，就可以在通常重力作用下观察到它们的沉降过程。

此外，物质在介质中沉降时还伴随有扩散现象。扩散是无条件的。扩散与物质的质量成反比，颗粒越小，扩散越严重。沉降是相对的、有条件的，只有受到外力才能运动。沉降与物体重量成正比，颗粒越大，沉降越快。对小于几微米的微粒，如病毒或蛋白质等，它们在溶液中成胶体或半胶体状态，仅仅利用重力是不可能观察到沉降过程的。因为颗粒越小沉降越慢，扩散现象则越严重，所以只有利用离心机产生强大的离心力，才能迫使这些微粒克服扩散产生沉降运动。

离心就是利用离心机转子高速旋转产生的强大的离心力，加快液体中颗粒的沉降速度，把样品中不同的沉降系数和浮力密度的物质分离开。

2. 离心机的使用步骤

离心机的使用步骤如下。

1）离心前用天平保证离心管的平衡。

2）打开电源开关，离心机自检后，开启盖门。

3）选择所需转头，用扳手安装转头，松紧适当。

4）装载离心管后，拧好转头盖，按下离心机门盖。

5）设定好转速、时间和温度后，按下启动按钮开始离心。

6）离心结束后，开启门盖，拧开转头盖。

7）取出离心管后，卸下转头，关闭电源开关。

8）在离心机内仓恢复室温后，擦干内壁。

3. 离心机使用的注意事项

离心机使用的注意事项如下。

1）离心机应始终处于水平位置，外接电源系统的电压要匹配并要求有良好的接地线。

2）开机前应检查机腔有无异物掉入。

3）样品应预先平衡使用离心机微量离心时，离心套管与样品应同时平衡。

4）挥发性或腐蚀性液体离心时，应使用带盖的离心管，并确保液体不外漏，以免侵蚀机腔或造成事故。

5）每次操作完毕，应做好使用情况记录，定期对机器的各项性能进行检修。

6）在离心过程中如果发现异常现象，那么应立即关闭电源，报请有关技术人员检修。

7）定期清洁机腔。

8）使用离心机时遵守左右手分开原则，只以右手操作仪器。

9）使用冷冻离心机时，注意擦拭机腔的动作要轻柔，以免损坏机腔内的温度敏感器。

（二）分样筛

分样筛是小型设备的一种，还可叫作试验筛、检验筛等，在不同的地方有着不同的叫法。分样筛是符合某项标准规范的用于对颗粒物料进行筛分粒度分析的筛具。作为一种通用的计量仪器，它的使用范围很广，适用于地质勘探、冶金、化工、医药、建材、磨料、矿产、水泥、玻璃、粮食、陶瓷、造纸等行业及科研院所进行的粒度分析和筛分试验。

1. 分样筛的结构

分样筛是符合国家标准技术要求、用于筛分法进行粒度分析的筛子，主要由筛面和筛框组成，按筛面的结构可分为金属丝编织网试验筛、金属穿孔板试验筛和电成型薄板试验筛。

2. 分样筛的使用方法

1）调整振动幅度，可将实验室分样筛内电机的上下激振块的夹角调节到合适角度，得到不同的激振力。

2）根据筛分需要调整时间。分样筛正面面板中间的时间继电器前两位为分，后两位为 s。

定时时间可以在 0～99min59s 内根据需要调整。

3）分样筛中配套使用的标准试验筛，较下层放筛底（无孔筛），较上层放筛盖，筛底、筛盖中间根据筛分粒度段的要求，按从上到下、从粗到细的原则放入 1～7 层试验筛，将需要筛分的物料放入较上（筛网较粗）一层。

4）将分样筛放入设备内，锁紧顶部及两侧的螺母。具体做法是，先将分样筛顶部及两侧的 4 个锁紧螺母放松，使两侧的两根立柱可以自由落下，落在已放好的标准试验筛上，然后将两侧的锁紧螺母锁紧，将筛机顶部的两个螺母锁紧即可。需要注意的是，顶部及两侧的螺母必须锁紧。

5）做好以上步骤后，开启分样筛正面面板上的绿色按钮，经过一段定时时间的筛分，定时结束时，筛机自动停机，也可以按红色按钮结束筛分。筛分结束就可以一次性筛分出所需的多个粒度段的物料。

3. 分样筛使用的注意事项

1）标准检验筛要水平放置；确认电源和铭牌要求相符，并确保接地；振动部分不能与其他物体接触；各部螺栓要锁紧。

2）根据被检物料及相应的标准来确定要选用的标准筛框。

3）把标准筛框按孔径从小到大、从下到上依次叠放到筛框底座上。

4）把被检验物料放入上端的标准筛框里，盖上标准筛上盖，根据标准筛框的总高度调整调节杆高度，然后用压板和锁紧螺母对标准筛框进行定位压紧（注意两侧用力应一致）。

5）根据物料性质及投料量，在定时器上设定运行时间，然后打开电源开关，标准检验筛即开始工作。

6）标准检验筛工作停止后，旋开锁紧螺母，取下压板，小心取走标准筛框。

7）切断电源。

三、滴定管、移液管和吸量管

（一）滴定管

滴定管是滴定操作时准确测量放出标准溶液体积的一种量器。滴定管的管壁上有刻度线和数值，最小刻度为 0.1mL，"0" 刻度在上，自上而下数值由小到大，可准确读到 0.01mL。

滴定管根据其构造分为酸式滴定管和碱式滴定管两种。酸式滴定管下端有玻璃旋塞，用以控制溶液的流出。碱式滴定管下端连有一段橡胶管，管内有玻璃珠，用以控制液体的流出。橡胶管下端连一尖嘴玻璃管。酸式滴定管只能用来盛装酸性溶液或氧化性溶液，碱式滴定管只能用来盛装碱性溶液或非氧化性溶液，凡能与橡胶起作用的溶液均不能使用碱式滴定管。

1. 使用前的准备

（1）洗涤

一般可直接用自来水冲洗或用肥皂水、洗衣粉水泡洗，但不可用去污粉刷洗。若油污严重，则洗涤时可用铬酸洗液洗涤。洗涤时尽量除去酸式滴定管内的水，关闭活塞，将 10～15mL 洗液倒入滴定管中，两手端住滴定管，边转动边向管口倾斜，直至洗液布满全部管壁为止，立起后打开活塞，将洗液放回原瓶中。如果滴定管油垢较严重，必须用较多洗液充满滴定管浸泡十几分钟或更长时间，甚至用温热洗液浸泡一段时间。洗液放出后，先用自来水冲洗，再用蒸馏水淋洗 3～4 次。

碱式滴定管的洗涤方法与酸式滴定管基本相同，但要注意铬酸洗液不能直接接触橡胶管，否则橡胶管会变硬损坏。简单方法是将橡胶管连同尖嘴部分一起拔下，在滴定管下端套上一个滴瓶塑料帽，然后装入洗液洗涤，将其浸泡一段时间后放回原瓶中，先用自来水冲洗，再用蒸馏水淋洗 3～4 次备用。

（2）试漏

使用酸式滴定管前应检查玻璃活塞配合是否紧密。如果不紧密将会出现漏水现象，则不宜使用。为了使玻璃活塞转动灵活并防止漏水，须在活塞上涂凡士林。为了防止在滴定过程中导致活塞脱出，可用橡皮筋将活塞扎住。碱式滴定管无须涂凡士林，主要是要检查橡胶管是否已老化、玻璃珠的大小是否合适，必要时要进行更换。

（3）装标准溶液

先用待装标准溶液淋洗滴定管 2～3 次，即可装入标准溶液至"0"刻线以上。检查尖嘴内是否有气泡。如果有气泡，则将影响溶液体积的准确测量。排除气泡的方法是，用右手拿住滴定管无刻度部分使其倾斜约 30°，左手迅速打开旋塞，使溶液快速冲出，将气泡带走。碱式滴定管应按如图 8-1 所示的方法，将橡胶管向上弯曲，用力捏挤玻璃珠外橡胶管使溶液从尖嘴喷出，以排除气泡。碱式滴定管的气泡一般是藏在玻璃珠附近，必须对光检查橡胶管内气泡是否完全赶尽。赶尽后再调节液面至 0.00mL 处，或记下初始读数。

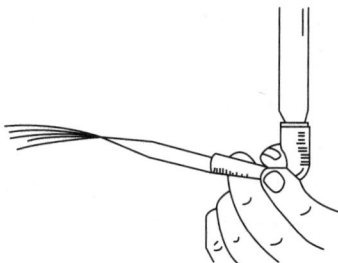

图 8-1 碱式滴定管赶气泡的方法

装标准溶液时应从盛标准溶液的容器内直接将标准溶液倒入滴定管中，以免浓度发生改变。

2. 滴定

进行滴定操作时，应将滴定管夹在滴定管架上。对于酸式滴定管，左手控制活塞，大拇指在管前，食指和中指在后，三指轻拿活塞柄，手指略微弯曲，向内扣住活塞，避免产生使活塞拉出的力，然后向里旋转活塞使溶液滴出，如图 8-2（a）所示。

对于碱式滴定管，用左手拇指和食指捏住玻璃珠靠上部位，向手心方向捏挤橡胶管，使其与玻璃珠之间形成一条缝隙，溶液即可流出，如图 8-2（b）所示。

滴定前，先记下滴定管液面的初始读数，滴定时，应使滴定管尖嘴部分插入锥形瓶口（或烧杯）下 2cm 处。滴定速度不能太快，以 3～4 滴/s 为宜，切不可成液柱流下。边滴边摇（或用玻璃棒搅拌烧杯中的溶液），并向同一方向进行圆周旋转（不应前后振动以免使溶液溅出）。临近终点时，应一滴或半滴地加入，并用洗瓶加入少量水冲洗锥形瓶内壁，使附着的溶液全部流下，然后摇动锥形瓶，观察终点是否已达到，至终点时停止滴定。

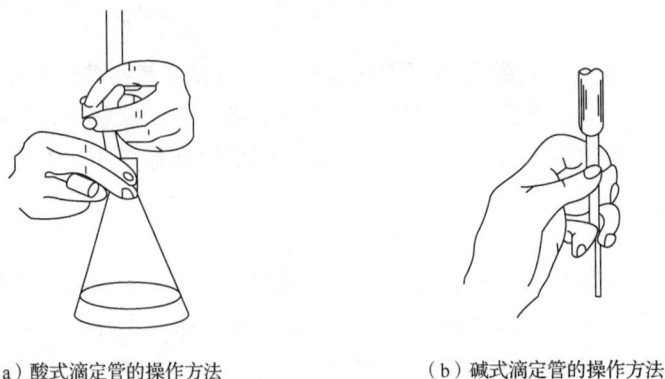

（a）酸式滴定管的操作方法　　　　　　　（b）碱式滴定管的操作方法

图 8-2　滴定管的操作方法

3．读数

读取滴定管的读数时，视线要使滴定管垂直，并且与弯月面下沿最低点在同一水平面上（在装液或放液后 1～2min 进行）。如果滴定液颜色太深，不能观察下缘时，则可以读取液面两侧最高点的读数。

4．滴定操作注意事项

1）滴定管在装满滴定液后，管外壁的溶液要擦干，以免流下或溶液挥发而使管内溶液降温（在夏季影响尤大）。手持滴定管时，也要避免手心紧握装有溶液部分的管壁，以免手温高于室温（尤其在冬季）而使溶液的体积膨胀（特别是在非水溶液滴定时），造成读数误差。

2）每次滴定必须从"0"刻度开始，以使每次测定结果能抵消滴定管的刻度误差。

3）滴定管用毕，应倒去管内剩余溶液，用水洗净。装入蒸馏水至刻度线以上，用大试管套在管口上。这样，下次使用前可不必再用洗液清洗。

4）滴定管长时间不用时，酸式滴定管活塞部分应垫上纸；否则，时间一久，塞子就不易被打开。碱式滴定管不用时应拔下橡胶管，蘸些滑石粉保存。

（二）移液管和吸量管

移液管是准确移取并放出溶液的量器。它是一根两端细长、中间膨大的玻璃管，在管的上端有刻线。膨大部分标有它的容积和标定时的温度。移液管有 10mL、25mL、50mL 等规格。吸量管是带有分刻度的吸管，用它可以移取不同体积的溶液，常用规格有 1mL、2mL、5mL、10mL 等。

1．使用前的准备

移液管和吸量管使用前均要先用自来水洗涤，再用蒸馏水洗净。较脏时（内壁挂水珠时）可用铬酸洗液洗净。

洗涤方法是，右手将移液管或吸量管的下口插入洗液中，左手拿洗耳球，先把球内空气压出，然后把球的尖端接在移液管或吸量管的上口，慢慢松开左手手指，将洗液慢慢吸入管内直至上升到刻度以上部分，等待片刻后，将洗液放回原瓶中。如果需要较长时间浸泡在洗液中时，应准备一个高型玻璃筒或大量筒（筒底铺些玻璃毛），将吸量管直立于筒中，筒内装满洗液，筒口用玻璃片盖上，浸泡一段时间后，取移液管或吸量管，沥尽洗液，用自来水冲洗，再用蒸馏水淋洗干净。

干净的移液管和吸量管应放置在干净的移管架上。

2. 吸取溶液

移液时为保证溶液移取时浓度保持不变，应先使用滤纸将管口外的水珠擦去，再用被移溶液润洗 2～3 次，润洗操作类似常量滴定管的洗涤操作。吸取溶液时，右手大拇指和中指拿着管子的刻度上方，将管子插入溶液中，左手用吸耳球将溶液吸入管中。当液面上升至标线以上，立即用右手食指（用大拇指操作不灵活）按住管口。管尖靠在瓶内壁，稍放松食指，液面下降。当弯液面与刻线相切时，立即用食指按紧管口，如图 8-3（a）所示。将移液管放入锥形瓶中，将锥形瓶倾斜成 45°，管尖靠瓶内壁（管尖放到瓶底是错误的），移液管垂直，松开食指，液体自然沿瓶壁流下，液体全部流出后停留 15s，取出移液管，如图 8-3（b）所示。留在管口的液体不要吹出，因为校正时未将这部分体积计算在内。使用吸量管时，通常是液面由某一刻度下降到另一刻度，两个刻度之差就是放出溶液的体积，注意目光与刻度线平齐。

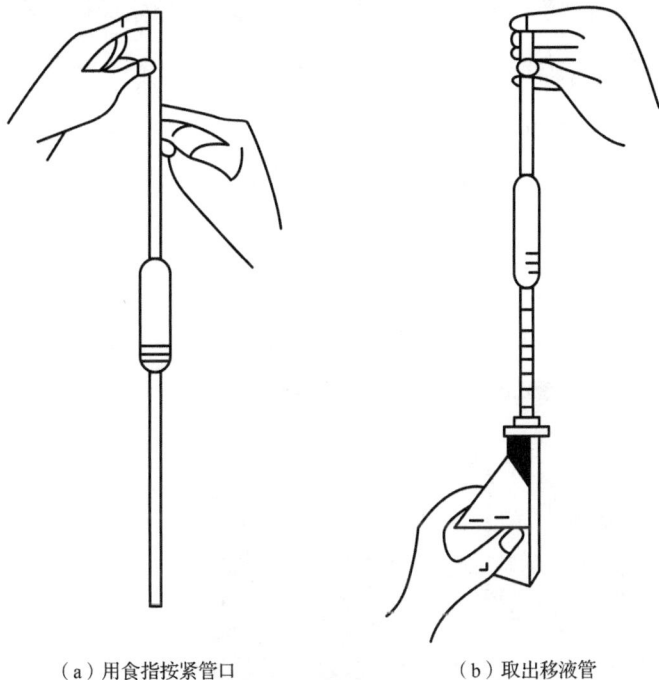

（a）用食指按紧管口　　　　　　　　　　（b）取出移液管

图 8-3　移液管的操作方法

3. 使用时的注意事项

1）移液管和吸量管一定要用橡皮吸球（洗耳球）吸取溶液，不可用嘴吸取。

2）移液时，移液管不要伸入太浅，以免液面下降后造成吸空；也不要伸入太深，以免移液管外壁附有过多的溶液。

3）须精密移取 5mL、10mL、20mL、25mL、50mL 等整数体积的溶液时，应选用相应大小的移液管，不能用两个或多个移液管分取相加的方法来精密移取整数体积的溶液。同一试验中应尽可能使用同一吸量管的同一区段。

4）移液管和吸量管在试验中应与溶液一一对应，不应混用，以避免沾污。

5）使用同一移液管移取不同浓度的溶液时要充分注意荡洗 3 次，应先移取较稀的一份，然后移取较浓的一份。在吸取第一份溶液时，高于标线的距离最好不超过 1cm，这样吸取第二份不同浓度的溶液时，可以吸得再高一些荡洗管内壁，以消除第一份的影响。需要强调的是，容量器皿受温度影响较大，切记不能加热，只能自然沥干，更不能在烘箱中烘烤。另外，容量仪器在使用前常需要校正，以确保测量体积的准确性。

四、索氏抽提装置

索氏提取器又称脂肪抽取器或脂肪抽出器，如图 8-4 所示。索氏提取器是由提取瓶、提取管、冷凝器 3 个部分组成的，提取管两侧分别有虹吸管和连接管，各部分连接处要严密不能漏气。提取时，将待测样品包在脱脂滤纸包内，放入提取管内。提取瓶内加入石油醚，加热提取瓶，石油醚汽化，由连接管上升进入冷凝器，凝成液体滴入提取管内，浸提样品中的脂类物质。待提取管内石油醚液面达到一定高度，溶有粗脂肪的石油醚经虹吸管流入提取瓶。流入提取瓶内的石油醚继续被加热汽化、上升、冷凝，滴入提取管内，如此循环往复，直到抽提完全为止。

下面以食品中粗脂肪含量的测定（索氏抽提法）为例介绍索氏提取器。

1. 索氏提取器的工作原理

利用脂肪能溶于有机溶剂的性质，在索氏提取器中将样品用无水乙醚或石油醚等溶剂反复萃取，提取样品中的脂肪后，蒸去溶剂，所得的物质即脂肪或称粗脂肪。

2. 仪器与试剂

（1）仪器

1）索氏提取器，索氏提取器各部分如图 8-5 所示。

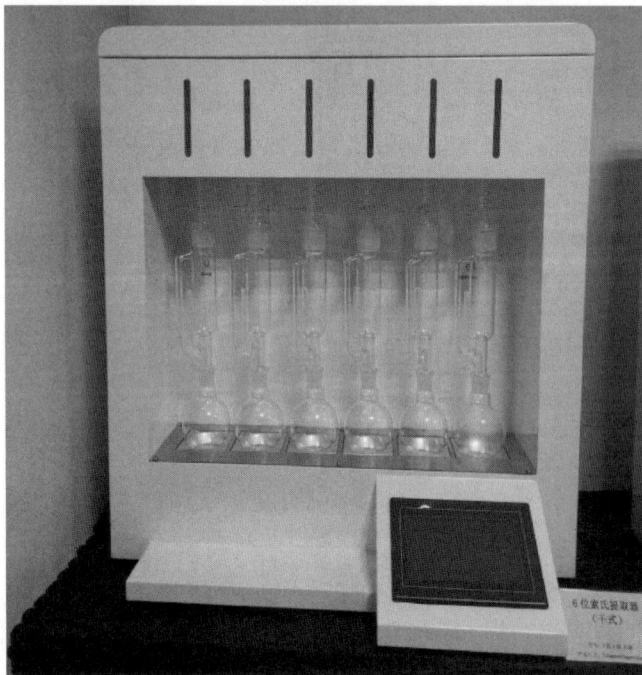

图 8-4　索氏提取器

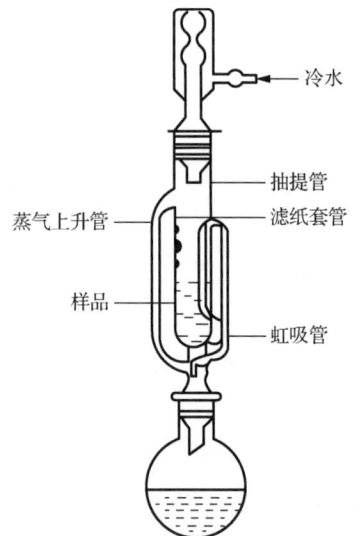

冷水

抽提管

滤纸套管

蒸气上升管

样品

虹吸管

图 8-5　索氏提取器各部分

2）电热恒温鼓风干燥箱。

3）干燥器。

4）恒温水浴箱。

（2）试剂

1）无水乙醚（不含过氧化物）或石油醚（沸程 30～60℃）。

2）滤纸筒。

3. 测定步骤

（1）样品处理

1）固体样品：准确称取均匀样品 2～5g（精确至 0.01mg），将其装入滤纸筒内。

2）液体或半固体：准确称取均匀样品 5～10g（精确至 0.01mg），将其置于蒸发皿中，加入海砂约 20g，搅匀后于沸水浴上蒸干，然后在 9～105℃下干燥。研细后全部转入滤纸筒内，用沾有乙醚的脱脂棉擦净所用器皿，并将棉花放入滤纸筒内。

（2）索氏提取器的清洗

将索氏提取器各部分充分洗涤并用蒸馏水清洗后烘干。脂肪烧瓶在(103±2)℃的烘箱内干燥至恒重（前后两次称量差不超过 2mg）。

（3）样品测定

1）将滤纸筒放入索氏提取器的抽提筒内，连接已干燥至恒重的脂肪烧瓶，由抽提器冷凝管上端加入乙醚或石油醚至瓶内容积的 2/3 处，通入冷凝水，将底瓶浸没在水浴中加热，用一小团脱脂棉轻轻塞入冷凝管上口。

2）抽提温度的控制：水浴温度应控制在使提取液在每 6～8min 回流一次为宜。

3）抽提时间的控制：抽提时间视试样中粗脂肪含量而定，一般样品提取 6～12h，坚果样品提取约 16h。提取结束时，用毛玻璃板接取一滴提取液，若无油斑，则表明提取完毕。

4）提取完毕。取下脂肪烧瓶，回收乙醚或石油醚。待烧瓶内乙醚仅剩下 1～2mL 时，在水浴上赶尽残留的溶剂，于 95～105℃下干燥 2h 后，置于干燥器中冷却至室温，称量。继续干燥 30min 后冷却称量，反复干燥至恒重（前后两次称量差不超过 2mg）。

4. 结果计算

（1）数据记录表

数据记录表如表 8-1 所示。

表 8-1　数据记录表

样品的质量（m）/g	脂肪烧瓶的质量/（m_0）/g	脂肪和脂肪烧瓶的质量/（m_1）/g			
		第一次	第二次	第三次	恒重值

（2）计算公式

样品中粗脂肪的质量分数为

$$X = m_1 \times m_0 / m \times 100\% \tag{8-1}$$

式中，X——样品中粗脂肪的质量分数（%）；

m——样品的质量（g）；

m_0——脂肪烧瓶的质量（g）；

m_1——脂肪和脂肪烧瓶的质量（g）。

5. 注意事项

1）抽提剂乙醚是易燃、易爆物质，应注意通风并且不能有火源。

2）样品滤纸色的高度不能超过虹吸管，否则上部脂肪不能提尽而造成误差。

3）样品和醚浸出物在烘箱中干燥时，时间不能过长，以防止极不饱和的脂肪酸受热氧化而增加质量。

4）脂肪烧瓶在烘箱中干燥时，瓶口侧放，以利空气流通，而且先不要关上烘箱门，于90℃以下鼓风干燥10~20min，驱尽残余溶剂后再将烘箱门关紧，升至所需温度。

5）乙醚若放置时间过长，会产生过氧化物。过氧化物不稳定，当蒸馏或干燥时会发生爆炸，故使用前应严格检查，并除去过氧化物。

① 检查方法：取5mL乙醚于试管中，加入碘化钾（100g/L）溶液1mL，充分振摇1min。静置分层。若有过氧化物，则放出游离碘，水层是黄色（或加入4滴5g/L淀粉指示剂显蓝色），则该乙醚须处理后使用。

② 去除过氧化物的方法：将乙醚倒入蒸馏瓶中加一段无锈铁丝或铝丝，收集重蒸馏乙醚。

6）反复加热可能会因脂类氧化而增重，质量增加时，以增重前的质量为恒重。

第二节　检测样品处理设备

一、电热恒温干燥箱

电热恒温干燥箱（图8-6）常被称为干燥箱或恒温干燥箱，适用于工矿业企业、化验室、科研单位等部门进行干燥、熔蜡、灭菌等使用，不适用于带挥发物的物品及易燃易爆的物品，以免引起爆炸。

图8-6　电热恒温干燥箱

1. 电热恒温干燥箱的结构

电热恒温干燥箱通常由型钢薄板构成，箱体内有一个供放置试品的工作室，工作室内有试品搁板，试品可置于其上进行干燥，工作室内与箱体外壳有相当厚度的保温层，中间以硅棉或珍珠岩为保温材料。箱门间有一个玻璃门或观察口，以供观察工作室的情况。

鼓风干燥箱内装有鼓风机，工作室内空气借鼓风机促成机械对流。开启排气阀门可使工作室内的空气得以更换，达到干燥效果。温度用仪表进行自动控温，控温仪、继电器及全部电气控制设备均装于箱侧控制层内，控制层有侧门可以卸下，以备检察或修理线路时使用。箱内工作室左壁与保温层之间有风道，安装有鼓风风叶及导向板，开启电机开关可使鼓风机工作。电热器装于箱体内工作室下，共分两组，即"电源""高温"，并有仪表指示灯指示加热工作，绿灯亮表示电热器工作，箱内在加热；绿灯灭红灯亮表示加热停止，即恒温状态。

2. 电热恒温干燥箱的使用方法及注意事项

1）接通电源后，打开电源开关。

2）设定工作温度：根据工艺要求，按照仪表说明书内介绍使用的方法进行温度的设定。

3）打开风机开关及加热开关，电加热器开始工作，工作室内温度上升，当工作室内温度接近设定温度后，仪表的输出指示灯断续交替亮灭，此时电加热器也在交替工作，工作室内的温度进入恒温状态。

4）若风道系统采用排气装置，则可以自行调节。

5）接专用刀闸开关，外壳应有可靠的保护接地或接零，应定期检查各电气接线端是否松动并应及时紧固。

6）如果在工作过程中发现系统控制不稳或控制精度不高，则可启动仪表自整定功能。

7）勿做易燃易爆品的实验，以免发生危险。

二、马弗炉

马弗炉常用于质量分析中灼烧沉淀、测定灰分等工作。电阻丝结构的高温马弗炉最高使用温度为950℃，短时间可以达到1000℃。

1. 马弗炉的构造

高温马弗炉的炉膛是由耐高温而无涨缩碎裂的氧化硅结合体制成的。炉膛内外壁之间有空槽，电阻丝穿在空槽中，炉膛四周都有电阻丝，通电后，整个炉膛周围被均匀加热而产生高温。

炉膛的外围包有耐火砖、耐火土、石棉板等，外壳包上带角铁的骨架和铁皮。炉门用耐火砖制成，中间开一小孔，嵌一块透明的云母片，以观察炉内升温情况。

炉内用温度控制器控温，一般在灼烧前将控温指针拨到预定温度的位置，从到达预定温度开始计算灼烧时间。

2. 马弗炉的使用方法

1）马弗炉所放置的周围要求没有易燃易爆物品、腐蚀性物品及危险气体等，保持炉外易散热。

2）使用之前要检查是否良好接地，可以加装地线，保证使用安全。

3）在收到马弗炉后要先进行烘炉，使用时在长期停用之后也要先进行烘炉，时间为 4h 左右，温度为 200～600℃。

4）炉膛内取放物品时应先断开电源，炉门要轻开轻关，样品要轻拿轻放，避免炉膛及机件的损坏。

5）使用时炉膛温度不要超过上限温度，同时不要长时间在额定温度以上工作。

6）使用完毕后关掉电源，待自然降温方可取出样品。

3. 马弗炉使用的注意事项

1）表面氧化层可以保证加热元件的使用寿命，如果被损坏就会直接影响加热元件的使用寿命，因为每次停机都会对氧化层有一定程度的损坏，所以开机后应尽量避免停机。

2）液体及溶解的金属不要灌入炉膛内，使用电炉做灰化实验时，注意先把样品放入电炉充分碳化后再放入灰化炉，因为碳的积累会导致加热元件的损坏。

3）经过几次循环加热后，热膨胀炉子的绝缘材料可能出现裂纹，这对电炉的质量无任何影响。

4）加热时样品一定要用干净的坩埚盛放，注意不要污染炉膛，如果发现有异物就要及时清理。

5）使用马弗炉期间也要注意观察，避免出现问题不能及时发现而造成事故。

三、水蒸气蒸馏滴定装置（凯氏定氮仪）

定氮仪蒸馏装置按凯氏定氮法而设计，主要用来检测粮食、食品、乳制品、饮料、饲料、土壤、水、药物、沉淀物和化学品等中的氨氮、蛋白质氮等含量。

凯氏定氮法是目前分析有机化合物或混合物中含氮量常用的方法，是测定试样中总有机氮准确简单的方法，被国际国内作为法定的标准检验方法。凯氏定氮法的适用范围广泛，测定结果准确，重现性好，但操作复杂费时，工作量较多。

凯氏定氮仪如图 8-7 所示。

图 8-7　凯氏定氮仪

1. 凯氏定氮仪的工作原理

凯氏定氮仪将已消化处理的样品加入试管中加热，加热蒸发的水蒸气经冷凝器、稳压器后进入蒸气发生器，产生连续稳定的蒸气，经滴定计算出试样的蛋白质含量。蛋白质是有机化合物，把含蛋白质的有机化合物样品与浓硫酸及催化剂放入试管中一同加热消化，可以使蛋白质分解，分解的铵根离子与硫酸根离子结合生成硫酸铵，然后在碱性蒸馏作用下使氨气游离，游离的氨气与水蒸气一起经过冷凝管冷却后，进入装有硼酸的滴定杯中，被硼酸吸收后用已知浓度的盐酸滴定液进行滴定，然后根据酸的消耗量乘以转换系数，即得到蛋白质含量。

2. 凯氏定氮仪的装置组成

全自动凯氏定氮仪是根据凯氏定氮原理自动分析试样中氮含量的仪器，主要由消解、蒸馏、滴定装置组成，具体工作流程如下：在催化剂的作用下，利用硫酸将试样消化，使有机氮分解为无机氮生成硫酸铵，在热蒸汽下向消解后的硫酸铵中加入碱液进行碱化蒸馏，最后用标准酸溶液滴定，根据酸的消耗量计算含量。

第一执行机关控制下的碱液流经蒸馏管进入定量消化管，使固定在酸液里的氨在碱性条件下挥发。第二执行机关控制下的蒸汽对碱性条件的试样再次进行蒸馏，使氨彻底挥发，挥发的氨被冷凝器冷凝下来，完全地被固定在硼酸之中，然后用标准酸对其滴定到终点，计算出氮的含量，再乘以换算蛋白质的系数得出蛋白质的含量。

3. 凯氏定氮仪的操作方法

1）开机：连通电源，打开机器右侧电源开关。

2）调试：选择调试进入调试界面，选择碱液阀、碱液泵使碱管路充满液体，选择硼酸泵使硼酸管路充满液体。

3）清洗仪器管路：选择清洗进入清洗界面，选择硼酸管路清洗，对硼酸管路润洗 1～2 次，保证硼酸能正常加入接收杯；选择接收杯清洗，对接收杯进行排废及清洗一次；碱管路清洗，对碱管路进行清洗 1～2 次；换酸清洗，对滴定管及滴定酸管路进行清洗，排除滴定酸管路气泡，开机后换酸清洗 3 次左右；如果更换不同浓度的滴定酸，建议换酸清洗 6 次以上。

4）空白测试：取 20mL 蒸馏水，标准酸浓度根据实际标定浓度填写，空白体积为 0，氢氧化钠溶液体积为 0，蛋白系数为 1，稀释体积为 0，硼酸体积为 20mL，重复 3 次，等到仪器稳定后即可（连续的几次测试，滴定体积的波动范围小于 0.05mL，仪器即稳定），测试完成后仪器显示其结果，可选择打印或返回。

5）硫酸铵测试：在测试参数输入界面中，样品重量输入称量的硫酸铵重量（通常称取 0.1g），加碱 10mL，输入测得的空白测试体积，蒸馏 5min。3 次平行测定求平均值，与标准值比较，误差小于 0.2%即满足要求。

6）样品测定：将样品消化管放在蒸发管处，输入样品重量、空白体积值，加碱量 40mL（可根据实际情况修改，一般为浓硫酸体积的 4 倍），稀释水 10mL，硼酸体积 20mL，蒸馏 5min。样品测试完成后仪器显示测定结果，选择打印或返回。

7）仪器清洗：取 150mL 无氨蒸馏水，按照空白测试的步骤做空白实验，重复 3 次，以清洗防溅瓶。

8）关机：将接收杯内的液体排净，仪器上要放置一支空消化管，并将仪器前部的槽皿擦洗干净，关闭仪器电源、水源。

4. 凯氏定氮仪操作的注意事项

（1）样品前处理

样品应尽量选取具有代表性的，大块的固体样品应用粉碎设备打得细小均匀，液体样要混合均匀。

（2）使用模块化消解装置消化样品

在消化过程中，首先确保浓硫酸量足够，如果样品脂肪含量较高时，则应适当增加硫酸量；其次对某些样品炭化易产生泡沫，这时可采用消解炉曲线升温或手动控制升温，让消解溶液沸腾均匀后再提高消解温度，直至消化液呈透明蓝绿色再消化 0.5h 或 1h。因为在炭化的过程中，升温速度过快会使样品溢出消化管或溅起黏附在管壁，导致无法消化完全而造成氮损失，影响结果的准确性。

（3）上机测定

仪器稀释水采用中性去离子水；蒸汽发生瓶内的水必须保持酸性；硼酸吸收液配制时应用中性去离子水，避免碱性物质的混入，盛装硼酸吸收液的容器应刷洗干净；碱液应用中性去离子水配置；滴定用的标准酸必须按照标准配制和标定。

上机测试样品前，应打开仪器预热，放一支消化管空蒸一次，排除蒸馏管路中的空气。

蒸馏时必须加碱，加入碱的作用一是中和硫酸，二是使溶液处于强碱性，这样才能使硫酸铵变成氨气被硼酸吸收，通常是消化取用浓硫酸的四倍体积（40%氢氧化钠）。硫酸铜可作为催化剂，并在蒸馏时作为碱性反应指示剂，氢氧化钠是否足量，可借助硫酸、铜在碱性条件下生成的褐色沉淀或深蓝色的铜氨络离子指示。若溶液的颜色不改变，则说明所加的碱液不足。

蒸馏是否完全，半自动凯氏定氮仪可用精密、pH 试纸测冷凝管的冷凝液来确定，测定结果为中性说明已蒸馏完全。全自动凯氏定氮仪主要以蒸馏体积与设置时间（经验值）确保蒸馏完全。

蒸馏结束后，滴定主要分为人工滴定和机器自动滴定（计算和打印实验结果）。要求操作者根据实际情况，按照要求操作。

四、电导率仪

电导率仪一般指电导率测定仪。电导率仪是一款面向医用多效蒸馏水系统，锅炉底水、凝结水，热交换系统，机械零部件的工业热清洗，工业循环水等在较高温度环境中运行的高端水质管理和自动化控制而开发的一款宽温度范围的在线水质分析仪表。

电导率仪是一款多量程仪器，能够满足从去离子水到海水等多种应用检测要求。电导率仪能够提供自动温度补偿，并能设置温度系数，因此能够用于测量温度系数与水不同的液体样品。它能够提供 3 个量程并具有量程自动选择功能，能够在检测时自动选择合适的量程。

DDS-11A 型电导率仪面板如图 8-8 所示。

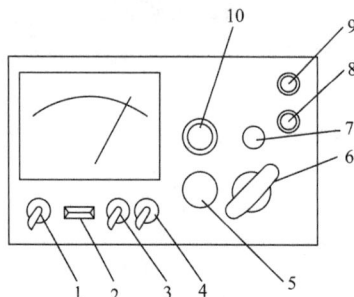

1—电源开关；2—氖泡；3—高周、低周开关；4—校正、测量开关；5—校正调节器；6—量程选择开关；
7—电容补偿调节器；8—电极插口；9—10mV 输出插口；10—电极常数调节器。

图 8-8　DDS-11A 型电导率仪面板

1. 电导率仪的使用方法

以 DDS-11A 型电导率仪为例,电导率仪的使用方法如下。

1)未开电源前,观察表头指针是否指零,如果不指零,则应调整表头上的调零螺钉,使指针指零。

2)将校正、测量开关拨在"校正"位置。

3)将电源插头先插妥在仪器插座上,再接电源。打开电源开关,并预热几分钟,待指针完全稳定下来为止。调节校正调节器使指针指示在满刻度。

4)根据液体电导率的大小选用低周或高周,将开关指向所选择频率。

5)将量程选择开关拨到所需要的测量范围。如果预先不知道待测液体的电导率范围,应先把开关拨在最大测量挡,然后逐挡下调。

6)根据液体电导率的大小选用不同电极,使用 DJS-1 型光亮电极和 DJS-1 型铂黑电极时,把电极常数调节器调节在与配套电极的常数相对应的位置上。例如,配套电极常数为 0.95,则电极常数调节器上的白线调节在 0.95 的位置处。如果选用 DJS-10 型铂黑电极,则应把调节器调在 0.95 位置上,再将测得的读数乘以 10,即待测液体的电导率。

7)电极使用时,用电极夹夹紧电极的胶木帽,并通过电极夹把电极固定在电极杆上,将电极插头插入电极插口内。旋紧插口上的紧固螺钉,再将电极浸入待测溶液中。

8)将校正、测量开关拨向测量,这时指示读数乘以量程开关的倍率,即待测液的实际电导率。例如,量程开关放在 $0\sim10^3\mu S/cm$ 挡,电表指示为 a5,则被测液电导率为 $a5\times10^3\mu S/cm=500\mu S/cm$ 的数值。

9)所用量程开关指向黑点时,读表头上刻度为 $0\sim1\mu S/cm$ 的数;量程开关指向红点时,读表头上刻度为 $0\sim3\mu S/cm$ 的数值。

10)当用 $0\sim0.1\mu S/cm$ 或 $0\sim0.3\mu S/cm$ 这两挡测量纯水时,在电极未浸入溶液前调节电容补偿器,使电表指示为最小值(此最小值是电极铂片间的漏电阻,由于此漏电阻的存在,使调节电容补偿器时电表指针不能达到零点),然后开始测量。

2. 电导率仪使用的注意事项

1)电极的引线不能潮湿,否则测量不准。

2)高纯水被盛入容器后要迅速测量,否则空气中二氧化碳溶入水中,使电导率很快增加。

3)盛待测溶液的容器须排除离子的玷污。

4)每测一份样品后,用蒸馏水冲洗,用吸水纸吸干时,切忌擦及铂黑,以免铂黑脱落,引起电极常数的改变。可用待测液淋洗 3 次后再进行测定。

第三节　分析测量设备

一、托盘天平与电子分析天平

(一)托盘天平

托盘天平是一种实验室常用的称量用具,由托盘、横梁、平衡螺母、刻度尺、分度盘、指针、刀口、底座、标尺、游码、砝码、铭牌等组成。精度一般为 0.1g 或 0.2g，荷载有 100g、200g、500g、1000g 等。

1．托盘天平的操作方法

1）托盘天平要放置在水平的地方，游码要指向"0"刻度线。

2）调节平衡螺母（天平两端的螺母）。调节零点直至指针对准中央刻度线，直至天平横梁水平位置平衡。口诀：放平移零调平衡，螺母调平反指针/走高端。

3）左托盘放称量物，右托盘放砝码。根据称量物的性状应放在玻璃器皿或洁净的纸上，事先应在同一天平上称得玻璃器皿或纸片的质量，然后称量待称物质。

4）砝码不能用手拿，而是要用镊子夹取，千万不能把砝码弄湿、弄脏，否则会导致砝码生锈、砝码质量变大、测量结果不准确，游码也要用镊子拨动。

5）添加砝码从估计称量物的最大值加起，逐步减少。托盘天平只能称准到 0.1g。加减砝码并移动标尺上的游码，直至指针再次对准中央刻度线。口诀：先估后测，左物右码，由大到小，后移游码。

6）过冷过热的物体不可放在天平上称量，应先在干燥器内放置至室温后再称量。

7）计算物体的质量。物体的质量=砝码的总质量+游码在标尺上所对的刻度值（M 左盘=M 右盘+M 游码）。

8）取用砝码时必须用镊子，取下的砝码应放在砝码盒中，称量完毕后应把游码移回零点。口诀：砝归位，游归零。

9）称量干燥的固体药品时，应在两个托盘上各放一张相同质量的纸，然后把药品放在纸上称量。

10）易潮解的药品，必须放在玻璃器皿（如小烧杯、表面皿）里称量。

11）砝码若生锈，则测量结果偏小；砝码若磨损，则测量结果偏大。

2．托盘天平使用的注意事项

托盘天平使用的注意事项如下。

1）轻拿轻放仪器，事先把游码移至"0"刻度线，并调节平衡螺母，使天平左右平衡。

2）右放砝码，左放物体（左物右码）。

3）托盘天平的底座上有一个铭牌，上面记录着此托盘天平的最大称量和感量。使用时，注意不要超过最大称量且不要小于感量，否则会损坏托盘天平或无法测量。

4）在称量过程中，不可再调节平衡螺母。

5）若砝码与要称重物体放反且使用了游码，则所称物体的质量比实际的小，应用砝码质量减去游码质量。若没有使用游码，则称的质量与实际相等。

6）使用完毕后将实验仪器放回到固定位置。

（二）电子分析天平

电子分析天平具有全自动故障检测、外置砝码、自动校准、全部线性四点校准、超载保护等多种应用程序。

1. **电子分析天平的使用方法**

1）电子分析天平使用前要调水平。调整地脚螺栓高度，使天平水平仪内的气泡位于圆环中央。

2）电子分析天平开机接通电源后，按开关键 ON/OFF，直至全屏显示。

3）预热天平在初次接通后，长时间断电后，须预热 30min。

4）校正。按校正键，天平的显示屏上将显示"100.0000"，轻轻放上专用矫正砝码，冰上防风罩，等屏幕显示"100.0000"，拿下校正砝码，屏幕显示"0.0000"，再次放上校正砝码，屏幕显示"100.0000±0.0001g"，方可使用，否则必须重新校正。

5）称量。使用清零键，除皮清零，放置样品进行称量。

2. **电子分析天平使用的注意事项**

1）天平室要保持高度清洁，清扫天平室时，只能用带潮气的布擦拭，决不能用湿透的拖把拖地。切勿将潮湿物品带入室内，以免增加湿度。

2）应随时清洁天平外部，至少一周清洁一次。一般可用软毛刷、绒布或麂皮拂去天平上的灰尘，清洁时注意不得用手直接接触天平零件，以免使水分遗留在零件上引起金属氧化和量变。因此，应戴细纱手套或极薄的胶皮手套，并顺其金属光面条纹进行清洁，以免使零件光洁度受损。为避免有害物质的存留，在每次称量完毕后，应立即清洁底座。横梁上玛瑙刀口的工作棱边应保持高度清洁，常使用麂皮顺其棱边前后滑动，用慢速清洁，中刀承和边刀垫之玛瑙平面及各部分的玛瑙轴承也用麂皮清洁。阻尼器的壁上可用软毛刷和麂皮清洁后，再用 20～30 倍放大镜观察是否仍有细小物质。

3）在电子分析天平和砝码附近应放有该天平和砝码实差的检定合格证书，以便衡量时获得准确的必要数据。

4）天平玻璃框内须放防潮剂，最好用变色硅胶，并注意更换。

5）搬动电子分析天平时一定要秤盘。远距离搬动时要将电子分析天平包装好。箱外应标志方向和易损符号，并注有"精密仪器切勿倒置"等字样。

二、酸度计与酒精计

（一）酸度计

酸度计又称 pH 计，是用来测定溶液 pH 值的常用仪器，其优点是使用方便、测量迅速，主要由参比电极、指示电极和测量系统 3 个部分组成。参比电极常用的是饱和甘汞电极，指示电极则通常是一支对 H^+ 具有特殊选择性的玻璃电极。

1. **酸度计的测量范围**

pH 值为 0～14，量程分为 7 挡，每挡为 2pH；mV：0～+1400mV，每挡为 200mV。

2. **酸度计的使用方法**

1）仪器使用前的准备：将复合电极按要求接好，置于蒸馏水中，并使加液口外露。

2）预热：按下电源开关，仪器预热 30min，然后对仪器进行标定。

3）仪器的标定（两点标定）如下。

① 按下"pH"按钮，斜率旋钮调至 100% 位置。

② 将复合电极洗干净，并用滤纸吸干后将复合电极插入 pH 值为 7 的标准缓冲溶液中，温度旋钮调至标准溶液的温度，搅拌使溶液均匀。按下读数开关，调节定位旋钮使仪器指示值为标准该缓冲溶液的 pH 值。

③ 把电极从 pH 值为 7 的标准缓冲溶液中取出，用蒸馏水洗干净，并用滤纸吸干后，放入另一个标准缓冲溶液中，按下读数开关，调节斜率旋钮使仪器指示值为标准该缓冲溶液的 pH 值。

④ 按②的方法再测 pH 值为 7 的标准缓冲溶液的 pH 值，但注意此时斜率旋钮维持不动，仪器标定结束。

4）测量 pH 值：将电极移出，用蒸馏水洗干净，并用滤纸吸干后将复合电极插入待测溶液中，搅拌使溶液均匀，表针指示值加上范围旋钮指示值即该溶液的 pH 值。

5）测量电极电位：将所需的离子选择性电极和参比电极按要求接好，按下"mV"按钮。

将电极用蒸馏水洗干净，并用滤纸吸干后插入待测溶液中，搅拌使溶液均匀，表针指示值加上"范围"旋钮指示值之和乘以 100 即该溶液的电极电位值，单位为 mV。

3. 酸度计使用的注意事项

1）注意保护电极，防止损坏或污染。

2）电极插入溶液后要充分搅拌均匀（2~3min），待溶液静止后（2~3min）再读数。

3）复合电极和饱和甘汞电极补充参比补充液，复合电极的外参比补充液是 3M（mol/L）的氯化钾溶液，饱和甘汞电极的电极补充参比补充液是饱和氯化钾溶液。电极的引出端必须保持干净和干燥，绝对防止短路。

4）离子选择性电极使用之前要用蒸馏水浸泡活化。

5）仪器标定好后，不能再动定位和斜率旋钮，否则必须重新标定。

（二）酒精计

酒精计（图 8-9）用来测量白酒或酒精溶液里的酒精含量。

1. 酒精计的使用方法

在标准温度下（一般是 20℃）将酒精计垂直放入酒中，待稳定以后，上面和液面平齐的读数就是酒精含量。

测量酒精酒度通常用酒精表、酒精计，酒精表又称酒精比重计。酒精表是根据酒精浓度不同、比重不同，浮体沉入酒液中排开酒液的体积不同的原理而制造的。当酒精计放入酒液中时，酒的浓度越高，酒精计下沉也越多，比重也越小；反之，酒的浓度越低，酒精计下沉也越少，比重也越大。

测量浓度时，将部分酒精倒入量筒中，注意不要倒得过满，再把温度表和酒精表放入量筒里，不要贴筒壁，稍等片刻，目光平视看准温度与酒度，通过《酒度、温度换算表》查出标准（20℃的酒度）。

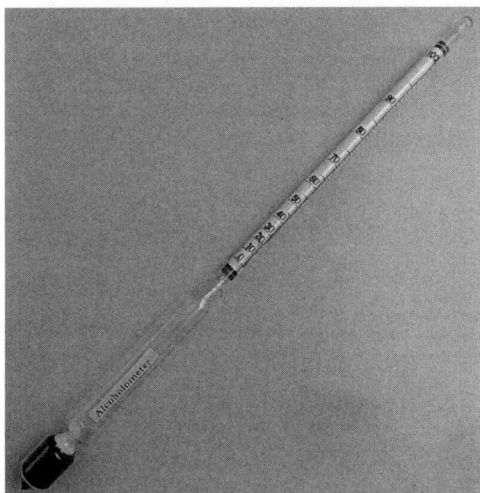

图 8-9 酒精计

2. 酒精计的适用范围

酒精计法是 GB 5009.225—2016《食品安全国家标准 酒中乙醇浓度的测定》规定的第二法，除蒸馏酒外，还适用于发酵酒和配制酒（除啤酒外）中酒精度的测定。

3. 酒精计使用的注意事项

1）酒精计在使用前必须全部清洗擦干。

2）经过清洗干净的酒精计，手不能拿在分度的刻线部分，不能横拿，而是应垂直拿，以防折断。

3）测定时酒精计不得接触量筒的壁或底部，待测试样溶液中不得有气泡。

4）在测量酒精度的同时要用温度计测量试样溶液的温度。

5）读数时视线应与液面保持在同一水平上。

三、色度计与罗维朋比色计

（一）色度计

色度计是指通过与合成颜料比较来测量或详细说明颜色的一种实验室仪器。典型的色度计有一个标准光源、3 个彩色的滤光镜、光电管、一个标准的反光面板，比较先进的色度计会以光电管和电子电路代替人眼为接收器，因此加快了结果的获得速度。色度计检测的成果称为色度。

色度计的操作方法如下。

1）按下 ON/OF 键，打开仪器。

2）当显示屏中显示"---"时，表示一切就绪。

3）将比色皿内注入 10mL 的去离子水，至比色皿边缘 1.5cm 的刻度线，盖上盖。作为空白。

4）用 0.45m 的滤膜过滤 50mL 的样品。

5）在第 3 个比色皿内注入 10mL 的过滤的样品，至比色皿边缘 1.5cm 的刻度线，盖上盖。

作为真色。

6）把空白比色皿放入比色槽内，确保槽口吻合。

7）按归零键，几秒后显示"-0-"，表示仪器已归零，可以测量。

8）取出空白比色皿，将表比色皿放入测量槽内，确保槽口吻合。

9）按下测量键，仪器会直接显示表色值。

10）取出比色皿，将表色比色皿放入比色槽内，确保槽口吻合。

11）按下测量键，仪器会直接显示真色的色度值。

（二）罗维朋比色计

罗维朋比色计是一种目视颜色测量仪器，它采用了国际公认的专用色标——罗维朋色标度来测量各种液体、胶体、固体和粉末样品的色度。

1. 罗维朋比色计的适用范围

罗维朋比色计是通过目视颜色匹配方法测定物质颜色的仪器，可用于对塑料、纺织、食品、果酱、粮食、油脂、松香、香料、橡胶等物质颜色的测量。透射法适用于液体及透明有色材料的测量，反射法适用于非透明材料表面颜色的测量。

2. 罗维朋比色计的检定方法

（1）准备工作

检定员应经医院体检证明眼睛视觉功能正常、无色盲色弱情况。在检定前应适当休息眼睛，避免强光刺激。

（2）检定

检定时用目视和手感检查，具体检定内容如下。

1）仪器外观。电镀及喷漆表面不应有脱皮、脱漆和显著色泽不均匀现象。外部机件接合处应整齐，无毛刺、无粗糙不平现象。仪器上盖应能打开，滤色片应能取出，方便检验。仪器背面白板装置定位准确，方便安放和摘取，仪器配件应齐全。

2）仪器内部。样品室与观测室壁表面应涂白色无光漆，均匀清洁，无污染和明显发黄现象。光源窗玻璃应与液体样品池玻璃材质相同，并使工作光线漫透射至观测室，保证仪器的测色精度。

3）滤色片。仪器上的所有滤色片应齐全、无破损、无污染。滤色片架滑动应顺畅、平衡，无卡滞受阻现象，其色标量值读数应清晰明显、定位准确，应与相应的罗维朋滤色片一一对应，不得有模糊不清无法辨认的现象。

4）白板。仪器配备两块白板，材质应采用聚四氟乙烯（海伦树脂）粉末（压制），外观应清洁，无污染和明显发黄、发暗现象。采用玻璃面盒压的白板不得有用肉眼观察出的挤压不匀现象，前玻璃材质应与液体样品池玻璃材质相同。

5）仪器开关及安全要求。仪器开关应左右联动，两只钨丝灯（工作光源）应同时点亮或熄灭。仪器的开关、电源线等电路焊接处及其他电线外露处均应采取安全绝缘措施，电气安全应符合国家有关标准的要求。

6）仪器铭牌应有型号、生产厂名、出厂编号、出厂日期及生产许可证标志等信息，应符合国家有关法制要求。

（3）测量检定

开启仪器光源，在仪器上逐片将滤色片移入光路中，通过目镜筒观察视场中相应挡位和量值的色片是否都一一对准通过；或者打开仪器上盖，取出滤光片目视检查。

（4）准确度检定

将模拟参照油标准滤色片（以下简称模拟片）置入仪器样品室内，定好位，按模拟片的罗维朋标称值先将仪器的黄色滤色片调定，再调定红或红和蓝相应滤色片，进行目视观察，如果出现色差，则要继续进行匹配，直至两视场达到最佳颜色匹配。此时，测量值与模拟片标准值之差即检定结果。

（5）误差检定

先将被检仪器滤色片按顺序逐个拉入视场，从目镜筒中观察其颜色变化差别是否为顺差，然后将标准罗维朋滤色片（以下简称标准片）与被检仪器滤色片一一对应地置于仪器滤色片架的下位空框内，用目镜筒观测两视场的颜色，如果出现色差，则要进行最佳匹配，被检仪器滤色片标称值与标准片标称值之差即示值误差。

（6）光学视场检定

在仪器上用目视和手感经验进行，其中视场底色均匀性检定方法如下：将仪器的滤色片全部移出光路，此时视场底色应均匀一致。若不一致，则将蓝或灰滤色片移入光路中，并将其读数按规定的要求作出判定。相差不得超过 B0.1（蓝色）罗维朋单位或 N0.1（灰色）罗维朋单位。计量器具控制包括首次检定、后续检定和使用中检验。

3. 罗维朋比色计的操作方法

（1）安装

从附件箱中取出观察筒插入孔内，将一块白色标准板挂在仪器背后的上面一个孔上（若测透明样品，则将两块白板都挂上），接通电源（220V），并按开关检查灯泡性能，安装就绪后即可预备样品，开始测量。

（2）样品预备

样品可分为透明体和不透明体，在测量中分别采用透射光和反射光。标准白板和样品的正确放置，对于测量结果的重复性是十分重要的。

1）不透明样品：测量不透明样品的颜色，如墨汁、布料、粉末、胶状物，塑料等，可分别用适当的样品容器，如胶状物盒（矩形盒）、粉末盒（配有螺旋压盖）或固体样品架将样品装好后，将样品盒挂在仪器背后的下面孔上，即可通过反射光来实现比色目的。

2）透明液体：将透明液体注入比色皿中，放在可拆样品架的前端，并用尼龙小滑块固定，即可开始测量。测量透明液体时，其颜色的深度与所用比色皿的长度尺寸有关。因此，在记录比色结果时，必须同时记录所用比色皿长度尺寸。但应特别注意的是，样品颜色深度与其厚度并不一定成比例关系。例如，用 20mm 比色皿测出的结果的 1/2 代替 10mm 比色皿测出的结果是完全错误的。把液体稀释一倍就认为液体的颜色深度可取 1/2 也是错误的。在没有具体标准的情况下，选用比色皿规格时应注意尽量使样品颜色不超过 20 罗维朋单位，因为在 3～10 罗维朋单位之间的颜色分辨率最好，超过此值，分辨率就逐渐下降。

3）比色方法：首先，操作者的座位高度要适当，以便直接在观察筒上观察。座位应避免面向窗口或使较强光线进入眼睛，最好面向白色或中性色的无窗墙壁。观察时，眼睛凝视时间不宜过长，因为眼睛分辨能力由于疲劳将会下降，所以操作者宁可分步观察也不要长时间地连续观察。在观察视场中，左半部显示样品颜色，右半部颜色通过移动有色玻璃来调节。测量时，左手按下前面板上的按钮，右手分别调节红、黄、蓝玻璃，直至左右两部分颜色完全一致，说明被测样品颜色等于仪器标定的颜色。测量结果从金属导槽片上的读数孔中读得，把每种原色的数字分别加在一起，记在记录册上。当一种或两种原色的有色玻璃被调节到最接近样品的颜色，但暗于样品时，可以利用中性滤色片减弱样品的亮度。数字仪作为亮度数据单独记录下来，而不能用任何方法与原色玻璃值结合。需要注意的是，当3种原色的玻璃都被用于比色时，就不能再用中性滤色片，只能采取减少有色玻璃的方法来使颜色达到匹配。

4）颜色命名：用三原色记录某一颜色的方法较为普遍。但有些部门为了更加方便或某种特殊需要，把光谱带分为6个主要成分，用六种颜色能描述任何一种颜色。各种颜色名词都可分为暗和亮，当三原色都被用于比色时，该样品称为暗，其中最弱的一种原色值不称为暗度值。当测量中必须使用中性灰片时，该样品称为明色。

四、阿贝折光仪

阿贝折光仪（图 8-10）是测量透明、半透明液体或固体的折光率（折射率）和平均色散的仪器。仪器接有恒温器，可测定温度为 0～70℃的折光率，并能测出糖溶液内含糖量浓度的百分数。故此种仪器是石油工业、油脂工业、制药工业、造漆工业、食品工业、日用化学工业、制糖工业和地质勘察等有关工厂、教学及科研单位不可缺少的常用设备之一。

阿贝折光仪的使用方法如下。

1）将阿贝折光仪与恒温水浴连接，调节所需要的温度，同时检查保温套的温度计是否精确。一切就绪后，打开直角棱镜，用丝绢或擦镜纸蘸少量乙醇或丙酮轻轻擦洗上下镜面，不可来回擦，只可单向擦。待晾干后方可使用。

2）阿贝折光仪的量程为 1.3～1.7，精密度为 ±0.0001，温度应控制在 ±0.1℃ 的范围内。恒温达到所需要的温度后，将待测样品的液体 2～3 滴均匀地置于磨砂面棱镜上，滴加样品时应注意切勿使滴管尖端直接接触镜面，以防造成刻痕。关紧棱镜，调

图 8-10　阿贝折光仪

好反光镜使光线射入。如果滴加液体过少或分布不均匀，就看不清楚。对于易挥发液体，应以敏捷熟练的动作测量其折光率。

3）轻轻转动左面刻度盘，并在右面镜筒内找到明暗分界线。若出现彩色带，则调节消色散镜，使明暗界线清晰。转动左面刻度盘，使分界线对准交叉线中心，记录读数与温度，重复1～2 次。

4）测完后，应立即擦洗上下镜面，晾干后再关闭。在测定样品之前，应对阿贝折光仪进行校正。通常先测量纯水的折光率，将重复两次所得纯水的平均折光率与其标准值进行比较。校正值一般很小，若数值太大，则整个仪器应重新校正。

第四节　微生物检验常用设备

一、电热恒温水浴锅

1. 电热恒温水浴锅的构造

电热恒温水浴锅分为内外两层，内层用铝板制成，槽底安装铜管，内装电阻丝，用瓷接线柱连通双股导线至控制器。控制器由热开关及电路组成，外壳用薄钢板制成。表面烤漆覆盖，内壁用隔热材料制成。控制器的全部电器部件均装在电器箱内。控制器表面有电源开关、调温旋钮和指示灯。在水箱左下侧有放水阀门，在水箱后上侧可插温度计。

2. 电热恒温水浴锅的使用方法

1）关闭放水阀门，将水浴箱内注入清水至适当深度。
2）安装地线，接入电源线。
3）顺时针调节调温旋钮到适当位置。
4）开启电源，红灯亮显示电阻丝通电加热。
5）电阻丝加热后温度计的指数上升到离预定温度约2℃时，应反向转动调温旋钮至红灯熄灭，此后红灯不断熄灭和闪亮，表示电热恒温水浴锅在起温度控制作用，这时再略微调节调温旋钮即可达到预定温度。

3. 电热恒温水浴锅使用的注意事项

1）水位要保持不低于电热管，否则会立即烧坏电热管。
2）水浴箱内部不可受潮，以防漏电。
3）使用时注意水箱是否有渗漏现象。

二、微生物培养箱

微生物培养箱又称微生物保温箱，是培养微生物的主要仪器。

1. 微生物培养箱的构造

微生物培养箱一般为方形或长方形，以铁皮喷漆制成外壳，铅板作内壁，夹层填充石棉或玻璃棉等绝缘材料以防温度扩散。内层底下安装电阻丝用以加热，利用空气对流，使箱内温度均匀。箱内设有金属孔架数层，用以搁置培养材料。箱门双重，内为玻璃门，便于观看箱内标本，外为金属门。每次取放培养物时，均应尽快进行，以免影响恒温。箱顶装有一支温度计，可以测知箱内温度。箱壁装有温度调节器可以调节温度。根据使用需要，检验室可常设37℃、44℃、28℃恒温箱各一个。

2. 微生物培养箱的使用方法与维护

1）关箱门，接通电源，加热到所需的温度后待用。
2）箱内不应放入过热或过冷的物品，取放物品时应随手关闭箱门，以维持恒温。

3）箱内可放入一只装水容器，以维持箱内湿度和减少培养物中的水分大量蒸发。

4）因为培养箱最低层温度较高，所以培养物不宜与之直接接触。箱内培养物不应放置过挤，以保证培养和受温均匀。各层金属孔上放置物品不应过重，以免将金属孔架压弯滑脱，打碎培养标本。

5）可每月进行一次箱内消毒。消毒方法是断电后，先用3%（体积分数）的来苏水溶液涂布消毒，再用清水抹布擦净。

6）培养用微生物培养箱，不准作为烘干衣帽等其他用途。

三、高压蒸汽灭菌锅

高压蒸汽灭菌锅是应用较广、效果较好的灭菌器，可用于培养基、生理盐水、废弃的培养物及耐高热药品、纱布、玻璃等的灭菌。高压蒸汽灭菌锅的种类有手提式、直立式两种，它们的构造与灭菌原理基本相同。

1. 高压蒸汽灭菌锅的构造

高压蒸汽灭菌锅为一个双层金属圆筒，两层之间盛水，外壁坚厚，其上方或前方有金属厚盖，盖上装有螺旋，借以紧固盖门，使蒸汽不能外溢，因此锅内蒸汽压力升高，随之温度也相应升高。锅盖上还装有排气阀、溢流阀，用以调节锅内蒸汽压力与温度以保障安全。锅盖上还装有温度计与压力表，用来测量内部的温度和压力。

2. 高压蒸汽灭菌锅的操作方法

高压蒸汽灭菌锅是利用压力饱和蒸汽对产品进行迅速而可靠的消毒灭菌的设备，适用于医疗卫生事业、科研、农业等单位对医疗器械、敷料、玻璃器皿、溶液培养基等进行消毒灭菌。高压蒸汽灭菌锅具有灭菌速度快、效果可靠、温度高、穿透力强等优点，使用不当，可导致灭菌的失败。一般来说，高压蒸汽灭菌锅的操作如下。

1）在使用前先检查下面排气瓶里的水位，要使其介于最高线和最低线的中间位置偏下，否则要将水倒出，再继续操作。注意：此水壶是蒸汽冷凝后接冷凝水的，与锅内的水位无关。

2）逆时针方向转开排气阀把手，然后横向向右滑开盖子。注意：如果在操作过程中打开，则要注意保证压强为0Pa，温度低于97℃，以免造成不必要的伤害。

3）拿出上面的篮子，向里面加RO纯水（纯净水）/单蒸水，使水位线至少超过最下面篮子底部。注意：如果里面有水，则须检查水位，并保证水没有被污染，否则要将水排掉，重新换过。

4）将要灭菌的东西放入篮子里，一般不能放得太多、太挤，以免影响蒸汽的流通和降低灭菌效果，再慢慢地把篮子放入锅内，然后关严锅盖，可采用对角式均匀拧紧锅盖上的翼形螺母，旋紧排气阀，勿使其漏气。

5）插上电源，打开开关，控制盘灯会亮起，准备操作。

6）按MODEL键选择所需要的操作模型。如果有需要，则选择所需要的时间和温度。

7）按START键，开始灭菌。注意：升温过程缓慢，不同的模式也不同，大约在30min。

8）当设置的时间到的时候，仪器会连响3下，当温度降到97℃的时候，仪器要连响6下，当温度下降到60℃的时候，仪器要响10下，整个灭菌过程（大概需要花费1h）完成。

9）让高压灭菌锅的压强降到0Pa，温度要降到80℃以下，然后按停止键停止操作，此时已将自动转到制冷系统，然后关掉开关，切掉电源。

10）打开盖子，将灭好菌的东西拿出来，再将盖子盖好。

11）排水，待水充分冷却后，打开位于前面的排水管，排水后关闭排水管。

3. 高压蒸汽灭菌锅的灭菌步骤

（1）准备

将高压灭菌锅放在 2000W 的电炉上，或者放在有足够火力的煤气灶、煤炉上，向锅内加水至水位标记线。将准备灭菌的培养基及空玻璃器皿用牛皮纸包好，装入锅内套层中，物品放置不宜过多、过挤，锅内应留出 1/3 空间。然后盖严锅盖，采用对角式均匀拧紧锅盖上的螺旋，关闭锅盖上的气阀。

（2）加热

点燃热源，开始加热。当锅盖上的压力表达到 0.5kg/cm^2 时，打开放气阀，排净锅内冷空气，直到压力表回降到"0"时，关闭气阀，继续加热。当压力表上升到所需压力（一般为 1kg/cm^2）时，开始计算灭菌时间。此时应适当关小热源，不断调节热源大小，使压力始终维持在所需数值上，达到保压时间后，停止加热，使高压灭菌锅内的压力自然下降。

（3）结束

待压力表降至"0"时，拧松螺旋，半开锅盖，用锅内余热烘干盖纸，10min 后取出灭菌物品。

4. 高压蒸汽灭菌锅使用的注意事项

1）锅外水壶水位线的检查，要使其介于最高线和最低线的中间位置偏下，以免在灭菌过程中有过热的水和水蒸气溢出，造成危险。

2）每次打开高压灭菌锅前要确保温度在 80℃ 以下和压强为 0Pa。

3）灭菌用水必须用 RO 纯水/单蒸水，以免灭菌锅内积水垢。

4）在拿出篮子时要尽量保持篮子清洁，以防被污染。

5）如果在灭菌过程中出现问题，按停止键，转到制冷系统，中止操作。

6）灭菌后要检查电源是否断开，整理好后方可离开。

7）如果隔 1 个月左右不使用，须将锅内水排掉，清洗灭菌锅。

8）在灭菌过程中，应注意排净锅内的冷空气，否则会影响灭菌效果，达不到彻底灭菌的目的。

9）因为采用高压蒸汽灭菌时，要使用温度高达 120℃、两个大气压的过热蒸汽，所以操作时，必须严格按照操作规程操作，否则容易发生意外事故。

四、生物显微镜

生物显微镜（图 8-11）是一种用来观察生物切片、生物细胞、细菌及活体组织培养、流质沉淀等，或者观察其他透明或半透明物体及粉末、细小颗粒等物体的精密光学仪器。生物显微镜用来供医疗卫生单位、高等院校、研究院所用于微生物、细胞、细菌、组织培养、悬浮体、沉淀物等的观察，可连续观察细胞、细菌等在培养液中繁殖分裂的过程等，在细胞学、寄生虫学、肿瘤学、免疫学、遗传工程学、工业微生物学、植物学等领域中应用广泛。显微镜的光学技术参数包括数值孔径、分辨率、放大率、焦深、视场宽度、覆盖差、工作距离等。这些参数并不都是越高越好，它们之间既相互联系又相互制约，在实际应用中应当在保证分辨率的基础上根据镜检的目的和实际情况来协调参数间的关系。

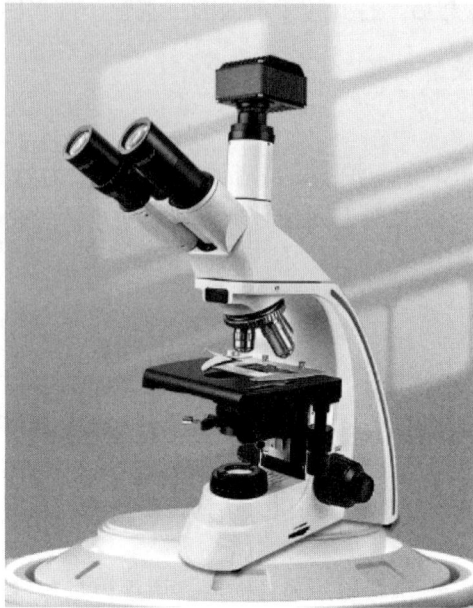

图 8-11　生物显微镜

（一）生物显微镜的分类

1）按定位级别分类，生物显微镜可以分为学生级生物显微镜、实验级生物显微镜、研究级生物显微镜。

2）按目镜的个数分类，生物显微镜可以分为单目型生物显微镜、双目型生物显微镜、三目型生物显微镜。

3）按目镜和移动台的相对位置分类，生物显微镜可以分为正置生物显微镜和倒置生物显微镜。正置生物显微镜的物镜在移动台的上方，倒置生物显微镜的物镜在移动台的下方。

4）按成像原理分类，生物显微镜可以分为光学生物显微镜和电子生物显微镜。

光学显微镜主要由目镜、物镜、载物台和反光镜（集光镜）组成。目镜和物镜都是凸透镜，焦距不同。物镜的凸透镜焦距小于目镜的凸透镜的焦距。物镜相当于投影仪的镜头，物体通过物镜成倒立、放大的实像。目镜相当于普通的放大镜，该实像又通过目镜成正立、放大的虚像。经显微镜到人眼的物体都成倒立放大的虚像。

电子显微镜是根据电子光学原理，用电子束和电子透镜代替光束和光学透镜，使物质的细微结构在非常高的放大倍数下成像。因为电子束的波长远远小于可见光的波长，所以即使电子束的锥角仅为光学显微镜的 1%，电子显微镜的分辨能力仍远远优于光学显微镜。光学显微镜的最大放大倍率约为 2000 倍，而电子显微镜的最大放大倍率已经超过 300 万倍。

以下介绍光学显微镜的结构、工作原理、使用方法。

（二）光学显微镜的结构

光学显微镜的基本结构包括光学部分和机械部分。

1. 光学部分

1）目镜：装在镜筒上端，其上刻有放大倍数，常用的有 5 倍（5×）、10 倍（10×）及 15 倍（15×）。为了指示物像，镜中可自装一条黑色细丝，通常使用一段头发作为指针。

2）物镜：光学显微镜最主要的光学装置位于镜筒下端。普通光学显微镜一般装有 3 个物镜，分别为低倍镜（4～10 倍）、高倍镜（40～45 倍）和油镜（90～100 倍）。各物镜的放大倍数也可由外形辨认，镜头长度越长，放大倍数越大；反之，放大倍数越小。

3）集光器：位于载物台下方，可上下移动，起调节和集中光线的作用。

4）反光镜：装在显微镜下方，有平、凹两面，可自由转动方向，以便将最佳光线反射至集光器。

2. 机械部分

1）镜座：用来支持光学显微镜，呈马蹄形，在显微镜的底部。

2）镜臂：在镜座上面和镜筒后面，呈圆弧形，为显微镜移动时的握持部分。

3）镜筒：在显微镜的前方上部，是一个金属制空心圆筒，光线可从此通过，网筒的上端可插入接目镜。

4）旋转器：在镜筒下端与螺纹口相接，有 3～4 个孔，用于装备不同放大倍数的接物镜。

5）载物台：在镜筒下方，呈方形或圆形，中间有孔可透过光线。台上有用来固定标本的弹簧夹，弹簧夹连接推进器，捻动其上螺旋，能使标本前后左右移动。

6）升降调节器：在镜筒后方两侧，分为粗、细调节两组，用来调节镜筒高低位置，使物镜焦距准确。

7）倾斜开关：介于镜壁和镜座之间，为镜筒进行前后变位时的支持点。

8）光圈：在集光器下方，可以任意开闭，用来调节射入集光器的光线。

9）次台：位于载物台下，次台上安有集光器、光圈。

（三）光学显微镜的工作原理

1. 普通光学显微镜的工作原理

普通光学显微镜利用目镜和物镜两组透镜系统来放大成像。一般微生物学使用的显微镜有 3 个物镜，其中油镜对微生物学研究最为重要。油镜的分辨力可达到 0.2μm 左右。大部分细菌的直径在 0.5μm 以上，因此通过油镜更能看清细菌的个体形态。

2. 暗视野显微镜的工作原理

暗视野显微镜的名称源于它使用一种特殊的暗视野聚光器。在此聚光器中央有一光挡，使光线仅由周缘进入并汇聚于载玻片上，斜照物体，使物体表面的反射光进入物镜。因此，我们在黑暗的背景中看到的只是物体受光的侧面，是它边缘发亮的轮廓。

使用暗视野显微镜时，只需将光学显微镜上的聚光器取下，换上暗视野聚光器即可。暗视野显微镜的分辨力比普通光学显微镜的大。暗视野显微镜适于观察视野中因为反差过小不易观察而折射率很强的物体，以及观察一些小于显微镜分辨极限的微小颗粒或鞭毛等，常用于观察未染色活菌的运动和鞭毛。

（四）光学显微镜的使用方法

1. 观察前的准备

1）显微镜安置：置显微镜于平整的实验台上，镜座距实验台边缘约 10cm，观察时姿势要端正。

2）光源调节：安装在镜座内的光源灯可通过调节电压获得适当的照明亮度，若使用反光镜采集自然光或灯光作为照明光源，则应根据光源的强度及所用物镜的放大倍数选用凹面或平面反光镜并调节其角度，使视野内的光线均匀、亮度适宜。

3）双筒显微镜的目镜调节：根据使用者的个人情况，双筒显微镜的目镜间距可以适当调节，而左目镜上一般还配有屈光度调节环，可以适应眼距不同或两眼视力有差异的不同观察者。

4）聚光器数值孔径值调节：只有正确使用聚光镜才能提高镜检的效果。聚光镜的主要参数是数值孔径，有一定的可变范围。一般聚光镜边框上的数字代表它的最大数值孔径，通过调节聚光镜下面可变光栏的开放程度，可以得到各种数值孔径，以适应不同物镜的需要。

2. 显微观察

进行显微观察时应遵守从低倍镜到高倍镜再到油镜的观察程序。

（1）低倍镜观察

将金黄色葡萄球菌染色标本玻片置于载物台上，用标本夹夹住，移动推进器使观察对象处在物镜的正下方。下降 10 倍物镜，使其接近标本，用粗调节器慢慢升起镜筒，使标本在视野中初步聚焦，再用细调节器调节使物像至清晰。通过玻片夹推进器慢慢移动玻片，认真观察标本各部位，找到合适的目的物，仔细观察并记录所观察到的结果。

（2）高倍镜观察

在低倍镜下找到合适的观察目标，并将其移至视野中心后，将高倍镜移至工作位置。对聚光器光圈及视野亮度进行适当调节后微调细调节器使物像清晰，利用推进器移动标本找到需要观察的部位，并移至视野中心仔细观察或准备用油镜观察。

（3）油镜观察

在低倍镜或高倍镜下找到要观察的样品区域后，用粗调节器将镜筒升高，然后将油镜转到工作位置。在待观察的样品区域加滴香柏油，从侧面注视，用粗调节器将镜筒小心地降下，使油镜浸在油中，几乎与标本接触时停止下降，注意：切不可将油镜压到标本，否则不仅会压碎玻片，还会损坏镜头。将聚光器升至最高位置并开足光圈（若所用聚光器的数值孔径值超过1.0，则应在聚光镜与载玻片之间滴加香柏油，保证其达到最大的效能），调节照明使视野的亮度合适，用粗调节器将镜筒徐徐上升，直至视野中出现物像并用细调节器使其清晰准焦为止。

3. 使用后的处理及维护

1）上升镜筒，取下载玻片。先用擦镜纸擦去镜头上的油，再用擦镜纸蘸取少许二甲苯擦去镜头上的残留油迹，然后用擦镜纸擦去残留的二甲苯，最后用绸布清洁显微镜的金属部件。将各部分还原，反光镜垂直于镜座，将物镜转成"八"字形，再向下旋。同时把聚光镜降下，以免接触物镜与聚光镜发生碰撞危险，套上镜套，放回原处。

2）显微镜是很贵重和精密的仪器，使用时要十分爱惜，不要随意拆卸各部件。搬动显微镜时应一只手托镜座，另一只手握镜臂，将显微镜放于胸前，以免损坏。

3）显微镜放置的地方要干燥，以免镜片生霉；还要避免灰尘，在箱外暂时放置不用时，要用纱布等盖住镜体。显微镜应避免阳光暴晒，必须远离热源。

第五节　重金属、农兽药检测设备

一、原子吸收分光光度计

原子吸收分光光度计又称原子吸收光谱仪,根据物质基态原子蒸汽对特征辐射吸收的作用来进行金属元素分析。它能够灵敏可靠地测定微量或痕量元素。

1. 原子吸收分光光度计的工作原理

原子吸收分光光度计通常由光源、原子化系统、分光系统和检测系统 4 个基本部分组成,其工作原理如图 8-12 所示。此外,还须配置一些辅助设备,如空气压缩装置、气源、数据处理装置（计算机）等。

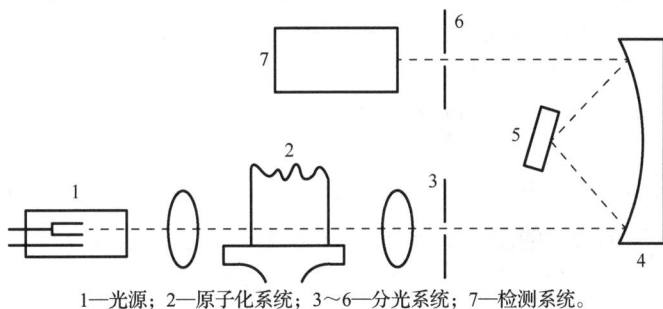

1—光源；2—原子化系统；3～6—分光系统；7—检测系统。

图 8-12　原子吸收分光光度计的工作原理

2. 原子吸收光谱分析实验步骤

原子吸收光谱分析实验步骤主要包括样品的制备、标准溶液的配制、测定条件的选择、定量分析。

（1）样品的制备

取样首先要注意具有代表性，防止受到污染。要采用合适的样品前处理方法，既要方便快捷，又要尽量减少样品的用量及有效成分的流失。常用的样品前处理方法主要有干法灰化、酸法消解和微波消解等。若被测元素是易挥发的元素（如汞、银等），则不宜采用干法灰化。因为在波长小于 250nm 时，硫酸和磷酸等分子有很强的吸收，而硝酸和盐酸的吸收则较小，所以在原子吸收光谱法中常用硝酸、盐酸或它们的混合液作为样品预处理的主要试剂。

（2）标准溶液的配制

标准溶液的组分要尽可能与样品溶液相似。用来直接配制标准溶液的物质，常为待测元素的盐类，其次还可用其高纯度的金属。标准溶液的浓度下限取决于检出限，从测定精度看，合适的浓度范围应该是能产生 0.15～0.75 单位吸光度或 15%～65%透过率的浓度。

（3）测定条件的选择

在进行原子吸收光谱测定时，应选择最佳测定条件。

1）吸收线的选择。每种元素都有若干条分析线，通常选择其中最灵敏的共振线作为吸收线。在分析较高浓度的样品时，为了得到适度的吸收值，有时也选取灵敏度较低的谱线。

2）狭缝宽度的选择。狭缝宽度直接影响光谱通带宽度与检测器接收的能量。选择通带宽度以吸收线附近无干扰谱线存在并能够分开最靠近的非共振线为原则，可适当放大狭缝宽度。

3）空心阴极灯的工作电流。空心阴极灯的发射特征与灯电流有关，一般只有预热 10～30min 才能达到稳定的输出。为了提高检测的灵敏度，必须选择合适的灯电流。选择灯电流的一般原则是在保证有足够强且稳定的光强输出条件下，尽量使用较低的工作电流。合适的工作电流要通过实验来确定。

4）燃烧器高度调节。自由原子在火焰区的分布是不均匀的，只有使来自空心阴极灯的光束从自由原子浓度最大的火焰区域通过，才能获得最佳的灵敏度和稳定性。

5）原子化条件选择。在火焰原子化过程中，火焰类型和燃气混合物流量是影响原子化效率的主要因素。根据使用的燃气和助燃气的比例，火焰可分为化学计量火焰、富燃火焰和贫燃火焰 3 种类型，其中化学计量火焰因产生的火焰温度高、干扰小，稳定、背景小，是常用的火焰类型。在保证待测元素充分还原为基态原子的前提下，应尽量采用低温火焰，避免高温产生的热激发态原子增多对定量产生的不利影响。选择火焰时，还应考虑火焰对光的吸收。可根据待测元素的共振线，选择不同类型的火焰。对低、中温元素，使用乙炔-空气火焰；对于高温元素，采用乙炔-氧化亚氮高温火焰；对于分析线位于短波区（200nm 以下）的元素，如硒、磷等，因为氢类火焰有明显吸收，所以宜使用氢火焰。对于确定类型的火焰，一般富燃火焰是有利的。对氧化物不十分稳定的元素，如铜、镁、铁、钴、镍，也可用化学计量火焰或贫燃火焰。

在石墨炉原子化法中，应合理选择干燥，灰化、原子化及净化温度与时间。为防止样液飞溅，干燥应在稍低于溶剂沸点的温度下进行。灰化在保证被测元素没有损失的前提下应尽可能使用较高的灰化温度。选用达到最大吸收信号的最低温度作为原子化温度。原子化时间的选择，应以保证完全原子化为准。原子化阶段停止通保护气，以延长自由原子在石墨炉内的平均停留时间。净化温度应高于原子化温度。

（4）定量分析

在原子吸收定量分析中，当待测元素浓度不高且分析条件固定时，样品的吸光度与待测元素浓度成正比。常用原子吸收分析方法有标准曲线法和标准加入法。

3. 原子吸收分光光度计的使用方法

（1）开机

1）开稳压电源，待电压稳定在 220V 后开主机电源开关。

2）开空气压缩机。

3）开燃气钢瓶主阀，乙炔钢瓶主阀最多开启一圈。

4）开排风扇和冷却水（采用石墨炉原子化时）。

（2）测试

1）装上待测元素空心阴极灯，调节灯电流与波长至所需值。

2）点火，设置仪器测试参数。

3）将雾化器毛细管插入去离子水中，调零后，再将雾化器毛细管插入溶液，待吸光度显示稳定后，记录测试结果，将雾化器毛细管插入去离子水中，待仪器显示回到零点。使用相同方法依次测定其他溶液。

（3）关机

1）测试完毕后，在点火状态下吸喷干净的去离子水清洗原子化系统几分钟。

2）关闭燃气钢瓶主阀，待管路中余气燃净后关闭仪器的燃气阀门。

3）松开仪器面板上燃气和助燃气旋钮，将灯电流旋至零。

4）关闭仪器电源，关闭稳压电源。

5）关闭排风扇和冷却水。

6）将燃气钢瓶减压阀旋松。

7）按顺序关燃气、空气压缩机、阴极灯。旋钮复位，关光电倍增管负高压电源、总电源。

8）用滤纸将燃烧头缝擦干净，填写仪器使用记录。

9）清洗玻璃仪器，复位。

二、原子荧光光谱仪

原子荧光光谱仪（图8-13）利用惰性气体氩气作为载气，将气态氢化物和过量氢气与载气混合后，导入加热的原子化装置，氢气和氩气在特制火焰装置中燃烧加热，氢化物受热以后迅速分解，被测元素离解为基态原子蒸汽，其基态原子的量比单纯加热砷、锑、铋、锡、硒、碲、铅、锗等元素生成的基态原子高几个数量级。

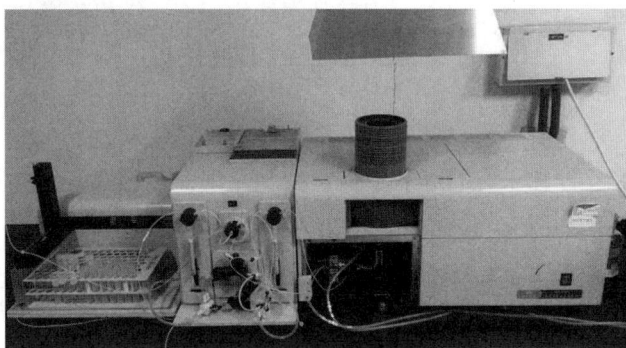

图8-13 原子荧光光谱仪

原子荧光光谱仪的使用方法如下。

1）打开灯室盖，将待测元素的空心阴极灯小心插入灯座，并确认插紧插好。

2）按要求连接好各种泵管。

3）打开气源，调节减压阀使次级压力在0.2～0.3MPa。

4）按1）的开机顺序，运行操作软件，进入工作站。

5）检查光路，进行必要的光路调节。

6）运行时，系统弹出"仪器和用户参数"对话框要求用户输入相关信息，并选择相应的仪器信息及附件信息。

7）单击"检测"按钮，仪器进行自检、自诊。

8）通过调节泵管压块螺钉，检查排液是否正常。

9）点燃点火炉丝，预热仪器20min以上。

10）单击工具栏中的"元素表"按钮，或菜单"选项"中的"元素表"，A、B道自动识别匹配的元素灯，若单道测量，则应手工屏蔽非检测道。

11）根据操作软件手册，设置仪器条件、测量条件、注射泵程序、标准系列信息、样品参数等。

12）单击"测量"窗口按钮，单击"检测"按钮，出现"另存为"画面时，输入保存数据的目录和文件名并保存。

13）按操作软件依次测量标准校正溶液系列、样品空白、样品溶液。

14）根据需要打印校正工作曲线和结果报告。

15）测试结束后，在空白溶液杯和还原剂容器内加入蒸馏水，运行"清洗程序"5 次以上，并排空积液。

16）熄灭点火炉丝，然后退出工作站，并依次关闭主机、顺序注射系统和自动进样器，关闭计算机和气源，并松开压块，放松泵管。

三、气相色谱仪

气相色谱仪是利用色谱分离技术和检测技术，对多组分的复杂混合物进行定性分析和定量分析的仪器，通常可用于分析土壤中热稳定且沸点不超过 500℃的有机物，如挥发性有机物、有机氯、有机磷、多环芳烃、酞酸酯等。

（一）气相色谱仪的结构

气相色谱仪的种类繁多、功能各异，但其基本结构相似。气相色谱仪一般由气路系统、进样系统、分离系统（色谱柱系统）、检测系统、温度控制系统、记录系统组成。

1. 气路系统

气路系统包括气源、净化干燥管和载气流速控制及气体化装置，是一个载气连续运行的密闭管路系统。通过该系统可以获得纯净的、流速稳定的载气。它的气密性、流量测量的准确性及载气流速的稳定性，都是影响气相色谱仪性能的重要因素。

气相色谱中常用的载气有氢气、氮气、氩气，纯度要求 99%以上，化学惰性好，不与有关物质反应。载气的选择除了要求考虑对柱效的影响，还要与分析对象和所用的检测器相配。

2. 进样系统

（1）进样器

根据试样的状态不同，采用不同的进样器。液体样品的进样一般采用微量注射器。气体样品的进样常用色谱仪本身配置的推拉式六通阀或旋转式六通阀。固体试样一般先溶解于适当试剂中，然后用微量注射器进样。

（2）汽化室

汽化室一般由一根不锈钢管制成，管外绕有加热丝，其作用是将液体或固体试样瞬间汽化为蒸汽。为了让样品在汽化室中瞬间汽化而不被分解，要求汽化室热容量大、无催化效应。

（3）加热系统

加热系统用以保证试样汽化，其作用是将液体或固体试样在进入色谱柱之前瞬间汽化，然后快速定量地转入色谱柱中。

3. 分离系统

分离系统是色谱仪的心脏部分，其作用就是把样品中的各个组分分离。分离系统由柱室、色谱柱、温控部件组成。其中，色谱柱是色谱仪的核心部件。色谱柱主要有两类：填充柱和毛细管柱（开管柱）。柱材料包括金属、玻璃、融熔石英、聚四氟等。色谱柱的分离效果除与柱长、柱径和柱形有关外，还与所选用的固定相和柱填料的制备技术及操作条件等许多因素有关。

4. 检测系统

检测器是将经色谱柱分离出的各组分的浓度或质量（含量）转变成易被测量的电信号（如电压、电流等），并进行信号处理的一种装置，是色谱仪的"眼睛"，通常由检测元件、放大器、数模转换器 3 个部分组成。被色谱柱分离后的组分依次进入检测器，按其浓度或质量随着时间的变化，转化成相应电信号，经放大后记录和显示，绘出色谱图。检测器性能的好坏将直接影响色谱仪器最终分析结果的准确性。

根据检测器的响应原理，可将其分为浓度型检测器和质量型检测器。

（1）浓度型检测器

深度型检测器测量的是载气中组分浓度的瞬间变化，即检测器的响应值正比于组分的浓度，如热导检测器、电子捕获检测器。

（2）质量型检测器

质量型检测器测量的是载气中所携带的样品进入检测器的速度变化，即检测器的响应信号正比于单位时间内组分进入检测器的质量，如氢焰离子化检测器和火焰光度检测器。

5. 温度控制系统

在气相色谱测定中，温度控制是重要的指标，直接影响柱的分离效能、检测器的灵敏度和稳定性。温度控制系统主要对汽化室、色谱柱室、检测器 3 处的温度进行控制。在汽化室要保证液体试样瞬间汽化；在色谱柱室要准确控制分离需要的温度，当试样复杂时，分离室温度需要按一定程序控制温度变化，各组分在最佳温度下分离；检测器要使被分离后的组分通过时不在此冷凝。

温度控制系统的控温方式分为恒温和程序升温两种。

（1）恒温

对于沸程不太宽的简单样品，可采用恒温模式。一般的气体分析和简单液体样品分析采用恒温模式。

（2）程序升温

程序升温是指在一个分析周期里色谱柱的温度随着时间由低温到高温呈线性或非线性的变化，使沸点不同的组分各在其最佳柱温下流出，从而改善分离效果，缩短分析时间。对于沸程较宽的复杂样品，如果在恒温下分离很难达到良好的分离效果，则应使用程序升温方法。

6. 记录系统

记录系统是记录检测器的检测信号，进行定量数据处理。一般采用自动平衡式电子电位差计进行记录，绘制出色谱图。一些色谱仪配备积分仪，可测量色谱峰的面积，直接提供定量分析的准确数据。先进的气相色谱仪还配备电子计算机，能自动对色谱分析数据进行处理。

（二）气相色谱仪的工作原理

气相色谱仪以气体为流动相（载气）。当样品由微量注射器"注射"进入进样器后，被载气携带进入填充柱或毛细管色谱柱。由于样品中各组分在色谱柱中的流动相（气相）和固定相（液相或固相）间分配或吸附系数的差异，在载气的冲洗下，各组分在两相间进行反复多次分配使各组分在柱中得到分离，然后用接在柱后的检测器根据组分的物理特性和化学特性将各组分按顺序检测出来。

检测器对每个组分所给出的信号，在记录仪上表现为一个个的峰，称为色谱峰。因为色谱峰上的极大值是定性分析的依据，而色谱峰所包罗的面积则取决于对应组分的含量，所以峰面积是定量分析的依据。注入一个混合物样品后，由记录仪记录得到的曲线，称为色谱图。分析色谱图就可以得到定性分析结果和定量分析结果。

（三）气相色谱仪的操作程序

气相色谱仪的操作程序一般包括以下几个。

1. 加热

不同厂家生产的气相色谱仪给定温度的方式是不相同的。温度给定方式一般可分为微机设数法和旋钮定位法等。如果采用微机设数法给定温度，那么温度可以直接被指定和设置。如果采用旋钮定位法给定温度，其使用则有技巧。采用过温定位法，将温控旋钮调至低于操作温度约 30℃处，给气相色谱仪升温。

需要注意的是，当过温调至约为操作温度时，通过观察温度指示灯和加热指示灯，逐渐将温度控制旋钮调至合适位置。如果采用分步递进定位法，先将温控旋钮朝升温方向转动一个角度，则仪器开始升温，指示灯亮；当温度达到某一温度基本稳定时，再向相同方向转动旋钮，让仪器温度继续上升；反复按此方法进行温度的递进调节，直至达到所需要的工作温度。

2. 调池平衡

调池平衡也就是调热导电桥平衡，其目的是使仪器的输出较为合适。对于具有池平衡、调零功能和记录功能的仪器，需要讲究一定的调节技巧。

3. 点火

对于氢焰气相色谱仪，开机的时候需要点火，或者因为某些原因，火被熄灭后也需要重新点火。点火也是需要一定技巧的。通用的点火方法是，先加大氢气的流量，然后进行点火，最后将仪器缓慢调回到工作状态。

4. 调节气体比例

根据有关资料，对于氢焰气相色谱仪，其三气的流量比建议为氮气∶氢气∶空气=1∶1∶10。但因为在实际仪器中，转子流量计一般做不到非常精确的测量，所以这个标准的气体配比在实际操作中很难达到。在实际操作过程中，可以着重考虑检测器的灵敏度和分离效果，根据实际情况来调整气体配比。

5. 进样

在气相色谱分析中，常用的进样方法是使用注射器或六通阀门进样。影响进样量的因素主要是汽化温度、柱容量和仪器的线性响应范围。柱效率主要受进样时间长短的影响。若进样时间过长，则会造成色谱区域变宽，从而降低柱效率。因此，对于冲洗法色谱而言，应尽可能地缩短进样时间，一般要求不超过 1s。

（四）气相色谱仪的使用步骤

1）打开稳压电源。

2）打开氮气阀和净化器上的载气开关阀，然后检查是否漏气，保证气密性良好。

3）调节总流量为适当值（根据刻度的流量表测得）。

4）调节分流阀使分流流量为实验所需的流量（用皂膜流量计在气路系统面板上实际测量），柱流量即总流量减去分流量。

5）打开空气、氢气开关阀，调节空气、氢气流量为适当值。

6）根据实验需要设置柱温、进样口温度和 FID（flame ionization detector，氢火焰离子化检测器）检测器温度。

7）打开计算机与工作站。

8）FID 的温度达到 150℃以上，按 FIRE 键点燃 FID 火焰。

9）设置 FID 的灵敏度和输出信号衰减。

10）待所设参数达到设置时，即可进样分析。

11）实验完毕后，先关闭氢气与空气，用氮气将色谱柱吹净后关机。

（五）气相色谱仪使用的注意事项

气相色谱仪在使用过程中的注意事项如下。

1. 对气相色谱仪分析室的要求

1）分析室周围不得有强磁场、易燃及强腐蚀性气体。

2）室内环境温度应在 5～35℃，湿度小于等于 85%（相对湿度），并且室内应保持空气流通。有条件的厂应该安装空调。

3）基本具备尺寸为 3000mm×800mm×600mm（长×宽×高）的能承受整套仪器、便于操作的工作平台。平台不能紧靠墙，应离墙 0.5～1.0m，便于接线及检修用。

4）为防止电压波动造成检测的干扰，应装备单独容量在 10kVA 左右的动力线路电源。

2. 配套气源准备及净化

仪器工作时气体一般由供气钢瓶供应，钢瓶的减压阀要经常检漏，对气体纯度要求较高，纯度应该大于 99.99%。对于空气和氢气发生器，需要定期放水、更换干燥剂。

1）气源准备。事先准备好需用气体的高压钢瓶，装某种气体的钢瓶只能装这种气体，每个钢瓶的颜色代表一种气体，不能互换。一般用高纯氮气、高纯氢气、无油空气 3 种气体，每种气体应准备两个钢瓶，以调换备用。有的厂使用氮气发生器、氢气发生器和空气压缩机，但空气压缩机必须无油。凡钢瓶气压下降到 1～2Mpa 时，应更换气瓶。一般气相色谱仪配备电子捕获检测器应使用钢瓶高纯气源，纯度在 99.999%以上。

2）气源净化。为了去除各种气体中可能含有的水分、灰分和有机气体成分，在气体进入仪器之前应先经过严格净化处理。国内的气体发生器一般配置 5A 分子筛或活性炭过滤净化装置，基本可以满足气相色谱仪要求。若使用钢瓶高纯气体，则需要进行净化过滤后使用。对于一些高端的色谱仪附有净化器，并且内已填有 5A 分子筛、活性炭、硅胶，基本可满足要求。

3. 气相色谱仪成套性检查及安放

仪器开箱后，按资料袋内的附件清单逐项进行清点，并将易损零件的备件予以妥善保存。然后按照仪器的使用说明书上的要求，将其放置于工作平台上，并对照接线图将插头、插座、仪器各部分连接起来，组成色谱工作站。

4. 气相色谱仪气路连接和气路气密性检查

气相色谱仪气路连接一般由色谱仪生产厂家工程技术人员进行配置，在无法达到满足的情况下应严格按照使用说明书中的要求在专业人员指导下安装连接。

气路气密性检查是一项十分重要的工作，若气路有漏，则不仅会直接导致仪器工作不稳定或灵敏度下降，还有发生泄漏的危险，特别是氢气更应该加以重视。气路气密性检查一般是检查载气流路，其重点是管路接头处，对于氢气和空气流路也要做相应的检查。

5. 进样口

根据实践经验，大多数仪器在进样 50～100 次之后会出现隔垫损坏的情况，峰保留时间有时也会变化，甚至出现鬼峰，此时需要对隔垫进行更新。对隔垫的完好情况应定期进行检查，如果发现隔垫出现裂口或有较多的隔垫碎屑，就必须进行更换。同时，要定期清洗进样口内的玻璃衬管。

6. 色谱柱

在安装毛细管时，要保证色谱柱的两端切口是平整的。毛细柱在长时间不使用的情况下，在将毛细柱接进入样口和检测器之前应将其两端切掉 2cm 左右。

7. 检测器

未处于工作状态的检测器不应开启，应使其保持关闭状态。对于电子俘获检测器，其在排放空气时应设置导管，把空气排出室外。平时使用时也应该注意，不要把空气引入电子俘获检测器中。

四、高效液相色谱仪

（一）高效液相色谱简介

高效液相色谱（high performance liquid chromatography，HPLC）是以液体为流动相，并采用颗粒极细的高效固定相的主色谱分离技术。高效液相色谱在基本理论方面与气相色谱没有显著不同，它们之间的重大差别在于作为流动相的液体与气体之间的性质差别。与气相色谱相比，高效液相色谱对样品的适用性强，不受分析对象的挥发性和热稳定性的限制，可以弥补气相色谱的不足。

高效液相色谱根据固定相的性质可分为吸附色谱、键合相色谱、离子交换色谱和分子排阻色谱。键合相色谱法将类似气相色谱中固定液的液体通过化学反应键合到硅胶表面，从而形成固定相。若采用极性键合相、非极性流动相，则称为正相色谱；若采用非极性键合相、极性流动相，则称为反相色谱。这种分离的保留值大小主要取决于组分分子与键合固定液分子间作用力的大小。

反相色谱采用醇-水或腈-水体系作为流动相，由于纯水廉价易得、紫外吸收小，所以在纯水中添加各种物质均可改变流动相选择性。使用广泛的反相键合相是十八烷基键合相，即让十八烷基键合到硅胶表面，也就是碳十八（C_{18}）柱。

高效液相色谱系统包括储液器、高压泵、色谱柱、柱温箱、检测器、数据处理等。

（二）高效液相色谱仪的工作原理

储液器中的流动相被高压泵打入检测系统，样品溶液经进样器进入流动相，被流动相载入色谱柱（固定相）内，由于样本溶液中的各组分在两相中具有不同的分配系数，在两相中做相对运动时，经过反复多次的"吸附—解吸"的分配过程，各组分在移动速度上产生较大的差别，被分离成单个组分依次从柱内流出，通过检测器时，样本浓度被转换成电信号传送到记录仪，数据以图谱形式输出检测结果。

根据分离机制的不同，高效液相色谱原理可分为液固吸附色谱法、液液分配色谱法（正相与反相）、离子交换色谱法及分子排阻色谱法。

1. 液固吸附色谱法

在液固吸附色谱法中，固定相为固体吸附剂，根据各组分吸附能力差异而使组分得以分离。常用的吸附剂为硅胶或氧化铝，大多数用于非离子型化合物。吸附色谱固定相可以分为极性和非极性两大类。对流动相的要求如下。

1）选用的溶剂应当与固定相互不相溶，并能保持色谱柱的稳定性。

2）选用的溶剂应有高纯度，以防所含微量杂质在柱中积累，引起柱性能的改变。

3）选用的溶剂性能应与所使用的检测器相匹配，如果使用紫外吸收检测器，就不能选用在检测波长下有紫外吸收的溶剂；若使用示差折光检测器，就不能用梯度洗脱。

4）选用的溶剂应对样品有足够的溶解能力，以提高测定的灵敏度。

5）选用的溶剂应具有低的黏度和适当低的沸点。

6）应尽量避免使用具有显著毒性的溶剂，以保证工作人员的安全。

因为液固色谱法是以表面吸附性能力为依据的，所以它常用于分离极性不同的化合物，也能分离那些具有相同极性基团，但数量不同的样品。

2. 液液分配色谱法

在液液分配色谱法中，固定相为液体，根据被分离的组分在流动相和固定相中的溶解度不同而分离。色谱法根据固定相和流动相的极性不同可分为正相色谱法和反相色谱法。正相色谱法采用极性固定相，流动相为相对非极性的疏水性溶剂，常用于分离中等极性和极性较强的化合物；反相色谱法一般采用非极性固定相，流动相为水或缓冲溶液，适用于分离非极性和极性较弱的化合物。其中，反相色谱应用最广。

3. 离子交换色谱法

在离子交换色谱法中，固定相是离子交换树脂。树脂上可电离离子与流动相中具有相同电荷的离子及被测组分的离子进行交换，根据各离子与离子交换基团具有不同的电荷吸引力而分离。

4. 分子排阻色谱法

分子排阻色谱法又称凝胶色谱法，它是按照分子尺寸大小顺序进行分离的一种色谱方法。分子排阻色谱法的固定相凝胶是一种多孔性的聚合材料，有一定的形状和稳定性，利用分子筛对分子量大小不同的各组分排阻能力的差异而完成分离。根据所用流动相的不同，分子排阻色谱法可以分为两类，即用水溶剂做流动相的凝胶过滤色谱法（gel filtration chromatography，GFC）与用有机溶剂如四氢呋喃做流动相的凝胶渗透色谱法（gel permeation chromatography，GPC）。

（三）高效液相色谱仪的结构

高效液相色谱仪一般由溶剂输送系统、进样系统、分离系统（色谱柱）、检测系统、数据处理和记录系统组成，具体包括储液器、输液泵、进样器、色谱柱、检测器、记录仪或数据工作站等部分。其中，输液泵、色谱柱和检测器是高效液相色谱仪的关键部分。

1. 溶剂输送系统

1）储液器：用来贮存数量足够、符合要求的流动相。配有溶剂过滤器，以防止流动相中的颗粒进入泵内。

2）脱气器：脱气的目的是防止流动相从色谱柱内流出时释放出气泡进入检测器，从而引起噪声，不能正常检测。

3）输液泵：将储液器中的流动相连续不断地以高压形式进入液路系统，使样品在色谱柱中完成分离过程。

4）梯度洗脱装置：在分离过程中通过逐渐改变流动相的组成增加洗脱能力的一种装置。

2. 进样系统

进样器是将样品送入色谱柱的装置，进样方式可以分为阀进样或自动进样。比较常用的是采用自动进样器装样。

3. 分离系统

色谱柱能对样品进行分离，是整个色谱系统的"心脏"，它的质量优劣直接影响分离的效果。

4. 检测系统

检测器能将色谱柱连续流出的样品组分转变成易于测量的电信号，被数据系统接收，得到样品分离的色谱图。

5. 数据处理和记录系统

数据处理和记录系统对色谱数据进行处理，并参与高效液相色谱仪的自动控制。

（四）高效液相色谱仪的操作步骤

1. 使用前的准备工作

（1）样品的选择

高效液相色谱对流动相的基本要求如下：不与固定相发生化学反应且黏度小、对样品有适宜的溶解度及必须与检测器相适应。

（2）样品与流动相的处理

配制好的溶液需要用 0.45μm 的一次性过滤膜过滤。其中，纯有机相或含一定比例的有机相的溶液要用有机系滤膜；水相或缓冲盐的溶液要用水系滤膜。水、甲醇等过滤后即可使用；若水放置一天以上，则需要重新过滤或换新鲜的水。含稳定剂的流动相须经过特殊处理，或者使用色谱纯的流动相。

（3）更换泵头清洗瓶中的清洗液

流动相不同，清洗液也不同。如果流动相为甲醇-水体系，就可以用 50%的甲醇；如果流动相含有电解质，通常用 95%去离子水甚至高纯水清洗泵头。如果仪器经常使用，那么每周更换清洗液两次；如果仪器很少使用，那么每次使用前必须更换清洗液。

（4）更换托盘里洗针瓶中的洗液

洗液一般为 50%的甲醇。

2. 排除泵内气泡

开、关排气阀时，一定要关掉泵，具体操作如下。

1）在泵关闭的情况下，打开排气阀。

2）选择要排气泡的通道，打开泵。

3）按下泵前面板右下方的"Purge"键，仪器将以 6mL/min 的速度自动快速清洗泵内残留的气泡，5min 后自动停止。若想手动停止，则再次按"Purge"键，将停止清洗。

4）换其他通道，排气泡。注意：使用快速清洗阀时，只能一个一个通道地排气泡，不得将几个通道同时按比例排气泡，因为快速切换比例阀易导致其损坏。

5）流路中没有气泡后，将泵关掉，再关闭排气阀。注意：排气阀既不能拧得过紧，又不能拧得过松。如果拧得过松，则流动相容易从清洗阀部位流进泵头中引起报警。

3. 设置柱温箱的温度

按住柱温箱上的"+"或"-"键，直到数字开始闪烁时设定温度。

4. 系统的准备

1）分析样品前先用甲醇或乙腈冲洗流路约 20min，平衡活化色谱柱，并赶走管路中的杂质和水分。

2）若流动相为有机相与水相的混合物，则 1）完成后按照分析样品的需要调节比例阀的比例，再冲洗流路约 20min，待基线走平后即可进样。

3）若流动相中含有缓冲盐溶液、有机/无机酸或其他电解质，则 1）完成后用 95%的去离子水冲洗流路约 20min，按照分析样品的需要调节比例阀的比例，再冲洗流路约 20min 后，待基线走平后即可进样。

5. 洗针

进样之前，先用样品溶液将针清洗几次。

6. 进样

1）程序文件的建立。泵的流速、各通道的比例，自动进样器的进样体积，柱温箱的温度，检测器的波长，以及检测每个样品需要的时间等都要在程序文件中指定。

2）方法文件的建立。进样后，软件会自动采集到色谱图。这时就需要一个方法文件对这些谱图进行处理，如积分、定性、定量等。

3）样品序列的建立。标样有多少个、样品有多少个、分别要进多少体积等，都要在序列文件中指定。

4）进样。

5）数据处理与报告打印。

7. 关机

关机前，先用 95%水冲洗柱子和系统 0.5～1h，流量 0.5～1mL/min，再分别用 50%水加 50%有机溶剂、100%有机溶剂各冲洗 0.5h，然后关泵。

（五）高效液相色谱仪使用的注意事项

1. 泵

1）放置了一天或一天以上的水相或含水相的流动相如果继续使用，则须用微孔滤膜重新过滤。

2）流动相禁止使用氯仿、三氯（代）苯、亚甲基氯、四氢呋喃、甲苯等；慎重使用四氯化碳、乙醚、异丙醚、酮、甲基环己胺等，以免造成对柱塞密封圈的腐蚀。

2. 柱温箱

柱温箱一旦发生报警，一定要及时找到原因。若实验室湿度太高，则须采取相应的除湿措施；若柱温箱中发生漏液现象，则须及时拧紧色谱柱并擦干漏液，因为长时间漏液极易损坏柱温箱中的传感器。

3. 检测器

1）检测器的紫外灯或可见灯在长期打开的情况下，必须保证有溶液流经检测池，也可设置一个较低的流速（如 0.05mL/min）或关闭灯的电源。

2）检测器的灯一般是在流通池有溶液连续流动几分钟后才开的。如果流动池中有气泡，则会提示漂移过大而无法通过自检和校正。

3）不要经常开、关检测器的氘灯或钨灯，否则会降低光源的使用寿命。

4. 整个系统

1）缓冲溶液的浓度不能高于 0.5mol/L，且 pH 值为 2～12，同时氯的浓度要小于 0.1mol/L（防止腐蚀流路）。

2）若仪器长时间不用，则每个泵通道和整个流路必须用甲醇冲洗后保存，以免结晶或造成污染。

3）待测样品或标样在流动相中必须易溶，否则进样后会结晶，造成定量不准确或堵塞色谱柱。

5. 软件

采集紫外信号时，若分析物质的最大波长已知，则尽量减少采集的通道个数，以免占用计算机的内存空间。

第九章 产品质量检验技术方法——以食品生产出厂检验为例

第一节 蔬菜制品

一、概念

蔬菜制品是指以蔬菜和食用菌为原料，采用腌制、干燥、油炸等工艺加工而成的各种蔬菜制品，即蔬菜制品[酱腌菜、蔬菜干制品（自然干制蔬菜、热风干燥蔬菜、冷冻干燥蔬菜、蔬菜脆片、蔬菜粉及制品）、食用菌制品（干制食用菌、腌渍食用菌）、其他蔬菜制品]。

二、检验项目及依据

蔬菜制品出厂检验项目及检验依据如表 9-1 所示。

表 9-1 蔬菜制品出厂检验项目及检验依据

序号	检验项目	检验依据	备注
1	净含量	JJF 1070《定量包装商品净含量计量检验规则》	
2	水分	GB 5009.3—2016《食品安全国家标准 食品中水分的测定》第一法	
3	大肠菌群	GB 4789.3—2016《食品安全国家标准 食品微生物学检验 大肠菌群计数》	
4	菌落总数	GB 4789.2—2022《食品安全国家标准 食品微生物学检验 菌落总数测定》	
5	感官	详见出厂检验报告	
6	总灰分（以干基计）	GB 5009.4—2016《食品安全国家标准 食品中灰分的测定》第一法	蔬菜干制品检验此项 产品明示标准中有此项目规定的
7	固形物含量	NY/T 2637—2014《水果和蔬菜可溶性固形物含量的测定 折射仪法》	食用菌制品检验此项 产品明示标准中有此项目规定的
8	干湿比	GB/T 6192—2019《黑木耳》	
9	耳片大小	GB/T 38581—2020《香菇》	
10	耳片厚度	GB/T 6192—2019《黑木耳》	
11	杂质	GB/T 12533—2008《食用菌杂质测定》	
12	灰分	GB 5009.4—2016《食品安全国家标准 食品中灰分的测定》第二法	
13	食盐含量	GB 5009.44—2016《食品安全国家标准 食品中氯化物的测定》第一法	腌渍菜中的榨菜头、盐渍菜、榨菜、酱油渍菜、榨菜肉丝罐头、方便榨菜、虾油渍菜、酱渍菜、糖醋渍菜进行此项检验

序号	检验项目	检验依据	备注
14	总酸	GB 12456—2021《食品安全国家标准 食品中总酸的测定》酸碱滴定法	腌渍菜中的糖醋菜、酱渍菜、虾油渍菜、酱油渍菜、榨菜进行此项检验
15	亚硝酸盐	GB 5009.33—2016《食品安全国家标准 食品中亚硝酸盐与硝酸盐的测定》第三法	腌渍菜进行此项检验

三、检验规程

这里以蔬菜制品中水分和固形物含量的测定为例。

（一）水分的测定(直接干燥法)

除非另有说明，本方法所用试剂均为分析纯，水为 GB/T 6682 规定的三级水。

1. 试剂

试剂包括氢氧化钠（NaOH）、盐酸（HCl）、海砂。

2. 试剂配制

1）盐酸溶液（6mol/L）：量取 50mL 盐酸，加水稀释至 100mL。
2）氢氧化钠溶液（6mol/L）：称取 24g 氢氧化钠，加水溶解并稀释至 100mL。
3）海砂：取用水洗去泥土的海砂、河砂、石英砂或类似物，先用盐酸溶液（6mol/L）煮沸 0.5h，用水洗至中性，再用氢氧化钠溶液（6mol/L）煮沸 0.5h，用水洗至中性，经 105℃干燥备用。

3. 仪器和设备

1）铝制或玻璃制的扁形称量瓶。
2）电热恒温干燥箱。
3）干燥器：内附有效干燥剂。
4）天平：感量为 0.1mg。

4. 分析步骤

1）固体试样：取洁净的铝制或玻璃制的扁形称量瓶，置于 101～105℃干燥箱中，瓶盖斜支于瓶边，加热 1h，取出盖好，置干燥器内冷却 0.5h，称量，并重复干燥至前后两次质量差不超过 2mg，即为恒重。将混合均匀的试样迅速磨细至颗粒小于 2mm，不易研磨的样品应尽可能切碎，称取 2～10g 试样（精确至 0.0001g），放入此称量瓶中，试样厚度不超过 5mm，如果为疏松试样，则厚度不超过 10mm，加盖，精密称量后，置于 101～105℃干燥箱中，瓶盖斜支于瓶边，干燥 2～4h 后，盖好取出，放入干燥器内冷却 0.5h 后称量。然后放入 101～105℃干燥箱中干燥 1h 左右，取出，放入干燥器内冷却 0.5h 后再称量。重复以上操作至前后两次质量差不超过 2mg，即为恒重。

注：两次恒重值在最后计算中，取质量较小的一次称量值。

2）半固体或液体试样：取洁净的称量瓶，内加 10g 海砂（在实验过程中可根据需要适当增加海砂的质量）及一根小玻璃棒，置于 101～105℃干燥箱中，干燥 1h 后取出，放入干燥器内冷却 0.5h 后称量，并重复干燥至恒重。然后称取 5～10g 试样（精确至 0.0001g），置于称量瓶中，用小玻璃棒搅匀放在沸水浴上蒸干，并随时搅拌，擦去瓶底的水滴，置于 101～105℃ 干燥箱中干燥 4h 后盖好取出，放入干燥器内冷却 0.5h 后称量。然后放入 101～105℃ 干燥箱中干燥 1h 左右，取出，放入干燥器内冷却 0.5h 后再称量。重复以上操作至前后两次质量差不超过 2mg，即为恒重。

5. 数据处理

试样中的水分的含量按式（9-1）进行计算。

$$X = \frac{m_1 - m_2}{m_1 - m_3} \times 100 \tag{9-1}$$

式中，X——试样中水分的含量，单位为克每百克（g/100g）；

    m_1——称量瓶（加海砂、玻璃棒）和试样的质量，单位为克（g）；

    m_2——称量瓶（加海砂、玻璃棒）和试样干燥后的质量，单位为克（g）；

    m_3——称量瓶（加海砂、玻璃棒）的质量，单位为克（g）。

    100——单位换算系数。

水分含量≥1g/100g 时，计算结果保留三位有效数字；水分含量<1g/100g 时，结果保留两位有效数字。

6. 精密度

在重复性条件下获得的两次独立测定结果的绝对差值不得超过算术平均值的 10%。

（二）固形物含量的测定（折射仪法）

1. 样液制备

水果和蔬菜洗净擦干，取可食部分切碎、混匀，称取适量试样（含水量高的试样一般称取 250g；含水量低的试样一般称取 125g，加入适量蒸馏水），放入高速组织捣碎机中捣碎，用两层擦镜纸或四层纱布挤出匀浆汁液测定。

2. 仪器校准

在 20℃条件下，用蒸馏水校准折射仪，将可溶性固形物含量读数调整至 0。环境温度不在 20℃时，按校正值进行校准。

3. 样液测定

保持测定温度稳定，变幅不超过±0.5℃。用柔软绒布擦净棱镜表面，滴加 2～3 滴待测样液，使样液均匀分布于整个棱镜表面，对准光源（非数显折射仪应转动消色调节旋钮，使视野分成明暗两部分，再转动棱镜旋钮，使明暗分界线处在物镜的十字交叉点上），记录折射仪读数。无温度自动补偿功能的折射仪，记录测定温度。用蒸馏水和柔软绒布将棱镜表面擦净。

注：测定时应避开强光干扰。

四、检验报告

蔬菜制品出厂检验报告单如表 9-2 所示。

表 9-2 蔬菜制品出厂检验报告单

产品名称				规格型号		
抽样地点				抽样时间		
数量				抽样者		
批次				生产日期		
检验日期				检验依据		
		检验项目	质量要求		检验结果	单项判定
感官指标	蔬菜干制品	色泽	具有各产品原料品种固有的色泽,均匀一致			□合格 □不合格
		气味、滋味	具有本品特有的气味和滋味,无霉味、无异味			□合格 □不合格
		组织形态	呈产品应有的形状,整齐、均匀,无碎屑、无虫蛀、无霉变,含盐类蔬菜干制品的产品,允许可见部分食用盐			□合格 □不合格
		杂质	无正常视力可见外来杂质			□合格 □不合格
	食用菌制品	色泽	具有产品应有的色泽			□合格 □不合格
		气味、滋味	具有产品应有的气味、滋味			□合格 □不合格
		状态	具有产品应有的状态,无虫蛀、无霉变、无正常视力可见外来异物			□合格 □不合格
	酱腌菜	气味、滋味	无异味、无异嗅			□合格 □不合格
		状态	无霉变、无霉斑白膜、无正常视力可见外来异物			□合格 □不合格
理化、卫生指标		净含量/g	依据包装要求			合格 不合格
	蔬菜干制品笋干	水分/%	含盐类蔬菜干制品笋干 ≤26 无盐类蔬菜干制品笋干 ≤18			□合格 □不合格
		总灰分（以干基计，%)	≤20			□合格 □不合格
	食用菌制品	水分/%	≤12			□合格 □不合格
		干湿比	1:9以上			□合格 □不合格
		灰分/%	≤6			□合格 □不合格
		固形物含量				□合格 □不合格
		耳片厚度/mm	一级：≥1 二级：≥0.7			□合格 □不合格
		耳片大小	一级：$0.8 \leq \Phi max \leq 2.5$ 二级：$0.8 \leq \Phi max \leq 3.5$ 三级：$0.5 \leq \Phi max \leq 4.5$			□合格 □不合格

	检验项目	质量要求	检验结果	单项判定
食用菌制品	杂质	一级：≤0.3 二级：≤0.5 三级：≤1		□合格 □不合格
理化、卫生指标	水分/%	≤85		
	亚硝酸盐			□合格 □不合格
酱腌菜	食盐含量	酱油渍菜、酱渍菜：≥3 糟渍菜、盐渍菜：≥6 醋渍菜、糖醋渍菜：≤6 盐水渍菜：≤9 虾油渍菜：≤20 糖渍菜：≤4 榨菜：≤15		□合格 □不合格
	总酸	其他：≤2 榨菜：≤1 醋渍菜、糖醋渍菜：≤3		□合格 □不合格
微生物指标	菌落总数/（CFU/g)	≤100000		□合格 □不合格
	大肠菌群/（MPN/100g)	≤30		□合格 □不合格
检验结论				
备注				

批准：

第二节 蜂 产 品

一、概念

蜂产品包括蜂蜜和蜂王浆（含蜂王浆冻干品）。实施食品生产许可证管理的蜂蜜指蜜蜂采集植物的花蜜、分泌物或蜜露，与自身分泌物结合后，经过充分酿造而成的天然甜物质（原料蜜），经过滤、脱水（根据需要）、灌装加工而成的产品；实施食品生产许可证管理的蜂王浆（别名：蜂皇浆）指工蜂舌腺和上腭腺分泌的，主要用于饲喂蜂王的浆状物质，经过滤、加工制作而成的蜂王浆及蜂王浆冻干品产品。

蜂花粉和蜂产品制品：蜂花粉指蜜蜂采集被子植物雄蕊药或裸子植物小孢子囊内花粉细胞而形成团粒状物（原料蜂花粉）经干燥、去杂、消毒灭菌加工制作而成的蜂花粉；蜂产品制品指蜂蜜、蜂王浆（含蜂王浆冻干粉）、蜂花粉的提取物、混合物，或以蜂蜜、蜂王浆（含蜂王浆冻干粉）、蜂花粉为主要原料添加其他物质（如食品添加剂、营养强化剂、植物提取物、其他食品等），经科学加工而制成的具有蜂产品基本特性的产品。

二、检验项目及依据

蜂产品出厂检验项目及检验依据如表9-3所示。

表9-3　蜂产品出厂检验项目及检验依据

序号	检验项目	检验依据	备注
1	感官	GB 14963—2011《食品安全国家标准 蜂蜜》 GB 9697—2008《蜂王浆》 GB/T 30359—2021《蜂花粉》	所有蜂产品检验此项目
2	净含量	JJF 1070—2015《定量包装商品净含量计量检验规则》	所有蜂产品检验此项目
3	水分	SN/T 0852—2012《进出口蜂蜜检验规程》附录 A 水分的测定 GB 9697—2008《蜂王浆》 GB 5009.3—2010《食品安全国家标准 食品中水分的测定》第一法 直接滴定法	所有蜂产品检验此项目
4	蔗糖	GB 5009.8—2016《食品安全国家标准 食品中果糖、葡萄糖、蔗糖、麦芽糖、乳糖的测定》第一法 高效液相色谱法	蜂蜜产品检验此项目
5	羟甲基糠醛	GB/T 18932.18—2003《蜂蜜中羟甲基糠醛含量的测定方法 液相色谱-紫外检测法》	蜂蜜产品检验此项目
6	淀粉酶活性	GB/T 18932.16—2003《蜂蜜中淀粉酶值的测定方法 分光光度法》	蜂蜜产品检验此项目
7	10-羟基-2-癸烯酸	GB 9697—2008《蜂王浆》	蜂王浆产品检验此项目
8	杂质	GH/T 1014—1999《蜂花粉》	蜂花粉产品检验此项目
9	碎蜂花粉率	GH/T 1014—1999《蜂花粉》	蜂花粉产品检验此项目
10	单一品种蜂花粉率	GH/T 1014—1999《蜂花粉》	蜂花粉产品检验此项目

三、检验规程

（一）淀粉酶活性的测定

1. 原理

将淀粉溶液加入蜂蜜样品溶液中，部分淀粉被蜂蜜中所含的淀粉酶水解后，剩余的淀粉与加入的碘反应而产生蓝紫色，随着反应的进行，其蓝紫色反应逐渐消失。用分光光度计于 660nm 波长处，测定其达到特定吸光度所需要的时间。换算出 1g 蜂蜜在 1h 内水解 1%淀粉的毫升数。

2. 试剂

除另有说明外，所有试剂均为分析纯，水为 GB/T 6682 中规定的一级水。

1）碘。

2）碘化钾。

3）乙酸钠（$CH_3COONa \cdot 3H_2O$）。

4）冰乙酸。

5）氯化钠。

6）可溶性淀粉。

7）碘储备液：称取 8.8g 碘于含有 22g 碘化钾的 30～40mL 水中溶解，用水定容至 1000mL。

8）碘溶液：称取 20g 碘化钾，用水溶解，再加入 5mL 碘储备液，用水定容至 500mL。每两天制备一次。

9）乙酸盐缓冲液：pH5.3（1.59mol/L）。称取 87g 乙酸钠于 400mL 水中，加入 10.5mL 冰乙酸，用水定容至 500mL。必要时，用乙酸钠或冰乙酸调节 pH 至 5.3。

10）氯化钠溶液：0.5mol/L。称取 14.5g 氯化钠，用水溶解并定容至 500mL。

11）淀粉溶液：溶解 2g 可溶性淀粉于 90mL 水中，迅速煮沸后再微沸 3min 至室温后，移至 100mL 容量瓶中并定容。

3. 仪器和设备

1）分光光度计。
2）恒温水浴锅。

4. 分析步骤

1）试样的制备：无论有无结晶的实验室样品都不要加热。将样品搅拌均匀。分出 0.5kg 作为试样，制备好的试样置于样品瓶中，密封，并加以标识。

2）试样的保存：将样品于常温下保存。

3）淀粉溶液的标定：吸取 5mL 淀粉溶液和 10mL 水并分别置于 40℃水浴中 15min。将淀粉溶液倒入 10mL 水中并充分混合后，取 1mL 加入 10mL 碘溶液中，混匀，用一定体积的水稀释后，以水为空白对照，用分光光度计于 660nm 波长处测定吸光度，确定产生 0.760±0.02 吸光度所需稀释水的体积数，并以此体积数作为样品溶液的稀释系数。当淀粉来源改变时，应重新进行标定。

5. 测定

1）分光光度计条件：波长为 660nm；参比物为水。

2）样品处理：称取 5g 试样，精确到 0.01g。置于 20mL 烧杯中，加入 15mL 水和 2.5mL 乙酸盐缓冲液后，移入含有 1.5mL 氯化钠溶液的 25mL 容量瓶中并定容（样品溶液应先加缓冲液后再与氯化钠溶液混合）。

3）吸取 5mL 淀粉溶液、10mL 样品溶液和 10mL 碘溶液，分别置于 40℃水浴中 15min。将淀粉溶液倒入样品溶液中并以前后倾斜的方式充分混合后开始计时。

4）5min 时取 1mL 样品混合溶液加入 10mL 碘溶液中，再用淀粉溶液标定时确定的稀释水的体积数进行稀释并用前后倾斜的方式充分混匀后，以水为空白对照，用分光光度计于 660nm 波长处测定吸光度。

5）若吸光度大于 0.235（特定吸光度），则应继续按步骤重复操作，直至吸光度小于 0.235 为止。

6）待测期间，样品混合溶液、碘溶液和水应保存在 40℃水浴中。吸光度与终点值的相对应时间如表 9-3 所示。

表 9-3　吸光度与终点值的相对应时间表

吸光度	终点值/min
0.7	>25
0.65	20～25
0.6	15～18
0.55	11～13
0.5	9～10
0.45	7～8

6. 数据处理

在对数坐标纸上，以吸光度（%）为纵坐标，以时间（min）为横坐标，将所测的吸光度与其相对应的时间在对数坐标纸上标出，连接各点画一直线。从直线上查出样品溶液的吸光度与 0.235 交叉点上的相对应时间，结果按式（9-2）计算。

$$X = \frac{300}{t} \tag{9-2}$$

式中，X——样品溶液中的淀粉酶值，单位为毫升每克小时[mL/（g·h）]；

t——相对应时间，单位为分（min）。

计算结果表示到小数点后一位。

注：如果 5min 时初测的数据已接近吸光度 0.235，而另一测定数据又很快达到吸光度 0.2 左右，则说明该样品的淀粉酶值含量高[大于 35mL/（g·h）]。但为了结果的准确，应重复测定，即从开始计时起，每分钟测定一次；对于淀粉酶值含量低的样品，应每 10min 测定一次，通过若干个数据画线即可预测其终点值，但 5min 时初测的数据不能用于终点值的预测。

7. 精密度

本部分的精密度数据是按照 GB/T 6379 的规定确定的，其重复性和再现性的值是以 95% 的可信度来计算的。

1）重复性。在重复性条件下，获得的两次独立测试结果的绝对差值不超过重复性限（r）。本部分的重复性限按式（9-3）计算。

$$r = 0.5508m - 5.7854 \tag{9-3}$$

式中，m——两次测定值的平均值，单位为毫升每克小时[mL/（g·h）]。

如果两次测定值的差值超过重复性限，则应舍弃试验结果并重新完成两次单个试验的测定。

2）再现性。在再现性条件下，获得的两次独立测试结果的绝对差值不超过再现性限（R）。本部分的再现性限按式（9-4）计算。

$$R = -0.1974m + 5.9927 \tag{9-4}$$

式中，m——两次测定值的平均值，单位为毫升每克小时[mL/（g·h）]。

（二）碎蜂花粉率的测定

用感量为 0.1g 的架盘天平称取试样约 50g，用 20 目分样筛筛出碎粒及碎粉末称重。用式（9-5）计算。

$$碎蜂花粉率（\%） = \frac{筛出碎粒粉末质量}{试样质量} \times 100 \tag{9-5}$$

（三）单一品种蜂花粉率的测定

随机抽取试样约 1g，拣出其中该品种蜂花粉团粒，分别计数，用式（9-6）计算。

$$单一品种蜂花粉率（\%） = \frac{该品种蜂花粉团粒数}{试样蜂花粉团粒总数} \tag{9-6}$$

四、检验报告

蜂产品出厂检验报告单如表 9-4 所示。

表 9-4　蜂产品出厂检验报告单

产品名称			规格型号	
生产批号			生产日期	20___年__月__日～__月__日
生产数量			取样日期	20___年__月__日
样品数量			检验日期	20___年__月__日
检验依据		GB 14963—2011《食品安全国家标准 蜂蜜》、GH/T 18796—2012《蜂蜜》、GB 9697—2008《蜂王浆》、GH/T 1014—1999《蜂花粉》、Q/JF 0004S—2020-0202《蜂产品制品》、Q/JXHM 0002 S—2020-0207《蜂产品制品》		

序号	检验项目		质量要求	检验结果
1	感官指标	色泽	□（蜂蜜）依蜜源品种不同，从水白色（近无色）至深色（暗褐色）。 □（蜂王浆）无论是粘浆状态还是冰冻状态，都应是乳白色、淡黄色或浅橙色，有光泽。冰冻状态时还有冰晶的光泽。 □（蜂花粉）具有该品种应有的色泽特征，单一品种蜂花粉还应具有该品种蜂花粉特有的色泽特征。 □（蜂产品制品）具有该品种应有的色泽特征	
		滋味与口感	□（蜂蜜）具有特有的滋味、气味，无异味。 □（蜂王浆）粘浆状态时，应有类似花蜜或花粉的香味和辛香味。气味纯正，不得有发酵、酸败气味。粘浆状态时，有明显的酸、涩、辛辣和甜味感，上腭和咽喉有刺激感。咽下或吐出后，咽喉刺激感仍会存留一些时间。冰冻状态时，初品尝有颗粒感，逐渐消失，并出现与粘浆状态同样的口感。 □（蜂花粉）具有该品种应有的色泽特征，单一品种蜂花粉还应具有该品种蜂花粉特有的气味和滋味。 □（蜂产品制品）具有该品种蜂产品制品特有的滋味及气味，无异味	
		状态	□（蜂蜜）常温下呈黏稠流体状，或部分及全部结晶。 □（蜂王浆）常温下或解冻后呈粘浆状，具有流动性，无气泡。 □（蜂花粉）不规则的扁圆形，无虫蛀，无霉变	
		杂质	□（蜂蜜）不得含有蜜蜂肢体、幼虫、蜡屑及正常视力可见杂质（含蜡屑巢蜜除外）。 □（蜂王浆）不应有杂质（如蜡屑等）。 □（蜂花粉）无可见杂质。 □（蜂产品制品）无肉眼可见外来杂质	
2	净含量/g		□0～50g　　允许短缺量：9% □50～100g　允许短缺量：4.5g □100～200g　允许短缺量：4.5% □200～300g　允许短缺量：9g	
3	水分/%		蜂蜜：一级品（荔枝蜂蜜、龙眼蜂蜜、柑橘蜂蜜、鹅掌柴蜂蜜、乌柏蜂蜜≤23；其他≤20）；二级品（荔枝蜂蜜、龙眼蜂蜜、柑橘蜂蜜、鹅掌柴蜂蜜、乌柏蜂蜜≤26；其他≤24）。蜂王浆：优等品（≤67.5）；合格品（≤69.0）。蜂花粉：一等品（≤8）；二等品（≤10）。蜂产品制品：以蜂王浆冻干粉、麦芽糊精为原料制成的产品（≤8.0）；以蜂王浆冻干粉为主要原料，选择性添加蜂蜜、蜂花粉、麦芽糊精为原辅料制成的产品（≤10.0）；以蜂蜜为主要原料，选择性添加人参（人工种植）、枸杞子、桑葚、菊花、金银花、百合、山楂、红枣、茯苓、蜂王浆、蜂花粉、麦芽糖浆、果葡糖浆、低聚异麦芽糖、低聚果糖的一种或多种为辅料，制成的蜂产品制品（≤24）	

续表

序号	检验项目	质量要求	检验结果
4	蔗糖	蜂蜜：桉树蜂蜜、柑橘蜂蜜、紫花苜蓿蜂蜜、荔枝蜂蜜、野桂花蜂蜜≤10；其他≤5	
5	羟甲基糠醛	≤40	
6	淀粉酶活性	蜂蜜：荔枝蜂蜜、龙眼蜂蜜、柑橘蜂蜜、鹅掌柴蜂蜜≥2；其他≥4	
7	10-羟基-2-癸烯酸	优等品≥1.8 合格品≥1.4	
8	杂质	一等品≤0.5 二等品≤1	
9	碎蜂花粉率	一等品≤2 二等品≤3	
10	单一品种蜂花粉率	≥85	
11	菌落总数/（CFU/g）	蜂蜜、蜂王浆、蜂花粉≤1000	
12	大肠菌群/（MPN/100g）	蜂蜜、蜂花粉≤30；蜂王浆≤90	

检验结论：GB 14963—2011《食品安全国家标准 蜂蜜》、GH/T 18796—2012《蜂蜜》、GB 9697—2008《蜂王浆》、GH/T 1014—1999《蜂花粉》、Q/JF 0004 S—2020-0202《蜂产品制品》、Q/JXHM 0002 S—2020-0207《蜂产品制品》

（　　）合格，准予放行。　　　（　　）不合格，按以下进行处置。

检验员：　　　　　审核员：　　　　　日期：

不合格品处置：

（　　）返工　　（　　）报废　　（　　）改作他用　　（　　）其他：

负责人：　　　　　日期：

第三节　罐头食品

一、概念

罐头食品是指以水果、蔬菜、食用菌、畜禽肉、水产动物等为原料，经加工处理、装罐、密封、加热杀菌等工序加工而成的商业无菌的罐装食品。

二、检验项目及依据

罐头食品出厂检验项目及检验依据如表 9-5 所示。

表 9-5　罐头食品出厂检验项目及检验依据

序号	检验项目	检验依据	备注
1	感官	GB/T 10786—2022《罐头食品的检验方法》	火腿、猪肉糜、鱼类、禽类、香菇肉酱、桃、菠萝、糖水洋梨、荔枝、柑橘、竹笋、蘑菇、蚕豆、青豌豆、坚果类、粥类罐头
2	净含量	GB/T 10786—2022《罐头食品的检验方法》	火腿、猪肉糜、鱼类、禽类香菇肉酱、桃、菠萝、糖水洋梨、荔枝、柑橘、竹笋、蘑菇、蚕豆、青豌豆、坚果类、粥类罐头
3	固形物含量	GB/T 10786—2022《罐头食品的检验方法》	火腿、鱼类罐头、禽类、桃、菠萝、糖水洋梨、荔枝、柑橘、竹笋、蘑菇、蚕豆、青豌豆、坚果类、粥类罐头
4	可溶性固形物含量	GB/T 10786—2022《罐头食品的检验方法》	桃、菠萝、柑橘、粥类罐头

序号	检验项目	检验依据	备注
5	pH	GB 5009.237—2016《食品安全国家标准 食品pH值的测定》	桃、菠萝、柑橘、竹笋、蘑菇、粥类罐头
6	水分	GB 5009.3—2016《食品安全国家标准 食品中水分的测定》第一法 直接干燥法	猪肉糜罐头需测此项
7	氯化钠	GB 5009.44—2016《食品安全国家标准 食品中氯化物的测定》第一法 电位滴定法	火腿、猪肉糜、鱼类罐头需测此项
8	微生物指标	GB 4789.26—2013《食品安全国家标准 食品微生物学检验 商业无菌检验》	桃、菠萝、糖水洋梨、荔枝、柑橘、竹笋、蘑菇、蚕豆、青豌豆、坚果类、粥类罐头

三、检验规程

（一）感官要求

1. 感官分析实验室要求

应按实际需求设置感官分析实验室，见 GB/T 13868—2009《感官分析 建立感官分析实验室的一般导则》。

2. 感官评价员要求

1）感官评价员应身体健康，其视觉、嗅觉、味觉及触觉等符合感官评定要求。

2）感官评价员应具备相关技能，熟悉评定样品的色泽、滋味、气味、组织与形态及所需要的方法等，掌握有关的感官评价术语。

3）感官评价当天，感官评价员不应使用有气味的化妆品，不应吸烟、饮酒。

4）感官评价时，感官评价员应穿着清洁、无异味的工作服、帽。

5）感官评价不应在感官评价员饥饿、疲劳后的情况下进行。

6）感官评价员应在评价开始前 1h 保持口腔清洁，除了饮水，不吃任何东西。

3. 仪器和设备

白瓷盘、卫生开罐刀、匙、不锈钢圆筛、烧杯、量筒。

4. 组织、形态和杂质

1）畜肉、禽、水产类罐头先经加热至汤汁融化（有些罐头如午餐肉、凤尾鱼等，无须加热），然后将内容物倒入白瓷盘中，按相应产品标准要求观察并检测其组织、形态和杂质。

2）将糖水型水果罐头、蔬菜类罐头及食用菌罐头在室温下打开，先滤去汤汁，然后将内容物倒入白瓷盘中，按相应产品标准要求观察并检测其组织、形态和杂质。

3）糖浆型水果罐头开罐后，将内容物平倾于不锈钢圆筛中，静置 3min，然后将内容物倒入白瓷盘中，按相应产品标准要求观察并检测其组织、形态和杂质。

4）果酱类罐头在室温（15～20℃）下开罐，用匙取果酱（约 20g）置于干燥的白瓷盘上，在 1min 内视其酱体有无流散和汁液析出现象，按相应产品标准要求观察并检测其组织、形态和杂质。

5）果汁类罐头打开后，将内容物倒在玻璃容器内静置 30min 后，观察其沉淀程度、分层情况和油圈现象，按相应产品标准要求观察并检测其组织、形态和杂质。

6）粥类罐头摇匀后开罐倒入白瓷盘中，均匀铺开，按产品标准要求观察并检测其组织、形态和杂质。

7）其他罐头参照上述类似的方法。

5. 色泽

1）畜肉、禽、水产类罐头，在白瓷盘中观察其色泽是否符合标准，将汤汁注入量筒中，静置 3 min 后，观察其色泽和澄清程度。

2）糖水型水果罐头、蔬菜类罐头，在白瓷盘中观察其色泽是否符合标准，将汁液倒在烧杯中，观察其汁液是否清亮透明，有无夹杂物及引起浑浊的果肉碎屑。

3）糖浆型水果罐头，将内容物全部倒入白瓷盘中，观察其是否浑浊，有无胶冻和大量果屑及夹杂物。将不锈钢圆筛上的果肉倒入盘内，观察其色泽。

4）果酱类罐头、番茄酱罐头，将酱体全部倒入白瓷盘中观察其色泽。

5）果汁类罐头，将其倒入玻璃容器中静置 30min 后，观察其色泽。

6. 滋味和气味

1）罐头食品，检验其是否具有该产品应有的滋味与气味，有无哈喇味及异味。

2）果蔬类罐头，检验其是否具有与原果蔬相近似的香味，应先嗅其香味（浓缩果汁应稀释至规定浓度），然后评定酸甜是否适口。

3）感官评价过程不应超过 2h。

（二）可溶性固形物

1. 原理

在 20℃时用折光计测量试验溶液的折光率，并用折光率与可溶性固形物含量的换算表查得或在折光计上直接读出可溶性固形物的含量。用折光计法测定的可溶性固形物含量，在规定的制备条件和温度下，水溶液中蔗糖的浓度和所分析的样品有相同的折光率，此浓度以质量分数表示。

2. 仪器和设备

1）阿贝折光计或糖度计：最小刻度分别为折射率（n_D）0.0001 和糖度（Brin）0.1%。

2）组织捣碎机。

3. 分析步骤

（1）试样的制备

1）液体制品及泥糊类制品：充分混匀待测样品后直接测定。

2）果蔬浆（泥）制品等：充分混匀待测样品，用四层纱布挤出滤液，用于测定。

3）果酱、果冻等：称取适量（一般称取 40g，精确到 0.01g）的待测样品到已称重的烧杯中，加入 100～150mL 蒸馏水，用玻璃棒搅拌，并缓和煮沸 2～3min，冷却并充分混匀。20min 后称重，精确到 0.01g，然后用槽纹漏斗或布氏漏斗过滤到干燥容器里，留滤液供测定用。

4）粥类罐头：开罐后，搅拌均匀形成待测样品。

5）固相和液相分开的制品：按固液相的比例，将样品用组织捣碎器捣碎后，过滤后取滤液用于测定。

4. 测定

1）折光计在测定前按说明书进行校正。

2）分开折光计的两面棱镜，以脱脂棉蘸乙醚或酒精擦净。

3）用末端熔圆之玻璃棒蘸取制备好的样液 2～3 滴，仔细滴于折光计棱镜平面的中央（注意：勿使玻璃棒触及棱镜）。

4）迅速闭合上下两棱镜，静置 1min，要求液体均匀无气泡并充满视野。

5）对准光源，由目镜观察，调节指示规，使视野分成明暗两部分。再旋动微调螺旋，使两部分的界限明晰，其分界线恰在接物镜的十字交叉点上，读取读数。

6）若折光计标尺刻度为百分数，则读数即为可溶性固形物的百分率，按可溶性固形物对温度校正表（表 9-6）换算成 20℃时标准的可溶性固形物百分率。

表 9-6　20℃时可溶性固形物含量对温度校正表

温度/℃	可溶性固形物含量/%														
	0	5	10	15	20	25	30	35	40	45	50	55	60	65	70
应减去之校正值															
10	0.50	0.54	0.58	0.61	0.64	0.66	0.68	0.70	0.72	0.73	0.74	0.75	0.76	0.78	0.79
11	0.46	0.49	0.53	0.55	0.58	0.60	0.62	0.64	0.65	0.66	0.67	0.68	0.69	0.70	0.71
12	0.42	0.45	0.48	0.50	0.52	0.54	0.56	0.57	0.58	0.59	0.60	0.61	0.61	0.63	0.63
13	0.37	0.40	0.42	0.44	0.46	0.48	0.49	0.50	0.51	0.52	0.53	0.54	0.54	0.55	0.55
14	0.33	0.35	0.37	0.39	0.40	0.41	0.42	0.43	0.44	0.45	0.45	0.46	0.46	0.47	0.48
15	0.27	0.29	0.31	0.33	0.34	0.34	0.35	0.36	0.37	0.37	0.38	0.39	0.39	0.40	0.40
16	0.22	0.24	0.25	0.26	0.27	0.28	0.28	0.29	0.30	0.30	0.30	0.31	0.31	0.32	0.32
17	0.17	0.18	0.19	0.20	0.21	0.21	0.21	0.22	0.22	0.23	0.23	0.23	0.23	0.24	0.24
18	0.12	0.13	0.13	0.14	0.14	0.14	0.14	0.15	0.15	0.15	0.15	0.16	0.16	0.16	0.16
19	0.06	0.06	0.06	0.07	0.07	0.07	0.07	0.08	0.08	0.08	0.08	0.08	0.08	0.08	0.08
应加入之校正值															
21	0.06	0.07	0.07	0.07	0.07	0.08	0.08	0.08	0.08	0.08	0.08	0.08	0.08	0.08	0.08
22	0.13	0.13	0.14	0.14	0.15	0.15	0.15	0.15	0.15	0.16	0.16	0.16	0.16	0.16	0.16
23	0.19	0.20	0.21	0.22	0.22	0.23	0.23	0.23	0.23	0.24	0.24	0.24	0.24	0.24	0.24
24	0.26	0.27	0.28	0.29	0.30	0.30	0.31	0.31	0.31	0.31	0.31	0.32	0.32	0.32	0.32
25	0.33	0.35	0.36	0.37	0.38	0.38	0.39	0.40	0.40	0.40	0.40	0.40	0.40	0.40	0.40
26	0.40	0.42	0.43	0.44	0.45	0.46	0.47	0.48	0.48	0.48	0.48	0.48	0.48	0.48	0.48
27	0.48	0.50	0.52	0.53	0.54	0.55	0.55	0.56	0.56	0.56	0.56	0.56	0.56	0.56	0.56
28	0.56	0.57	0.60	0.61	0.62	0.63	0.63	0.63	0.64	0.64	0.64	0.64	0.64	0.64	0.64
29	0.64	0.66	0.68	0.69	0.71	0.72	0.72	0.73	0.73	0.73	0.73	0.73	0.73	0.73	0.73
30	0.72	0.74	0.77	0.78	0.79	0.80	0.80	0.81	0.81	0.81	0.81	0.81	0.81	0.81	0.81

7）若折光计读数标尺刻度为折光率，则可读出其折光率，然后按折光率与可溶性固形物换算表（表 9-7）查得样品中可溶性固形物的百分率，再按可溶性固形物对温度校正表（表 9-6）换算成 20℃时标准的可溶性固形物百分率。

表 9-7　折光率与可溶性固形物换算表

折光率	可溶性固形物/%	折光率	可溶性固形物/%	折光率	可溶性固形物/%	折光率	可溶性固形物/%	折光率	可溶性固形物/%	折光率	可溶性固形物/%
1.3330	0.0	1.3549	14.5	1.3793	29.0	1.4066	43.5	1.4373	58.0	1.4713	72.5
1.3337	0.5	1.3557	15.0	1.3802	29.5	1.4076	44.0	1.4385	58.5	1.4737	73.0
1.3344	1.0	1.3565	15.5	1.3811	30.0	1.4086	44.5	1.4396	59.0	1.4725	73.5
1.3351	1.5	1.3573	16.0	1.3820	30.5	1.4096	45.0	1.4407	59.5	1.4749	74.0
1.3359	2.0	1.3582	16.5	1.3829	31.0	1.4107	45.5	1.4418	60.0	1.4762	74.5
1.3367	2.5	1.3590	17.0	1.3838	31.5	1.4117	46.0	1.4429	60.5	1.4774	75.0
1.3373	3.0	1.3598	17.5	1.3847	32.0	1.4127	46.5	1.4441	61.0	1.4787	75.5
1.3381	3.5	1.3606	18.0	1.3856	32.5	1.4137	47.0	1.4453	61.5	1.4799	76.0
1.3388	4.0	1.3614	18.5	1.3865	33.0	1.4147	47.5	1.4464	62.0	1.4812	76.5
1.3395	4.5	1.3622	19.0	1.3874	33.5	1.4158	48.0	1.4475	62.5	1.4825	77.0
1.3403	5.0	1.3531	19.5	1.3883	34.0	1.4169	48.5	1.4486	63.0	1.4838	77.5
1.3411	5.5	1.3539	20.0	1.3893	34.5	1.4179	49.0	1.4497	63.5	1.4850	78.0
1.3418	6.0	1.3647	20.5	1.3902	35.0	1.4189	49.5	1.4509	64.0	1.4863	78.5
1.3425	6.5	1.3655	21.0	1.3911	35.5	1.4200	50.0	1.4521	64.5	1.4876	79.0
1.3433	7.0	1.3663	21.5	1.3920	36.0	1.4211	50.5	1.4532	65.0	1.4888	79.5
1.3441	7.5	1.3672	22.0	1.3929	36.5	1.4221	51.0	1.4544	65.5	1.4901	80.0
1.3448	8.0	1.3681	22.5	1.3939	37.0	1.4231	51.5	1.4555	66.0	1.4914	80.5
1.3456	8.5	1.3689	23.0	1.3949	37.5	1.4242	52.0	1.4570	66.5	1.4927	81.0
1.3464	9.0	1.3698	23.5	1.3958	38.0	1.4253	52.5	1.4581	67.0	1.4941	81.5
1.3471	9.5	1.3706	24.0	1.3968	38.5	1.4264	53.0	1.4593	67.5	1.4954	82.0
1.3479	10.0	1.3715	24.5	1.3978	39.0	1.4275	53.5	1.4605	68.0	1.4967	82.5
1.3487	10.5	1.3723	25.0	1.3987	39.5	1.4285	54.0	1.4616	68.5	1.4980	83.0
1.3494	11.0	1.3731	25.5	1.3997	40.0	1.4296	54.5	1.4628	69.0	1.4993	83.5
1.3502	11.5	1.3740	26.0	1.4007	40.5	1.4307	55.0	1.4639	69.5	1.5007	84.0
1.3510	12.0	1.3749	26.5	1.4016	41.0	1.4318	55.5	1.4651	70.0	1.5020	84.5
1.3518	12.5	1.3758	27.0	1.4026	41.5	1.4329	56.0	1.4663	70.5	1.5033	85.0
1.3526	13.0	1.3767	27.5	1.4036	42.0	1.4340	56.5	1.4676	71.0		
1.3533	13.5	1.3775	28.0	1.4046	42.5	1.4351	57.0	1.4688	71.5		
1.3541	14.0	1.3781	28.5	1.4056	43.0	1.4362	57.5	1.4700	72.0		

8）测定温度。测定时温度最好控制在 20℃左右观测，尽可能缩小校正范围。

9）测定次数。同一个试验样品进行两次测定。

5. 数据处理

1）如果是不经稀释的透明液体或非黏稠制品或固相和液相分开的制品，则可溶性固形物含量与折光计上所读得的数相等。

2）如果是经稀释的黏稠制品，则可溶性固形物含量按式（9-7）计算。

$$X = \frac{D \times m_1}{m_0} \tag{9-7}$$

式中，X——可溶性固形物含量；

D——稀释溶液里可溶性固形物的质量分数，%；

m_1——稀释后的样品质量，单位为克（g）；

m_0——稀释前的样品质量，单位为克（g）。

3）如果测定的重现性已能满足要求，则取两次测定的算术平均值作为结果。

4）由同一个分析者紧接着进行两次测定的结果之差，应不超过 0.5%。

四、检验报告

罐头食品出厂检验报告单如表 9-8 所示。

表 9-8　罐头食品出厂检验报告单

产品名称			规格型号		
生产批号			生产日期	20___ 年__月__日～__月__日	
生产数量			取样日期	20___ 年__月__日	
样品数量			检验日期	20___ 年__月__日	
检验依据			GB/T 13515—2008《火腿罐头》		
序号	检验项目		质量要求		检验结果
1	感官指标	色泽	优级品：		
			一级品：		
		滋味、气味	优级品：		
			一级品：		
		组织、形态	优级品：		
			一级品：		
2	净含量		应符合《定量包装商品计量监督管理办法》的规定		
3	理化指标	固形物含量（质量分数）/%	优级品、一级品 □≥75		
		氯化钠（质量分数）/%	1.5～2.5		

检验结论：GB/T 13515—2008《火腿罐头》

（　）合格，准予放行。　　（　）不合格，按以下进行处置。

检验员：　　　　审核员：　　　　　　日期：

不合格品处置：

（　）返工　　（　）报废　　（　）改作他用　　（　）其他：

负责人：　　　　日期：

第四节　水　产　品

一、概念

水产品是指以鱼类、虾蟹类、头足类、贝类、棘皮类、腔肠类、藻类和其他可食用水生生物为主要原料，经加工而成的食品。

二、检验项目及依据

水产品出厂检验项目及检验依据如表 9-9 所示。

表9-9　水产品出厂检验项目及检验依据

序号	检验项目	检验依据	备注
1	规格	SC/T 3204—2021《虾米》	虾米、烤虾
2	感官	SC/T 3204—2021《虾米》 SC/T 3205—2016《虾皮》 SC/T 3207—2018《干贝》 SC/T 3208—2017《鱿鱼干、墨鱼干》 SC/T 3213—2019《干裙带菜叶》 SC/T 3202—2012《干海带》 GB/T 23597—2022《干紫菜质量通则》 SC/T 3206—2009《干海参》 GB/T 36187—2018《冷冻鱼糜》 SC/T 3215—2014《盐渍海参》 SC/T 3210—2015《盐渍海蜇皮和盐渍海蜇头》 SC/T 3302—2010《烤鱼片》 GB/T 23596—2009《海苔》 SC/T 3308—2014《即食海参》	虾米、虾皮、干贝、鱿鱼干、墨鱼干、干裙带菜叶、干海带、干紫菜、干海参、鱼糜、盐渍海参、盐渍海蜇头、盐渍海蜇皮、烤鱼片、鱿鱼丝、烤虾、海苔、即食海参
3	净含量	JJF 1070—2005《定量包装商品净含量计量检验规则》	虾米、虾皮、干贝、鱿鱼干、墨鱼干、干裙带菜叶、干海参、烤鱼片、鱿鱼丝、即食海参
4	完整率	SC/T 3204—2021《虾米》 SC/T 3207—2018《干贝》	虾米、干贝、烤虾
5	水分	GB 5009.3—2016《食品安全国家标准　食品中水分的测定》直接干燥法 SC/T 3202—2012《干海带》	虾米、虾皮、干贝、鱿鱼干、墨鱼干、干裙带菜叶、干海带、干紫菜、干海参、鱼糜、盐渍海参、盐渍海蜇头、盐渍海蜇皮、烤鱼片、鱿鱼丝、烤虾、海苔
6	盐分	SC/T 3011—2001《水产品中盐分的测定》直接滴定法	虾米、虾皮、鱿鱼干、墨鱼干、干海参、盐渍海参、烤鱼片、鱿鱼丝
7	水产夹杂物	SC/T 3205—2016《虾皮》	虾皮
8	氯化物	GB 5009.44—2016《食品安全国家标准 食品中氯化物的测定》第一法 电位滴定法	干贝、干裙带菜叶
9	泥沙杂质	SC/T 3202—2012《干海带》	干海带
10	水发后干重	SC/T 3206—2009《干海参》	干海参
11	含沙量	SC/T 3206—2009《干海参》	干海参
12	凝胶强度	GB/T 36187—2018《冷冻鱼糜》	鱼糜
13	杂点	GB/T 36187—2018《冷冻鱼糜》	鱼糜
14	PH 值	GB 5009.237—2016《食品安全国家标准 食品 pH 值的测定》	鱼糜、即食海参
15	冻品中心温度	GB/T 36187—2018《冷冻鱼糜》	鱼糜
16	净含量偏差	JJF 1070—2005《定量包装商品净含量计量检验规则》	鱼糜、烤虾
17	附盐	SC/T 3215—2014《盐渍海参》	盐渍海参
18	明矾	SC/T 3210—2015《盐渍海蜇皮和盐渍海蜇头》	盐渍海蜇头、盐渍海蜇皮
19	碎末率	SC/T 3304—2001《鱿鱼丝》	鱿鱼丝
20	挥发性盐基氮	GB 5009.228—2016《食品安全国家标准 食品中挥发性盐基氮的测定》	烤虾

序号	检验项目	检验依据	备注
21	固形物	SC/T 3308—2014《即食海参》	即食海参
22	菌落总数	GB 4789.2—2022《食品安全国家标准 食品微生物学检验 菌落总数测定》	干紫菜、烤鱼片、鱿鱼丝
23	大肠菌群	GB 4789.3—2016《食品安全国家标准 食品微生物学检验 大肠菌群计数》	干紫菜、烤鱼片、鱿鱼丝、海苔

三、检验规程

（一）规格

SC/T 3204—2021《虾米》中 5.5 方法测定，将测定完整率的完整虾米计粒数，换算为每千克样品中虾米的粒数。

（二）感官检验

1. SC/T 3204—2021《虾米》中 4.1 方法检测

将试样置于白色搪瓷盘或不锈钢工作台上，于光线充足、无异味的环境中按本标准的感官要求逐项进行感官检验。

2. SC/T 3205—2016《虾皮》中 4.1 方法检测

在光线充足、无异味的环境中，将试样置于白色搪瓷盘或不锈钢工作台上，采用目测、鼻嗅、口尝、手触等方法，感官要求逐项进行感官检验。

3. SC/T 3208—2017《鱿鱼干、墨鱼干》中 5.1 方法检测

在光线充足、无异味和其他干扰的环境下，先检查样品包装是否完好，再拆开包装袋，将试样平置于白色搪瓷盘或不锈钢工作台上按本标准感官要求逐项检查。

4. SC/T 3213—2019《干裙带菜叶》中 5.1 方法检测

在光线充足、无异味的环境中，将样品摊于白色搪瓷盘中，查看干裙带菜叶的色泽及有无杂质和盐屑；嗅闻气味。用适量水浸泡裙带菜叶，待叶片展开后，查看枯叶、花斑、暗斑、毛刺情况。

5. SC/T 3202—2012《干海带》中 5.1 方法检测

在光线充足、无异味或其他干扰的环境下，将海带叶体展开观察看外观，以分度值为 0.5cm 的直尺测叶体黄白边、花斑。

6. GB/T 23597—2022《干紫菜质量通则》中 6.1 方法检测

1）在光线充足、无异味和其他干扰的环境下，先检查样品包装是否完好，再拆开包装袋，将试样平置于白色搪瓷盘或不锈钢工作台上。

2）采用目测、鼻嗅、品尝等方法逐项检查。

7. SC/T 3206—2009《干海参》中 4.4 方法检测

将样品平摊于白搪瓷盘内，于光线充足无异味的环境中，按感官要求的规定检查色泽、气味、外观。复水后感官：取 4.3.4b）得到的海参，检查复水后的肉质、外形、弹性等。

8. GB/T 36187—2018《冷冻鱼糜》中 5.1 方法检测

将试样置于白色搪瓷盘或不锈钢工作台上，于光线充足、无异味的环境中按感官要求逐项进行感官检验。

9. SC/T 3215—2014《盐渍海参》中 4.2 方法检测

将样品平摊于白搪瓷盘内，按感官要求逐项检验，并检查海参体内部。

（三）水产品中盐分的测定

测定采用 SC/T 3011—2001《水产品中盐分的测定》直接滴定法，本方法适用于经处理后样品的水溶液颜色较浅的样品。

1. 原理

样品经灰化完全后用水洗出氯离子（或经稀释后），用硝酸银溶液直接滴定，用铬酸钾溶液指示终点。

2. 试剂

本方法所用水均为蒸馏水，蒸馏水应符合 GB/T 6682 中三级水的规定；试剂为分析纯。
1）10%铬酸钾溶液：称取 10g 铬酸钾固体，溶于 100mL 水中。
2）0.1mol/L 硝酸银标准液：按 GB/T 5009.1 中附录 B 的规定执行。
3）0.1moL/L 氢氧化钠溶液：称取 4g 氢氧化钠溶于 1000mL 水中。
4）0.1mol/L 盐酸溶液：移取 8.3mL 盐酸于 1000mL 水中，混匀。
5）0.1%百里香酚蓝（麝香草酚蓝）：按 GB/T 603 中 4.5.12 配制。

3. 样品处理及试液制备

（1）固体样品
粉末状样品可直接取样，片状或其他形状的大块样品需将样品处理成 3mm×3mm 以下小块或捣碎，混合均匀。

称试样 2～3g（称准至 0.0001g）于干燥的 30mL 瓷坩埚中，在电炉上炭化至无烟（样品水分大的可先在 130℃烘箱中烘干），放入 550～600℃高温炉中灼烧 2h（至样品残渣易压碎为止），取出放冷。在坩埚内加入少量水润湿后用玻璃棒捣碎并研磨均匀，小心移入 100mL 容量瓶中，摇匀过滤，取滤液备用（含盐量低的样品可直接全量过滤于 250mL 三角烧瓶中）。

（2）液体样品
称取充分混匀的样品 10g（称准至 0.01g）或移取 10mL（按产品标准中标示单位要求确定）于 100mL 容量瓶中，用水稀释至刻度备用（如果样品中含有悬浮物干扰测定，则可用干滤纸过滤，弃取最初的 10mL，取滤液备用）。

（3）固液体样品

按固液体比例，取具有代表性样品至少 200g，去除不可食部分，用研钵或组织捣碎机捣碎，混匀。取样品 5g 于 30mL 瓷坩埚中，在 130℃烘箱中烘干。在电炉上炭化至无烟，放入 550～600℃高温炉中灼烧 2h，取出放冷后，在坩埚内加少量水用玻璃棒捣碎并研磨均匀转移入 100mL 容量瓶中定容至刻度，混匀，过滤，滤液备用。

（4）盐渍样品

用滤纸吸干样品表面水分，将表面附盐杂质去除干净（至肉眼看不见为止），捣碎混匀，或剪成 5mm×5mm 以下的小块，混合均匀。

称取 20g 样品（称准至 0.01g）于 250mL 烧杯中，加水 150mL，加热煮沸，自然放冷后，将液体转入 500mL 容量瓶中，然后将残渣用 50mL 水冲洗 3 次，洗液合并于同一容量瓶中，放冷，用水稀释至刻度备用。

4. 分析步骤

取 3.制备的样品液适量（含氯化钠 50～100mg，含量低的样品可采用全量分析），于 250mL 三角瓶中，加水至约 100mL（必要时，加 2～3 滴百里香酚蓝指示剂，用 0.1mol/L 盐酸或 0.1mol/L 氢氧化钠滴定至刚显淡蓝色（pH 值为 6.5～10.5），加 0.5mL10%铬酸钾指示剂，用 0.1mol/L 硝酸银标准液滴定至刚显砖红色为终点，同时做空白对照。

5. 数据处理

样品中盐分含量按式（9-8）计算。计算结果保留至小数点后第二位。

$$X(\text{以NaCl计,}\%) = \frac{(V - V_0) \times c \times 0.05845}{m \times \dfrac{V_1}{V_2}} \times 100 \qquad (9\text{-}8)$$

式中，X——样品中盐分含量（以 NaCl 计），%；

V——滴定样品所用硝酸银标准液的体积，mL；

V_0——滴定空白所用硝酸银的体积，mL；

V_1——滴定移取滤液的体积，mL；

V_2——样品处理后的总体积，mL；

C——硝酸银标准液的浓度，mol/L；

m——称取样品的质量，g；

0.05845——与 1ml.1mol/L 硝酸银标准液相当的氯化钠质量，g。

6. 重复性

同时做两个平行样，盐分含量≥3%时，测定结果相对偏差允许 3%；盐分含量<3%时，测定结果绝对偏差允许 0.2%。结果取平行样的算术平均值。

7. 注意事项

滴定时溶液的 pH 值应为 6.5～10.5，否则测定结果会有误差。

（四）凝胶强度的测定

测定采用 GB/T 36187—2018《冷冻鱼糜》中附录 A 的规定检测。

1. 原理

向半解冻的鱼糜中添加食用盐，经斩拌、灌肠、加热、冷却后制成鱼糕。以载物平台恒速相向运动，探头挤压直到鱼糕破裂，测得破断力和破断距离，二者乘积即为鱼糜的凝胶强度。

2. 仪器与材料

1）弹性仪或质构仪：测试不小于 60mm/min，配有直径为 5mm 的球形探头。
2）恒温水浴锅：温度范围为室温至 100℃。
3）温度计：量程为-20～+110℃。
4）灌肠机：充填管直径≤33mm。
5）斩拌机。
6）聚氯乙烯肠衣：折径为 48mm。

3. 分析步骤

鱼糕的制作步骤如下。
（1）解冻
将冷冻鱼糜置于塑料袋中，密封后于流水或室温下解冻，至样品中心温度约-5℃时，备用。
（2）斩拌
斩拌要求如下。
1）在室温 25℃以下进行斩拌。
2）称取上述样品不少于 500g，放入已预冷的斩拌机中斩拌，至样品温度为 0～3℃时，均匀撒入 3%食用盐，继续斩拌至浆料黏稠、细腻，温度为（11±3）℃。
3）取出浆料，放入灌肠机中。
（3）灌肠
立即用灌肠机将浆料灌入折径为 48mm 的肠衣中，扎牢两端口。灌注时，鱼浆应紧密，不得有明显的气泡。
（4）加热及冷却
将灌肠放入（90±1）℃水浴锅中，恒温加热 30min 后，立即取出并投入冰水中，充分冷却 30 min；取出置于室温（室温≤25℃），静置 12～24h。
（5）切段
将冷却后的灌肠剥去肠衣，切成 24mm 鱼糕段，切面应整齐、光滑，不得有破裂口。

4. 凝胶强度测量

将上述切好的鱼糕置于载物平台上，中心对准探头。将载物平台与探头以 60mm/min 的速度恒定相向运动，直至探头插入鱼糕中，测得破断力（以 g 表示，精确至 1g）和破断距离（以 cm 表示，精确至 0.01cm），应连续检测 10 个平行样。

5. 数据处理

凝胶强度按式（9-9）计算。结果计算时，去除最大值和最小值，计算其余平行样的凝胶强度的算术平均值，计算结果保留整数。

$$X = \frac{1}{n} \sum_{i=1}^{n} W_i \times L_i \qquad (9\text{-}9)$$

式中，X——凝胶强度，单位为克·厘米（g·cm）；

　　　W——破断力，单位为克（g）；

　　　L——破断距离，单位为厘米（cm）；

　　　n——检测平行样数；

　　　i——检测平行样序号。

（五）挥发性盐基氮的测定

测定采用 GB 5009.228—2016《食品安全国家标准 食品中挥发性盐基氮的测定》第二法自动凯式定氮法。

除非另有说明，本方法所用试剂均为分析纯，水为 GB/T 6682 规定的三级水。

1. 试剂

试剂包括氧化镁（MgO）、硼酸（H_3BO_3）、盐酸（HCl）或硫酸（H_2SO_4）、甲基红指示剂（$C_{15}H_{15}N_3O_2$）、溴甲酚绿指示剂（$C_{21}H_{14}Br_4O_5S$）、95%乙醇（C_2H_5OH）。

2. 试剂配制

1）硼酸溶液（20g/L）：同 GB 5009.228—2016《食品安全国家标准 食品中挥发性盐基氮的测定》3.2.2。

2）盐酸标准滴定溶液（0.1000mol/L）或硫酸标准滴定溶液（0.1000mol/L）：同 GB 5009.228—2016《食品安全国家标准 食品中挥发性盐基氮的测定》3.2.4。

3）甲基红乙醇溶液（1g/L）：同 GB 5009.228—2016《食品安全国家标准 食品中挥发性盐基氮的测定》3.2.6。

4）溴甲酚绿乙醇溶液（1g/1）：同 GB 5009.228—2016《食品安全国家标准 食品中挥发性盐基氮的测定》3.2.7。

5）混合指示液：1 份甲基红乙醇溶液与 5 份溴甲酚绿乙醇溶液临用时混合。

3. 仪器和设备

1）天平：感量为 1mg。

2）搅拌机。

3）自动凯氏定氮仪。

4）蒸馏管：500mL 或 750mL。

5）吸量管：10.0mL。

4. 分析步骤

（1）仪器设定

1）标准溶液使用盐酸标准滴定溶液（0.1000mol/L）或硫酸标准滴定溶液（0.1000mol/L）。

2）带自动添加试剂、自动排废功能的自动定氮仪，关闭自动排废、自动加碱和自动加水功能，设定加碱、加水体积为0mL。

3）硼酸接收液加入设定为30mL。

4）蒸馏设定：设定蒸馏时间180s或蒸馏体积200mL，以先到者为准。

5）滴定终点设定：采用自动电位滴定方式判断终点的定氮仪，设定滴定终点pH=4.65。采用颜色方式判断终点的定氮仪，使用混合指示液，30mL硼酸接收液滴加10滴混合指示液。

（2）试样处理

鲜（冻）肉去除皮、脂肪、骨、筋腱，取瘦肉部分，鲜（冻）海产品和水产品去除外壳、皮、头部、内脏、骨刺，取可食部分，绞碎搅匀。制成品直接绞碎搅匀。肉糜、肉粉、肉松、鱼粉、鱼松、液体样品等均匀样品可直接使用。皮蛋（松花蛋）、咸蛋等腌制蛋去蛋壳、去蛋膜，按蛋：水=2：1的比例加入水，用搅拌机绞碎搅匀成匀浆。皮蛋、咸蛋样品称取蛋匀浆15g（计算含量时，蛋匀浆的质量乘以2/3即为试样质量），其他样品称取试样10g，精确至0.00g，液体样品吸取10.0mL，于蒸馏管内，加入75mL水，振摇，使试样在样液中分散均匀，浸渍30min。

（3）测定

1）按照仪器操作说明书的要求运行仪器，通过清洗、试运行，使仪器进入正常测试运行状态，首先进行试剂空白测定，取得空白值。

2）在装有已处理试样的蒸馏管中加入1g氧化镁，立刻连接到蒸馏器上，按照仪器设定的条件和仪器操作说明书的要求开始测定。

3）测定完毕及时清洗和疏通加液管路和蒸馏系统。

5. 数据处理

试样中挥发性盐基氮的含量按式（9-10）计算。

$$X = \frac{(V_1 - V_2) \times c \times 14}{m} \times 100 \qquad (9-10)$$

式中，X——试样中挥发性盐基氮的含量，单位为毫克每百克（mg/100g）或毫克每百毫升（mg/100mL）；

V_1——试液消耗盐酸或硫酸标准滴定溶液的体积，单位为毫升（mL）；

V_2——试剂空白消耗盐酸或硫酸标准滴定溶液的体积，单位为毫升（mL）；

c——盐酸或硫酸标准滴定溶液的浓度，单位为摩尔每升（mol/L）；

14——滴定1mL盐酸[c（HCl）=1mol/L]或硫酸[c（1/2H$_2$SO$_4$）=1mol/L]标准滴定溶液相当的氮的质量，单位为克每摩尔（g/mol）；

m——试样质量，单位为克（g），或试样体积，单位为（mL）；

100——计算结果换算为毫克每百克（mg/100g）或毫克每百毫升（mg/100mL）的换算系数。实验结果以重复性条件下获得的两次独立测定结果的算术平均值表示，结果保留三位有效数字。

6. 精密度

在重复性条件下获得的两次独立测定结果的绝对差值不得超过算术平均值的10%。

四、检验报告

水产品（以虾米为例）出厂检验报告单如表9-10所示。

表 9-10　水产品（以虾米为例）出厂检验报告单

产品名称			规格型号			
生产批号			生产日期	20___年__月__日~__月__日		
生产数量			取样日期	20__年__月__日		
样品数量			检验日期	20__年__月__日		
检验依据			SC/T 3204—2021《虾米》			
序号	检验项目		质量要求			检验结果
			一级品	二级品	三级品	
1	感官指标	色泽	具有虾米固有颜色,有光泽	具有虾米固有颜色,稍有光泽	具有虾米固有颜色	
		组织与形态	虾身自然弯曲,肉质较坚实,大小基本均匀,虾体基本无粘壳、附肢,基本无虾糠	虾身自然弯曲,肉质较坚实,大小较均匀,允许有少量粘壳、附肢、虾糠	虾身自然弯曲,肉质较坚实,允许有粘壳、附肢和虾糠	
		口味及气味	鲜香味,细嚼有鲜甜味	有鲜味,无氨臭等异味	略有鲜味,无氨臭等异味	
		其他	无泥沙、塑料线绳等外来杂质,无霉变现象			
2	净含量/g	□0~50g　　允许短缺量：9% □50~100g　允许短缺量：4.5g □100~200g　允许短缺量：4.5% □200~300g　允许短缺量：9g				
3	规格/（粒/kg）	特大	大	中	小	
		≤1500	1501~2000	2001~3000	≥3001	
4	理化指标	水分/%	□一级品≤28　　　□二级品≤32　　　□三级品≤35			
		盐分（以NaCl计）/%	□一级品≤3　　　　□二级品≤5　　　　□三级品≤15			
		完整率/%	□一级品≥98　　　□二级品≥95　　　□三级品≥90			

检验结论：SC/T 3204—2021《虾米》

（　　）合格，准予放行。　　（　　）不合格，按以下进行处置。

检验员：　　　　　审核员：　　　　　日期：

不合格品处置：

（　　）返工　　（　　）报废　　（　　）改作他用　　（　　）其他：

负责人：　　　　　日期：

第五节 膨 化 食 品

一、概念

膨化食品包括以谷物、豆类、薯类等为主要原料，采用膨化工艺制成的体积明显增大，具有一定膨化度的疏脆食品。按加工工艺可分为焙烤型、油炸型、直接挤压型、花色型4种类型。产品出厂基本要求如下。

1）包装、标签标识、贮藏应符合 GB 7718—2011《食品安全国家标准 预包装食品标签通则》。包装、标签是指食品包装上的文字、图形、符号及一切说明物，应在清洁、避光、干燥、通风、无虫害、无鼠害的仓库内贮存。

2）食品添加剂的使用应符合标准 GB 2760—2014《食品安全国家标准 食品添加剂使用标准》。主要食品添加剂的功能及最大使用量如表 9-11 所示。

表 9-11 主要食品添加剂的功能及最大使用量

序号	名称	功能	最大使用量/（g/kg）
1	丙二醇脂肪酸酯	乳化剂、稳定剂	2
2	二丁基羟基甲苯	抗氧化剂	0.2
3	二氧化钛	着色剂	10
4	聚甘油脂肪酸酯	乳化剂、稳定剂、增稠剂、抗结剂	10

3）食品营养强化剂应符合标准 GB 14880—2012《食品安全国家标准 食品营养强化剂使用标准》。维生素 A 和维生素 D 的使用量如表 9-12 所示。

表 9-12 维生素 A 和维生素 D 的使用量

序号	名称	使用量/（ug/kg）
1	维生素 A	600～1500
2	维生素 D	10～60

二、检验项目及依据

膨化食品出厂检验项目及检验依据如表 9-13 所示。

表 9-13 膨化食品出厂检验项目及检验依据

序号	检验项目	检验依据
1	感官	GB 17401—2014《食品安全国家标准 膨化食品》
2	净含量	JJF 1070—2005《定量包装商品净含量计量检验规则》
3	水分	GB 5009.3—2016《食品安全国家标准 食品中水分的测定》
4	菌落总数	GB 4789.2—2016《食品安全国家标准 食品微生物学检验 菌落总数测定》
5	大肠菌群	GB 4789.3—2016《食品安全国家标准 食品微生物学检验 大肠菌群计数》

生产膨化食品的企业应当具备下列检验设备：分析天平（0.1mg）、干燥箱、微生物培养

箱、灭菌锅、生物显微镜、无菌室或超净工作台。

三、检验规程

（一）感官检验

取适量试样置于白色瓷盘中，在自然光下观察其色泽和状态；闻其气味，用温开水漱口，品尝滋味。

（二）水分的测定（直接干燥法）

同蔬菜制品中水分的测定。

（三）原始记录表格

原始记录如表 9-14 所示。

表 9-14　原始记录

产品名称		规格型号	
生产批号		生产日期	20_年_月_日～_月_日
生产数量		取样日期	20_年_月_日
样品数量		检验日期	20_年_月_日
检验项目		检验依据	
仪器设备名称及编号			
环境条件	温度：　　℃		相对湿度：　　%

一、感官

1. 形态：无霉变，无正常视力可见的外来异物。

2. 色泽：具有该产品应有的色泽。

3. 滋味、气味：滋味、气味具有产品应有的滋味、气味，无异味。

4. 杂质：无可见杂质。

二、水分

序号	恒重后称量皿烘干干重量 m_1/g	烘干前样品与称量皿重量 m_2/g	烘干后样品与称量皿重量 m_3/g	结果
1				
2				
平均值 X=		干燥失重=$(m_1-m_2)/(m_1-m_3)\times100$		

三、净含量

序号	项目	平行实验 1	平行实验 2	平行实验 3
1	样品标准净含量 Q/g			
2	包装容器+内装商品重量 W/g			
3	包装容器重量 P/g			
4	计算样品实际含量 q/g			
5	单间净含量偏差 X/g			
6	公式		$X=(q-Q/Q)\times100$（%）	
7	结论			
8	备注			

四、菌落总数

检验方法	条件|稀释度	空白	10^{-1}	10^{-2}	10^{-3}	菌落计算公式	菌落总数 CFU
GB 4789.2—2016	平板计数琼脂，（36±1）℃，（48±2）h 各平板菌落数					$N=\sum C/(n_1+0.1n_2)d$	

注：N——样品菌落总数；$\sum C$——平板（含适宜范围菌落数的平板）菌落数之和；n_1——第一个适宜稀释度平板上的菌落数；n_2——第二个适宜稀释度平板上的菌落数；d——稀释因子（第一个稀释度）；d_n——相应的稀释度。

五、大肠菌群

检验方法	条件/接种量	$1gx^3$	$0.1gx^3$	$0.01gx^3$	大肠菌群/（MPN/100g）
GB 4789.3—2016	LST（36±1）℃-（48±2）h				
	BGLB（36±1）℃-（48±2）h				

注：P 表示阳性；N 表示阴性。

（四）合格判定

相关理化指标如表 9-15 和表 9-16 所示。

表 9-15　理化指标 1

项目	焙烤型	挤压型	油炸型
干燥失重/%≤	7	7	7

表 9-16　理化指标 2

项目	指标
菌落总数/（CFU/g）≤	10000
大肠菌数/（MPN/100g）≤	10

四、检验报告

膨化食品出厂检验报告单如表 9-17 所示。

表 9-17　膨化食品出厂检验报告单

产品名称		规格型号		
生产批号		生产日期	20___年__月__日～__月__日	
生产数量		取样日期	20___年__月__日	
样品数量		检验日期	20___年__月__日	
检验依据	GB 17401—2014《食品安全国家标准 膨化食品》			
序号	检验项目		质量要求	检验结果
1	膨化食品	形态	□无霉变，无正常视力可见的外来异物	
		色泽	□具有该产品应有的色泽	

续表

序号	检验项目		质量要求	检验结果
1	膨化食品	滋味、气味	□ 具有该产品应有的滋味、气味，无异味	
		杂质	□ 正常视力无可见杂质	
2	净含量/g		□ 0～50g　　　允许短缺量：9% □ 50～100g　　允许短缺量：4.5g □ 100～200g　允许短缺量：4.5% □ 200～300g　允许短缺量：9g	
3	干燥失重/%			
4	菌落总数/（CFU/g）		□ ≤10000	
5	大肠菌群/（MPN/100g）		□ ≤10	
6	标签		符合 GB 7718—2011《食品安全国家标准　预包装食品标签通则》	

检验结论：GB 17401—2014《食品安全国家标准　膨化食品》

（　）合格，准予放行。　　　　（　）不合格，按以下进行处置。

检验员：　　　　审核员：　　　　日期：

不合格品处置：

（　）返工　　（　）报废　　（　）改作他用　　（　）其他：

负责人：　　　　日期：

第六节　薯类食品

一、概念

薯类食品是指以薯类为主要原料，经过一定的加工工艺制作而成的食品。薯类食品按加工工艺主要分为干制薯类、冷冻薯类、薯泥（酱）类、薯粉类、其他薯类。

产品出厂基本要求如下：

1）包装、标签标识应符合 GB 7718—2011《食品安全国家标准　预包装食品标签通则》。

2）应在清洁、避光、干燥、通风、无虫害、无鼠害的仓库内贮存。

二、检验项目及依据

薯类食品出厂检验项目及检验依据如表 9-18 所示。

表 9-18　薯类食品出厂检验项目及检验依据

序号	检验项目	检验依据
1	感官	QB/T 2686—2021《马铃薯片（条、块）》
2	净含量	JJF 1070—2005《定量包装商品净含量计量检验规则》
3	水分	GB 5009.3—2016《食品安全国家标准　食品中水分的测定》
4	菌落总数	GB 4789.2—2016《食品安全国家标准　食品微生物学检验　菌落总数测定》
5	大肠菌群	GB 4789.3—2016《食品安全国家标准　食品微生物学检验　大肠菌群计数》

生产薯类食品的企业应当具备下列检验设备：天平（0.1g）、分析天平（0.1mg）、干燥箱、灭菌锅、微生物培养箱、生物显微镜、无菌室或超净工作台。

三、检验规程

（一）感官检验

1）形态：片型较完整，可以有部分量碎片。
2）色泽：色泽基本均匀，无油炸过焦的颜色。
3）滋味和气味：具有马铃薯经加工后应有的香味，无焦苦味、哈喇味或其他气味。
4）口感：具有油炸或焙烤马铃薯片特有的薄脆的口感。
5）杂质：无正常视力可见的外来杂质。

（二）水分的测定（直接干燥法）

同蔬菜制品中水分的测定。

（三）原始记录表格

原始记录如表 9-19 所示。

表 9-19　原始记录

产品名称		规格型号	
生产批号		生产日期	20_ 年_月_日～_月_日
生产数量		取样日期	20_ 年_月_日
样品数量		检验日期	20_ 年_月_日
检验项目		检验依据	
仪器设备名称及编号			
环境条件	温度：　　℃		相对湿度：　　%

一、感官
1. 形态：片型较完整，可以有部分量碎片。
2. 色泽：色泽基本均匀，无油炸过焦的颜色。
3. 滋味、气味：具有马铃薯经加工后应有的香味，无焦苦味、哈喇味或其他气味。
4. 口感：具有油炸或焙烤马铃薯片特有的薄脆的口感。
5. 杂质：无正常视力可见外来的杂质。

二、水分（%）

序号	恒重后称量皿烘干干重量 m_1/g	烘干前样品与称量皿重量 m_2/g	烘干后样品与称量皿重量 m_3/g	结果
1				
2				
平均值 $X=$			干燥失重 $=(m_1-m_2)/(m_1-m_3)\times100$	

三、净含量

序号	项目	平行实验 1	平行实验 2	平行实验 3
1	样品标准净含量 Q/g			
2	包装容器＋内装商品重量 W/g			
3	包装容器重量 P/g			
4	计算样品实际含量 q/g			
5	单间净含量偏差 X/g			
6	公式	$X=(q-Q/Q)\times100$（%）		

序号	项目	平行实验 1	平行实验 2	平行实验 3
7	结论			
8	备注			

四、菌落总数

检验方法	条件|稀释度	空白	10^{-1}	10^{-2}	10^{-3}	菌落计算公式	菌落总数 CFU
GB/T 4789.2—2016	平板计数琼脂，（36±1）℃，（48±2）h 各平板菌落数					$N=\sum C/(n_1+0.1n_2)d$	

注：N=样品菌落总数；$\sum C$=平板（含适宜范围菌落数的平板）菌落数之和；n_1=第一个适宜稀释度平板上的菌落数；n_2=第二个适宜稀释度平板上的菌落数；d=稀释因子（第一个稀释度）；dn=相应的稀释度。

五、大肠菌群

检验方法	条件/接种量	$1gx^3$		$0.1gx^3$		$0.01gx^3$		大肠菌群（MPN/100g）
GB/T 4789.3—2016	LST（36±1）℃-（48±2）h							
	BGLB（36±1）℃-（48±2）h							

注：P 表示阳性；N 表示阴性。

（四）合格判定

相关理化指标如表 9-20 和表 9-21 所示。

表 9-20　理化指标 1

项目	焙烤型	油炸型
干燥失重/%≤	5	5

表 9-21　理化指标 2

项目	指标
菌落总数/（CFU/g）≤	10000
大肠菌数/（MPN/100g）≤	90

四、检验报告

薯类食品（以马铃薯片为例）出厂检验报告单如表 9-22 所示。

表 9-22　薯类食品（以马铃薯片为例）出厂检验报告单

产品名称		规格型号	
生产批号		生产日期	20___年__月__日～__月__日
生产数量		取样日期	20___年__月__日
样品数量		检验日期	20___年__月__日
检验依据		QB/T 2686—2021《马铃薯片（条、块）》	

续表

序号	检验项目		质量要求	检验结果
1	马铃薯片	形态	□形状基本完整，允许有部分碎片、碎条或碎块	
		色泽	□具有该产品应有的色泽	
		滋味、气味	□具有马铃薯经加工后应有的滋味，无焦苦味、哈喇味或其他异味	
		口感	□具有产品特有的疏松或松脆的口感	
		杂质	□正常视力无可见杂质	
2	净含量/g		□0～50g　　允许短缺量：9% □50～100g　　允许短缺量：4.5g □100～200g　　允许短缺量：4.5% □200～300g　　允许短缺量：9g	
3	干燥失重/%			
4	菌落总数/（CFU/g）		□微生物限量应按 GB 4789.2—2016 规定的方法测定	
5	大肠菌群/（MPN/100g）		□微生物限量应按 GB 4789.3—2016 规定的方法测定	
6	标签		符合 GB 7718—2011《食品安全国家标准 预包装食品标签通则》	

检验结论：QB/T 2686—2021《马铃薯片（条、块）》

（　　）合格，准予放行。　　　（　　）不合格，按以下进行处置。

检验员：　　　　　审核员：　　　　　日期：

不合格品处置：

（　　）返工　　（　　）报废　　（　　）改作他用　　（　　）其他：

负责人：　　　　　日期：

第四篇
质量保证与效益提升——质量总监成长之路

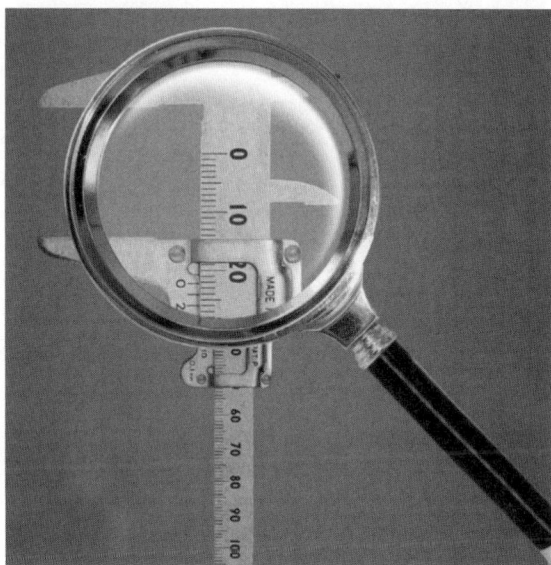

第十章　全面质量管理与精益生产

全面质量管理（total quality management，TQM）起源于美国，费根堡姆（Feigenbaum）于 1961 年在《全面质量管理》一书中最先提出了全面质量管理的概念。这个概念被提出后，在全世界引起了较大反响，但真正得到大力推广和取得明显效果的是在日本。由于在日本的成功运用，全面质量管理引起了世界各国的广泛重视，并得到了极大的发展，使全面质量管理的理论趋于成熟。

在中国，全面质量管理的概念是在 1978 年以后才逐步建立起来的。1978 年，随着中国经济体制变革，北京内燃机厂从日本小松制作所引入了全面质量控制（total quality control，TQC）的思想，这一概念的引进大大推动了我国对质量概念认识的深化，也促进了企业对整体质量的认识和重视，掀起了全国性的全面质量管理浪潮。

2020 年，党的十九届五中全会审议通过的《中共中央关于制定国民经济和社会发展第十四个五年规划和二〇三五年远景目标的建议》中明确提出"十四五"时期经济社会发展要"以推动高质量发展为主题"，"坚定不移建设制造强国、质量强国、网络强国、数字中国，推进产业基础高级化、产业链现代化，提高经济质量效益和核心竞争力"。党的十九大报告中指出："必须坚持质量第一、效益优先，以供给侧结构性改革为主线，推动经济发展质量变革。"

2017 年发布的《中共中央 国务院关于开展质量提升行动的指导意见》强调实施质量强国战略；坚持以企业为质量提升主体；加强全面质量管理，推广应用先进质量管理方法，提高全员、全方位、全过程质量控制水平；推进全面质量管理，发挥质量标杆企业和中央企业示范引领作用，加强全员、全方位、全过程质量管理，提质降本增效。

在国内大循环的背景下，企业理解顾客对绿色、健康、体验等质量要素的新需求，提升企业对市场需求的捕捉能力，能更好地满足消费者的需求升级。企业建立更加完善的质量管理体系与更加高效的质量管理模式，推进全面质量管理上新台阶。

第一节　精益生产管理理念

一、精益生产的概念

精益生产（lean production，LP）是美国麻省理工学院数位国际汽车计划组织（International Motor Vehicle Program，IMVP）的专家对日本"丰田准时化生产方式"的赞誉之称。精，即少而精，不投入多余的生产要素，只是在适当的时间生产必要数量的市场急需产品（或下道工序急需的产品）；益，即所有经营活动都要有益有效，具有经济性。精益生产是当前工业界较佳的一种生产组织体系和方式。

精益生产源于丰田公司所创造的丰田生产方式（Toyota production system，TPS），是继泰勒生产方式（科学管理法）和福特生产方式（大量装配线方式）之后诞生的新型生产模式，被喻为"改变世界的机器"。它的基本理念是通过寻找和消除生产过程中各种各样的浪费现象，达到彻底降低成本的目的。

精益生产既是一种以最大限度地减少企业生产所占用的资源和降低企业管理与运营成本为主要目标的生产方式，又是一种理念、一种文化。实施精益生产就是追求完美的历程和卓越的过程，其目标是精益求精，尽善尽美，永无止境地追求"七个零"的终极目标。

精益生产的实质是管理过程，包括人事组织管理的优化，大力精简中间管理层，进行组织扁平化改革，减少非直接生产人员；推进生产均衡化、同步化，实现零库存与柔性生产；推行全生产过程（包括整个供应链）的质量保证体系，实现零缺陷；减少任何环节上的浪费，实现零浪费；最终实现拉动式准时化生产方式。

精益生产的特点是消除一切浪费，追求精益求精和不断改善。去掉生产环节中一切无用的内容，每个工人及其岗位的安排原则是必须增值，撤除一切不增值的岗位。精简是它的核心，精简产品设计、生产、管理中一切不产生附加值的工作，旨在以最优品质、最低成本和最高效率对市场需求作出最迅速的响应。

二、精益生产的八大核心理念

精益生产管理模式的成功给很多企业带来了契机，越来越多的企业开始效仿实施，但是并不是每个企业都能成功，如何有效实施精益生产？下面介绍精益生产的八大核心理念。

1. "利润源泉"理念

精益生产关注的是通过不断地降低成本来提高利润，认为利润的源泉在于制造过程和方法，即"利润源泉"理念。因制造过程和方法不同，产生的成本会大不相同。售价=成本+利润的"成本主义"思想已不能立足于竞争激烈的当今市场，应树立利润=售价-成本的"售价主义"观念，通过不断的现场及业务改善，降低产品成本，确保企业利润。

另外，精益生产方式的"利润源泉"理念也反映在评价尺度的使用方面。精益生产方式主张一切以"经济性"为判断基准。强调高效率并不完全等于低成本，提高效率的目的是降低成本，不能产生将提高效率作为追求目标的错误导向。

2. "暴露问题"理念

精益生产方式非常强调问题的再现化，即将潜伏着的问题点全都暴露出来，以便进一步改善，即"暴露问题"理念。其中采用的手段主要包括不允许过剩生产、追求零库存、目视管理、停线制度等。过剩生产和库存的浪费与其他浪费是有本质区别的。因为这两者浪费而忽视其他真正的问题点，会阻碍对问题的实质性改善。

3. "遵守标准"理念

标准化活动是确保任何一个团体、任何一个系统有效运作并持续改进的基本前提条件，即"遵守标准"理念。然而，在实际操作中总有一些不尽如人意的地方。其中，最主要的原因有两点：一是制定的标准本身脱离实际；二是实际操作者对标准的理解不够。为此，精益生产方式推出"标准作业"制度。

4. "以现场为主"的理念

精益生产方式强调现场是一个有机体，绝不能将现场看成将"脑"托付给管理部门，而只有"手脚"的场所,即"以现场为主"理念。管理部门不能成为现场的"指挥官",应以"提供服务"的姿态扶持现场,并充分挖掘现场的潜能,建立现场的自律机制,使现场真正处于"主人公"的位置。

另外,有效于现场管理的可视化看板系统和立足于现场运作的均衡化生产,以及与协作企业的长期合作关系,都充分反映出精益生产方式"以现场为主"的基本理念。

5. "持续改善"理念

精益生产方式的十项改善精神守则如下。

1)抛弃固有的旧观念。

2)不去找不能做的理由,而去想能做的方法。

3)学会否定现状。

4)不等十全十美,有五成把握就可动手。

5)打开心胸,吸纳不同的意见。

6)改善要靠智慧并非金钱。

7)不遇问题,不出智慧。

8)追究到底,找出问题的症结。

9)三个臭皮匠,胜过诸葛亮。

10)改善永无止境。

这样,通过不断改善,最终达到"集小变以成大变,化不可能为可能"的目的。

另外,精益生产方式持续改善活动之所以能得到如此的深化主要归功于准时化(just in time,JIT)生产和自働化(jidoka)既相互制约又相互促进的协调机制的有效运作。准时生产和自働化这两种制度的彻底落实,促使所有相关要素不得不致力于进行持续的改善。

6. "人本化"理念

精益生产的"人本化"理念主要反映在"多能工制度"上。

在以往大量生产的时代,为追求高产量,企业将作业彻底地细分化。例如,生产鞋的企业的某个员工每天仅做右脚穿的鞋,做了10年,可是有一天要他去做左脚穿的鞋,却不会做。类似这种机械似单纯化的工作,连续工作5年、10年之后,每个员工都是重复做同样的工作,难道不会感到厌倦吗?

那么,如果让每位员工都去做他喜欢的工作,按照他自己喜欢的模式去工作又会怎样呢?结果可能是,不但生产率低下,还会增长个人主义,破坏团队合作的精神,使整个企业的管理困难增加,从而使企业失去竞争力,走向倒闭之路。

因此,提升生产率和尊重人性的尊严似乎是一个两难的问题,然而,精益生产方式的"多能工制度"却使这个难题得以解决。另外,精益生产方式中的提案制度,自主管理活动及"少人化"过程减少人员时,从优秀人员中减少等制度,都是"人本化"理念的具体表现。

7. "团队"理念

精益生产方式强调生产就如同音乐,有旋律(物流)、节拍(均衡生产),还有相互之间的和谐(标准作业),而这些是要靠一支训练有素、协调一致的乐队(团队)来保证的。精益生产方式的"团队"理念主要反映在有利于相助的设备布置形式、设立"接棒区""自主研究会"、与协作企业的长期合作关系及追求全体效率等方面。

8. "职能化"理念

精益生产方式的"职能化"理念主要反映在"不良品不转入后工序"原则的落实。确保"良品"，这是生产活动的首要条件，任何要素都不能作为轻视质量的理由，否则就是"本末倒置"。

精益生产方式强调检验是一种不创造价值的浪费，检验活动的最终目的是消除不良，并非是挑选不良。因此，无论什么时候都要求由造成不良的部门或人员负责返修或返工，其目的就是找出真正的原因，彻底消除不良。这种明确目的、各尽其职的要求就是精益生产方式"职能化"理念的具体表现。

第二节　精益生产的两大支柱

准时化生产和自働化是精益生产的两大支柱。

一、准时化生产

（一）基本思想

"只在需要的时候，按需要的量，生产所需的产品"，也就是追求一种无库存，或库存达到最小的生产系统。准时化生产的基本思想是生产的计划和控制及库存的管理。

（二）管理目标

准时化生产的目标就是要彻底消除无效劳动和浪费，具体要达到以下目标。

1. 质量目标

废品量最低：准时化生产要求消除各种引起不合理的原因，在加工过程中每一工序都要求达到最好水平。

2. 生产目标

1）批量尽量小、库存量最低：准时化生产认为，库存是生产系统设计不合理、生产过程不协调、生产操作不良的证明。

2）减少零件搬运，搬运量低：零件送进搬运是非增值操作，如果能使零件和装配件运送量减少，搬运次数减少，则可以节约装配时间，减少装配中可能出现的问题。

3）机器损坏率低。

3. 时间目标

1）准备时间最短：准备时间长短与批量选择相联系，如果准备时间趋于零，准备成本也趋于零，就有可能采用极小批量。

2）生产提前期最短：短的生产提前期与小批量相结合的系统，应变能力强，柔性好。

（三）实现途径

准时化生产的生产方式以准时化生产为出发点，首先暴露出生产过量和其他方面的浪费，然后对设备、人员等进行淘汰、调整，达到降低成本、简化计划和提高控制的目的。

准时生产的实现途径如图 10-1 所示。

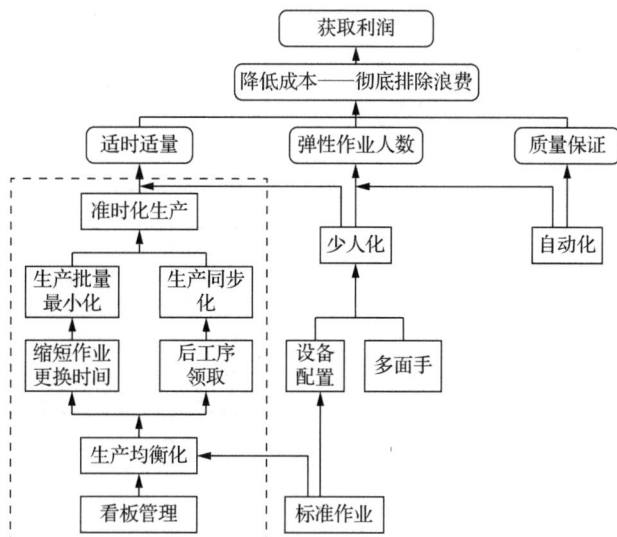

图 10-1　准时化生产的实现途径

1. 准时化生产的基础之一是均衡化生产

均衡化生产是指平均制造产品，使物流在各作业之间、生产线之间、工序之间、工厂之间平衡、均衡地流动。为达到均衡化，在准时化生产中采用月计划、日计划，并根据需求变化及时对计划进行调整。

2. 准时化生产提倡采用对象专业化布局，减少标准作业时间

对象专业化布局用以减少排队时间、运输时间和准备时间，在工厂一级采用基于对象专业化布局，以使各批工件能在各操作间和工作间顺利流动，减少通过时间；在流水线和工作中心一级采用微观对象专业化布局和工作中心形布局，可以减少通过时间。

3. 准时化生产强调全面质量管理

施行全面质量管理的目标是消除不合格品，消除可能引起不合格品的根源，并设法解决问题。准时化生产中还包含许多有利于提高质量的因素，如批量小、零件很快移到下一工序、质量问题可以及早发现等。

4. 准时化生产可以使生产资源合理利用，增加劳动力柔性和设备柔性

劳动力柔性是指当市场需求波动时，要求对劳动力资源也进行相应调整。当需求量增加不大时，可通过适当调整具有多种技能操作者的操作来完成；当需求量降低时，可采用减少生产班次、解雇临时工、分配多余的操作工去参加维护和维修设备。

设备柔性是指在产品设计时就考虑加工问题，发展多功能设备。

准时化生产以订单驱动，通过看板，采用拉动方式把供、产、销紧密地衔接起来，使物资储备、成本库存和在制品大为减少，合理利用生产资源，增加生产线柔性，最终提高生产效率。

二、自働化

所谓自働化，是智能型自働化。自働化与一般意义上的自动化不是一回事。精益生产中的自働化是有人字偏傍的，自働化是让设备或系统拥有人的"智慧"，强调的是人机最佳结合，而不是单单的用机械代替人力的自动化。

自働化与自动化的比较如表 10-1 所示。

表 10-1　自働化与自动化的比较

比较项目	自働化	自动化
设计针对的对象	整体生产线	个别工序
设计思想	适速度，一个流，专用机	高速度，大产能，万用机
设计起源	工厂内部	设备厂商
运行	机器自身感知异常，基于自身判断随时可以停下来	只要人不切断开关，就会继续生产
产品监控	必须有	无
运行监控.	必须有	可能有
不合格预防	发现不合格品就停止，并报警	只要人不干预，可能持续生产不合格品
培训的重点	标准化作业，停机后的问题处理	机器操作
解决问题	第一时间到问题发生的现场解决问题，容易把握真正的原因	解决问题的时间滞后，很难把握真正的原因
操作员工的利用	员工只在报警的时候才出现，可以一人多机，实现省人化	需要操作员工时刻关注

（一）自働化的作用

1）产品质量保证导入自働化模式，可以从源头上做到"不生产不良品、不流出不良品"的效果，而不再是低级的"发现不良品"。

2）精益自働化对设备操作状态做到实时化管理，实现了人机分离，达到资源运用的最大化，全面降低生产成本。

3）有条件将产线改造成更为紧致、仅需投入更少资源的优化模式，唯有在自働化的基础下实践准时生产模式才能建立弹性化，适应未来多变的市场挑战。

（二）自働化的建设目标

自働化的主要目标是通过精益改善，建立连续流，按节拍生产，从而助力实现准时化生产。主要通过配合产线节拍，从自働化层面来优化连续流，减少人员作业、取放、传递与判断等浪费，实现人机分离；结合快速切换、防呆等精益技术，适应柔性生产，同时，通过目视化、信息化、异常响应等技术的应用，优化和简化管理活动，实现安全自働化、工具自働化、工程自働化、生产线的自働化、整个工厂的自働化。

精益生产实施只能从局部开始，逐步推广到更大范围。具体分步骤建设如下。

1. 安全自働化

要做好安全自働化可按以下 5 个步骤来实施。

第一步：全员确立安全第一的理念，所有人必须明确安全生产是制造的基础，始终应将它摆在第一位。

第二步：消除不合理、不均一、不必要的浪费。

第三步：作业标准化，人的工作与机器的工作须确实区分，在设备的危险区域内不能有人。

第四步：推行 6S，即整理（seiri）、整顿（seiton）、清扫（seiso）、清洁（seiketsu）、素养（shitsuke）和安全（safety）。

第五步：有异常时自働停止。

2. 工具自働化

有了安全自働化为基础，接下来就可以着手以装配工程为对象的工具自働化。装配工程包含 7 个働作：寻找、搬运、决定位置、取道具、锁紧、道具还原、检察等。若将每个働作一一赋予智能使其自働化，则有工具自働化的 8 个步骤如下。

1）工具道具化：将市面上所卖的工具加工为道具即专用化的工具，以方便使用。

2）位置复原：作业完成后道具及小设备回复原位置。

3）成组化：于一定作业位置，将所需的道具及配件成组，准备齐全。

4）选择自働化：作业、道具、配件等，不必经过考量、寻找及选择，而能够有规律进行的状况。

5）道具自働化：由道具所进行的工作，转由电力或空压等小设备进行。

6）决定位置：决定道具、小设备的使用位置。

7）输送自働化：道具小设备的工作，与作业者的工作有所区分。

3. 工程自働化

安全自働化的基本项目，即在机械加工时，当发生任何异状时，能够自働加以阻止。有了这个安全保障的基础就可以依以下 8 个步骤逐步实现工程自働化。

1）自働夹具：加工配件的固定，以机械、油压、气压等自働方式进行。

2）自働加工：手働加工作业以机械、油压、气压等自働方式进行。

3）自働搬运：弹出的配件自働搬运至次工程位置。

4）自働测定：配件全数自働测定。

5）自働输送：手働输送作业以机械、油压、气压等自働方式进行。

6）自働停止：加工工具及主轴等在加工完成时自働停止。

7）自働回复原位置：加工工具及主轴等在加工完成时自働停止后，返回启働点。

8）自働弹出：加工完成后配件自働卸下。

完成以上 8 个步骤，就可以完成人与机器的作业分离，作业员只需做装夹、拿取工件的働作即可，从而为一人多机，少人化创造了条件，同时质量也会得到很大提升。

4. 生产线的自働化

安全自働化是基础，工具自働化以装配作业为对象，工程自働化以机械加工工程为对象，综合以上三者，以降低制造成本为目标，从生产上的"点、线"普升至"面"改革水准。接下来要做的就是生产线的自働化。生产线的自働化有以下步骤。

1）先确定节拍时间：不论何种制品，皆在其必须完成的恰好时间内制造。

2）控制：只有在后工程无产品而前工程有产品的情形下才进行工程。

3）灯号：传达生产线流程中产品异状的装置。

4）单位流程：只针对一项产品，进行单位配件的搬运、装配、加工及素材的领取。

5）先导器：制作以目视即能了解节拍时间的装置。

6）U 字型生产线：将设备依工程顺序逆时针排列，并由一人负责出口及入口。

5. 整个工厂的自働化

生产线实现了自働化就实现了自働化的点、线、面整合，接下来通过以下 5 个步骤就可以实现整个工厂的自働化。

1）水蜘蛛：分批地向各生产线领取，供给即巡回混载搬运人、情报传达人。

2）看板：消除制造过多的浪费，而且附有降低成本的自働指示装置等道具。

3）出货货品齐全：能否建立与消费者制造厂邻接的关系，其中以异状探测为第一优先。

4）目视管理：瞬间能清楚工厂所有物品的正常状态、异常状态。

5）大空间化：结合各生产线的零头作业，成为整数的作业，以进行少人化。

第三节　看板管理工具在拉动式生产中的应用

精益生产方式是以降低成本、快速应对市场需求为基本目标，在生产系统的各环节全面展开的一种使生产能同步化、能准时进行的体系。为了实现同步化生产，开发了后工序领取、一个流生产、生产均衡化、固定和变动生产线等多种手段。为了使这些手段能够有效运用，精益生产方式又采用被称为"看板"的管理工具。准时化生产方式要求信息及时准确，为此需要有一个完善的信息系统，准时化生产在一个流中采用看板来实现前后工序的信息连接。看板作为管理工具，在保证适时适量生产中起着至关重要的连接作用。

看板管理经历了一个产生、发展和完善的过程。早在丰田公司初建阶段，丰田公司的创始人就提出了"非常准时"的基本思想。这一思想是实行看板管理的原则和基础。20 世纪 50 年代初，看板管理的积极推行者，当时在丰田公司机械工厂工作的大野耐一，从美国超级市场的管理结构和工作程序中受到启发，从而找到通过看板来实现"非常准时"思想的方法。他认为，可以把超级市场看作作业线上的前一道工序，把顾客看作这个作业线上的后一道工序。顾客（后工序）来到超级市场（前工序），在必要的时间就可以买到必要数量的必要商品（零部件）。超级市场不但可以"非常及时"地满足顾客对商品的需要，而且可以"非常及时"地把顾客买走的商品补充上（当计价器将顾客买走的商品进行计价之后，载有购走商品数量、种类的卡片就立即被送往采购部，使商品得到及时的补充）。

看板是传递信号的工具，它可以是某种"板"、一种揭示牌、一张卡片，也可以是一种信号。

一、看板的概念

看板是一种能够调节和控制在必要时间生产出必要产品的管理手段。它通常是一种卡片，上面记载零部件型号、取货地点、送货地点、数量、工位器具型号及盛放量等信息，生产以此作为取货、运输和生产的指令。

看板生产的主要思想是遵循内部顾客原则，把顾客的需要作为生产的依据。看板生产采用"拉动式"，由后一道工序向前一道工序取货，一道一道地由后向前传送指令。

二、看板生产的流程

看板生产的流程如图 10-2 所示。

1）工序 B 接到生产看板。

2）工序 B 凭取货看板和空的料箱Ⅰ到工序 A 处取货。

3）工序 B 将装满所需零件的料箱Ⅱ上的生产看板取下，和取货看板核对后，将生产看板放入工序 A 的生产看板收集箱内，取货看板则挂到料箱Ⅰ上。

4）工序 B 将料箱Ⅰ取走，并将料箱Ⅰ放到料箱Ⅱ原处的位置。

5）工序 B 开始按生产看板上的要求进行生产。

6）工序 A 接到生产看板后，去其前道工序取货。

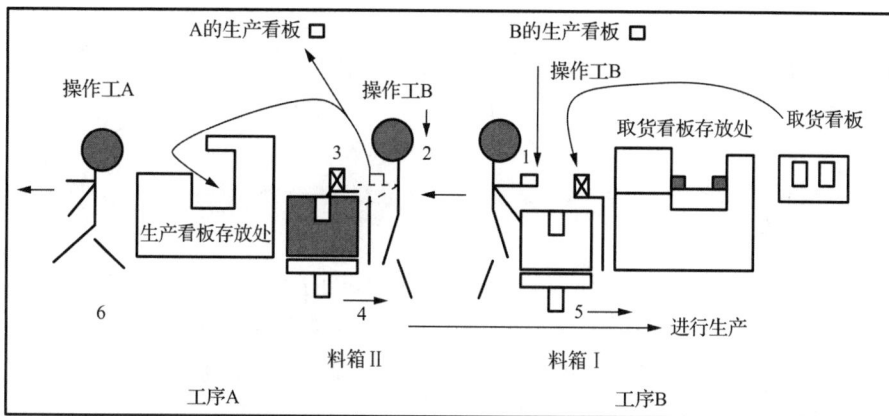

图 10-2　看板生产的流程

三、看板生产的原则

1）后工序只有在必要的时候才向前工序领取必要的零件。

2）前工序只生产后工序所需的零件（包括型号、质量和数量等）。

3）看板数量越多，在制品越多。因此，应尽量减少看板的数量。

4）挂有生产看板的料箱内不允许有不合格品。

四、看板生产的特点及优点

1. 看板生产的特点

1）必须做到按照作业标准流程进行作业。

2）在系统管理上，把看板管理和互联网相结合，做到物流和市场需求信息一致。

3）在生产物流方面逐步拉动，保持物流平衡，不存在在制品的停滞。

4）看板生产的根本目的是持续不断地在生产过程中发现、消除一切浪费。

2. 看板生产的优点

1）生产活动的信息反馈及时、高效，具有"自律"能力。

2）看板随物流而动，使信息流融于物流之中，易于管理。

3）库存量低，质量在生产过程中得到控制。

4）使生产中的许多问题暴露出来，促使企业不断改善。

5）看板生产虽然有许多好处，但必须满足以下前提条件。

① 原材料和零配件的供应必须准时、保质、保量。

② 设备运行状况良好，并保证加工质量的稳定。

③ 生产属于流水型，并能均衡地生产。

丰田公司不仅创造性地提出了准时化生产的思想，还创造性地摸索出一套独特的富有成效的管理工具——看板。看板管理也可以说是准时化生产方式中最独特的部分，因此也有人将准时化生产方式称为"看板方式"。

五、看板的主要种类

丰田公司所使用的看板种类如下。

1）在制品看板：包括工序内看板、信号看板。

2）领取看板：包括工序间看板、对外订货看板。

3）临时看板。

六、看板的使用方法

在准时化生产方式中，公司的计划部门集中制订生产的月度计划，同时传达到各个工厂及协作企业。与此相应的日生产指令只下达到最后一道工序或总装配线，对其他工序的生产指令通过看板来实现，即后工序"在需要的时候"用看板向前工序去领取"所需的量"时，同时就等于向前工序发出了生产指令。

看板是用来组织生产、传递信息的一种手段。如果不周密地制定看板的使用方法，生产就无法正常进行。从看板的使用方法中我们可以进一步领会精益生产方式的"拉动式"生产的独特性。

1. 设置零部件存放处

为了有效地实施看板管理，通常要对设备进行重新排列，重新布置。要做到对各工序，其所使用每种零部件都只有一个发出地（前工序），在整个生产过程中零部件要有明确的、固定的移动路线。每个作业区也要重新布置，通常设有两个存放处，即入口存放处和出口存放处。对于组装作业，一个作业区可能有多个入口存放处。

2. 后工序领取

看板中记载着生产量，时间、方法、顺序及运送量，运送时间，运送目的地，放置场所、搬运工具等信息，从装配工序逐次向前工序追溯。如果工人使用了装配线上的某个零部件，就将所使用的零部件上所带的看板取下，拿着该看板再去前工序领取。这样，看板成为生产及运送的工作指令，通过后工序领取准则实现了适时适量生产的要求。

3. 适量运送

在丰田公司的看板管理中，规定看板必须按照既定的运用规则来使用。其中一条规则是没有看板不能生产，也不能运送。根据这一规则，看板数量增多，则前道工序的生产量相应增加；

看板数量减少，则前道工序的生产量也相应减少。因为看板所表示的只是必要的量，所以通过看板的运用，就能够做到自动防止过量生产，保证了适量运送。

4. 根据看板进行现场管理

看板的另一条规则是看板必须在实物上存放，把前工序按照看板取下的顺序进行生产。根据这一规则，作业现场的管理人员对生产的优先顺序、进展情况、库存情况能够一目了然，易于管理。看板成为生产管理人员进行"目视管理"的有力工具。

七、看板的数量

看板的数量的计算公式为

$$看板的数量=单位时间用量×(订货周期+交付周期+安全时间)+容器容量 \quad (10-1)$$

其中，订货周期为以供货天数表示的批量大小（如 5 天），考虑作业准备，以及工具/模具的可用率、距离、处理。交付周期包括作业准备、运转，等待与移动（包括其他诸如热处理之类的操作）在内的补充时间。安全时间为弥补需求与反应的变化（如输送故障或临时的供方质量问题）。容器容量一般取决于尺寸、价值与补充的频率。

八、看板的功能

1. 产量调节功能

因为市场需求随时会发生变化，所以生产是不可能百分之百地按照计划进行的。总装配线就好比面向市场的最敏锐的神经末梢，它对市场的感应、对月生产量及日生产计划的修改，都通过看板来进行微调。看板相当于传递生产信息和运送信息的指令，好比工序之间、部门之间及物流之间的联络神经。

2. 信号功能

当操作根据节拍时间平衡后，在工艺流程中可以将方型看板作为工作与拉动零件的信号。

3. 生产改善功能

通过看板，可以发现生产中存在的问题，使其暴露，从而采取相应的改善对策。例如，在传统的生产方式中，在一般情况下，如果在制品库存较高，即使前一道工序设备出现故障、不良品数目增加，也不会影响后一道工序的生产，容易忽视生产中质量差、人员冗余、存量多等问题；采用准时化生产方式，看板的运用规则之一是不能把不良品送往后工序。如果前一道工序的生产质量不过关，不良品就会沉淀到该工序里，于是后工序所需得不到满足，就会造成全线停工，由此可立即暴露问题，从而尽快采取措施。

准时化生产方式的目标是最终实现无储存生产系统，而看板提供了一个朝着这个方向迈进的工具。

九、用看板组织生产的过程

用看板组织生产的过程的示意图如图 10-3 所示。假设只有 3 个作业点，其中 3#作业点为组装。通常对于组装工位有很多前工序向它提供多种零部件，因此可能有较多的容器在它的入口存放处，存放着各种零部件。

产品组装是按生产计划进行的。当需要组装某台产品时，从 3#作业点发出传送看板，在传送看板规定的前一道工序（图 10-3 中为 2#作业点），按传送看板上标明的出口存放处号码，找到存放所需零件的容器。取下附在容器上的生产看板，放到 2#作业点的生产看板专用盒中，并将传送看板附在该容器上，将容器运到 3#作业点的入口存入处相应的位置，供组装使用。2#作业点的工人从生产看板盒中按顺序取出一个生产看板，按生产看板上标明的入口存放处号码，到 2#作业点的入口存放处找到放置所需零件的容器，从中取出零件进行加工。同时将该容器上的传送看板放入 2#作业点的传送看板盒中。传送看板专用盒中的传送看板所表示的含义是"该零部件已被使用，请补充"。现场管理人员定时来回收看板，将其集中起来后再分送到各个相应的前一道工序，以便领取补充的零部件。当 2#作业点的生产数量达到标准容器的要求，则将生产看板附在该容器上，按生产看板上标明的出口存放处号码，将容器放于 2#作业点的出口存放处相应的位置。同样，将 2#作业点的传送看板送到 1#作业点的出口存放处，取走相应的零件。按同样的方式逐步向前推进，直到原材料或其他外购件的供应地点。

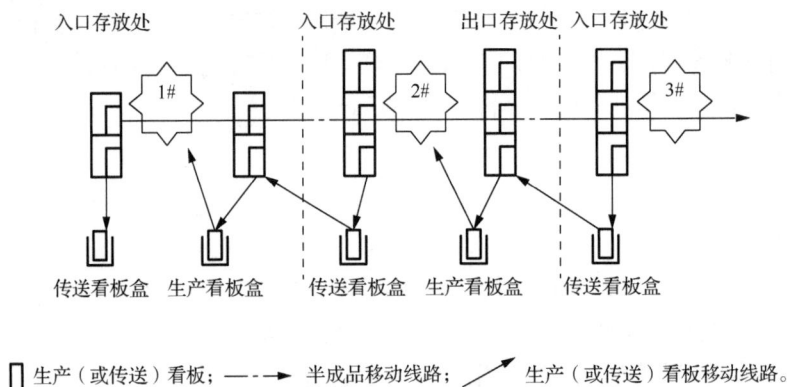

图 10-3　用看板组织生产过程的示意图

第四节　十大管理工具

我们知道，精益生产的核心是"零"浪费，其追求的目标和理念体现在以下几个方面。

1）"零"转产工时浪费（products·多品种混流生产）：将加工工序的品种切换与装配线的转产时间浪费降为"零"或接近"零"。

2）"零"库存（inventory·消减库存）：将加工与装配相连接流水化，消除中间库存，变市场预估生产为接单同步生产，将产品库存降为"零"。

3）"零"浪费（cost·全面成本控制）：消除多余制造、搬运、等待的浪费，实现"零"浪费。

4）"零"不良（quality·高品质）：不良不是在检查位检出，而是在产生的源头消除它，追求"零"不良。

5）"零"故障（maintenance·提高运转率）：消除机械设备的故障停机，实现"零"故障。

6）"零"停滞（delivery·快速反应、短交期）：最大限度地压缩前置时间（lead time），为此要消除中间停滞，实现"零"停滞。

7）"零"灾害（safety·安全第一）：对人、工厂、产品进行全面安全预防检查，实行 SF

巡查制度。

为了实现"零"浪费，精益生产在管理上形成了以下十大工具。

一、价值流分析

精益生产是企业运营最重要的管理手段和方式之一，它始终围绕"增加价值"这个核心运转，关于价值有两个层面：①客户原本需要支付的价值；②客户愿意多付的价值（增值）。

精益生产的价值更趋向于第②个层面。价值流分析就是通过价值的两个层面对产品生产流程中的要素进行界定，首先去除浪费（客户不支付的），进而缩减客户不愿意多付的要素，从而实现设备和员工有效时间的最大化和价值最大化。

价值流程图（value stream mapping，VSM）运用的七大机理如下。

1）流程活动图。起源：工业工程（industrial engineering，IE）。
2）供应链反应矩阵。起源：时间加速与后勤学。
3）生产多样性漏斗。起源：运营管理。
4）质量过滤图。
5）需求扩大图。起源：系统动力学。
6）决策点分析。起源：有效消费者反应/物流学。
7）物理结构图。

二、标准化作业程序

标准化作业程序（standard operation procedure，SOP）是生产高效率和高质量的最有效管理工具。生产流程经过价值流分析后，根据科学的工艺流程和操作程序形成文本化标准，标准不仅是产品质量判定的依据，也是培养员工规范操作的依据。这些标准包括现场目视化标准、设备管理标准、产品生产标准及产品质量标准。精益生产要求的是"一切都要标准化"。

文本化标准包括安全操作规程、质量检验基准书、设计规范手册、加工作业手册、物流作业指导书等一系列作业指导书文件。

三、5S 与目视化管理

5S 是现场目视化管理的有效工具，同时也是员工素养提升的有效工具。5S 成功的关键是标准化，通过细化的现场标准和明晰的责任，让员工首先做到维持现场的整洁，同时暴露并解决现场和设备的问题，进而逐渐养成规范规矩的职业习惯和良好的职业素养。

四、全员设备保全

全员设备保全是准时化生产的必要条件，目的是通过全员的参与实现设备过程控制和预防。全员设备保全的推行首先要具备设备的相关标准，如日常维护标准、部件更换标准等，随之就是员工对标准的把握和执行。全员设备保全推行的目的是事前预防和发现问题，通过细致到位的全面维护确保设备的"零"故障，为均衡化生产和准时化生产提供保障。

预防哲学是全员设备保全的核心管理思想。在工厂管理中，要做到"预防为主，治疗为辅"。通过确立预防的条件，防患于未然。进行日常预防、健康检查和提前治疗，从而排除物理性、心理性缺陷，排除强制劣化，消灭工厂中长期存在的慢性不良疾患，延长工厂、设备和工具的使用寿命，减少浪费的发生。

五、精益质量管理

精益质量管理（lean quality management，LQM）更关注产品的过程质量控制，尤其是对于流程型产品，在制品质量不合格和返工会直接导致价值流的停滞和过程积压，因此更需要产品过程质量的控制标准。每个工序都是成品，坚决消除前工序的质量问题后工序弥补的意识。

六、瓶颈管理技术与均衡化生产

均衡化生产是准时化生产的前提，也是消除过程积压和价值流停滞的有效工具。对离散型产品而言，瓶颈管理（theory of constraints，TOC）技术是实现均衡化生产的最有效技术。瓶颈管理技术的核心就是识别生产流程的瓶颈并解除，做到工序产能匹配，提升整个流程的产能。瓶颈工序决定了整个流程的产能，系统中的要素不断变化，流程中的瓶颈也永远存在，需要持续改善。

七、拉动式计划

拉动是精益生产的核心理念，拉动式（pull）计划就是生产计划只下达到最终（成品）工序，后工序通过展示板的形式给前工序下达指令拉动前工序，后工序就是客户，这样就避免了统一指挥因信息不到位而造成的混乱，同时也实现了各工序的自我管理。生产流程中的物流管理也是通过拉动式计划实现的。拉动的理念同样也适用于管理工作的流程管理。

八、快速切换

快速切换（single minute exchange of die，SMED）的理论依据是运筹技术和并行工程，目的是通过团队协作最大程度地减少设备停机时间。产品换线和设备调整时，能够最大程度地压缩前置时间，快速切换的效果非常明显。

九、准时化生产

准时化生产就是在需要的时间、按需要的量、生产客户需要的产品。准时化生产是精益生产的最终目的，标准化作业程序、全员设备保全、精益质量管理、拉动式计划和快速切换等是准时化生产的必要条件，准时化生产是应对多品种小批量、定单频繁变化、降低库存的最有效工具。

准时化生产管理模式的优点：①减少了生产加工时间；②提高了产品的质量，减少了废品和返工；③提高了劳动生产率和设备利用率；④提高了作业人员的责任感和积极性；⑤由于生产过程实现同步化，上下道工序衔接紧凑，减少了原材料、在制品、成品的库存积压，节省了生产空间。

十、全员革新管理

全员革新管理（total innovation management，TIM）是精益生产的循环和持续改进，通过全员革新不断发现浪费，不断解除浪费，是持续改善的源泉，是全员智慧的发挥。通过改善的实施也满足了员工"自我价值实现"的心理需求，进而更加激发员工的自豪感和积极性。该工具的实施需要相关的考核和激励措施。

第十一章　质量管理体系与认证

第一节　ISO 9001 质量管理体系解读

一、ISO 9001 质量管理体系标准简介

ISO 9001 认证是各国对产品和企业进行质量评价和监督的通行证，作为顾客对供方质量体系审核的依据，企业有满足其订购产品技术要求的能力。凡是通过 ISO 9001 认证的企业，在各项管理系统整合上已达到国际标准，表明企业能持续稳定地向顾客提供预期和满意的合格产品。

ISO 9001 质量管理体系的认证证书有两种，一种是正规认证的 ISO 9001 需要审厂，全员配合体系整改，费用由企业规模（人数、产品类型、工艺）、企业现有的管理水平和现状、项目要求达到的效果（管理提升程度）决定，人数多费用高。

ISO 9001 质量体系认证是指第三方（认证机构）对企业的质量体系进行审核、评定和注册活动，其目的在于通过审核、评定和事后监督来证明企业的质量体系符合 ISO 9001 标准，对符合标准要求者授予合格证书并予以注册，这个认证是可以通过国家认证认可监督管理委员会查询到的。

二、ISO 9001：2015 标准改版背景、新旧版差异及提示企业关注点的变化

（一）改版背景

ISO 并不是首字母缩写，而是一个词，它来源于希腊语，意为"相等"，现在有一系列用它作前缀的词，诸如 "isometric"（意为"尺寸相等"）、"isonomy"（意为"法律平等"）。从"相等"到"标准"，内涵上的联系使 ISO 成为组织的名称。

国际标准化组织对管理体系标准在结构、格式、通用短语和定义方面进行了统一。这将确保今后编制或修订管理体系标准的持续性、整合性和简单化，这也将使标准更易读、易懂。所有管理体系标准将遵循 ISO Supplement Annex SL 的要求，以便整合其他标准文件中的不同主题和要求。例如，统一定义，如组织、相关方、方针、目标、能力、符合性；统一表述，如最高管理者应确保组织内的职责、权限得到规定和沟通。

（二）新旧版差异

1）结构完全变化：ISO 9001：2015 完全按 ISO/IEC 导则附件 SL 的格式进行重新编排，目的是方便更多其他管理体系整合，提升活力和完整性。

2）标准更一般化和更容易被服务业采用，如用"产品和服务"替代"产品"。减少原来自硬件领域的实践的规范性要求，尤其是条款 7.1.4 监视和测量设备和 8.5 产品和服务的开发。

3）增加组织对环境的重视，如新增 2 条条款（4.1 理解组织及其环境和 4.2 理解相关方的需求和期望）：要求组织确定能影响质量管理体系策划的议题和要求，并作为开发质量管理体系的输入。

4）风险和机遇措施：不包含"预防措施"特定要求条款，原因是正式管理体系的主要目的之一就是作为预防工具。另外，条款 4.1 理解组织及其环境和 6.1 应对风险和机遇的措施覆盖了"预防措施"的理念。

5）过程方法：成为标准的单独要求（条款 4.4.2），重视以实现预期结果来提高客户满意度。结果产生于过程，过程决定结果。

6）增加了知识管理的要求，弱化了对管理体系文件形式的要求，"文件化信息"替代了"文件""记录"。更少强调文件。

7）产品和服务的外部提供的控制（条款 8.4）：涉及所有形式的外部提供——从供应商采购，与关联公司的安排，到外包组织的过程和职能，以及任何其他方式。要求组织采取基于风险的管理办法去确定适宜的控制类型和程度。减少规定性要求。

8）增强了最高管理者的领导作用和承诺，以增强顾客满意，强调质量绩效和有效性。原八项质量管理原则，新版修订整合为七项原则。

① 以顾客为关注焦点（customer focus）：组织依存于顾客。因此，组织应当理解顾客当前和未来的需求，满足顾客的要求并争取超越顾客期望，以顾客为关注焦点。

② 领导作用（leadership）：各层领导建立统一的宗旨和方向，并且创造全员参与的条件，以实现公司的质量目标。统一的宗旨和方向，以及全员参与，能够使公司将战略、方针、过程和资源保持一致，以实现其目标。

③ 全员参与（engagement of people）：整个公司内各级人员的胜任、授权和参与，是提高公司创造和提供价值能力的必要条件。为高效管理公司，各级人员得到尊重并参与其中是极其重要的。通过授权、提高和表彰能力，促进在实现公司质量目标过程中的全员参与。

④ 过程方法（process approach）：当活动被作为相互联系的功能连贯过程系统进行管理时，可更有效和高效地始终得到预期的结果。质量管理体系是由相互关联的过程所组成的。理解体系是如何产生结果的，能够使公司尽可能完善体系和绩效。

⑤ 改进（improvement）：成功的公司持续关注改进。改进对于公司保持当前的绩效水平，对其内、外部条件的变化作出反应并创造新的机会都是非常必要的。

⑥ 循证决策（evidence-based decision making）：基于数据和信息的分析与评价的决策更有可能产生期望的结果。决策是一个复杂的过程，总是包含一些不确定因素。它经常涉及多种类型和来源的输入机器解释，而这些解释可能是主观上的。重要的是理解因果关系和潜在的非预期后果。对事实、证据和数据的分析可使决策更加客观，因此更有信心。

⑦ 关系管理（relationship management）：为了持续成功，公司需要管理与相关方的关系。相关方影响公司的绩效，当公司管理与所有相关方的关系尽可能地发挥其在公司绩效方面的作用时，持续成功更有可能实现。

9）ISO 9001：2015 不仅仅表现为实际要求的改变，更表现为在理念和方法上的不同，是一种思维方式的改变。

（三）提示企业关注点的变化

1. 组织环境的意义

组织身处复杂的社会环境、文化环境、经营环境和自然环境中，受到各种环境的影响和制约，面临复杂环境下的风险和机遇，组织应清楚处于何种环境下和面对何种风险和机遇，以寻求保护环境和组织发展的平衡与和谐，更加务实。

2. 思考生命周期

完整的生命周期须涵盖全球生态系统、上下数百年及从自然资源到产品最终处置的全价值链，而组织作为一个很小的社会细胞，难以评价完整的生命周期，那么组织从哪里入手呢？组织应考虑在策划、实施、保持和改进过程中尽可能地延伸价值链以分析评价和施加影响，考虑其行为导致的环境负荷增减，减缓环境负荷的上升或在实施保护环境的行为时追求和确保环境负荷的减少，防止本愿为保护环境但实际效果破坏了环境，尽可能从扩展时间、空间和价值链的角度，分析环境负荷的损益后采取行动，切实达到保护环境的目的。

3. 强调环境绩效

环境管理体系推行的最终目标是期望越来越多的组织持续改进其环境绩效，达到保护环境、人与自然和谐发展的目的，以实现人类文明的可持续发展。体系的运行要确保有效性、效率和效果。

环境绩效可分为环境状况绩效、环境管理绩效、环境运行绩效。以往在环境管理体系运行中大量组织更多地着眼于环境运行绩效，如节能降耗、控制和消减排放等，对于环境状况绩效，如生物多样性、土地开发利用效率和均衡及环境承载力等，以及环境管理绩效，如财务绩效、利益相关方影响和员工环境保护相关能力意识提升等关注度和推动力不足，新标准强调环境绩效并须考虑全面的绩效提升，开拓了组织环境管理体系运行可期待的提升范围和重视环境管理体系运行所取得的成绩。

4. 强调领导力

环境管理体系的建立、实施、保持和改进需要资源、科学方法、全员关注和参与，必然需要组织的最高管理者只有具备能力和意识，懂得保护环境对于组织发展、社会发展以致人类文明的可持续发展的意义，给予高度重视和支持，才能确保环境管理体系运行的充分、适宜和有效性，即体系的成功离不开最高管理者的理解和支持。

5. 保护环境

以往的环境管理体系强调污染预防，污染预防虽然称为"预防"，但仍偏于狭隘和末端，新标准提出"保护环境"的概念，将其扩展至广泛的环境科学领域，提示组织在环境管理体系运行中不仅关注到"污染"，还应从全方位的利于环境的角度运行管理。例如，资源可持续利用、气候变化的减缓和适应，以及保护生态系统和生物多样性等，这些都将是环境管理体系运行绩效的方向和目标。

6. 关注外包活动

随着社会分工细化，组织改变了过去传统的大而全的模式，于是产生大量的外包活动，而当今的外包又体现为请进来和走出去的两大方式，即一种将本组织内的设施或活动请外包方管理运行，如很多组织将食堂、绿化、班车甚至变配电、仓库、污水处理厂等工辅设施外包运行；另一种形式则是将组织自身所需的过程外包，如由外包方在组织外完成电镀、机加工、喷漆等工艺过程。对于请进组织的外包管理，组织完全承担其环境影响责任和义务，这属于组织间接行为而非直接运行控制，因此增加了风险；对于外包至组织外的过程，组织可能需要承担连带法律责任风险、供应链稳定性导致的运行秩序风险及社会形象风险等，这些需要组织高度关注和强化管理，同时不应以外包推卸组织的环境责任。

三、企业应对 ISO 9001：2015 版升级具体实施流程

质量管理体系的建立和实施可分为 4 个阶段，即前期准备阶段、策划阶段、建立阶段、试运行阶段。

1. 质量管理体系前期准备阶段

1）思想准备。组织的各级领导在贯彻 ISO 9001：2015 标准（以下简称贯标）上统一思想认识，贯标是实行科学管理、完善管理结构、提高管理能力的需要，只有统一认识，充分做好思想准备，才能自觉而积极地推动贯标工作，严格依据 ISO 9001：2015 逐步建立和强化质量管理的监督制约机制、自我完善机制，完善和规范本组织管理制度，保证组织活动或过程科学、规范地运作，从而提高产品（或服务）质量，更好地满足顾客需求。

2）组织培训。

① 选择培训对象：组织活动（过程）中全部有关部门的负责人，贯标达到什么样的效果，取决于最高管理者和各部门负责人对 ISO 9001：2015 的理解。

② 培训内容：ISO 9001：2015 标准基础知识、ISO 9001：2015 的理解和实施、建立质量管理体系的方法和步骤。

3）建立贯标工作机构。

① 一般由最高管理者担任贯标工作机构的负责人，管理者代表担任副职，贯标工作涉及的职能部门负责人担任机构成员。

② 贯标工作机关的任务是策划和领导贯标工作，包括制定质量方针和质量目标、依据 ISO 9001：2015 要素分配部门的质量职责，审核体系文件，协调处理体系运行中的问题。

③ 任命管理者代表和确定质量管理工作主管部门管理者代表由最高管理者以正式文件任命并明确其职责权限，代表最高管理者承担质量管理方面的职责，行使质量管理方面的权利。

④ 成立质量管理体系文件编写小组，选择经过文件编写培训、有一定管理经验和较好的文字能力的，来自质量管理体系责任部门的代表组成标准文件编写小组。

4）分析评价。现有质量管理体系贯标的目的是改造、整合、完善现有的体系，使之更加规范和符合标准要求。这要求贯标者依据标准对现有的管理体系进行分析评价以便决定取舍。

2. 质量管理体系策划阶段

1）质量方针制定和实施。质量方针是组织的质量宗旨和质量方向，是质量管理体系的纲

领，它要体现出本组织的目标及顾客的期望和需要。制定和实施质量方针是质量管理的主要职能，在制定质量方针时要满足以下要求。

① 质量方针要与其质量管理体系相匹配，即要与本组织的质量水平、管理能力、服务和管理水平一致。方针内容要与本组织所提供的服务的职能类型和特点相关。

② 质量方针要对质量作出承诺，不能提空洞的口号，要反映顾客的期望。

③ 质量方针可以集思广益，经过反复讨论修改，然后以文件的形式由最高管理者批准、发布，并注明发布日期。

④ 质量方针要言简意赅。

⑤ 质量方针要易懂、易记、便于宣传，要使全体员工都知道、理解并遵照执行。

2）质量目标制订。质量目标是质量方针的具体化，是在质量方面所追求的目的。质量目标应符合以下要求。

① 需要量化，是可测量评价和可达到的指标。

② 需要合理，起到质量管理水平的定位作用。

③ 可定期评价、调整，以适应内外部环境的变化。

④ 为保证目标的实现，质量目标要层层分解，落实到每个部门及员工。

3）组织机构及职责分配。质量管理体系是依托组织机构来协调和运行的。质量管理体系的运行涉及内部质量管理体系所覆盖的所有部门的各项活动，这些活动的分工、顺序、途径和接口都是通过本组织机构和职责分工来实现的，因此，必须建立一个与质量管理体系相适应的组织结构。为此，需要完成以下工作。

① 分析现有组织结构，绘制组织机构图。

② 分析组织的质量管理层次、职责及相互关系，绘制质量管理体系组织机构图，说明本组织的质量管理系统。

③ 将质量管理体系的各要素分别分配给相关职能部门，编制质量职责分配表。

④ 规定部门质量职责，如管理、执行、验证人员的职责。

⑤ 明确对质量管理体系和过程的全部要素负有决策权的责任人员的职责和权限。

4）资源配置。资源是质量管理体系有效实施的保证，包括依据标准要求配置各类人员和基础设施，在对所有质量活动策划的基础上规定其程序和方法，以及规定工作信息获得、传递和管理的程序及方法等。

3. 质量管理体系建立阶段

1）质量管理体系文件编制。质量管理体系的实施和运行是通过建立贯彻质量管理体系的文件来实现的。通过质量管理体系文件贯彻质量方针；当情况改变时，保持质量管理体系及其要求的一致性和连续性；作为组织开展质量活动的依据，质量管理体系文件为内部审核和外部审核提供证据；质量管理体系文件可用以展示质量管理体系，证明其与顾客及第三方要求相符合。

质量管理体系文件一般由质量手册、程序文件、作业指导书、质量记录表格 4 个部分组成。首先，应对文件编写组成员进行培训；其次，制订编写计划，收集有关资料，编写组讨论文件间的接口，将文件初稿交给咨询专家审核；最后，咨询专家向编写组反馈，并与其共同讨论修改意见后，由编写组修改文件直至文件符合要求。

2）质量管理体系文件的审核、批准、发布。质量管理体系文件应分级审批。质量手册应由最高管理者审批；程序文件应由管理者代表批准，作业指导书一般由该文件业务主管部门负责人审批，跨部门/多专业的文件由管理者代表审批。文件审批后，须正式发布，并规定实施日期。以宣传和培训的形式，使组织中所有人员理解质量方针和质量管理体系文件中规定的有关内容，在质量管理体系运行前，可以通过考试检查员工对有关内容的了解和理解情况。

4. 质量管理体系试运行阶段

（1）质量管理体系试运行

完成质量管理体系文件后，要经过一段试运行，检验这些质量管理体系文件的适用性和有效性。组织通过不断协调、质量监控、信息管理、质量管理体系审核和管理评审，实现质量管理体系的有效运行。

影响质量活动有效性的因素很多，如旧的习惯、传统思想、缺乏认识、对文件理解偏差等。因此，对程序、方法、资源、人员、过程、记录、产品（服务）连续监控是必要的。发现偏离标准的情况，应及时采取纠正措施。必要时可以增加内部审核的次数，通过内部审核和管理评审这一自我改进机制持续改进质量管理体系。

（2）内部质量审核和管理评审

内部质量审核（以下简称内审）和管理评审是验证质量管理体系适宜性、充分性和有效性的重要手段。

1）内审。内审是针对质量管理体系的活动和有关结果是否符合有关标准文件，以及质量管理体系文件的各项规定是否得到了有效贯彻等内容进行的。

内审的特点在于它的客观性、系统性和独立性。内审分为文件审核和现场审核两个阶段。文件审核是评价组织编写的质量手册、程序文件是否符合标准的要求和工作目标的需要。现场审核是评价实际的质量活动是否符合标准、质量手册、程序文件等有关文件的规定，以及这些规定是否得到有效贯彻。内审的内容包括组织结构与所进行的活动的适宜性；质量管理体系实施、运行情况和工作程序的执行情况；有关质量制度、规章、办法执行贯彻情况；人员、设备和器材的适宜情况；质量管理体系文件的完整性，与标准的符合性等。

应在内审程序中明确规定内审的步骤：①策划审核（确定任务、目的、范围）；②准备审核（组成审核组、编制审核计划和检查表、准备现场审核记录和不合格报告等工作表格）；③现场审核（首次会议、现场收集客观证据、评价、末次会议）；④编写审核报告；⑤进行现场整改，制定并实施纠正措施；⑥纠正措施跟踪验证；⑦编制年度质量管理体系情况汇总分析报告。

2）管理评审。管理评审是最高管理者适时地评价组织质量管理体系的持续性、有效性、适宜性和充分性。

管理评审包括如下内容：①实现质量方针、目标的程度；②内审及纠正措施完成情况及有效性的评价，对薄弱环节的专门措施；③质量指标完成情况及趋势分析；④顾客意见和处理情况，主要问题分析和预防措施；⑤本组织机构和资源的适应性；⑥质量改进计划；⑦进一步改进、完善质量管理体系的意见。

3）质量管理体系的调整和完善。内审和管理评审可以帮助发现质量管理体系策划中不符合标准或操作性不强之处。一方面应纠正体系中的不合格项，另一方面要修改文件。

经过上述 4 个阶段，企业就按照 ISO 9001：2015 标准的要求建立和实施了质量管理体系。

第二节 质量管理体系内部审核工作

质量管理体系为企业提供了一套系统化的管理方法,是经过全球无数企业验证过的最佳实践。尤其是在制造业领域,质量管理体系的建立和有效运行,是加强企业研发、生产、检验、销售等全过程规范管理的有效途径,也是企业稳定为客户提供可靠的产品和服务的有力保障。

目前,很多企业对 ISO 9001 质量管理体系有比较深入的了解,在质量管理方面也逐渐规范化。在此过程中,内部审核至关重要,它是检验质量管理体系运行效果的有效方法,是推动质量管理体系持续改进的动力。

此时,内部审核员的职能就变得非常重要,想要提高审核质量,应按照以下流程进行内部审核。

ISO 9001 质量体系认证以 3 年为一个周期,每年都有外部审核;内部审核每年至少一次。质量管理体系内部审核的主要步骤为编制年度内审计划→成立内审组→编制内审检查表→组织首次会议→进行现场审核→编制不符合项报告、整改纠正、复审验证→组织末次会议→形成内部审核报告。

一、编制年度内审计划

内审应覆盖质量管理体系所有过程、部门和场所,每年至少一次。按照内审程序规定,制订年度审核计划,确定内审的实施月份,示例如图 11-1 所示。

2022年度内部审核计划

表号:××××

1. 审核目的 审核公司的质量管理体系是否满足标准和公司质量管理体系文件的要求、体系运行是否有效。
2. 审核范围及部门 公司质量管理体系全过程和所涉及的部门。
3. 审核依据 ISO 9001:20××标准和公司质量管理体系文件,相关合同和法规要求。
4. 审核时间、频率 ×年×月×日进行全过程审核。
5. 审核组 张××、王××
6. 审核方法 交谈、抽样审核质量记录。
编制:李××   批准:赵××   日期:

图 11-1　年度内部审核计划示例

二、成立内审组

根据内审活动目的、范围、部门、过程及日程安排,最高管理者授权成立内审小组。内审员应根据审核要求编制检查表;按审核计划完成审核任务;将审核发现形成书面资料,编制不合格项报告;协助受审核方制定纠正措施,并实施跟踪审核。

三、编制内审检查表

依据质量管理体系条款,由体系主管部门编制内审检查表。审核内容应覆盖每个被审核部门，突出被审核部门的主要职能，审核方法和方式要恰当、数量要合理。内审检查表示例如图 11-2 所示。

ISO 9001内审检查表

受审核部门/责任人	技术部	日期	×××年×月×日	审核员	张××
标准条款	审核要点		审核记录		结论
8.3	组织各个部门，各组人员权限、组织及其他相互关系是否确定并予以沟通？				符合
6.1	是否识别控制本部门过程风险？				不符合
6.2	在各层次和过程上是否已建立质量目标？是否完成？				符合
	目标未完成是否有纠正措施？				符合

图 11-2　内审检查表示例

四、组织首次会议

正式开始审核前，内审组组长应组织召开首次会议，宣读审核计划，交代有关审核事项，然后宣布开始审核。首次会议记录表示例如图 11-3 所示。

首次会议记录表

部门	姓名	职务
总经办	张××	总经理
生产部	刘××	经理
市场部	王××	经理
会议时间：××××年×月×日		
会议地点：××会议室		
会议内容： 1.审核组长申明此次审核的目的、范围、依据。 2.审核组长向与会人员提出此次审核将采用抽样审核方法，加大样本量，以便全面发现各部门、各过程存在的问题。 3.审核组长询问各部门对审核计划内容是否有意见，并予以说明。 4.总经理对各部门提出严格要求，要求积极配合本次内审。 5.审核组长宣布会议结束，现场审计按计划进行。		

图 11-3　首次会议记录表示例

五、进行现场审核

内审员分散对各个部门进行审核，采取询问、检查记录的方法。现场审核应遵循以下原则：以客观事实为依据，无个人推理成分；标准与实际核对，只判定核对项目；程序、执行、记录 3 个方面递进审核；独立公正。

六、编制不符合项报告、整改纠正、复审验证

对现场审核过程中的客观证据进行整理、分析、筛选，将审核证据与质量体系文件等依据相比较，作出客观评价和判断，形成和确定不符合项，判定不符合程度，提出纠正措施，经管理者审批后实施，跟踪完成情况。不符合报告示例如图 11-4 所示。

七、组织末次会议

审核全部完成后召开会议，审核组长宣布本次审核的情况，形成内部审核报告，以及不符合报告，形成审核结论。内审结束后，将资料收集成册，作为管理评审的输入依据。

八、形成内部审核报告

审核报告内容一般包括审核目的、审核范围、审核依据、审核成员、审核陈述、审核发现

问题的描述和不符合项统计分析、不符合项的分析及改进意见、审核结论。内部质量审核报告示例如图 11-5 所示。

不符合项报告

受审部门		陪同人员	
问题发生地点		审核日期	

不符合事实陈述：
《风险机遇识别评价措施表》未及时更新入《记录控制清单》内
不符合文件：程序
依据标准：ISO 9001，条款号××××
不符合类型：实施
严重程度：一般

内审员：	受审部门负责人：

原因分析及纠正措施：
原因：责任人员不了解控制程序要求，未及时更新
纠正措施：
1.立即更新《记录控制清单》；
2.对责任人进行现场教育宣传，部门主管监督执行效果。

预计完成日期：	受审部门负责人：

纠正措施的验证：
纠正措施有效，可以结案。

内审员：	日期：

图 11-4　不符合报告示例

内部质量体系审核报告

审核目的：
1.检查本公司管理体系运行是否符合本公司质量手册要求，运行是否有效，并保持其适宜性。
2.检查本公司是否满足工厂质量保证能力要求。
3.检查本公司产品与认证产品的一致性。

审核目的：质量体系运行所有部门
审核依据：ISO 9001及其他文件要求
审核日期：
审核成员：

审核陈述：××××年×月×日，内审组长组织对××部门进行了内审，采取现场抽样方式，在审核过程中发现×个问题，摘录如下：
……

通过此次内审，各部门和相关责任人能够认真对待，积极配合，内容实施顺利，取证较为全面，虽然发现了部分问题，但各部门均能认真对待，积极分析不符原因，并采取相应措施，整改完成。
审核结论：本公司的质量管理体系符合国家强制认证制度工厂质量保证能力要求和
　　　　　质量手册等程序文件要求，本公司质量体系得到有效实施，运行保持了适宜性。

图 11-5　内部质量体系审核报告示例

至此，质量管理体系内部审核工作完成。

第三节　第三方质量管理体系认证程序

一、提出申请

申请单位向认证机构提出书面申请。

1）申请单位填写申请书及附件。附件的内容是向认证机构提供关于申请认证质量管理体系的质量保证能力情况，一般应包括一份质量手册的副本，申请认证质量管理体系所覆盖的产品名录、简介，申请方的基本情况等。

2）认证申请的审查与批准。认证机构收到申请方的正式申请后，将对申请方的申请文件

进行审查。审查的内容包括填报的各项内容是否完整正确、质量手册的内容是否覆盖质量管理体系要求标准的内容等。经审查符合规定的申请要求，则决定接受申请，由认证机构向申请单位发出接受申请通知书，并通知申请方下一步与认证有关的工作安排，预交认证费用。如果经审查不符合规定的要求，则认证机构将及时与申请单位联系，要求申请单位作出必要的补充或修改，符合规定后再发出接受申请通知书。

二、认证机构进行审核

认证机构对申请单位的质量管理体系进行审核是质量管理体系认证的关键环节，其基本工作程序如下。·

1）文件审核。文件审核的主要对象是申请书的附件，即申请单位的质量手册及其他说明申请单位质量管理体系的材料。

2）现场审核。现场审查的主要目的是通过查证质量手册的实际执行情况，对申请单位质量管理体系运行的有效性作出评价，判定是否真正具备满足认证标准的能力。

3）提出审核报告。现场审核工作完成后，审核组要编写审核报告，审核报告是现场检查和评价结果的证明文件，并须经审核组全体成员签字，签字后报送审核机构。

三、全面审查

审批与注册发证认证机构对审核组提出的审核报告进行全面审查。经审查若批准通过认证，则认证机构予以注册并颁发注册证书。若经审查，需要改进后方可批准通过认证，则由认证机构书面通知申请单位需要纠正的问题及完成修正的期限，到期再做必要的复查和评价，证明确实达到规定的条件后，仍可批准认证并注册发证。经审查，若决定不予批准认证，则由认证机构书面通知申请单位，并说明不予通过的理由。

四、获准认证

监督管理认证机构对获准认证（有效期为3年）的供方质量管理体系实施监督管理。监督管理工作包括供方通报、监督检查、认证注销、认证暂停、认证撤销、认证有效期的延长等。

第十二章　企业质量文化与形象建设

质量竞争已经成为市场竞争的主要手段,任何一家企业要想在市场竞争中获胜都必须依靠过硬的产品质量,而要保证产品质量必须有系统科学的质量管理体系,必须有优秀的质量文化作为依托,因为离开质量文化,质量管理只能是无源之水、无本之木。

第一节　质量文化构成

质量文化是企业文化的有机组成部分,它不能脱离企业文化而独立存在。我国大多数企业在建设企业文化时将企业质量观或质量理念作为其中的一部分内容,没有对质量文化进行系统诊断、策划和建设,这是我国许多企业质量文化不够鲜明突出的主要原因。

质量文化是企业文化的一部分,它不可能游离于企业文化之外而产生和发展。

一、质量文化的含义

尽管人们经常谈论质量文化,但对质量文化进行系统研究的并不多。目前,对于质量文化人们还没有一个统一的定义。在我国的质量管理论著中,有关质量文化的定义基本上也是对企业文化定义的延伸。

例如,蒋冬青、刘俊学认为质量文化是企业文化的重要组成部分。质量文化是指企业和社会在长期的生产经营中自然形成的涉及质量空间的理念、意识、规范、价值取向、思维方式、道德水平、行动准则、法律观念,以及风俗习惯和传统惯例等的总和。职业道德和敬业精神是培育企业质量文化的重要内容。质量文化不仅直接显现为产品质量、服务质量、工作和管理质量,还延伸表现为消费质量、生活质量和环境质量等。

马国强认为质量文化是企业员工的质量价值观、思维方式、行为方式及质量规范、生存发展氛围等的总和,是企业文化的核心与精髓。质量文化作为一种客观存在,是质量管理实践的结果,是企业个性化的核心体现。

尚鹏飞等认为质量文化是市场经济下企业文化的核心,是企业文化的重要组成部分,是企业在长期的质量经营与管理活动中所形成并为全体员工达成共识的质量价值观、质量精神、质量目标、质量道德、质量教育、质量形象等。

万力认为企业质量文化是企业文化的分支,是企业文化的重要组成部分。质量文化是以质量为中心,建立在物质文化的基础上,与质量意识和质量活动密切相关的精神文化活动的总和,它对企业形成凝聚力、增强企业竞争力及发展生产力起着巨大的推动作用。

李淑华认为质量文化是企业文化的重要内涵,蕴含在质量管理的全过程及其结果中,它崇尚以质量为衡量一切的理想尺度,以质量为情感的出发点,以质量为意志的推动力,以质量为生产经营的需求,以质量为理性思考的准绳,由此使质量管理呈现出独特的文化理念。培育卓越的质量文化是搞好企业文化建设的客观需要。

2002 年，我国质量控制专家张公绪教授主编的《质量工程师手册》中对质量文化的定义为：企业文化是企业在长期的质量管理活动中形成的，围绕质量问题所产生的一切活动方式的总和，这种活动方式体现了企业独特的质量价值观念。

综合以上定义，可以发现人们对质量文化的阐述基本上大同小异，没有本质上的区别，可以归结为企业质量文化是企业文化的重要组成部分，体现为企业的质量意识、企业的质量制度和质量形象的总和。

二、质量文化的构成要素

根据质量文化的定义，企业质量文化的构成要素包括质量意识、质量制度及质量形象等内容，具体如下。

（一）质量意识

质量意识是企业员工对质量重要性认知程度的体现，包含质量价值观、顾客意识、质量忧患意识和品牌意识。

1. 质量价值观

企业的质量价值观是企业质量意识的核心内容，是起决定作用的要素。企业的质量价值观影响企业员工的质量态度和质量行为取向，也是企业质量文化独特性的本质。良好的质量价值观能够使企业的全体员工产生内在的感召力和强烈的质量忧患意识，引导员工自觉地遵守企业的质量制度并维护企业的质量形象，在工作中主动提高产品质量和服务质量。

质量观念是企业员工对待质量问题的观点，观念决定态度和行为取向。落后的质量观念必然产生消极的质量态度和不适宜的质量行为。

企业的质量伦理道德是质量价值观的重要组成部分，是规范企业和企业员工的精神道德标准。与质量制度不同，它不是硬性的质量管理要求，而是通过长期培养和倡导而形成的群体的质量精神规范。质量伦理道德不但强调企业的产品责任，而且强调企业的社会责任和环境责任，是企业质量价值观的重要体现。

2. 顾客意识

顾客意识反映了企业员工对顾客的意义和重要性的认知程度，它决定着员工在处理与顾客有关问题时的价值取向和行为方式，对企业发展有着极其重要的作用。强烈的顾客意识是企业持续发展的原动力，只有形成强烈的顾客意识的企业，才会有强烈地探究市场需求、钻研顾客心理的冲动，才会有创新产品、丰富产品质量内涵的方向感，才会有创立和维护品牌的紧迫感，才会有突出质量优势、赢得顾客忠诚的使命感，才会有持续发展的坚实基础和不竭动力。

3. 质量忧患意识

质量忧患意识是指企业职工在激烈的竞争环境中深刻体会到产品质量是企业的生命，并认识到本企业产品质量水平在同行业中所处的位置及存在的差距，由此形成提高质量水平和保持质量优势的强烈危机感及紧迫感，从而在工作中自觉主动提高工作质量，以使企业取得竞争上的质量优势而获得长久稳定的发展。

4. 品牌意识

品牌意识是指企业员工对品牌价值和品牌建设及维护的重要性的认知程度,它决定着人们对待品牌的态度,最终必将影响企业的发展和未来。

(二)质量制度

质量制度是质量文化的"固化部分",它规定了企业在质量方面对企业及企业员工的具体要求,是企业员工必须遵守的准则,也是企业质量价值观的外在体现和落实手段之一,是企业实现质量目标的必要保证。

(三)质量形象

质量形象主要体现为外部质量形象和内部质量形象。

1. 外部质量形象

(1)产品质量形象

产品质量形象是顾客最为关心的质量形象,它是顾客在对产品的观察和使用过程中形成的有关产品质量好坏的印象,一经形成往往在一定时期内保持稳定。因此,企业应始终把产品质量放在企业管理的重要位置,不能有一丝松懈,只有这样才能确保产品在顾客心目中的良好形象和优先地位。

(2)服务质量形象

对于耐用品制造企业来说,服务不再是可有可无的,而是已经成为满足顾客要求的基本业务内容。服务质量直接影响顾客对企业的满意程度,优秀的服务可以弥补企业在产品质量上的不足,化解顾客的抱怨,甚至成为吸引顾客的有力武器。

(3)品牌形象

品牌形象综合了企业的许多方面,包括品牌的知名度、美誉度、忠诚度等,良好的品牌形象有利于企业留住老顾客,有利于企业吸引潜在顾客。品牌的美誉度不仅来自企业的产品质量和服务质量,还与企业的社会责任形象、守法形象、企业实力和企业领导人形象密切相关。

(4)质量信誉

质量信誉是企业长期经营逐步积累而在消费者心目中形成的、关于质量承诺兑现程度的一种心理衡量。企业的质量信誉需要企业几代产品和多年经营逐步建立,质量信誉的建立依靠的关键不在于广告宣传,而是企业认认真真、踏踏实实地以对顾客负责的态度进行运营、一点一滴地积累起来的。

2. 内部质量形象

内部质量形象主要体现为企业的质量设施和质量文化氛围。质量文化氛围是通过质量宣传、质量文化活动和群众性质量改进活动等来体现的。

三、企业质量文化的构成层面

企业质量文化是指企业和社会在长期的生产经营中自然形成的一系列有关质量问题的意识、规范的价值取向、行为准则、思维方式及风俗习惯。企业质量文化的核心内容为质量理念、质量价值观、质量道德观、质量行为准则。质量文化的培育和建设是一个艰难的、长期的过程，需要从社会、文化、法律、社会心理等多角度去努力研究和探索。

企业质量文化分为物质、行为、制度及道德（精神）4个层面的内容，质量文化就是企业在长期生产经营实践中，由企业管理层特别是主要领导倡导、职工普遍认同的逐步形成并相对固化的群体质量意识、质量价值观、质量方针、质量目标、采标原则、检测手段、检验方法、质量奖惩制度的总和。

1. 企业文化的物质层

企业文化的物质层又称企业物质文化，它是指产品和服务的外在表现，包括质量工作环境，产品加工技术，设备能力，资产的数量、质量与结构，科学与技术水平，人力资源状况等。

企业物质文化是由企业员工创造的产品和各种物质设施等构成的器物文化，是一种以物质形态为主要研究对象的表层企业文化。

企业生产的产品和提供的服务是企业生产经营的成果，是企业物质文化的首要内容。另外，企业创造的生产环境、企业建筑、企业广告、产品包装与设计等，它们都是企业物质文化的主要内容。

2. 企业文化的行为层

企业文化的行为层又称企业行为文化，是指企业员工在生产经营、学习娱乐中产生的活动文化。它包括企业经营、教育宣传、人际关系活动、文娱体育活动中产生的文化现象。从企业人员的结构看，它包括领导干部的领导行为文化、企业员工的群体行为文化、质量队伍的专业行为文化。它是企业经营作风、精神面貌、人际关系的动态体现，也是企业精神、企业价值观的折射。

3. 企业文化的制度层

企业文化的制度层又称企业制度文化，它是约束员工质量行为的规范文化，主要包括企业领导体制、企业组织机构和企业管理制度3个方面。

企业领导体制的产生、发展、变化，是企业生产发展的必然结果，领导体制特别是领导人的管理理念和管理风格对企业文化的影响较大。企业组织机构包括正式组织机构和非正式组织机构，是企业文化的载体。企业管理制度是企业在进行生产经营管理时所制定的、起规范保证作用的各项规定或条例，需要特别指出的是，具有强制约束力的制度在企业文化特别是行为文化的形成过程中发挥着十分关键的作用。

4. 企业文化的精神层

企业文化的精神层又称企业精神文化，相对企业物质文化和企业行为文化来说，企业精神文化是一种更深层次的文化现象，在整个企业文化系统中，它处于核心的地位。

企业精神文化是指企业在生产经营过程中，受一定的社会文化背景、意识形态影响而形成的一种精神成果和文化观念。它包括企业精神、企业经营哲学、企业道德、企业价值观念、企业风貌等内容，是企业意识形态的总和。它是企业物质文化和企业行为文化的升华，是企业的上层建筑。

第二节 质量意识培育

质量意识是企业质量文化的核心,企业质量文化的建设离不开文化核心层的培育,因为只有有了文化核心层的建设,才会有一系列制度层面的建设,进而是形象层的建设,所以研究企业质量文化的建设,首先应关注企业质量意识的塑造。质量意识是企业员工对质量及其重要性认知程度的体现。

一、企业质量意识的形成

(一)企业质量意识形成的过程

现代企业大多是大工业生产的产物。建立一家新的企业,需要大量的物质投入,如修建(租用)厂房、办公楼,购买设备,整治环境等。但是,在建立企业之前,企业的管理者可能就已经有了自己的质量基本观念,这种观念必然要支配其行为,影响其对企业质量文化的认识。在建立企业的过程中,企业的管理者可能就已经开始考虑企业质量文化,特别是考虑企业质量意识。这种考虑可能是认真的、直接的或有意识进行的,也可能是无意识进行的。也就是说,企业质量意识在企业创建之初就开始了其形成的过程,尽管开始时可能仅仅表现于企业管理者的个人思想中。管理者的思想很快就会体现于企业的建立过程中,如对企业的规划设计是按高质量标准还是按合格标准?购置设备是从生产高质量产品出发还是只从节约成本出发?那些在建立企业时就有打造名牌意识的管理者与那些不重视质量的管理者,其质量意识有天壤之别。由于他们的质量基本观念不同,在建立质量制度、购置或安排质量设施、打造企业质量形象时,也就会有不同的态度并采取不同的方法,从而影响整个企业质量文化的形成。

接着,管理者的质量基本观念通过言传身教,就会影响企业的员工,从而给企业质量意识深深地打下他们的质量基本观念的烙印,为企业形成传统的质量意识奠定基础。管理者的质量基本观念往往是通过质量方针来体现的。质量方针就是他们处理质量问题的宗旨。这样的质量方针与企业正式发布的质量方针可能是有差异的,但往往更能影响员工的质量行为。有的企业没有制定和发布质量方针,但其管理者的思想中不可能没有这样的质量方针。这种思想中的质量方针可能是有变化的,是"浮动"的,但往往更具有效力,更能对企业质量意识的形成产生影响。事实上,在中国的企业中,管理者的质量方针与企业的质量制度有差异,员工对此也心知肚明。于是,上行下效,员工往往就向管理者的质量方针看齐,也在自己的思想中形成相应的"质量方针"。管理者和员工思想中的"质量方针"综合起来,就成为企业的质量意识,或者形成企业质量意识的核心内容。

当然,企业不仅仅是管理者的企业,企业的员工进入企业之前,就已经接触整个社会的质量"教育",也形成相应的质量基本观念。如果管理者和员工的质量基本观念不同,双方就可能发生冲撞,有时甚至可能发生激烈的冲突。冲撞或冲突的结果,可能是双方都有所退步,从而达成妥协;也可能是某一方服从另一方,从而形成以某一方质量基本观念为主的质量意识;还可能继续产生冲突,甚至分道扬镳。曾有一位质量专业人员应聘到一家私营企业,发现其管理者不重视质量,多次提出意见不被接受,于是就辞职了,这就是不能有效解决意识冲突的结果。当然,这样的例子并不是一种普遍现象。在相当多的情况下,员工的质量基本观念往往低于企业的要求,往往用被动应付的方式对待管理者提出的质量方针。这需要企业通过加强质量教育和质量责任制度来解决。

事实上，企业质量意识的形成是一个相当复杂的过程，在管理者与员工之间、员工与员工之间、企业与员工之间、质量制度与质量意识之间、质量文化的物质因素与质量意识之间都会出现磨合、冲撞和冲突，相互影响、相互妥协、相互促进、相互整合。但不管怎么说，企业一旦建立，其质量意识也就开始形成，直到质量意识相对固定下来。

（二）企业质量意识的改变

企业质量意识形成后并不是一成不变的，更不是不可改变的。随着企业所处的环境不断变化，企业质量意识也要发生变化。这种变化可能是企业自觉进行的，也可能是企业被迫进行的。从变化的方向看，既有向正方向上升的，又有向负方向下降的。

几十年来，中国企业经历了从卖方市场到买方市场的转变，经历了与国外企业进行质量竞争的考验，经历了质量法制不断完善和消费者质量意识提升的洗礼，企业质量意识有了质的飞跃。当整个社会的质量意识提升后，当市场对质量的需求提升后，企业如果不转变质量意识，就难以适应社会环境，在竞争环境下就只能走向失败。企业应当经常分析自己所处的质量环境，包括质量法制环境、市场质量环境和顾客意识环境，不失时机地调整或改变自己的质量意识。

要改变企业质量意识，关键在于提升管理者的质量价值观，还需要管理者自觉地、主动地去策划和发动相应的活动。一是教育，通过各种各样的形式，教育员工提升质量基本观念；二是修改质量方针，使企业的质量方针更加适应社会的或市场的需要；三是不断增强员工的质量意识，提升员工的质量道德水平。企业质量意识的改变，既可以是渐进式的，又可以是激进式的。例如，通过颁发新的质量方针、开展质量整顿、进行质量创新、过程重组、引进新的质量管理（控制）方法、投产新产品、使用新设备等，对员工进行教育、动员，从而强化企业员工的质量意识。

（三）影响企业质量意识形成的因素

1. 企业所处的社会质量环境

社会质量环境是一个相当大的概念，包括社会质量文化环境、质量法制环境、社会整体质量意识等。企业不是在真空中生产经营的，只能处在一定的社会质量环境中。社会质量环境通过影响企业管理者及全体员工，从而影响企业质量文化的形成。

2. 企业所面对市场的质量需求

企业是为市场生产的，市场所需求的质量就是企业追求的目标。企业的质量价值观、质量方针只有与市场对质量的需求相符合，才能使其产品与市场相符合，也才能被市场认可。

一般来说，企业的质量意识必须高于市场所需求的质量水平。质量意识高于市场需求是指体现企业质量意识的质量价值观、顾客意识和质量目标应当高于市场对质量的需求。这是因为从质量意识到产品质量有一个过程，虽然有较高层次的质量意识，但产品质量的形成不仅仅是在质量意识指导下就可以达到既定目标的，更要受相应的技术、设备、原材料、员工的技能、管理水平、生产环境条件等方面的影响和制约，一般情况下与预期的目标存在一定距离。

3. 企业所处的质量竞争环境

市场上不可能只有一家企业。即使是绝对垄断企业，如供电、自来水类自然垄断企业，虽然其产品具有垄断性，但其依然处在一定的竞争环境中。整个社会的产品质量都提高了，垄断企业继续保持劣质水平往往就会引来社会舆论的强烈抨击。即使是政府部门，也要随着社会质量竞争环境的改变而不断提升自己的服务质量。事实上，诸如供电、自来水之类的垄断企业，甚至是政府部门，其产品（服务）质量得到很大的提升，其根本原因还是被社会质量竞争促进的。

作为竞争环境中的企业，面临激烈的质量竞争，如果没有相应的质量文化，特别是没有相应的质量意识，就难以在竞争中取得优势。质量竞争环境迫使企业提升其质量意识，质量竞争越剧烈，这种压力就越大，企业提升其质量意识的动力也就越大。当然，企业也可以不去理会这样的压力，那么除了走向衰退也就没有别的出路了。

4. 企业高层管理者的质量意识

高层管理者是企业质量方针和质量目标的制定者，他们有什么样的质量意识，就会制定什么样的质量方针和质量目标。企业的质量方针，应该是管理者在面临具体问题时，在处理质量与其他事项（如数量、成本、进度等）关系时，特别是在质量与其他事项发生矛盾或冲突时，所表现出来的态度及这种态度所依据的质量基本观念、所隐藏的基本原则、所体现的质量宗旨和方向。这样的质量方针对企业质量意识的形成具有决定性的作用。

5. 企业员工的个体初始质量意识

一般来说，人们从有意识开始，就通过不断使用产品而逐渐产生对质量的认识。随着年龄增大，人们对质量的认识逐渐加深，到进入企业的时候，已经形成一定的质量意识。虽然这样的质量意识可能是朴素的、不明确的且需要接受企业的质量教育和质量文化的熏陶，但是已经为接受质量教育和质量文化熏陶打下基础。如果企业的质量价值观与企业员工的质量价值观在方向上吻合，他们接受质量教育和质量文化熏陶也就更加自觉，接受速度也更快，接受质量也更好。反之，他们就可能与企业的质量价值观发生冲撞或冲突，从而影响他们的接受程度。反过来说，企业员工的质量价值观对企业质量意识的形成和改变也具有基础的作用，不能设想在质量教育上打几次"冲锋"就能改变企业员工的质量价值观，就能形成或改变整个企业的质量意识。

6. 企业的生产经营模式

不同的企业有不同的生产经营模式，这涉及企业的性质、规模、产品、技术、组织、过程等。例如，大批量流水线生产的企业与小批量多品种生产的企业，其质量意识可能存在差异。流水线生产要求的零部件合格率要高一些；小批量多品种或单件生产可能因设计和工艺问题，在装配过程中必然要遇到很多诸如尺寸干涉之类的问题，也就必然要返修、返工和修理。这样的生产经营模式，必然对企业质量意识产生影响。前者可能强调群体的配合，后者可能强调个体的技术；前者对质量不合格相当敏感，后者发现不合格则可以通过返修、返工和修理及让步放行来解决。双方的生产经营模式一旦发生互逆变化，就可能出现质量意识不适合生产经营的现象，甚至造成严重的混乱。

7. 企业文化

质量文化是企业文化的组成部分，其形成过程必然是在企业文化的影响和制约下进行的，企业文化的性质和方向决定了企业质量文化的性质和方向。

　　我国企业文化学者刘光明教授在汇总各家学说的基础上，提出企业文化是指企业物质文化、行为文化、制度文化和精神文化的总和。

　　目前，我国企业对于企业文化建设的重视程度越来越高，一些优秀企业，如海尔集团公司、珠海格力集团有限公司等企业建立了优秀的企业文化，而且对质量文化给予了足够的重视，取得了优异的经营业绩。但也应注意到，我国在企业文化建设过程中，有许多企业对质量文化没有给予应有的重视，使质量文化成为企业文化的薄弱环节，甚至造成质量文化缺位，严重影响企业文化整体效应的发挥，使企业质量工作难以落到实处、抓出实效。

二、企业质量意识对企业质量文化建设的意义

（一）企业质量意识是企业质量文化的核心

　　质量意识是企业管理者和全体员工，也就是企业的人的质量思维的产物，也是其质量思维的基础。企业质量文化最直接的体现可能是企业的质量制度或内部质量形象和产品质量形象，但质量制度是由企业的人去制定和执行的，内部质量形象是由企业的人去建立和维护的，而产品更是由企业的人去制造或实现的。如果企业的人不具有相应的质量意识，没有相应的质量道德，质量制度就不可能被制定出来；即使被制定出来也没有人会认真执行。同样，产品质量、质量形象也就得不到根本的保障。

　　当然，质量意识往往是摸不着看不见的，只有深入企业去感受才能真正把握。企业可以提供书面的质量方针，其管理者也可以就质量问题侃侃而谈，对员工也可以通过考试之类获得其相应的认识，但这些很可能并不能真正反映企业的质量意识。由于质量意识是企业质量文化的核心，要真正全面把握就相应困难一些。只有通过实际考察，通过企业及其管理者在处理质量问题时的态度，通过其员工对产品质量采取的行为来加以判断。但不管怎么说，企业质量意识都是客观存在的，并且在企业质量文化中发挥着其核心作用，左右着企业质量文化建设的方向。因此，建设企业质量文化，首要的便是企业质量文化核心层的建设。

（二）企业质量意识对企业质量制度文化建设的意义

　　企业质量制度文化包括企业质量体制、质量文件（成文的"法"）、习惯（不成文的"法"），是企业质量意识的"政治"表现形式，是统一员工质量行为的规范，因其具有相应的强制性，是企业产品质量的保证。企业质量意识是企业质量制度文化建设的前提，企业有什么样的质量意识，就会有什么样的质量制度文化。如果质量文件不能反映或没有反映企业质量意识，不管质量文件制度多么完善、多么"先进"，都是没有实际用处的，或者在实际中都可能是"作废"的，没有人会认真执行。因此，企业质量意识是企业质量制度文化建设的灵魂或根本。

1. 企业质量意识是制定质量制度的指导思想

　　不管是企业的质量管理体制还是质量文件，都是根据企业的质量方针制定的。企业的质量意识决定着质量方针，而质量方针又决定着企业的质量管理体制和质量文件。在从质量方针的制定到质量体制和质量文件的制定过程中，可能出现一些偏差，如在文字表述上借用了别人的或书本的东西，但如果企业的员工，特别是其管理者的质量意识没有跟着转变，即使制定出来也可能被束之高阁。文字的东西在一定程度上可以超越质量意识，从而迫使企业的员工，特别

是管理者修改或提升自己的质量意识，但这种超越的本身实际上反映了企业的员工，特别是其管理者已经认识到质量意识存在的问题，或者已经有改变的愿望。

2. 企业质量意识是质量管理体制顺利运行的根本保证

一般来说，有什么样的质量意识，就会有什么样的质量管理体制。当企业关注的焦点是数量或进度时，不管企业的文件是怎么规定的，其质量管理体制必然是混乱的，质量责任制没有或不落实，质量检验也很可能形同虚设，更不要说建立和保持诸如管理评审、质量策划、持续改进之类的质量管理体系要素了。

即使在一些大中型企业中，也可以发现，其质量管理体系虽然已按照 ISO 9001 的要求建立，运行起来却相当困难，甚至文件规定的是一套体系，实际遵守的却是另一套体系。最典型的反映在不合格品处理上。按质量手册规定，检验人员没有处理、利用不合格品的权力，但企业依然依靠检验人员进行处理，甚至随便让步放行。分析其原因，就在于企业没有 ISO 9000 所要求的质量意识，并没有真正接受 ISO 9000 规定的质量管理 8 项原则。

3. 企业质量意识也是质量文件能够得到执行的根本保证

没有相应的质量意识作为支撑，要真正贯彻执行规定的质量文件（特别是质量程序文件）往往很难。例如，合同评审，如果没有以顾客为关注焦点的质量意识，没有以预防为主的质量意识，就很难坚持。

1994 年版的 ISO 9000 族标准对持续改进的环境进行过描述，事实上几乎都涉及企业的质量意识。某企业虽然强调以首件"三检制"（每天生产的第一件产品经自检、互检、专检合格后方能继续操作的制度）为核心的工艺纪律，但违反工艺纪律的现象屡禁不止。分析其原因，就在于该企业从领导到员工都没有树立质量第一的观念，反而普遍存在着抢时间、抢进度的传统习惯。事实上，这也是我国企业推行全面质量管理和 ISO 9000 实效性差的根本原因。

4. 企业质量意识是质量习惯形成、保持或改变的根本原因

质量习惯是不成文的质量制度，一种情况是不需要形成文件化的质量制度而形成质量习惯，另一种情况是虽然有相应的成文的质量制度，但受到员工或明或暗的抵制，员工用质量习惯来代替成文的质量制度。事实上，在相当多的情况下，这种不成文的质量制度比成文的质量制度更"管用"，更能得到员工的"认可"。因为这种不成文的质量制度是员工在实际工作中实施的，是非"强迫"的、非正规的，所以其形成必然是与员工的质量意识直接相关的，其保持也是由质量意识提供思想保证的。当然，要改变员工的质量习惯，可以从规范员工质量行为入手，如通过制定成文的质量制度来解决，但更需要提升员工的质量意识，特别是在质量意识教育上下功夫，这样才能从根本上解决问题。习惯势力是最顽固的，思想认识上不解决问题，仅仅靠惩罚之类的措施，往往事倍功半。

（三）企业质量意识对企业质量形象建设的意义

从一定程度上说，企业"希望"自己的产品达到什么样的质量水平，其产品也就有可能达到什么样的水平。这里所说的"希望"不是企业口头的"希望"，也不是想入非非的"希望"，而是企业质量意识所体现的"希望"。当然，由于受资金、技术或其他因素的影响和制约，产

品实际达到的质量水平，可能与其"希望"达到的水平还有一定差距。但这样的差距是可以通过努力来减少甚至消除的。在相当多的企业管理者心目中，往往存在着"我的产品质量只能有这样的水平"的认识，就说明了这个道理。因此，企业质量意识往往决定了企业产品质量水平，也就在一定程度上决定了企业产品质量形象。

企业质量形象是企业给顾客和社会留下的印象，是通过企业的产品质量和其他质量行为造成的，从一定程度上说，也是其质量意识的外在表现。企业质量形象当然需要通过一定的宣传来树立，更需要企业通过自己的产品质量和其他质量行为来建立。

一般来说，企业有什么样的质量意识就会有什么样的质量形象。如果企业的质量形象高于企业的质量意识的要求，那么迟早也会降下来的，甚至可能因此而败坏自己的质量形象。随着质量竞争日益从单纯的产品质量竞争转变为企业质量竞争，企业更应当认真审视自己的质量意识，从提升质量意识入手来提升质量形象。

三、企业质量意识的构成要素

企业质量意识作为一种精神层面的存在，往往难以直接观察到。走进一家企业，可以看到其墙上的质量标语，以及质量手册上的质量方针和质量制度，甚至可以通过询问其管理者或员工得到某种印象，但粗略的走马观花式的考察往往也难以把握其质量意识。

企业的质量意识毕竟是一种客观存在，虽然不能直接观察，但通过对企业处理具体质量问题的态度及方式方法的考察，仍然是可以感受到的。为了对考察企业质量意识提供方便，更为了企业塑造自己的质量意识时能够有一个便捷的方法，可以把企业质量意识分解成若干构成要素。一般来说，企业质量意识是由企业的质量价值观、顾客意识、质量忧患意识和品牌意识构成的。其中，质量价值观是企业质量意识的核心内容，是起决定作用的要素。质量价值观包括员工的质量基本观念、质量道德观念和质量法制观念等。

四、质量意识的作用

1）对行为的方向性和对象的选择性具有调节作用。意识能够驱使人们趋向或逃离某种对象或事物，影响着一个人对某事、某物或某人作出其个人的选择。员工对产品质量的意义（特别是与自己利益的关系）有深刻认识，对质量工作抱有肯定态度，就会乐意参加质量管理，重视工作质量；相反，质量意识淡薄，态度不端正，就会反感质量管理活动，忽视工作质量。

2）对信息的接受、理解与组织作用。一般来说，人对有深刻认识并抱有积极态度的事物容易接受，感知也清晰；对没有认识并抱有消极态度的事物则不容易接受，感知模糊，有时甚至给予歪曲。质量教育的实践表明，质量意识强的员工，学习积极性高，学得快，学得好；相反，质量意识差的员工，学习往往出现困难，学不好，记不牢。意识和态度对信息还具有"过滤"作用，这种作用甚至会反映到实际操作中。在操作中看错数据，往往也与质量意识有关，质量意识差，对相关的质量要求注意往往不够。质量意识强的员工，则对相关质量要求不但敏感，而且注意力集中。

3）预定对对象或事物的反应模式作用。意识是在过去认识和情感体验的基础上形成的，一经形成之后就会使人对某种对象或事物采取相应的行为模式。质量意识强的员工就会重视质量，对质量工作持有积极态度，在接受新任务时，会积极考虑新任务的质量问题，在完成新任务过程中就会时时把质量放在首位，而不论领导是否向他交代或强调过质量；相反，质量意识差的员工一听到"质量"两字，心中就会反感，即使领导不断强调，也难以把质量放在首位。

4）导致情绪上的不同体验作用。人们对事物的认识不一样，态度不一样，所产生的情绪体验也就不同。一般来说，对认识深刻并持有肯定态度的事物和行为，可以给人带来满足、愉快、喜爱等内心体验；对认识和态度上否定的事物和行为，则可能给人带来相反的内心体验。质量意识强的员工，质量态度往往积极，不但能积极参加质量改进，而且能产生肯定性情感，心情舒畅，容易产生成就感；相反，员工的质量意识差，质量态度就会消极，也就会感到无论做任何事都是不对的，或者烦躁、生气、恼怒、痛苦和不安。

五、质量意识的心理学含义

现代心理学认为，人的意识有 3 个层次，即无意识层、前意识层和意识层。人的自我是由 3 个力学关系的相互作用构成的：一是无意识，又称伊特，是欲望、冲动和能源的储存库；二是超我，是道德、良知和理想的自己对自我的控制；三是外界的影响，包括社会的道德、义务、纪律、教育、舆论和法律对自我的影响。一个人如果能够取得这 3 种力学关系的平衡，个体心理就能够提高其活动性的功能和创造性的效果，自己也能够体验到幸福。人的一生就是一个不断打破旧的平衡，求得新的平衡的过程。

显然，质量意识，也就是对质量的认识、了解、思想、信念、评价等，它不是天生的。一般来说，质量意识不存在于无意识层中。按照精神病学家和心理学家西格蒙德·弗洛伊德（Sigmund Freud）的说法，伊特主要是指生的欲望（包括生存意识、生殖意识及性意识等）和死的欲望（包括破坏意识、侵略意识等）。应当说，伊特中不但没有质量意识，而且有反抗、抵消和破坏质量意识的意识。因此，质量意识不能在伊特中寻找。

超我是道德、良知和理想的自己。超我意识不是天生的（婴儿就没有超我意识），是在伊特和外界这两种力的作用下，通过自我调节后转化而成的。超我意识与伊特，与自我意识、与外界对自我的要求都是不相同的。按照弗洛伊德的说法，伊特遵循的是"快乐"原则，仅仅追求一种生理上的满足。自我实行的是"现实"原则，既不能完全按伊特的要求行事，又不能完全按照自己的要求行事，还要顾及外界的要求。一般来说，自我意识是一种调和物。超我实行的是"理想"原则，理想是人类特有的现象，正因为有理想，人类才会不断进步。人出生之后，只有不断接受外界的信息，经过自我的转化，才产生超我意识。因此，超我意识是社会实践的产物。

质量是产品的一种属性。就整个人类来说，质量的概念是生产发展到一定程度后才产生的。原始人在采撷果实、捕捉动物的时候，虽然有石器好用不好用、锋利不锋利的概念，有果实好吃不好吃的概念，却没有质量的概念。人类的质量观念的形成大大迟于数量观念的形成。数量的概念也是在原始社会末期才真正形成的，质量的概念形成得更晚。质量意识的概念是在商品经济充分发展以后才产生的，可以说，质量意识是人类较晚形成的一种意识，不是人类所固有的。

再从某个人来说，质量意识是外界对他的自我的作用力的产物。外界通过各种渠道，首先是教育的渠道，不断对自我施加压力，只有当这种力达到一定的阈值，作用时间也达到一定的阈值，在战胜了伊特的反抗、抵消和破坏之后，经过自我的调节（选择、扬弃和吸收），质量意识才能产生。如果外界对自我的作用力很小，或者作用的时间很短，就会在自我中转瞬即逝，质量意识也就不可能产生。将外界对自我作用的力转化为质量意识后，就进入超我意识的范围内。因此，质量意识是一种超我意识。

假设质量意识为 Q，设外界的力度为 W，伊特的力度为 ID，那么就有

$$Q = W - \text{ID} \tag{12-1}$$

由于人的生理、心理等状况的千差万别，相应的，人的伊特的力度 ID 的强弱也就不相等，在相同的外界的力度 W 的作用下，每个人的质量意识 Q 的强度也就大有差异。

应该说，式（12-1）还是一种不完善的示意公式。在 3 种力学关系中，任意一力过强，平衡便被破坏，自我就会变弱，烦恼和神经疾病便随之产生。为了求得新的平衡，人们往往采取转移（或升华或发泄或投射等，下同）的方式，使过强的力得以消除。这就是自我防御机制。按弗洛伊德的说法，文艺创作、体育运动等实际上就是转移伊特的力的一种方式，或者伊特的力的一种转移。同样，外界的力和自我的力也能通过自我调节后转移。这样，式（12-1）就应当改为

$$Q = (W - Z_1) - (\text{ID} - Z_2) \tag{12-2}$$

式中，Z_1——外界的力 W 被转移的程度；

Z_2——伊特的力 ID 被转移的程度。

从式（12-2）可以知道，质量意识 Q 的强弱取决于外界的力 W、W 被转移的程度 Z_1、伊特的力 ID 及 ID 被转移的程度 Z_2。在同一企业（或车间、科室、工段、班组）里，W 的大小可能是一致的或基本上是一致的，但是每个人的生理、心理和自我防御机制等状况不同，Z_1、ID、Z_2 却是不同的，甚至相差很大。因此，同一企业（或车间或科室或工段或班组）的不同员工就会有不同的质量意识。这就是不同的员工质量意识强弱不等、千差万别的心理原因。

六、质量意识的形成机制

为了增强员工的质量意识，应当尽量加强外界的力 W 的强度、减弱外界的力 W 被转移的程度 Z_1；如果伊特的力 ID 对于某个人是一定的或不变的，还应当尽量加强伊特的力被转移的程度 Z_2。也就是说，W 应当最大，Z_1 应当最小，Z_2 应当最大（对于人类来说，伊特还是一个"黑箱"，人们还无法对伊特进行直接分析和直接控制）。

（一）关于 W

我们说质量意识 Q 是外界的力 W 通过自我调节后进入超我意识的一种力，那么质量意识 Q 最根本的来源就在于外界的力 W，W 的大小最终决定着 Q 的强度。W 过小，不足以抵消伊特的力 D，就不可能产生质量意识 Q。

质量意识主要是在生产、消费、交换和分配过程中形成的。按照一些政治经济学家的说法，生产、消费、交换和分配是生产的 4 个统一又有区别的阶段。在这 4 个阶段中，要求质量的现实需要不断刺激和作用于自我，其力度不断加强，质量意识便会逐渐产生。

1. 生产阶段

在生产、消费、交换和分配这 4 个阶段中，生产阶段是最重要的或最主要的。生产的根本目的包括两个方面：一是为社会提供使用价值，即提供产品或劳务；二是为企业提供价值，即提供补偿成本的资金和利润。使用价值或曰产品和劳务都有一个质量问题。因为不能为社会提供使用价值，也就不能为企业提供价值，所以质量问题又与企业回笼资金和赢得利润相关。这种质量的现实需求就会变成一股压力，作用于生产者的自我，从而产生质量意识。

2. 消费阶段

消费包括两种含义的消费，一是生产过程中物料和人力的消费，二是生活资料的消费。不管是哪种消费都有一个质量问题。如果原材料不合格，就会给生产造成严重困难；如果消费品质量差，就会给消费者带来不便、浪费甚至危险。

3. 交换阶段

商品交换促进了人们对质量的认识。交换中不仅有数量关系，还有质量关系。在马克思（Karl Marx）的等式"一只羊=一袋小麦"中，如果小麦是霉变了的，或者羊是生病的，这个等式就变成不等式，交换也就无法进行。一旦进入交换，质量的要求就超出生产者自身的范围，也就是不仅仅表现为自己对自己的要求，还表现为交换的对方对自己的要求。因此，外界的力 W 加强了。

4. 分配阶段

不管是生产者内部的初次分配还是社会的再分配，都存在着质量问题。现代社会的分配形式虽然主要采取货币形式，但是并没有完全排斥或消除实物分配的形式。在社会的再分配中，福利、教育、服务、公益事业等方面也存在着质量问题。分配中的质量要求对人的自我也构成一种力。

在上述 4 个阶段中，因为生产阶段是产品质量形成的主要阶段，所以生产阶段对质量的要求是主要的外界的力 W。没有接触过生产的人当然也消费过、交换过，甚至也参加过分配，其质量意识一般来说还是很薄弱的，或者朴素的、片面的、零碎的和浅薄的。这里所说的生产是范围很广的，不仅指操作过程，还包括管理过程。一个新员工进厂以后，天天参加生产活动，对质量的现实要求（包括产品本身的要求和反映这种要求的企业的要求）不断作用于他的自我，他的质量意识便会逐渐明确、全面、系统、深化，逐渐加强，形成科学意义上的质量意识。

促使质量意识产生的外界的力 W，对员工来说主要表现为质量教育和质量奖惩。一般来说，质量教育主要属于精神方面的力，质量奖惩主要属于物质方面的力。两个方面必须结合，强调一个方面而忽视另一个方面都是错误的。质量教育、质量奖惩都是正反两个方面的。应当以正面教育为主、以反面教育为辅，以奖励为主、以惩罚为辅。

对于质量意识来说，外界的力 W 一般是正值，但也有 W 出现负值的时候。例如，企业质量风气不好，管理者在处理质量问题时态度不正确，领导片面追求产值产量的行为等，都会形成明显或不明显的负值的 W，给自我施加有形或无形的压力。这样，质量意识就会减弱员工个体的"从众"过程，实际上就是质量意识形成的过程。"从众"有正反两个方面，反面的"从众"就是减弱质量意识。因此，应当尽量减少以至消灭负值的 W，也就是消除群体的、组织的和领导的不正确的质量态度。

（二）关于 Z_1

外界的影响是多种多样的，自我对外界的影响有选择的自由。由于外界的要求往往与人的伊特有矛盾，一般来说，受教育者是不愿轻易地将外界的力 W 转化为超我意识的，总要想方设法转移外界的力 W，或拒之不纳，或左耳进右耳出，或曲解，或宣泄。伊特遵循的是"快乐"原则，而社会则要求任何人都只能在不损害他人利益的情况下寻求"快乐"，这就形成对伊特的限制，而伊特总想冲破这种限制，矛盾和冲突就会产生。只有社会的限制达到一定程度，在战胜了伊特的反抗、抵消和破坏之后，也就是说只有在外界的力 W 不能完全被转移后，超我意识才会产生。

Z_1 是客观存在的。只有外界的力 W 与受教育者的需要（包括不同层次的需求）合拍，受教育者才会将外界的力 W 自觉地转化为超我意识。这就对质量教育（质量奖惩也可以看作一种教育）提出了两个要求：一是注重教育的内容、形式和方法，使其符合员工的心理需要；二是消除员工抵抗、排斥和转移外界的力 W 的不良心理因素。不少员工（包括一些领导干部）不愿参加质量教育的学习，或者参加了也无法接受，就是因为这两个方面都存在问题，而主要的是教育方面存在问题，如教育内容与员工的需要脱节、教育形式单一化、教育方法"大会战"等。克服质量教育上存在的问题是减少 Z_1 的重要途径。

Z_1 的大小要视员工的文化、心理、情绪、地位和在企业中充当的角色等状况的不同而有所不同，也就是视员工的需要状况的不同而有所不同。从 W 和 Z_1 的关系看有下面几种情况。

1. $W < Z_1$，即 $W - Z_1 < 0$

如果外界的力 W 作用的方向、作用的时间错误，员工便会产生逆反心理。这样，W 不仅不能起到肯定的作用，甚至还会产生否定的作用，对质量意识造成破坏。例如，操作者发生成批报废，管理人员在没有查明原因、没有分清责任的情况下就对他进行批评和处罚，他就很可能产生逆反心理，从而破坏他的质量意识，甚至造成有意差错，以产品质量出气。逆反心理就是自我与外界的要求相反的取向，其原因往往是外界的力 W 作用的方向和作用的时间的错误。要防止员工产生逆反心理或者出现逆反心理后尽快消除，其方法主要是改进质量教育和质量奖惩。

2. $W = Z_1$，即 $W - Z_1 = 0$

关于外界的力 W 被 Z_1 全部抵消的例子也可以举出很多。例如，操作者发生质量事故，管理人员没有帮助他分析事故的原因，教育工作没有跟上，仅仅简单地扣发奖金。这样，操作者很可能把扣发的奖金通过其他渠道（如多做工时）抵扣，"堤外损失堤内补"，或者压缩某项开支以抵消奖金的损失，使外界的力 W（惩罚）被宣泄掉。

3. $W > Z_1$，即 $W - Z_1 > 0$

一般情况下，外界的力 W 大于 Z_1。在某些情况下，Z_1 甚至可能是负值。如果员工的文化水平较高、道德意识较强、理想程度较完善，当外界的力 W 对自我形成压力时，就会和员工的文化、道德、理想互相协同，出现"1+1>2"的情况。这样，员工不仅能将外界的力全都转化为超我意识，甚至还可能将 W 值加大或翻番。因此，在员工中开展读书活动、进行道德教育等，对增强员工的质量意识也有积极作用，质量管理部门应该积极参与这些活动。

（三）关于 ID

伊特还是一个"黑箱"，因为人类对其中许多东西还不甚了解，甚至一无所知。又因为是无意识、潜意识，人们往往不能意识到其存在与否，所以遭到各种各样的否定和反对。现代心理学的研究已经表明，无意识、潜意识是存在的。梦、直觉、灵感及无意差错、下意识动作等，都可以用无意识或潜意识来解释。根据弗洛伊德的说法，人们无意识所犯的错误，如失手碰伤工件、因无意差错造成质量事故，其"罪魁祸首"往往就是伊特。伊特中的破坏意识和质量意识是矛盾的，它抵消和否定质量意识。

一般情况下，伊特是外力难以控制的，更不可能完全消除。长期压抑伊特的力，很可能给人的身心健康带来严重危害。当员工生理、心理不稳定时，往往可能就是伊特在起作用。在这种情况下，管理人员应设法帮助他，疏导他的情绪，防止伊特的破坏作用。员工本人也应该加强超我意识的力度，避开不必要的不良的外界刺激，自觉接受外界的力 W，压抑破坏意识，或者让其转移，以减少其对质量意识的侵犯和破坏。

（四）关于 Z_2

对伊特的力 ID 不能长期压抑，否则可能给人的心理和生理带来严重的危害，甚至会使人患有精神病症。关键不在于伊特的力 ID 是否表现，而在于要把这股力转移和升华，或者通过其他正当方式予以宣泄。例如，某些体育运动项目就可以说是破坏意识的一种转移或宣泄；国外一些企业建立的情绪发泄室，就是将员工伊特中的恶意识（包括破坏意识）诱导出来，给予充分宣泄（以不损害他人利益为准），从而减少伊特对自我的压力。

恶意识的宣泄和转移不能针对质量意识（当然也不能针对其他肯定性的意识），否则 Z_1 就会变成负值，从而加强了伊特的力度。开展各种有益的体育、娱乐、文艺、旅游等活动，有助于伊特的力 ID 的转移或宣泄，应当提倡。

七、质量意识的巩固和发展

质量意识的形成不是一朝一夕的事，形成后的巩固和发展同样重要。根据耗散结构理论，一切系统都有熵增大的不可逆趋势。随着熵的不断增加，一个系统就会从有序走向无序，组织程度就会减弱，信息量就会减少，混乱度就会增大，最终趋于平衡态（死亡）。质量意识也可以看作一个系统，它也要受这个定律的制约。质量意识形成后，不管其强弱如何，在破坏意识的冲击下，加上其自身的熵不断增加，就会从有序走向无序，最终归于消亡。为了减少和抵消熵的增长，必须引入负熵。负熵是什么？就是信息。只有外界不断向质量意识这个系统反馈质量信息（主要是质量教育），用负熵去减少和抵消正熵的增长，质量意识才能巩固。这说明，质量教育不是一劳永逸的事，对员工来说，甚至应当"年年讲，月月讲，天天讲"。

为了讨论质量意识的巩固和发展，有必要介绍文化无意识的概念。在讨论质量意识形成机制时，我们主要利用的是弗洛伊德的无意识理论，其最大局限就在于他只注意到人的动物本能，而否定了人的社会性。他说的无意识只是本能无意识。生和死的欲望仅仅是人的一种动物性，其他动物也可能存在。人和其他动物的根本区别就是人的社会性。本能无意识当然是存在的，这是人的自然属性，但又并不像弗洛伊德所说的那样可以囊括整个无意识现象。为了补充弗洛伊德的不足，有的心理学家如卡尔·古斯塔夫·荣格（Carl Gustav Jung）提出集体无意识的概念，艾瑞克·弗洛姆（Erich Fromm）提出社会无意识的概念，乔·汉德森（Joseph Henderson）提出文化无意识的概念。人的后天的、自由自觉的活动，都属于文化活动。文化无意识是指这样一种无意识，它不是人先天的、自然本能的产物，而是后天的、人的文化活动的结果。或者这种无意识正是人有意活动的结果。自我和超我的主要部分在意识层，但也有一部分在潜意识层，甚至还有一部分在无意识层。进入无意识层的自我和超我就可以称为文化无意识。

质量意识要巩固，更要发展，就应当让质量意识尽量下潜，进入潜意识层和无意识层。也就是说，要让质量意识的一部分成为文化无意识。那些质量意识很强、技术水平较高的员工，即使在不重视质量的企业或时期，也能坚持高质量的生产，一个重要原因就是他的质量意识已经进入潜意识层和无意识层，已经成了一种文化无意识。

要让员工形成质量的文化无意识，很重要的一条就是企业要营造浓厚的质量文化氛围。在企业的质量文化氛围中，员工通过潜移默化的质量教育，就可能逐渐形成质量的文化无意识。从心理学角度看，企业的质量文化建设很大程度上是达到这个目的。

任何一种无意识都与行为有着密切关系。可以认为无意识是人的行为的一种内在驱动力。伊特对自我形成压力，要求自我满足其"快乐"；文化无意识也会对自我形成压力，要求自我满足其"理想"。在个体行为中，作为非理性因素的文化无意识，其参与力量相对增强，影响着个体行为的方向和结果，质量意识积淀的那一部分文化无意识，在质量行为中起着相当大的作用。保证质量行为不越轨，起作用的主要还是文化无意识。在许多情况下，员工往往并没有明确地或明显地考虑质量问题，但这并没有影响他的操作，他也并没有发生质量问题，原因就是文化无意识在起作用。

质量意识进入前意识层和无意识层后，在意识层还照样存在。如果我们不把员工哪怕是刚进厂的新员工看成"纯粹"的人，不把他们看成一张"白纸"，那么式（12-2）就应当有所改变，变为

$$Q = Q_1 + Q_2 + (W - Z_1) - (\text{ID} - Z_2) \tag{12-3}$$

式中，Q_1——意识层中的质量意识；

$\quad\quad Q_2$——沉淀到无意识层中的质量意识。

那么，质量意识怎样才能进入潜意识层和无意识层？心理积淀是意识向无意识转化的基本途径，亦即文化无意识形成的基本途径。当超我的力达到一定阈值，就会逼迫伊特作出部分让步，退出一部分地盘，让超我占据。超我不是自发形成的，而是外界的力经过自我调节后形成的。要加强超我的力度，关键在于加强外界的力 W。这样，解决办法又回到式（12-2）[也可以用式（12-3）来表示]上，即不断加强质量教育。

积淀是指积累和沉淀。只有质量教育经常进行才可能称为积累，质量意识达到一定强度才能沉淀。心理积淀是一个不自觉的过程。狭义的质量教育，如参加有关学习、进行质量奖惩等，实际上就是主动地、有意识地实现质量意识的心理积淀。但是，积淀的具体实现又是一个难以意识到的、不自觉的过程。此外，还大量存在这样的情况：人们在日常生活中不得不受到生活环境中有关质量的各种文化因素，如质量风气、企业和领导的质量态度、产品的质量知识等的影响。这些影响也会通过自我的调节积淀到潜意识层和无意识层中。这是一种不自觉的过程，在文化无意识的形成中作用较大。企业质量文化建设的作用也主要体现在此。

只有质量意识进入潜意识层和无意识层，成为一种文化无意识后，质量意识才称得上巩固。这样，质量意识的抗干扰能力才会大大加强，对质量行为的导向和制约作用也会大大增加，从而从有意和无意两个方面来保证员工的质量行为符合要求，使其行为的质量倾向较为稳定。

八、群体质量意识

要增强群体质量意识，首先要增强这个群体中个体的质量意识。如果群体中个体的质量意识很弱，群体质量意识当然就不会强。群体质量意识不等于个体质量意识的简单平均，不同的个体质量意识对群体质量意识的作用大小有所不同。这是因为不同的个体在产品质量形成中的地位和扮演的角色不同，在群体中所处的地位和扮演的角色也不同，有重要、一般和非重要之分。群体内的关键人物（包括正式团体的领导者，如厂长经理、车间主任、班组长等和非正式

团体中自然形成的中心人物）的质量意识对群体质量意识的影响和作用较大。关键人物往往是群体中肯定心理重心意义的人物，对群体心理变化往往起着举足轻重的作用。关键人物的质量意识在群体质量意识中占有重要地位，人们甚至是以关键人物的质量意识来评价该群体质量意识的。对于企业来说，高层管理者和质量管理部门的质量意识对企业员工质量意识的影响最大。

群体质量意识一旦形成，反过来又要制约和影响个体质量意识，这就是"从众"。群体质量意识强，必然表现为群体质量荣誉感强烈、群体质量舆论浓郁、群体质量作风优良，从而形成较强的群体心理动势，对个体的自我形成较强的外界的力 W，增强或改变个体的质量意识。当然，也有"反从众"的，这样的员工为数不多，却应引起重视。对正确的独立行为应当支持，对错误的独立行为则应当批评和诱导。例如，质量意识很强的员工在受到落后者的讽刺和打击时，就应当为他们撑腰，并对群体质量意识很差的单位进行整顿，增强外界的力 W 的力度，强化群体质量意识。

群体质量意识更不应当是封闭的系统。不愿与顾客、供方交换质量信息，不利于群体质量意识的巩固和发展。企业应当经常采取"走出去"（如走访顾客、参观学习优秀企业的先进经验）和"请进来"（如接受政府的产品质量监督检验、接受顾客监督、接受质量管理咨询）的办法，与顾客、供方和政府部门及时有效地交换质量信息。

九、质量教育

质量意识的形成、巩固和发展都有赖于质量教育。质量教育的目的就是促进员工质量意识的形成、巩固和发展。也就是说，质量意识建设依赖质量教育，质量教育就是为了质量意识建设。当然，这里所说的质量教育是广义的，不仅包括办班上课、各种培训，更重要的是平时通过开展质量活动对员工进行潜移默化的教育。

任何一项行为，其内容、形式和方法往往源于其目的。目的明确了，内容、形式和方法也就明确了。目的不明确，内容、形式和方法也就可能出现偏差。教育包括两个方面，一是教育者（包括教育的组织者），二是受教育者。这两个方面的目的（或动机）又有什么不同呢？如果不同，又怎样把它们结合起来？

先说教育者（包括教育的组织者）即企业的目的。企业进行质量教育的目的是提高产品质量，以求获得更好的经济效益。但是，在质量教育和产品质量之间毕竟还存在一些中间环节。这就是质量意识的质量能力及由它们所决定的质量行为。质量教育的直接目的是增强员工的质量意识和质量能力。产品质量仅仅是质量意识和质量能力及由它们所决定的质量行为的功能作用的产物，离开质量意识和质量能力及质量行为这些中间环节，质量教育和产品质量及经济效益几乎难以发生直接联系。

不少企业对这些中间环节重视不够，研究甚少，幻想着"立竿见影"，追求急功近利，结果欲速则不达。人们往往又把教育理解得过于狭窄。教育内容和现实需要脱节，加上质量教育中其他形式主义作法，反而使质量教育达不到提高产品质量的目的。从质量意识的形成机制看，凡是促进质量意识形成和发展的外界的力 W 都可以叫作质量教育。因此，质量教育的内容、形式和方法都应当有所改变。

再说受教育者即员工的目的。心理学表明，学习者只有有了强烈的学习动机，即有"我要学"的心理倾向，才能学得好。学习者的学习行为是由学习动机促成的。学习动机是对学习起推动作用的心理因素，它不仅决定着学习者的学习性质（为什么而学），还影响着学习成效。

如果缺乏学习动机，不管外界如何施加压力也是徒劳的。那么，员工接受质量教育或学习质量知识的动机又是什么？

员工学习的目的应当是提高自己的质量意识和质量能力，这是企业对员工的要求，员工也应当这样要求自己。但是，员工的质量意识和质量能力提高后，得不到认可，得不到"用武之地"，得不到相应的报酬（包括精神的和物质的），员工就不可能有较强的学习动机。质量教育必须与质量奖惩联系起来，质量奖惩反过来又成为质量教育的基本前提。在质量奖惩不分明的企业，质量教育肯定是搞不好的。学习报酬不仅仅是指奖学金之类的物质报酬，主要还是在学习中获取知识满足员工需要的程度，也就是员工对自己的"报酬"。对学习优异者适当给予奖励（如奖金、合格证书、表彰等）也是必要的。

为了激发员工的学习动机，首先应当对员工进行学习的目的性教育。在质量教育中，要使员工充分认识到学习对提高产品质量，以及对提高自己的质量意识和质量能力的意义，使他们感到学习内容与他们的工作密切相关，很有价值，员工的学习动机就会强烈。其次，在教学中要注意研究质量教育的内容、形式和方法，激发员工的学习兴趣，使员工通过学习得到精神上的满足。最后，应当适当地采取奖惩、竞赛、考试等动机诱因，激发员工的学习动机。如果对员工的学习动机关注不够，则质量教育不仅不能吸引员工参加，反而容易使员工产生反感。一旦形成逆反心理，把质量教育当成负担，员工就不愿意参加学习，或者达不到质量教育的目的；那种用惩罚方式强迫员工参加学习的方法，更是难以达到质量教育的目的。

十、企业质量意识培育实施方法

（一）质量意识教育常抓不懈

一个公司，只有当领导层开始重视质量时，员工才有可能重视质量。质量工作的基础是质量管理的 8 项原则，靠的是质量意识。领导层要策划和参与员工质量意识教育，向员工表达质量的重要性，当员工认为质量很重要的时候，他一定会全心全力来保证质量。

可以通过质量案例，如海尔砸冰箱事件、丰田公司精益制造等，并联系质量管理文件在日常工作中的具体执行，让员工明白只有怎么做才能符合客户的要求（质量的定义就是符合要求），树立"质量是企业的生命""质量第一"意识。

（二）在质量面前人人平等

质量管理体系文件是长期的质量管理工作的经验教训和有效管理方法的提炼与升华。要有章可循，坚持原则，履行在质量面前人人平等原则，要通过充分的授权来保证。但对于新问题、新事物没有现成的程序文件指导，这时就需要质量意识来指导。例如，购入不良的材料，就难有好的成品；不依照标准的作业方法操作，不良率会增高；不良品多，效率就低，要经常返工；平时不保养机器、工具、模具，就生产不出好的成品。

（三）坚持原则的监督和考核

对质量的测量不仅能为员工完成他们的工作提供一些重要的信息，还能让员工始终保持敏锐的质量意识。威廉·爱德华兹·戴明（William Edwards Deming）指出，定额把焦点放在数量上，而非质量上，计件工作制是在鼓励制造次品。必须慎重选择监督和考核的标准，不能只看产量，而忽视了质量标准。

（四）正向激励机制的建立和实施

表彰与奖励是对员工出色的工作表现的认可,通过这样的正向激励机制会极大地提高员工对质量工作的热情,提升质量意识。彼得·德鲁克（Peter Drucker）说过：员工会根据激励的投向决定他们的行为。当我们开始激励在质量方面表现优异的员工时,无疑会对提高员工的质量意识带来很好的效果。

通过建立质量奖励基金池,对员工的工作质量可按月度、季度、年度进行评比,对质量意识表现佳的员工给予奖励或旅游；对在质量管理工作中敢于坚持原则并表现突出的员工,可以给予晋升或奖励；对于质量责任考核的扣罚,进入质量奖励基金,使为质量作出贡献的个人和团队奖励的力度加大,"一加一减"会使员工形成正确的质量意识价值观。

质量意识的提升是一个源于教育、终于教育的不断反复过程,其目的是要摒弃常见的 3 种不良思想观念,即"差不多"会让你与成功失之交臂、"错误不可避免"会让"零缺陷"成为泡影、"这不关我的事！"会使全面质量管理成为一种口号。因为一旦有这种思想观念的苗头,谈质量意识就成为一句空话,已建立起来的质量意识也会骤然失效,产品质量下降将成为必然。

综上所述,质量管理之路需要企业最高管理层竭力创建；需要企业不断提升员工的质量意识,要坚持 PDCA［plan（计划）、do（执行）、check（检查）、act（处理）］循环的螺旋上升模式；需要进行管理创新,要在不变中求变,培养员工的质量意识。

员工质量意识提升,就可以使质量问题的发生率降低很多,产品质量就有了保证。相信经过努力,企业一定会在市场上站住脚,求得生存、发展、壮大。企业发展,员工得到回报,形成良性互动。

第三节　质量形象建设

企业的质量形象是企业质量文化的外在表现,它是企业的质量意识和质量制度的结果及展现,是企业的产品、服务和行为等相关质量信息在顾客和社会公众心目中的映像,这种映像能够引起顾客的思想或感情活动。也就是说,企业质量形象是能够使顾客对企业的质量状况产生评价的印象,体现了顾客对企业质量状况的认识和评价。企业树立良好的质量形象,不仅有利于企业赢得顾客,还有利于企业获得社会的认可,为企业的可持续发展奠定基础。

企业的质量形象的本源是企业质量的"形状相貌",是企业质量的具体"形态或姿态",也就是企业的全部质量活动及其结果的体现。企业的性质、规模、人员、政治态度、社会责任、地理环境、经营理念、管理模式、生产过程、产品质量、服务质量等,都能够成为构成企业质量形象的"本源"。也就是说,企业的这一系列因素都能够对质量形象产生影响。

企业的全部质量活动及其结果是通过质量信息的方式对顾客和社会产生影响的。一般来说,企业与顾客之间存在着相当大的空间距离,他们之间的联系往往也不是那么紧密,顾客只能通过自身的体验和相关的质量信息渠道了解企业的质量活动及其结果。另外,企业的质量活动及其结果与顾客获得其信息还存在时间差。在大多数情况下,顾客也不需要获得企业的全部质量活动及其结果的信息。这样,企业与顾客之间实际上就存在相当大的信息不对称,顾客评价往往只根据自己掌握的有限信息来进行,因此其评价往往存在偏差。

企业的质量形象主要包括企业产品和服务质量形象、企业内部质量形象、企业外部质量形象 3 个方面。另外，企业的质量形象还会受到企业所在区域质量形象的影响。

一、企业产品和服务质量形象

企业产品和服务质量形象是指顾客对企业产品和服务质量水平的印象及评价,通过产品的适用性、经济性、可信性、美观性和安全性等方面来综合反映。企业产品和服务质量形象既可以体现为内部质量形象，又可以体现为外部质量形象，具有一定的特殊性，在此将之单列为企业质量形象的一个重要方面加以阐述。

（一）产品质量形象

1. 产品质量形象的重要性

尽管顾客和社会公众可以通过到企业参观业务流程等活动来树立产品的质量形象,但产品质量形象通常是顾客在购买并使用某产品后对该产品的质量水平的心理定位,当然有时也可能是其他顾客或第三方机构的质量评价的传递和转移.企业的产品质量形象由企业的产品质量水平决定，当然也与企业自己进行的宣传相关。

一般来说，产品质量形象的树立所需的时间较短，顾客经过一次购买和使用就有可能对企业的产品质量给予很高的评价。这和企业的品牌形象差别较大，品牌形象通常只有通过长期的努力、需要企业各种产品和几代产品的良好质量形象才能树立起来。因此，可以认为产品质量形象是企业品牌形象的基础。

由于顾客与企业处于利益的对立统一中，顾客可以获得的企业质量信息不完整，加之在市场中，企业总是通过诸如广告之类的手段宣传自己的正面质量信息，对负面质量信息总是讳莫如深，社会上有利于企业的正面质量信息偏多，因此顾客对企业的负面质量信息特别敏感。在这种情况下，顾客往往对企业的自我宣传存在不信任的心理，顾客一旦获得企业的负面质量信息，一是立即就会引起注意，二是相信的程度往往大于正面质量信息，三是相互之间往往会迅速进行传递，四是对其质量形象的影响往往更大。企业要迅速树立良好的质量形象，往往借助具备良好质量形象的第三方机构来塑造自己的质量形象，如通过政府或中介机构的质量认可、质量表彰和质量认证等。当然，产品质量形象形成的基础是产品的实物质量，不管企业有多少认证证书和奖励证书，如果顾客购买的产品存在严重的质量问题，企业的产品质量形象便会遭到破坏，潜在的顾客就有可能流失。顾客对产品质量的感受、顾客之间对产品质量的评价，往往才是企业质量形象的根本，正所谓"金杯银杯不如顾客的口碑"。

2. 产品质量形象的影响因素

产品质量形象的影响因素主要有产品的外观、功能、性能、耐用性、经济性、安全性和价格。

（1）产品的外观

顾客接触产品时对质量的判断来源于产品的外观。粗劣的包装、粗糙的外观往往令顾客联想到产品质量的低劣；包装精美、外观精细则往往让顾客产生产品质量优良的感觉。我国企业产品的质量形象在很大程度上受包装和外观的制约，主要体现在以下两个方面。

1）粗劣的包装、粗糙的外观。受传统思想的影响，一些企业对产品的使用性能比较关注，认为产品只要经久耐用即可，外观和包装无关紧要，因此对产品的外观和包装不舍得投入，导致产品的外观粗糙、包装粗劣，给人一种产品质量低劣的感觉，根本无法吸引顾客。这说明许多企业并没有充分认识到产品外观的质量价值。

2）精美的包装、粗糙的外观。有的企业过度重视包装，忽视产品的内在质量和外观质量。这样的企业基本只注重短期利益，用精美的包装诱导顾客，顾客在购买和使用之后经常会有被愚弄的感觉，使产品的质量形象进一步恶化。此类企业不但无法树立良好的产品质量形象，而且给社会造成资源浪费。

（2）产品的功能

产品的功能是指产品能够做什么或能够提供什么功效。顾客购买一种产品实际上购买的是产品所具有的功能和性能。例如，汽车有代步的功能，冰箱有保持食物新鲜的功能，空调有调节空气温度的功能。产品的功能与顾客的需求有关，如果产品不具备顾客需要的功能，则会给顾客留下不好的产品质量形象；如果产品具备顾客意想不到但很需要的功能，就会给顾客留下很好的产品质量形象；如果产品具备顾客所不希望的功能，顾客则会感觉企业浪费了顾客的金钱付出，产品质量形象自然不会好。产品功能的确定涉及产品的定位问题，直接影响顾客的选购意愿，对此企业必须给予足够的重视。

（3）产品的性能

产品的性能包括产品的基本性能和辅助性能，它是产品功能的进一步体现。功能发挥效用如何可以通过性能来反映，基本性能反映产品的基本功能，辅助性能反映产品的辅助功能。产品的性能是顾客在使用产品过程中重点关注的质量元素，高性能会给企业带来良好的产品质量形象。

（4）产品的耐用性

产品的耐用性一方面体现了产品的使用寿命，另一方面体现了在产品的使用过程中其使用性能的保持能力。对于耐用品来说，耐用性就显得特别重要。

（5）产品的经济性

产品的经济性意味着顾客在使用产品的过程中要付出的经济代价，也是产品功能发挥的顾客付出。例如，冰柜要制冷，需要顾客支付用电的费用，出现了故障还需要支付维修费用；洗衣机要洗干净衣服，不仅需要用户支付电费，还要支付水费和洗衣粉的费用。顾客在使用产品的过程中会自行衡量产品的经济性，但这种衡量往往不便于定量。因此，许多企业为了在顾客心目中树立良好的质量形象，纷纷宣传自己的产品具有良好的经济性。例如，有的空调企业宣称其产品经权威部门认定比同类产品节电20%，有的洗衣机生产企业则宣称其产品比同类产品节水30%，企业这样做的目的就是要突出其产品的经济性。

（6）产品的安全性

产品的安全性是指产品在使用过程中使相关方（包括使用者、受益者等）免于受到人身和财产损害的保证程度。对于有的产品来说，如手表、书本等，安全性不是影响产品质量形象的重要因素；但对于有的产品来说，如汽车、电器、食品、矿井下设备等，安全性则是影响产品质量形象的关键因素。产品的安全性也可以成为塑造高质量形象的有力武器。

（7）产品的价格

尽管产品的价格不属于质量范畴，但价格对顾客的影响是多方面的，也是非常复杂的。顾客一方面希望产品质量的价格越低越好，另一方面又对低价格持怀疑态度。顾客通常把低价格和低质量联系在一起，把高价格和高质量联系在一起。特别是对于顾客不太了解的产品，价格往往成为顾客估量质量的依据，因为只有高质量的产品才能长期维持一个相对的高价格。

以上7个方面是影响产品质量形象的直接因素，但对于不同的产品种类来说，各因素的影响程度是大不相同的。因此，企业要打造良好的产品质量形象，只有针对产品的具体特点，突出重点，才能达到事半功倍的效果。

（二）服务质量形象

无论是以提供产品为主导的企业还是纯服务性质的企业，服务质量都是顾客所关心的。对于服务行业来说，其服务相当于制造业的产品，其质量的重要性不言而喻。对于制造业来说，服务的质量形象可以弥补产品质量形象的不足，但如果服务质量低下，即使再好的产品也可能无人问津。事实证明，许多顾客因为产品质量而投诉，又因为服务质量而满意甚至成为忠诚顾客，这充分说明了服务质量的重要性。

1. 服务质量形象的影响因素

影响服务质量形象的因素很多，归纳起来有服务的及时性、文明程度、效率与效果等方面。

1）服务的及时性。顾客对企业服务的第一个印象便是企业对顾客服务要求的反应速度。顾客总是希望企业能对他们的要求反应迅速、随叫随到。一些企业为树立优质服务的质量形象，作出服务及时性方面的承诺。例如，有的跨国公司承诺在顾客投诉后技术人员 24h 到达现场；有的家电公司承诺全天 24h 提供服务，接到顾客服务求助电话后 1h 内到达现场；有的网上购物平台承诺顾客投诉 48h 内给予回复等。

2）服务的文明程度。在为顾客提供服务的过程中，服务人员的着装、态度、言谈等都会让顾客对企业的服务作出直观的判断。服务人员应穿着得体、干净卫生、态度热情、言谈礼貌。目前，多数企业认识到服务文明的重要，一些企业制定了文明服务的规范。例如，有的家电企业推出"六个一"规范服务："上门问顾客一声好，进门换一双鞋套，不喝顾客一口水，不抽顾客一支烟，完工请顾客填一张意见表，临走说一声再见"；海尔推出了空调无尘安装服务模式。

3）服务的效率与效果。服务的效率与效果是顾客评价服务质量水平的核心，为顾客提供服务旨在解决顾客的问题，无论企业提供服务的及时性如何、服务的文明程度如何，如果服务的最终结果依然是无法解决顾客的问题，顾客最终是难以满意的。服务的效率与效果取决于服务人员的质量意识和经验技能，同时也受企业质量制度的影响。

2. 改善服务质量形象应注意的问题

服务质量形象的改善需要企业从系统管理的角度出发来进行，那种把"微笑服务"视为提升服务质量形象的核心的做法注定要失败。企业要改善服务质量形象应注意以下问题。

1）明确服务质量形象的影响因素。针对不同的服务内容，顾客的关注点会有所不同。因此，企业要想改善服务质量形象，就必须对顾客进行研究，了解顾客关心和关注的服务关键点，并据此展开管理。

2）建立以顾客满意为导向的业务流程。企业要在市场竞争中取胜，必须努力赢得人心：一方面要赢得企业员工的心；另一方面要赢得顾客的心。以优质高效的服务活动不断地争取顾客，是企业一切活动的出发点和归宿，也是竞争取胜的根本法宝。因此，企业业务流程的设计应以顾客为导向，从顾客的角度来设计服务流程，达到方便顾客、令顾客完全满意的目的。

3）培训服务人员使其具备必要的知识和技能。顾客是否满意关键在于企业服务人员能否及时有效地解决顾客的问题，这就要求企业服务人员不但要有良好的态度、得体的举止，而且必须具备过硬的业务本领。因此，企业对服务人员的培训极为重要。

二、企业内部质量形象

企业内部质量形象的直接感受者是企业的广大员工和进入企业的外来人员。企业内部质量形象主要来自人们对企业质量设施和企业质量活动的印象和感受，对于企业员工来讲，内部质量形象将直接影响其对质量工作的重视程度和提高质量的工作热情；对于进入企业的外来人员来讲，企业内部质量形象将直接影响其对企业整体质量形象的判断，其作用将会超过企业的对外宣传和社会舆论的影响。

（一）企业质量设施

1. 企业质量设施的文化意义

（1）质量设施是企业质量文化的物质载体

企业要生产经营，就必然需要一定的设施；而要保证产品质量，不但需要一定的专门的质量设施，而且要求一般的设施能够满足产品质量的要求。为了叙述简便，我们把这两个方面都用质量设施来加以指认。不同企业的质量设施因其性质、规模、产品不同而不同，但如果加以归纳，则可以分为以下种类：①基础设施，如厂房、库房、办公室、水电气供应、交通等；②相关设备，如各种生产设备、工具、通信设施等；③质量设备，如监视和测量装置等；④工作环境，如环境保护、环境维护等。

企业的质量意识和质量制度都需要一定的物质载体，其作用都需要落实到具体的产品质量中。质量设施可能不是企业本身生产的，但是企业采购的、维护的、保养的。在这个过程中，一方面，企业需要制定相应的质量方针去指导采购、维护和保养，也需要相应的质量制度去规范；另一方面，质量设施的状况，包括其本身的种类和质量、维护和保养状况，又直接地反映了企业的质量方针的质量制度的实施情况。

可以说，企业的质量设施在一定程度上反映了企业的质量文化。当然，通过质量设施考察企业的质量文化，不仅仅是看其设置什么、如何设置、怎样设置，最重要的是看其对质量设施如何进行管理、管理结果如何。设置什么、如何设置与企业的性质、规模、产品相关，相似的企业之间可能具有一定的可比性，不相似的企业之间就不具有可比性。

事实上，考察一家企业的质量文化，首先应当从参观企业生产现场开始。即使企业没有高大的厂房和先进的设备，也应使厂房亮堂、设备干净、材料或零件堆放整齐，这样才会给人以企业管理井然有序、产品质量可以放心的感觉。相反，即使企业设施很先进、完备，如果垃圾油污遍地，材料零件乱丢乱放，设备锈迹斑斑，也可能会使顾客怀疑其保证产品质量的能力。企业文化，包括企业质量文化，往往从企业的环境、设施上面反映出来。这样的反映，比起听汇报、看文件夹往往能够更真实、更直接、更容易把握企业文化，包括企业质量文化的真实情况。

一般来说，企业往往是在具有相应的质量设施并且已经取得相应的质量成效后，才会或才能提出质量文化建设的课题。虽然任何企业都有其相应的质量文化，但是此处讨论的是那些已经具有一定质量竞争力，质量管理达到一定水平，正准备或已经开展质量文化建设的企业的质量文化建设。因此，质量设施作为这些企业质量文化建设的组成部分就是很自然的事。

企业的质量意识是质量文化的核心，而质量意识往往由质量能力来体现。企业的质量能力既表现为企业的管理能力和员工的质量能力，又表现为企业的质量设施反映出来的能力。可以说，质量设施是企业质量能力的物质基础。在很多情况下，一台先进设备的引进往往可以大大提升企业的质量能力，甚至会引起企业质量管理体系的改变。因此，不能忽视企业质量设施的意义和作用。

作为企业质量能力的物质基础，作为企业质量文化的物质载体，企业必须具有相应的质量设施，并且应当让人们从这些设施上感知企业的质量文化。虽然由于企业规模不同、生产的产品不同，对质量设施的种类和质量的要求不同，但也有一些相同的要求。企业在质量文化建设中应当重视质量设施的设置，将其纳入质量文化建设的总体规划中。

（2）质量设施对企业质量文化的制约

1）作为一种物质文化，企业的质量设施对其质量文化具有相应的制约作用。首先，企业质量文化需要相应的质量设施来体现。不论是质量精神文化还是质量制度文化，最终都需要一定的质量设施来体现。不能设想，一个只有破烂厂房和陈旧设备的企业，能够有强烈的质量意识及完善的质量制度。当然，也有一些资源整合型公司，可能其本身并没有相应的质量设施，需要将相关生产过程外包给其他企业。如果这些公司的质量精神文化和制度文化都较为完善，在选择外包时就必然要找那些质量设施符合其质量文化要求的企业。这样，承担外包任务企业的质量设施，在一定程度上也就体现了资源整合型公司的质量文化对质量设施的要求。

2）企业在进行质量意识和质量制度建设时不能脱离企业自身的实际情况（包括企业的质量设施情况）。质量设施是企业进行生产的基本的客观条件。不管是推行 ISO 9000 还是进行质量文化建设，都要从企业现有的生产条件出发。在提出质量方针时，特别是在制订质量目标时，不能随意超越现有的生产条件。在生产条件不具备时，提出诸如 100%合格之类的质量目标，无异于空喊口号，对质量文化建设反而是一个很大的打击。例如，没有相应的监视和检测装置，如何进行检验？监视和检测装置的精度达不到规定的要求，即使检验了，又如何能够确定产品合格还是不合格？这样，相应的检验制度很可能就形同虚设，质量制度建设也就遇到重重障碍。虽然任何企业都有自身的质量文化，都可能提出质量文化建设的任务，但实际上真正能够重视质量文化建设的，把质量文化建设作为提高企业生产经营能力和质量管理水平的企业，往往都是那些具有完善的质量设施、质量文化建设达到一定高度的企业。

3）企业的质量设施如果不能满足其质量文化的要求，而且不能在较短的时间内得到改变，就需要对企业的质量方针、质量目标和质量制度进行评审，必要时进行修改。质量设施一旦发生改变，往往就要求相应的质量制度也进行必要的修改。例如，由手工作业到自动化作业，其作业要求、程序都会发生根本性变化，管理要求也会有根本的区别。在这种情况下，就要重新对其作业指导书进行修订。因为流水线作业对员工之间的协作精神要求更高，要求员工具有"下一道工序就是顾客"的思想，所以对员工的质量意识也将产生新的要求。

总之，用辩证唯物主义的观点看，文化建设，包括企业的质量文化建设都属于上层建筑，离不开经济的、物质的基础，并受经济的、物质的基础制约。质量设施是质量文化建设重要的物质基础，企业应该给予足够的重视。

（3）企业质量文化对质量设施的弥补

辩证法告诉我们，文化建设，包括企业的质量文化建设，对经济的、物质的基础也具有相应的反作用。事实上，企业质量文化建设不仅能够指导企业在质量设施上的投入，还能够在很大程度上弥补质量设施的不足。

1）指导作用。质量设施的需求、设计、采购、使用和保养，都是在一定的质量方针指导下和质量制度规范下进行的。虽然这些过程可能受到投资、市场等的影响，但即使投资、市场等存在问题，如资金不足、相应的设备市场上供应困难等，企业也会想出种种办法来进行弥补。

2）弥补作用。某台设备精度出现误差，可以通过加强管理，勤查、勤看、勤调整来弥补；工作环境拥挤，可以通过合理划分区域，各方相互之间及时沟通来弥补等。两家企业如果在质量设施上基本相似，其产品质量上的差异可能来自质量文化的差异。因此，在重视质量设施配置时，依然不能忘记质量文化建设的作用。

2. 企业质量设施的管理

（1）质量设施管理与企业质量文化建设

企业要生产经营，就必然需要一定的质量设施。从文化建设角度看，质量设施的设计、采购（设置或提供）固然重要，但更重要的是其管理。即使质量设施再先进、再完善，如果管理跟不上，也不能充分发挥作用。质量设施管理包括确定需求、按需求提供采购安装、使用管理、维护和保养等，也是企业质量文化建设的一个重要方面。

质量设施管理是企业质量管理的重要内容。由于设备折旧率提高和设备更新换代步伐加快，一些企业对设备的日常管理有所放松。一些中小企业甚至没有相应的设备管理人员，诸如机床之类的设备常年超负荷运转，使设备精度快速降低。设备精度降低后，往往又带病作业，使加工精度得不到保障，对产品质量形成潜在的威胁。

企业应当制定相应的基础设施、工作环境、监视和测量装置等管理制度。虽然没有必要强制要求企业必须制定质量设施管理的程序文件，但对大多数企业来说，还是应当制定相应的正式的成文的质量制度。事实上，企业即使没有质量设施管理的正式制度，也有非正式的、不成文的制度。因此，质量设施管理的制度建设也是质量制度建设的重要组成部分。

（2）质量设施管理要求

质量设施管理因不同企业具有不同的工艺流程而有所不同，下面从设备、工作环境和监测、测量装置3个方面进行简要论述。

1）设备管理。企业基础设施包括工厂、车间、工具和设备、支持性服务、信息和通信技术及运输设施等。但对一般企业来说最重要的是设备管理。设备是最重要的基础设施，也是最重要的质量设施，因此是基础设施或质量设施的重点。设备管理就是对设备和设计、制造（或采购）、安装、动转、维护、保养到报废的整个过程的计划、实施的控制活动。任何企业都应该有专门的部门或人员负责设备管理工作，并建立相应的设备清单或台账。

前期管理包括对需求的确定、设计、制造（采购）及安装调试等过程。前期管理主要强调设备具有满足产品符合要求的能力。

设备使用管理强调操作者应"三好""四会"，严格执行"五项纪律"。"三好"是管好、用好、维护好。"四会"是会使用、会保养、会检查、会排除故障。"五项纪律"一是凭操作许可证使用设备，遵守安全使用规程；二是经常保持设备清洁，并按时加油和清扫；三是遵守设备交接班制度；四是管好用好工具附件，不得遗失；五是发现异常应立即关机，自己不能处理的问题及时通知有关人员来检查处理。

设备维护管理强调做到"四项要求"，即整齐、清洁、润滑、安全。

设备检查管理强调操作者班前检查、维修人员巡回检查、设备管理部分期分批进行定期全面检查。

设备检修管理强调发现故障及时排除，并按检修计划进行定期检修。

设备更新改造管理强调达不到规定要求的设备不能继续使用。

2）工作环境管理。工作环境包括人文环境和物理环境。从质量角度看，人文环境就是质量氛围，也就是企业的质量文化氛围，特别是因非正式质量制度造成的质量氛围，在此不进行论述。一般来说，物理环境包括工作场地的温度、噪声、光线、卫生、湿度、清洁度、振动、污染、空气流通、车间布局、物体摆放等。这些因素既可能直接影响产品质量，又可能通过生产过程影响产品质量，还可能通过影响员工的心理和生理而影响产品质量。因此，企业应确定并管理达到产品符合要求所需的工作环境。

工作环境管理强调一是识别需要，包括满足产品质量的需要和满足员工正常心理及生理的需要；二是建立满足需要的工作环境，必要时可以通过安装诸如照明、空调、除尘等设备来达到满足需要的要求；三是保持所建立的工作环境，包括维持、弥补、改善、控制等。

3）监视和测量装置管理。监视和测量装置主要是指计量器具。计量器具不仅用于产品的检验过程，还被广泛用于产品的设计、采购、加工和销售过程。如果没有相应的计量器具，就无法判定产品是否合格。因此，企业的计量器具及其管理状况将在很大程度上影响企业的质量状况。从一定意义上说，企业的计量器具是企业质量设施最重要的组成部分。

计量器具管理强调：一是识别需要，包括对其种类的需要和对其精度的需要；二是对使用条件的控制，包括对使用人员资历、使用方法和使用环境的控制；三是对量值传递的控制，使其能够溯源到相应的符合国际标准或国家标准的基准；四是定期进行校准或检定，保证计量器具处于校准状态；五是防止发生可能使校准失效的调整；六是在搬运、维护和贮存期间防止损坏或失效。

（二）企业质量活动

1. 质量活动的含义及意义

质量活动是企业质量文化建设的载体和表现形式。活动是为达到某种目的而采取的行动。企业的生产经营都要涉及相应的质量问题。因此，可以说企业的生产经营活动都是质量活动。这样，质量活动的概念就显得过分广泛，不便于分析问题。为了区别于一般的生产经营活动，我们暂且把质量活动定义为直接围绕产品质量和质量管理开展的活动。企业的质量文化建设是围绕产品质量和质量管理来进行的，因此都可以视为质量活动。从这个意义上说，质量活动就是企业质量文化建设的载体，没有质量活动也就没有质量文化建设，质量文化建设正是通过各种相关的质量活动来进行的并通过这些活动来展现的。

从质量文化建设的角度看，重要的质量活动是质量管理活动，如制定质量方针、确定质量目标、建立质量管理体系、编制质量文件等，都是质量管理活动。除此之外，还有群众性的质量活动。群众性的质量活动是指企业全员广泛参与的质量管理活动，包括质量教育活动、质量评议活动、质量报告活动、质量宣传活动、质量评选活动、质量奖惩活动、质量小组活动、质量控制点活动、质量建议活动、质量攻关活动、质量监督员活动、质量分析活动、质量整顿活动、走访顾客（下工序）活动、质量演讲活动、质量文艺演出活动……以下具体介绍群众性的质量活动。

1）群众性的质量活动为企业营造出良好的质量氛围。良好的质量氛围是企业质量文化建设所必须具备的环境条件，更是企业质量管理体系能够正常运行必不可少的基础条件。例如，在质量整顿中，企业往往要采取措施，推出一系列质量活动来加强质量氛围。厂房内外张贴有关质量的标语，大会小会讲质量，员工耳闻目染的都是与质量有关的话题，这就会给员工心理以较大刺激从而引起员工对质量问题的关注。当然，这种氛围不能只停留在质量整顿中。整顿往往事出有因，不可能在所有企业、在任何时候都进行质量整顿。质量管理当然可以通过运动式活动来推进，但不能搞群体运动，更不是运动群众。企业任何时候都应当有一种浓厚的质量氛围，这种气氛不能只看贴多少标语、搞多少活动，主要还要看内在的，看群众对质量的关心程度，看群众把质量放在什么地位。

2）群众性的质量活动对员工是一种最好的质量教育。员工经常看见的、听见的、接触到的和质量有关，就会使员工想的、说的、议论的、评论的也经常性地和质量有关，这就形成积极的群体心理动势，从而使质量风气向积极方向发展，使员工承受着相应的心理压力，迫使员工采取符合企业要求的"从众"行为。如何做到这一点，当然需要我们去调查，去研究，去实践，去总结。质量教育活动和质量宣传活动固然重要，日常的质量管理活动往往更重要。企业应当采取各种措施，吸引员工参与各种各样的质量管理活动，并赋予他们必要的质量权限，使他们在质量管理活动中发挥才干，从而促使他们在思想中增强质量意识，在行动中与企业的质量要求保持一致。

3）群众性的质量活动是企业质量文化建设的基础。企业不能关起门来进行质量文化建设，更不能排斥员工进行质量文化建设。全员参与是全面质量管理的基本要求之一，也是 ISO 9000 提出的 8 项质量管理原则之一。企业的质量管理、质量文化建设都要落实全员参与的质量管理理念。广泛开展群众性的质量活动，正是吸引员工参与的有效措施。各种各样的群众性的质量活动，为员工参与质量管理提供了舞台，为他们展现才干提供了机会。从质量方针的制定到质量目标的确定，从质量手册的编制到质量规章制度的贯彻执行，从日常生产的质量控制到对质量薄弱环节的改进，几乎任何质量管理都可以通过相应的形式来吸引员工参与，都可以从群众性的质量活动中获得相应的推动力量、改进建议、贯彻执行保证。

4）群众性的质量活动能够大大提升企业的产品质量和质量管理水平。员工积极参与各种形式的质量活动，对自己的工作质量进行控制，对过程质量进行改进，对产品质量进行攻关，对企业存在的质量问题进行揭露和解决，这不仅对落实质量方针、保证质量目标的完成起着根本的保障，还能够促使产品质量提高，促使企业的质量管理水平提升。因此，企业是否开展经常性的群众性的质量活动，往往能够反映其质量管理水平。

2. 开展群众性质量活动的经验

我国引进全面质量管理几十年来，已经积累了不少开展群众性质量活动的经验。这些活动对于推动我国企业质量文化建设起到了不可忽视的作用。

1）质量教育活动。从 20 世纪 80 年代中期开始，中国质量协会（China Association for Quality，CAQ）就和中央电视台合作，举办全面质量管理基本知识电视讲座。由中国质量管理协会编写的《全面质量管理知识基本知识》一书，经多次修订，发行量达几百万册。全国有上千万职工通过学习和考试，获得中国质量协会颁发的合格证书。虽然在这样的学习考试中也出现了诸多问题，如学习内容过分强调"三图一表"（因果图、排列图、控制图和措施计划表）、教育对象主要集中于制造业、考试存在形式主义、走过场的弊端，但这样大规模的质量教育活动在我国企业管理历史上是空前的，甚至也可能是绝后的，所产生的作用也是非常巨大的。

2）质量管理小组活动。日本的质量管理（quality control，QC）小组（简称 QC 小组）为日本的经济腾飞和质量腾飞起到了极大的助推作用。我国引进质量管理小组活动后也曾受到企业界的广泛欢迎，在很短时期，全国注册的质量管理小组就达到数百万个。虽然很多质量管理小组名存实亡、相当多的质量管理小组活动存在形式主义弊端，其成果存在假造包装的现象，但质量管理小组活动毕竟为企业带来了积极的效果，为推行全面质量管理提供了群众基础。质量管理小组活动为企业进行持续改进提供了有效的支撑平台，是一种很好的持续改进的组织方式。因此，企业应当采取相应的措施，鼓励、支持、保护质量管理小组活动，使其得到新的发展。

3）质量月和"3·15"消费者日活动。每年9月是我国的质量月，每年的3月15日是世界消费者日。在质量月，政府相关部门、相关社会群团组织和企业都要开展活动，对质量问题进行学术探讨，对质量典型进行表彰奖励。"3·15"前后，新闻媒体、社会舆论高度关注消费者权益保护，其中相当大一部分也涉及质量问题。几十年来，正是不断地把质量问题暴露在公众视野中，使质量成为政府和全社会都关注的一个严重的社会问题，才逐渐提升了全民的质量意识，从而促使我国的产品质量逐渐提高，也促使企业的质量管理水平得到提高。

4）质量整顿活动。20世纪80年代，我国的产品质量存在诸多问题，加之当时的计划经济模式，以至政府都多次发动全国性的质量整顿活动。进入20世纪90年代后，全国性的质量整顿活动基本没有，但不少企业在产品质量出现重大问题时，依然通过开展质量整顿活动来加以解决。当初，张瑞敏被派到海尔时，海尔电冰箱的质量相当差，在电冰箱极端供不应求的情况下还遭遇顾客大量退货。张瑞敏面对这种情况开展质量整顿活动，当着全厂员工的面，砸烂存在质量缺陷的电冰箱，从而极大地震撼了全厂员工，引导海尔走上了一条以质量求生存求发展的道路。这说明，质量整顿活动具有扭转质量方向的作用。但是，鉴于质量整顿是在质量问题出现后才开展的活动，企业当然不能经常性地开展这样的活动，不过事实上，总有一些企业在质量上存在缺陷，在质量管理中存在薄弱环节，因此开展质量整顿活动的需要仍然存在。

5）质量评选和质量奖惩活动。我国引进全面质量管理后，政府为了引导企业提高产品质量和质量管理水平，曾经开展了评选国家（地方）质量奖和全国质量管理奖等活动。自2001年以来，随着国家质量振兴纲要实施的深入，政府和相关社会团体推出了中国名牌产品的认定、全国质量奖的评选，中国质量协会还推出全国质量技术奖，各省市政府和质量协会也纷纷推出省级名牌和质量管理奖的评定制度，所有这些对推动企业积极开展质量活动、提高产品和服务质量起到巨大的推动作用。在企业内部，不少企业开展了评选质量先进、质量标兵之类的活动，并将质量纳入考核奖励中，甚至开展了专门的质量考核奖惩；有的企业将卓越绩效模式引入企业内部，开展各部门的卓越绩效评价。通过评选和奖励，可以为员工树立质量榜样；通过处罚，可以为员工划一条不可逾越的质量底线。这样才能在企业内部形成有利于质量的正气，并鼓励员工向质量先进分子学习。

另外，还有一些群众性的质量活动的经验值得我们总结，如一些企业开展的质量监督员活动、质量走访活动等，都应当在克服形式主义弊端的基础上继续开展。丰富多彩的群众性质量活动，促进了企业的质量文化建设，其本身也是质量文化建设的一部分。企业可以根据自身的实际情况，不断创新群众性的质量活动，以促进质量文化建设的发展。

3. 企业质量活动的策划与开展

（1）企业质量活动的策划

为了营造浓厚的质量氛围，企业应经常开展质量活动，特别是群众性的质量活动。要开展质量活动，首先要做好策划工作，注意以下这些问题。

1）不能把效益作为群众性质量活动的主要目的。开展质量活动，包括群众性的质量活动，应当有明确的目的和目标，应当解决存在的质量问题，为企业增加效益。但是，把群众性的质量活动与企业效益直接挂钩是不妥当的。质量管理小组及其他群众性的质量活动当然应当为企业增加效益，但往往不是直接增加效益，而是通过提高员工的质量意识、改进质量管理。很多质量活动往往并不能直接增加企业效益，甚至还要企业加大投入（成本）。例如，质量教育、质量奖励等质量活动，企业如果不投入（成本），那么是不可能开展起来的。事实证明，只要质量活动是认真开展的，增加的投入就会得到成倍的回报。

质量管理小组活动最先是在日本兴起的。日本企业更重视的是质量管理小组在缓和劳资关系、鼓舞士气上的作用。从质量文化建设的角度看，群众性的质量活动的直接目的不应当是效益，而是质量文化建设，是进行质量教育、营造质量氛围、改进质量管理。只有从这样的角度去明确目的，才能策划好质量活动。

开展质量活动，可以提升员工对企业的认同感、对同伴的亲切感、对工作的满足感。员工既是企业的之本，又是除顾客外最重要的相关方。

2）不能用质量运动代替质量活动。开展质量活动可以采用"运动式"。"运动式"是指打破常规管理的节奏或状态，按照政治运动的方式来进行的一种管理方法。作为群众性的质量活动，需要一张一弛，因此也需要"运动式"。例如，质量评选活动既可以有常规性的评选，又可以有月度评选、季度评选、年度评选。在质量月、"3·15"期间集中开展相关的质量活动，发挥质量活动的震撼作用也是可行的。

但是，不能用质量运动来代替日常的质量管理，也不能用质量运动来代替质量活动，更不能把质量管理当作质量运动。即使是群众性的质量活动，也可以分为经常性开展的质量活动和集中开展的质量活动。集中开展的质量活动可能具有质量运动的特色，但也要注意防止形式主义，防止走过场，并注意其实际效果。例如，质量整顿之类的质量运动也是可以组织的，问题在于为什么组织、怎样组织。要认真组织，抓住主要问题，深入研究，使全体员工，特别是企业的领导和管理人员真正有所触动，真正受到教育，真正解决问题。如果流于形式，不仅败坏质量管理部门的声誉和权威，还会使员工产生反感。不少企业在质量整顿中要求每个员工对照检查，甚至搞人人过关。这不但容易引起员工的反感，而且无法"整顿"出效果。即使查找到较多问题，往往也是束手无策；即使也制定了相应的整改措施，但由于员工的反感，可能也会不了了之。

只要企业正常经营，就会有质量问题。因此，质量被称为"永恒的主题"。质量及其管理，是一个逐步提高、不断完善的过程。这个过程没有终点，比照新的质量目标，每步都只是新的起点。因此，企业在策划质量活动时，更应当重视那些能够与员工需要和期望相符合的日常性的质量活动。即使要开展质量运动，又要采用正确的方法，防止形式主义，更不要把质量运动搞成运动群众。

3）要坚持行之有效的质量活动。我国企业已经积累了开展质量活动，包括群众性的质量活动的丰富经验。事实证明，不少质量活动对吸引员工参与、提升企业质量管理水平起到极其重要的作用。在新的市场环境下，一方面，企业应当创新质量活动形式，包括群众性的质量活动形式；另一方面，企业要坚持行之有效的质量活动，并促使其得到提高和升华。

要坚持行之有效的质量活动，关键是将其标准化，将其纳入相应的质量规章制度中。一些企业存在这样的误解，认为ISO 9000标准没有要求的质量文件（特别是程序文件）就可以不写，标准没有规定的事情就可以不做，停止了企业原来行之有效的一些质量活动。ISO 9000是对企业质量管理体系的最基本的要求，也就是最低的要求。ISO 9000规定的原则、要求和方法，虽然不一定要有相应的质量文件与之一一对应，但企业应当认真加以理解，尽可能地落实。

　　企业在开展质量活动时，开始可能是采取临时性措施，可能是"运动式"的，但如果这样的质量活动取得了成效，也可以坚持下来，使其成为经常性的质量活动；为了使这种经常性的质量活动能够持之以恒，企业在总结经验的基础上将其标准化，用质量文件加以固定，这样，质量活动也就制度化了。随着企业质量环境的变化，旧有的制度化的质量活动可能失去效能，企业可能又会开创新的质量活动形式，从而开始新的循环。经过这样的循环，企业的质量管理水平就能够得到提升。因此，质量活动应当是一个永无止境的过程。

　　（2）企业质量活动的开展

　　企业在开展质量活动时有以下两个问题应加以注意。

　　1）要广泛发动员工参与。企业的质量活动可能有两种形式，一种是自上而下开展起来的，也就是由企业质量管理部门进行策划，进行部署，然后层层发动而开展起来的；另一种是员工自行开展的。当然，在目前情况下，员工自行开展质量活动较为少见。由于质量活动往往是由企业策划和组织的，就会出现如何发动员工参与的问题。

　　质量活动，特别是群众性的质量活动要真正取得成效，关键就是如何发动员工参与。有的企业为了让员工都来参与质量管理小组活动，竟然规定不参与质量管理小组活动的员工要扣发奖金。用这样的方式来动员员工，显然是不妥的。首先，参加质量管理小组活动毕竟不是员工的职责所在，而是员工"额外"的"负担"，员工可以参加也可以不参加，不能用强迫手段。其次，即使用威胁的手段逼迫员工参与，员工也可能消极对待，难以发挥其聪明才智，使质量活动流于形式。最后，过分的强迫反而容易使员工产生逆反心理，与质量活动的要求进行对抗。当然，不是说企业不能运用强迫手段，而是要针对质量活动的性质、范围、参与对象等因素，慎用强迫手段。

　　要吸引员工自觉自愿参与，企业应当通过宣传、教育、鼓励、表彰等手段。从质量文化建设的角度看，质量活动也是一种文化活动，需要相应的文化背景或文化环境。企业应当为员工开展质量活动创造这样的环境。

　　质量活动既需要一定的质量文化环境作为基础，又是创造质量文化环境的重要手段，同时还是展现企业质量形象的重要途径。质量活动开展得越有成效，越能吸引员工参与质量活动。因此，发动员工参与质量活动最好的方法就是以点带面，让质量活动真正取得成效，让员工真正体会到质量活动能够给他们带来实实在在的利益，包括得到承认、工作满意和个人发展等方面的利益。

　　2）要按 PDCA 循环办事。PDCA 循环又称戴明循环，反映了质量改进和做各项工作必须经过的 4 个阶段。

　　PDCA 反映出以下 4 个阶段的基本工作内容：P 阶段是通过调查研究和分析诊断，制订相应的质量活动目标，确定达到这些目标的具体措施和方法。D 阶段是按照已制订的计划内容，克服各种阻力，扎扎实实地去实施，以实现工作目标。C 阶段是对照计划要求，检查并验证执行的效果，及时发现计划过程中的经验及问题。A 阶段是把成功的经验加以肯定，制定标准、规程、制度（把失败的教训也变为标准），巩固成绩，克服缺点。

　　开展质量活动，特别是质量改进活动，应当按照 PDCA 循环的工作方法来进行。特别要重视总结阶段，也就是要及时总结开展质量活动所得到的经验和教训，进行标准化，将其纳入相关的质量规章制度中，否则就不能巩固成绩，也不能吸取教训，质量活动的成效就要大打折扣。

（3）质量改进活动的对象和主体

在一定意义上可以说，质量改进活动是企业主要的质量活动。分析质量改进活动的对象和主体，有利于对开展其他质量活动的理解。

1）质量改进活动的对象。质量改进应当针对产品，针对故障，从而减少不合格品，降低消耗，增加盈利。但是改进产品质量仅仅是质量改进的一个方面，很多时候还不是主要方面。从理论上说，产品质量达到一定水平后，就应稳定和维持，而不应进行改进，再给予提高。全面质量管理不追求产品质量的尽善尽美，有时甚至需要把过剩的质量降低。在这种情况下，难道就不需要改进了吗？ISO 9000 强调持续改进，也就是说，质量改进是一个持续的过程，没有止境。如果质量改进仅仅停留在产品质量问题上，就不可能持续。

要提高企业业绩，不仅表现为"硬件"，更表现为"软件"。企业的质量管理对企业业绩具有更大作用，对产品质量的控制和保证也具有更大作用。企业在管理上不可能尽善尽美，不可能存在不需要改进的情况。这有两个方面的原因，一是作为一个系统，在运行中难免不产生矛盾、纠纷、冲突及经验主义的各行其是，从而降低效果和效率；二是作为管理的主要对象的人员是变动的，包括其知识、能力和思想观念变化，需要针对这些变化而改进管理。事实上，管理的改进往往能收到事半功倍的成效。一些质量管理小组攻关成功后不久就放弃而导致"旧病复发"，就是因为管理上存在问题。针对管理问题进行改进，往往涉及方方面面，虽然不能在产品质量上表现出成果，但可以提高效率，提高员工士气，从而使企业增加活力，特别是涉及质量方针、质量体制等方面的改进。针对质量规章制度的改进，可以使过程更加合理，使质量保证能力得到增强。

2）质量改进活动的主体。质量改进活动的对象主要是管理，这就决定了质量改进的主体主要是企业领导和管理人员，而不是一般员工。事实上，不论是管理的质量改进，还是技术的质量改进，特别是涉及质量方针、质量体制的改进，往往是领导和管理人员通过正常的权力系统实施的。可以说，涉及管理的质量改进，一般员工是无能为力的，也就是说，要由领导和管理人员来承担。

即使是针对产品质量、工艺（过程）、加工方法等方面的质量改进，领导和管理人员也是主体，也起关键作用。一般员工只了解产品（往往只是零部件）的某个方面，只看到局部，而不了解整个产品，难以看到企业的全局。某项质量改进可能对某一质量特性或某一道工序（过程）有意义，而对其他质量特性或其他工序（过程）无意义，甚至有害。这样，反而会影响整个产品的质量或整个产品加工过程，得不偿失。

当然不能否定一般员工在质量改进中的地位和作用。在所有的质量改进中，包括对质量方针、质量体制的改进，特别是涉及需要员工执行、实施的改进，从策划、准备、论证到实施、测量、认可和保持，都需要与员工协商，征求他们的意见，否则就可能使质量改进脱离实际，甚至受到员工或明或暗的抵制。有的质量改进取得成果后，新的加工方法或管理程序难以保持，其中一个重要原因就是与员工协商不够，未能充分考虑他们的意见和建议，引起他们的反感和抵制。在实践中，企业要特别警惕对员工的质量改进要求采取漠然置之的措施，甚至压制打击的做法。如果企业高层管理者和质量管理人员不考虑质量改进，满足现状，又把员工提出的质量改进要求视为多事或偷懒，那将是非常危险的事情。

其实，开展任何质量活动都不能只号召员工参与，只要求员工如何，而高层管理者和一般管理人员却置身活动之外。从这个意义上说，质量活动取得成效的关键还是管理者首先"活动"，带头"活动"。

（三）员工是否参加质量管理小组的原因和吸引其参加的方法

质量管理小组作为企业质量管理的基础性工作和有效工具，在世界各国得到普及。为了从根本上改善企业质量管理小组效果，有必要对企业员工参加和拒绝参加质量管理小组的原因进行分析，并提出相应的对策。

（1）企业员工参加质量管理小组的内在动因

质量管理小组是一种临时性的以任务为导向的自愿性组织，其风行世界各国的原因不仅仅在于企业管理者的需要，更重要的是它对企业员工个人的吸引力，概括来讲，包括以下几个方面。

1）员工自我发展的需要。员工希望通过质量管理小组活动就各种棘手的问题发表自己的见解，展现自己的才华；员工希望通过参加质量管理小组的活动引起上司的关注，增加提拔的机会；员工乐于得到成就感，相信参加质量管理小组有更多机会发挥自己的潜能并获得事业成功。

2）回报企业的心理需要。在具有良好企业文化的企业，员工对企业有强烈的归属感，他们有强烈的质量忧患意识，真心关心企业的未来，感到有责任寻找机会帮助企业改进质量，推动企业持续发展。

3）荣誉与奖励的需要。参加质量管理小组的员工通常会得到相应的荣誉和物质奖励，有的企业奖励力度较大，这是吸引员工参加质量管理小组的重要原因之一。

4）获得培训机会的需要。每个希望有能力应对工作挑战的员工都需要不断地学习、培训，不断更新知识、提高技能。参加质量管理小组可以增加免费培训的机会，为员工个人的发展提供更大的空间。

作为企业的管理者，不仅要发动愿意参加质量管理小组活动的人，更重要的是推动不愿意参加质量管理小组活动的人积极投身于质量管理活动中。要达此目的，管理者需要了解阻碍员工加入质量管理小组的原因，有针对性地采取措施吸引他们参加质量管理小组活动。

（2）员工不愿参加质量管理小组的原因

我国企业质量管理小组普及率低的主要原因在于大多数员工对参加质量管理小组缺乏兴趣，主动性和自觉性不高，因此要提高我国企业质量管理小组的普及率和活动效果，必须研究企业员工不愿参加质量管理小组的原因，以便采取相应措施，使广大员工成为质量管理小组活动的参与者和支持者。

1）领导重视不够，活动方式教条。有的企业领导的质量观念陈旧，对质量管理小组的重要作用认识不足，并不重视和支持质量管理小组的活动。有的企业只肯定成绩突出的小组而无视效果不显著的小组努力；有的企业对小组成果一概采取不肯定、不奖励的政策，打击了员工参加质量管理小组的积极性。在非私营企业中，有的领导不关心企业和员工的未来，引起员工抵触，因此拒绝参加质量管理小组。

2）个人性格障碍。有的员工在质量管理小组环境中工作可能因缺乏自信而感到局促不安；有的员工天性拘谨、性格内向；有的员工的文化水平较低，不希望被别人发现自己的语言表达能力或读写能力较差。这些员工经常担心他们的主意和观点水平不高，会被他人讥笑，因此采取回避的办法。

当然也有的员工实际上并不适合参加质量管理小组，他们乐于独自工作，认为质量管理小组工作程序死板缓慢。当机会出现时，他们希望立即采取行动，因为他们不依赖通过一系列分析过程。这些员工是激进的，他们在质量管理小组环境中会感到极度受挫，因为他们没有耐心去听，也不听取别人的意见和经验。这些员工适合独自工作，无法在质量管理小组中发挥作用。

3）个人事务与工作负担。有的员工可能有些不能由别人承担的个人事务，如正在参加自学考试或其他的业余学习、照顾孩子、照顾生病的家人、从事第二职业、参加社区志愿服务活动、自身患有疾病等，因此没有精力参加质量管理小组。

一般来说，制造业企业一线工人的劳动强度较大，有的工人认为他们的工作负担过重，没有精力参加工作时间之外的质量管理小组活动。虽然这些员工看到其他工人完成同样的工作并且参加质量管理小组，但往往认为其他工人参加质量管理小组不能保质保量地完成额定的工作任务，这加固了其对质量管理小组活动的消极态度。

4）担心下岗。一些员工认为质量管理小组的首要目的是通过提高生产率来裁减员工，他们担心会失去工作。许多企业将精简人员作为控制成本的措施，强化了这部分员工的担忧。因此，这些员工担心质量管理小组会对他们的工作职位造成威胁而不愿加入质量管理小组。

5）对企业漠不关心。每个企业总有一小部分员工不关心企业的发展和前途，他们工作的动机就是为了获得工资和奖金，他们对企业的进步和发展不感兴趣。他们对按照时间表工作和确切地被告知怎样做和做什么很满足，这些员工缺乏自我激励，对组织中其他员工的成就并不在意。但是这些员工可能将自己的工作完成得很出色。

总之，员工不参加质量管理小组活动的原因是多种多样的。期望所有员工都参加质量管理小组是不现实的，但是尽管不能达到百分之百的参加，这并不意味着企业领导可以允许自己不去创造条件、吸引更多的员工参加质量管理小组。管理者必须努力使每个员工都加入质量管理小组，有责任帮助员工实现自我价值，只有这样，企业才会更具竞争力。

（3）引导员工参加质量管理小组的方法

企业领导应该在企业中大力宣传质量管理小组的价值，发动各管理层积极分析员工不愿参加质量管理小组的具体原因，有针对性地采取措施，吸引更多的员工加入质量管理小组。

1）明确领导层的态度，培养优秀的质量文化。企业领导应该公开表明他们的质量观念，树立企业领导"视质量为企业生命"的形象，强化员工"质量好则企业兴，质量差则企业衰"的质量忧患意识，重视并热心支持企业的质量工作，关心质量管理小组的活动，坚持精神奖励与物质奖励并重的原则，宣传并及时奖励优秀的质量管理小组，在职务升迁方面给予质量活动优秀分子更多的关注，使广大员工真切感受到质量管理小组活动给企业和小组成员带来的好处，形成企业员工人人关心产品质量的良好风气，为质量管理小组提供良好的环境和坚实的群众基础。

2）关心员工，培养员工的归属感。对于家庭有困难的员工，企业管理者要通过各种途径给予帮助，让员工感受到企业的温暖。对于忙于业余进修的员工，企业要给予必要的方便，对学有所成的员工报销部分学费，让他们感受到自己的成长和进步得益于企业的理解和支持，从而增强员工对企业的归属感，调动他们献身企业的美好情愫。

对于担心下岗的员工，企业管理者应减少这些员工的担心，否则，这种思维模式会传播给其他员工。管理者有责任让员工明白：企业将支持他们会增加价值的活动，质量管理小组活动能推动员工的个人发展和技术的提高，即使工作可能被合并或改变，也不会因此裁减员工，有关员工将有机会得到培训以适应新的工作要求，甚至得到提拔。

3）及时化解冲突，改善工作方法。企业管理者必须尽可能早地解决小组存在的冲突。他们必须首先明白为什么员工退出质量管理小组或不参加质量管理小组。原因可能包括员工认为惩罚行为不公平、使员工从待遇好的职位上退下的工作安排、使员工被迫改变生活习惯的工作时间安排、员工认为不实事求是的工作表扬、员工间的个人冲突等。

一旦认识到这一问题，管理者应让质量管理小组成员明白：冲突不会产生建设性的效果，只会导致工作中遇到更多的麻烦；员工之间必须相互尊重，相互原谅，为共同的利益而工作；退出质量管理小组不仅对小组是损失，对退出者还会有不良影响。企业管理者在此基础上采取针对性的措施化解冲突，避免此类情形的再发生。

对于那些有过质量管理小组不良经历的员工，企业管理者应及早了解这些员工的思想动态，必须让员工知道质量管理小组活动在发展、进步，在逐渐成熟。过去质量管理小组活动中的失误为以后的小组工作积累了经验教训，企业将不断改进质量管理小组工作，保证将来不重复以前的失误。否则，这些员工会继续关注质量管理小组活动存在的问题，而不是取得的成绩，以此强化自己不参加质量管理小组活动的理由，并将其观点传播给其他员工。

4）容忍失败，树立信心。企业领导应在企业中建立一种鼓励创新，同时又能容忍失败的文化氛围。在企业追求卓越质量的过程中，并不是所有质量管理小组活动都会取得丰硕的成果。企业管理者应注意培养和保护质量管理小组成员的自信心，及时肯定质量管理小组的活动努力，使质量管理小组活动在一种宽松环境中进行。

企业管理者应使那些缺乏自信心的员工认识到他们对质量管理小组活动的贡献与别人同样重要而且必要。要尽力避免让这些员工感到自己不重要、不受重视的情况出现，尽力提供机会使他们在不被嘲笑的情况下表达自己的意见，让他们认识到自己的价值，从而树立信心。当员工表露出担心失败的情绪时，企业管理者应强调参加质量管理小组活动是学习和提高的机会，参加者学到应该做什么和下次不应该做什么。学习不应该做什么不是失败，不做任何事情才是真正的失败。甚至当一个质量管理小组计划没有完全成功时，所做的努力也是值得庆贺的。

5）与时俱进，实效创新。质量管理小组的活动形式和成果编写、发布和评比方面的要求基本上沿用了日本几十年前的做法，与我国企业的具体情况与当前企业的经营环境都有不适之处。这些不适之处就是企业必须克服的形式主义和教条主义倾向。欧美国家的企业在推行日本式的质量管理小组受阻之后很快调整了方向，转为质量团队建设和推行 6σ 管理法，取得了良好的效果。

从目前我国企业的具体情况来看，质量管理小组在业余活动的要求可以改为根据小组活动需要采取工作时间活动和业余活动相结合的方式；小组的成果发布可以采取实物对比、照片呈现、口头汇报与书面发表相结合的形式；小组活动的课题要突破"小"的限制，对企业有重大影响的课题，由企业组织配备小组成员，在工作时间内展开专项攻关，力求取得突破性的效果，实现企业业绩的显著改进。

最后，需要注意的是，不要排斥暂时还不想参加质量管理小组的员工，他们对质量管理小组活动仍会有帮助，可以利用他们的专长，请他们对质量管理小组的工作提出建议和设想。如果他们的建议得到采纳并见效，这些员工可能会考虑参加质量管理小组。

企业持续发展的力量来自群众，只有充分发挥每个员工的技能、才智和经验，才能把企业建成一个优秀企业。质量管理小组作为员工参与管理的一种重要形式，对企业的质量进步起着至关重要的作用，它不仅直接提高了产品质量和生产率，还为企业的质量活动提供了坚实的群众基础，同时满足了员工自我发展的需要。因此，企业管理者必须结合企业自身的实际情况，采取措施吸引越来越多的员工参与质量管理小组活动。

三、企业外部质量形象

企业外部质量形象的感受者主要是顾客和社会。企业外部质量形象是顾客或潜在顾客对企业质量表现的主观反映。一般情况下，顾客通过获得的各种相关信息，形成对企业质量形象的总体认识。很难要求顾客对企业"一分为二"，辩证地看待企业，辩证地分析企业的优点和缺点、长处和短处。不过，顾客对企业质量形象形成相对稳定的观点的过程是一个综合的过程。也就是说，顾客往往并不是根据有关企业的某条信息形成印象的，而是根据自己获得的包括有意搜集获得和无意获得的各种各样的有关信息，经过筛选、分析、综合，形成相应的质量形象。

（一）企业外部质量形象的构成

企业外部质量形象受产品和服务的质量形象、质量信誉、品牌形象、企业实力、企业领导人的魅力和优秀员工的模范作用等方面的综合影响，并通过这些方面对外展示企业的外部质量形象。其中产品和服务的质量形象、质量信誉、品牌形象已在本章第一节中论述，在此不再赘述。

1. 企业实力

企业实力与企业的性质、规模、技术能力、管理水平、赢利状况、企业文化等都密切相关。一般情况下，企业实力越强大，越容易得到顾客的认可，其形象也就更具有竞争力。在相同条件下，顾客总是选择那些实力相对强大的企业，这能够给顾客带来更多的安全感。首先，企业的实力对企业的质量信誉具有至关重要的作用。顾客认为，购买实力相对强大企业的产品，即使遇到质量问题，也容易得到及时解决或赔偿。如果企业的实力弱，万一遭遇破产之类的变故，那么顾客使用的产品就会失去保障。其次，企业的实力对企业的社会责任起着至关重要的作用。企业规模小、能力低，往往难以履行自己应当尽到的社会责任。加上新闻媒体不断曝光一些小企业存在的问题，顾客对实力不强的企业心存的疑虑越来越大。最后，企业的实力对企业的发展至关重要。实力当然是发展的产物，但实力较强的企业与实力较弱的企业相比往往更加具有优势。顾客在选择产品，特别是选择今后可能更新换代的产品时，对这种发展趋势也是一个重要的考虑内容。

2. 企业领导人的魅力和优秀员工的模范作用

企业质量形象不仅是企业的产品和企业的行为给顾客留下的印象，还有企业成员给顾客留下的印象。企业是由各种各样的员工组成的，应当说企业的所有员工对企业的形象都具有意义，特别是某些特殊企业更是这样。一般情况下，企业的大多数员工并不与顾客直接接触，顾客难以从他们身上获得相应的信息，而只能从企业的领导人、公共关系人员（如销售人员）和被宣传的优秀员工的身上来认识企业成员的形象。

如果企业领导的意识超前、学识渊博、知名度高且富有人格魅力，在公开场合表明其对质量的重视，则会使顾客对企业的产品和服务质量产生信任，从而提升企业的质量形象。如果企业有技术过硬又重视产品质量的优秀员工或先进典型，则顾客会产生该企业产品质量一定过硬的联想，从而提升企业的质量形象。

（二）企业外部质量形象的建设

良好的企业外部质量形象是企业无形的财富，随着市场竞争的加剧，形象竞争正逐步成为市场竞争的主要形式，如何更好地塑造企业的外部质量形象，将成为企业需要认真考虑的重要课题。企业应当对其外部质量形象建设进行管理，其管理内容主要包括以下几个方面。

1. 战略管理

同样作为竞争的手段，企业外部质量形象与产品价格、质量不同的是，质量形象一旦形成将在较长的时间内保持稳定。价格虽然是由成本决定的，但有一定的升降幅度，企业可以在一定的升降幅度内根据竞争需要而加以改变。产品质量虽然由企业的技术能力和管理水平决定，但只要认真对待，一般来说至少可以达到合格水平。即使出现质量问题，只要认真进行质量改进，一般来说也是能够在较短的时间内得到解决的。形象的形成却是一个长期的过程，考虑到顾客心理定式的影响，更需要企业从宏观上加以考虑。因此，与价格和质量相比，企业更应当把企业外部质量形象纳入企业的战略管理中。

战略管理是指对质量形象建设进行长期的策划并确定相应的策略，包括确立质量形象方针、质量形象目标和建立相应的机构、落实相应的职责、健全相应的制度等，拟解决诸如本企业应当塑造一个什么样的企业质量形象、怎样去塑造这样的质量形象、如何与企业各部门和相关人员协调塑造和维护企业质量形象之类的问题。战略管理是企业质量战略的一部分，它与市场开发战略、产品开发战略等密切相关，但又有自己独特的要求。

战略管理关系到企业的生存和发展，是企业最高管理者的职责，企业应当经常将其纳入最高管理层的议事日程，定期进行质量形象审核和管理评审，适时修订相应的计划内容。最高管理者的个人形象往往又是企业质量形象的一个重要组成部分，企业也应当将其纳入企业质量形象管理中，必要时还应当有专门的人员对其进行设计和管理。

2. 策略管理

企业在塑造质量形象过程中的具体的行动方针和方法，一般来说应当根据形势变化来确定。企业的质量形象的形成虽然是一个长期的过程，但在这个长期的过程中又需要有间断性的"高潮"。例如，在某段时间集中宣传自己的某个方面，给顾客造成相对强烈的质量形象冲击，以加深顾客的印象。在战略管理的指导下，企业应当发动相应的质量形象宣传战役，在需要或必要的时候，在常规宣传已经使顾客产生感知疲劳的时候，开展某项集中宣传活动，展现企业的质量形象，加深顾客的印象，并与对手进行相应的竞争。

这样的质量形象宣传战役需要进行事前的策划，不仅需要有独特的形式和方法、开展相应的一系列活动，还需要事后对宣传效果进行调查和评估。所有这些都可以纳入策略管理范围。为此，企业应当有专门的部门或人员来进行相应的策划，这样的部门可以是常设的，也可以是临时性的。在策划中，要注意这种质量形象宣传活动与广告的区别，它当然可以包含广告宣传，但又不仅仅是广告宣传，还可以有其他多种多样的形式和活动，有时甚至可以撇开产品广告，去追求更高层次的质量形象。

3. 监视和测量管理

企业的质量形象如何是由顾客来决定和评判的，企业只有通过相应的监视和测量才能得知。因此，企业对质量形象的管理，很重要的一个方面就是对其形象的监视和测量。

ISO 9001 标准要求，企业应对顾客满意进行监视和测量。顾客满意与企业质量形象密切相关，甚至可以说是企业质量形象的一个重要组成部分，却不是全部。一般情况下，企业只对直接顾客的满意情况进行监视和测量，而企业质量形象往往涉及整个社会，因此对企业质量形象的监视和测量包括的面应更广泛，至少应包括企业的潜在顾客。企业应确定获得顾客印象的来源、方法，建立相应的沟通渠道，并确定利用这些信息的方法。

应当说明的是，由于企业都期盼顾客对质量形象作出正面的、肯定的评价，在监视和测量的过程中往往容易"忽略"顾客对自己的负面的、否定的评价，而且往往对顾客正面的、肯定的评价进行"强化"加工，从而使监视和测量产生偏差，甚至严重失真。这既需要企业正确认识对顾客评价的意义，又需要企业采取相应措施来避免此类问题的发生。

4. 质量形象危机处理

质量形象危机是因种种原因出现的，特别是突发质量问题，会使企业质量形象受到极大损害，甚至面临崩溃的情形。

如何处理质量形象危机，使受到严重损害的质量形象得到恢复甚至提升是非常重要的。事实上，不少企业由于没有相应的质量危机管理机制，当质量危机来临时手足无措，导致企业质量形象崩溃，甚至永远也不能恢复。如何维护好自己的企业形象，如何面对危机事件，是企业管理其质量形象的重要的工作，最好能够事先制定相应的预案，以防万一。

四、区域质量形象

企业的质量形象往往还受企业所在区域和国家的影响。良好的区域质量形象为企业打造个体的质量形象提供了有利的环境，但也应注意到，区域质量形象建立的基础是区域内企业，特别是龙头优势企业的质量形象。鉴于此，我国政府和地方政府重视区域质量形象的建设问题，有的地方已经取得明显成效。

目前，我国政府推动区域质量形象建设的主要途径就是鼓励地方开展质量兴市（县）活动。自2001年10月国家质量监督检验检疫总局对全国开展质量兴市活动取得显著成效的市县进行表彰以来，各地结合先进省市的经验，加快了质量兴市的步伐，在全国范围内开展了以质量振兴为主要内容的质量兴市、质量兴区、质量兴县、质量兴镇和质量兴业活动，有效地促进了产品质量的提高和区域质量形象的提升，推动了当地经济的健康发展，培养了一批质量兴市的先进典型。

通过对这些质量兴市的先进典型的分析不难发现，这些区域的经济发展无不是围绕质量这个中心，通过强化质量竞争力来提升区域质量形象，从而实现区域经济的持续发展的。正是这些质量兴市先进典型的示范带动作用，越来越多的县市开展了或计划开展质量兴市活动，很多地方制订了争创中国名牌和省级名牌的数量指标，但是其中很多县市的质量兴市活动并没有取得明显的成效，无论是各级名牌的数量，还是当地经济效益的改善都没有达到预期的效果。有人因此产生了这样的疑问：质量可以兴市吗？政府有必要参与这样的活动吗？政府如何才能有效推动质量兴市活动？对此，下面一一展开论述。

1. 区域质量形象的作用

区域质量形象对于一个国家和地区发展的巨大推动作用早已被无数事实证实。我国的一些先进地区同样以强劲的质量竞争力和雄厚的经济实力证明了质量形象对于区域经济振兴的重要作用。例如，我国民营经济活跃的温州市和非民营经济健康发展的青岛市，两地政府都十分重视质量工作，制定了各项措施推动企业实施名牌战略，提升当地的质量形象，都取得了丰硕的成果，涌现出一大批国家级名牌产品和省级名牌产品。这也有力地证明了一个地区经济要振兴，无论其当地的经济成分构成如何，只要政府重视、措施到位，脚踏实地提高产品质量、塑造区域质量形象，当地经济就可以得到快速的发展。

2. 塑造区域质量形象的意义

目前，一些地区的质量兴市活动并没有取得预期的效果，质量形象没有得到明显改善，其主要原因在于质量兴市流于形式，以为争取几个名牌产品称号、组织几次质量讲座、组织几次声势浩大的打击假冒伪劣活动就是质量兴市的全部，有些地方把争取名牌称号作为质量兴市的主要目标，有的地方用重奖来刺激企业争取中国名牌和省级名牌，结果是名牌有了，当地质量形象并没有得到提升，当地经济并未受益，这也从反面证明政府推动质量兴市必须树立科学的发展观，避免舍本逐末的做法，做到认真规划、积极推进，切实推动当地经济的持续健康发展。

质量兴市，打造区域质量形象是一项涉及当地经济发展的系统工程，涉及一个区域的经济发展战略，涉及区域产业结构的调整，涉及当地资源的有机整合和效能的最优发挥，这不是个别企业也不是政府个别部门的能力之所及的，因此质量兴市不能单纯依赖企业的自发行为来实现，也不能仅仅依靠当地质量技术监督部门来推动。

一旦一个地区把质量兴市打造区域质量形象作为政府的一项重要工作来抓，只有从当地发展的战略高度来组织、规划和实施，从长计议，把当地经济和社会发展作为质量兴市的根本目标，不片面追求短期效果，不刻意追求中国名牌产品和省级名牌的数量，质量兴市工作才能抓出实效，区域质量形象才能得以改善和提升。

3. 政府推动区域质量形象的建设的方法

要卓有成效地推动质量兴市，打造区域质量形象活动，政府必须树立科学的发展观，从发展当地经济、提高人民生活质量的高度来统筹规划，避免拔苗助长的情况出现，不要以获得"全国质量兴市先进单位"的称号为最终目标不搞表面化的形式，不追求短期的效应，真正投入人力、财力和精力，深入探讨质量与当地经济的关系，深入调查和挖掘当地的质量优势，进行质量兴市的组织创新、产业结构创新和质量方法创新。为此，由当地一级政府对质量兴市和区域质量形象建设进行系统规划是质量兴市取得成功的首要一步。

4. 区域质量形象建设策划

通过强化质量工作，提高区域产品的质量水平，增强本区域产品的质量竞争力，树立良好的区域质量形象，来实现振兴区域经济的目标，这是质量兴市活动的本质。要实现这个目标，不是简单地扶持当地的大型企业、争创几个中国名牌和省级名牌就可以达到的，关键在于当地政府首先要准确识别本地企业的核心质量优势，通过产业结构的优化来进一步增强其质量优势，形成在全国甚至全球市场上具备质量竞争力的产业链和产业集群，以质量优势形成规模优势，从而实现区域经济的振兴。这些工作已经远远超出质量技术监督局的工作范畴，必须由政府关键领导参与，由专门机构组织策划和落实。

如果政府不对质量兴市进行规划，质量兴市活动就会陷入"千市一面"的境地，无法准确把握当地的主导产业的产品质量水平和质量管理水平在国内的位置,无法采取有针对性的措施进一步强化和利用当地的质量优势,质量兴市也只能是一种口号一种宣传,难以收到实效。即使有企业获得中国名牌和省级名牌,也容易产生"名牌孤岛"的现象,造成名牌企业得不到当地相关企业的有力支持,使名牌缺乏持续健康发展的氛围和土壤,无法形成强大的品牌拉动和品牌推动效应,区域质量形象得不到切实提升,使当地经济错失良好的发展机遇。

5. 区域质量形象建设内容

政府要推动质量兴市活动、塑造区域质量形象,首先应成立质量兴市规划办公室(或区域质量形象建设办公室),由市长或分管副市长任负责人,由经济贸易委员会、质量技术监督局、科学技术委员会、工商局、财政局、统计局、税务局等部门的业务专家任组员,聘请行业协会、高等院校的质量专家和管理专家任顾问。质量兴市规划办公室制定相应的预算方案,由地方财政拨专款支持。

区域质量形象建设规划必须建立在对当地企业产品质量和质量管理水平的深入调查的基础上,全面分析并评估当地产品质量的竞争力水平,识别自身质量优势,寻找与主要竞争对手的差距,确立质量兴市和区域质量形象建设的目标,并根据当地的特点,制定有针对性的政策、策略和实施方案。具体来说,包括以下环节。

1)利用国家各级统计数据,明确占当地国内生产总值80%的产品的类别,作为考察的重点。

2)通过各级行业协会调研获得当地重点行业的已有的质量资料、主导产品及其质量指标、生产企业;掌握当地产品的总体质量状况、市场占有率情况及其在全国的大体水平。

3)设计企业产品质量调查表,其中应包括产品实物质量水平及其国内平均水平、国内先进水平、国际先进水平及主要竞争对手的水平,产品符合性质量水平。设计企业质量管理状况调查表,其中应包括企业领导作用、质量意识、质量培训、所采用的质量管理方法、质量部门的设置、质量管理体系的有效性等。

4)组织调研小组到当地主导产业的企业现场进行产品质量状况和质量管理状况的实地调查。

① 汇总调查数据,对当地的产品质量现状进行分析。根据对当地产品质量现状的分析,与国内外主要竞争对手的产品质量进比较,进行产品质量竞争力分析评估,明确当地产品在全国所处的质量地位和竞争优势,为进行质量兴市规划提供依据。

② 对当地企业质量管理现状进行分析。发现当地企业质量管理的优势和不足,总结先进经验并加以推广,针对不足采取有效措施加以克服。

③ 提出质量形象建设的整体规划方案。立足当地产品的核心质量优势,提出质量兴市的目标、策略与实施方案。规划方案中应围绕优势产品拓展产业链,规划产业集群,通过政府的扶持政策和措施,放大当地优势产品的品牌效应,形成通过质量拉动当地经济的良好态势。

区域质量形象建设关乎当地经济的健康发展,必须从战略的高度予以科学规划。在政府推动质量兴市的过程中,政府必须发挥其核心领导作用,不仅要亲自参与质量兴市与区域质量形象建设的规划,还要积极推动规划方案的落实,为质量兴市与区域质量形象提供必要的资源和强有力的支持。只有这样,质量兴市才有可能取得成效,区域质量形象才能得以提升,才有可能成为推动当地经济发展的助推器。

第十三章　企业质量品牌培育

第一节　企业品牌与区域品牌

一、企业品牌

1. 企业品牌的内涵

企业品牌是指以企业名称为品牌名称的品牌。企业品牌传达的是企业的经营理念、企业文化、企业价值观念及对消费者的态度等，能有效突破地域之间的壁垒，进行跨地区的经营活动，并且为各个差异性很大的楼盘之间提供了一个统一的形象及统一的承诺，使不同的产品之间形成关联，整合了产品品牌的资源。

企业品牌的内涵至少应包含商品品牌和服务品牌，并在两者基础上衍生出企业品牌。只有与企业的商品品牌相匹配的超值服务，也就是企业建立有别于竞争对手的富有企业文化内涵的独特的服务品牌，才能不断提升商品品牌的价值含量和提高企业的美誉度，否则企业品牌的内涵就要大打折扣。正是有形的商品品牌和无形的服务品牌相互结合，才成就了提升企业核心竞争优势的企业品牌，一个优秀的品牌就可以成就一个优势的企业。企业品牌的确认是在企业成立的初期进行设定，通常企业品牌都同它所提供的特定的产品与服务相联系，在随后的经营过程中不会轻易进行调整。企业品牌应当确定与其专属领域的位置，便于客户形成清晰的认知。丰富、凸现企业品牌的内涵是一个长期过程，它需要其他的品牌予以相应的支撑。

2. 企业品牌的作用

1）企业品牌可以增加企业的凝聚力，这种凝聚力不仅能使团队成员产生自豪感，还能使员工增强对企业的认同感和归属感，使之愿意留在这个企业，有利于提高员工素质，以适应企业发展的需要，使全体员工以主人翁的态度工作，产生同舟共济、荣辱与共的思想，使员工关注企业发展，为提升企业竞争力而奋斗。

2）企业品牌可以增强企业的吸引力与辐射力，有利于企业美誉度与知名度的提高。好的企业品牌使外界人羡慕、向往，不仅使投资环境价值提升，还能吸引人才，从而使资源得到有效集聚和合理配置。企业品牌的吸引力是一种向心力，辐射力则是一种扩散力。

3）企业品牌是提高企业知名度和强化竞争力的一种文化力。这种文化力是一种无形的、巨大的企业发展的推动力量。企业实力、企业活力、企业潜力及可持续发展的能力集中体现在竞争力上，而提高企业竞争力又同提高企业知名度密不可分。一个好的企业品牌将大大有利于企业知名度和竞争力的提高。这种提高不是来自人力、物力、财力的投入，而是靠"品牌"这种无形的文化力。

4）企业品牌是推动企业发展和社会进步的一个积极因素。企业品牌不是停留在美化企业形象的层面，而是成为吸引投资、促进企业发展的巨大动力，进而促进企业将自己像商品一样包装后拿到国内市场甚至国际市场上"推销"。在经济全球化的背景下，市场经济的全方位社会渗透，逐步清除企业的体制障碍，催化中国企业品牌的定位与形成。

二、区域品牌

（一）区域品牌的内涵

目前，关于区域品牌还没有形成确切的定义，国内外学者对其有不同的理解，因此存在多种观点。区域品牌理念最初是由凯文·莱恩·凯勒（Kevin Lane Keller）教授引入的，他在其所著的《战略品牌管理》一书中指出："像产品和人一样，地理位置或某一空间区域也可以成为品牌。品牌化的力量就是让人们了解和知道某一区域并将某种形象和联想与这个区域的存在自然联系在一起，让它的精神融入区域的每座建筑之中，让竞争与生命和这个区域共存。"

随后，区域品牌日益成为研究者关注的重点，但由于对区域的界定认识的不同，出现了涵盖国家品牌、城市品牌、地区品牌、目的地品牌、地理品牌、集群品牌等多种类型区域品牌的概念。但无论从国外学者还是国内学者的相关研究看，区域品牌的含义应具有区域特性、品牌属性和依托特色产业。从这个角度出发，区域品牌是某个行政区域或地理区域的标记或符号象征，它是对区域内企业、产品、服务或资源等具有特色的内容的总和给予定位，从而使之与竞争对手区别开。区域品牌的区域性使其是在区域内的所属的企业所共同拥有的品牌，即在区域内具有公共物品的性质——非排他性和非竞争性等。区域品牌的品牌性使其建立并不会减弱企业间的竞争，区域品牌在一定程度上如同大企业或集团品牌，源于区域内企业个体受资源、要素等的影响，只是更多地强调区域内企业间的协同合作，追求规模效益优势，来增强区域竞争力，从而提高区域的知名度，以在市场竞争中立于不败之地。

（二）区域品牌的特点

区域品牌是产品品牌的泛化或升华，即把一个区域的所有产品当作一个产品，产品品牌也就相应地变成区域品牌。区域品牌没有产品品牌那么具体，它可能没有术语、标记、符号、图案及其组合，而是常常通过区域品牌形象来进行分辨。例如，美国硅谷、中国北京中关村等区域品牌的形象是电子、软件行业，高、新、尖技术聚集地，人才聚集，经济活跃。当人们一提到上述几个地方时，自然而然就和其他的区域品牌区分开。

区域品牌具有以下几个主要特征。

1. 公共性

区域品牌具有公共物品的性质，作为公共物品，具有非排他性和非竞争性的特征。非排他性是指区域内的任何企业都没有能力排除区域内的其他任一企业从区域品牌中受益。非竞争性是指在本区域的某个企业消费了区域品牌这一公共物品不会影响其他企业对这种公共物品的消费，或者本区域内新产生的企业同时享有该区域品牌的边际社会成本为零。也就是说，不管区域内的企业是否为维护区域品牌作出贡献，都可以从这一公共物品中受益。区域品牌一旦形成，在本地的任何企业都会享受到区域品牌给它带来的利益。

2. 外部性

一个良好的区域品牌具有正向外部效应，能给其外部带来积极的影响。许多企业通过"搭便车"来共同分享利益，使区域内的企业更容易进入市场，并且通过区域品牌效应，企业可以减少在品牌创建初期的资金等方面的压力，有助于这个地区内企业品牌的成长和成功。从客户角度看，良好的区域品牌的建立可以减少客户的后顾之忧和选择成本。

3. 持久性

区域品牌是众多企业通力合作拼搏的结果，是众多企业品牌精华的浓缩和提炼，更具有广泛与持续的品牌效应。相比之下，单个企业的生命周期相对短暂，品牌效应难以持久，而区域品牌更具有持久性，能在区域经济的长期可持续发展中发挥作用。

4. 动态发展性

区域品牌也是具有生命周期的，也包含形成、发展、繁荣、衰退等发展过程。同时，区域品牌也是不断发展的，它随着区域社会、经济、文化的发展而发展，随着产业集群的创新而创新。

（三）区域品牌的形成机制

1. 市场经济的发展要求企业间建立竞合关系的结果

随着全球经济一体化步伐的加快，发展需求的无限性，战略资源的稀缺性、市场的无边界性等，企业产品竞争转化为企业综合实力的竞争，局部的企业之间的竞争转向为全方位的企业群之间的竞争。企业为了提高其竞争力和在市场中获得有利的竞争地位，就要求其竞争行为有新的改变，单靠某个企业个体，或产业中某个环节已很难在竞争中获得长久的可持续发展。企业间由原来的单纯的竞争关系向竞合关系转化成为一种必然。区域内的合作借助天然的地域、文化等优势成为企业间合作方式的一种重要选择。区域性的经济竞争合作将会成为未来世界经济秩序的必然趋势，而品牌具有能使该品牌产品获得比未取得品牌名称时更大的销量和更多的利益，还能使该品牌在竞争中获得一个更强劲、更稳定、更特殊的优势。企业之间竞合关系建立的一个重要工具和标志，即区域品牌的建立是区域内企业为提高其在市场中的竞争地位而建立竞合关系的结果。

2. 产业集群发展的结果

区域品牌的形成是随着产业集群的产生、成长而逐步形成的。

1）区域品牌是产业集群中企业发展的需要。在一个特定的行政或地理区域形成的集群中多数为中小企业，其由于自身综合实力有限，即使具有某种独特的优越性，也往往很难树立并提高自己品牌的知名度。但若能聚集区域产业集群的整体力量，形成合力来构建品牌，则既可降低集群企业的现代营销成本，使企业以较小的成本达到现代营销的效果，又可降低集群中企业自创品牌的成本，激发了为集群中的企业建立一个共同的品牌的需求，这是区域品牌形成的一个内生因素。

2）区域品牌是产业集群本身发展的需要。1998 年，蒂奇（Tichy）借鉴弗农（Vernon）的产品生命周期理论，从时间维度考察了产业集群的演进，并将集群生命周期划分成诞生阶段、成长阶段、成熟阶段、衰退阶段。迈克尔·波特（Michael Porter）也提出产业集群的生命周期分为诞生阶段、发展阶段、衰亡阶段。尽管表述方式有所不同，综合各种生命周期理论的说法，对集群发展周期的阶段划分采取与产品或产业生命周期基本一致的划分方法。由此，产业集群存在一个发生、发展、成熟和衰落的生命周期过程。在产业集群的产生阶段，产业集群的形成还只是简单的企业聚集，带有偶然性。当产业集群处于成长的阶段时，集群规模快速扩张，集群中出现产业链上企业竞争与合作密切，集群内的终端产品或某系列产品市场需求旺盛，集群内企业品牌、产品品牌凸显出来。在成熟阶段，集群的规模扩张到一定的高度，集群内企业竞争激烈，其终端产品或某些产品市场需求也开始变得增长缓慢，要保持产业集群的生命力就要求实现区域产业集群的转型发展。恰好区域品牌可以实现对集群价值链与能力的优化配置，实现产业的升级，进而提高产业集群的竞争力。从世界著名的产业集群看，实践证明：区域品牌建设是产业集群转型发展和提高竞争力的重要举措。

3. 区域品牌是企业品牌发展延伸的结果

21世纪是品牌经营时代。品牌是核心竞争力的最直接体现。经济全球化和经济一体化更彰显了品牌的影响力，品牌作为企业的象征，囊括了企业的所有要素优势，成为相对于单一要素优势更具有市场吸引力和征服力的竞争武器。由于需求的精细化、产品的增加、行业的细分，品牌的数量也不断增加，品牌发展呈现出集聚发展态势，同一品牌所涵盖的产品随着企业的发展壮大也不断延伸，这在一定程度上促成了品牌的集群。品牌的集群是核心竞争力不断提升的结果，也是市场经济不断发展要求的必然结果。随着品牌集群的企业的成熟发展，为了进一步扩大品牌的影响力，按照品牌金字塔层级体系模型，区域品牌是企业品牌集群发展延伸的结果。

4. 区域管理者的引导培育的结果

区域管理者的引导培育是区域品牌形成的外生原因。构建区域品牌可以通过调整区域内的产业结构、优化资源，从而推动其区域的整体经济水平；或者通过引入区域品牌、传播区域特征，以扩大其区域特征的知名度，来提高区域形象，以吸引投资者或资源，提升区域的经济发展等。源于此，区域管理者为了加快区域经济的发展、提高区域经济的水平，会自觉地引导培育区域品牌。

（四）区域品牌的影响因素

从宏观角度考虑影响区域品牌的因素，具体如下。

1. 政策因素

（1）政府监管政策与法规数量

政府监管政策与法规是产品质量监管部门对企业进行监督、检测、管理和评价的依据。对产品的监管是保证产品质量的关键环节，只有完善产品质量相关的政策和法规，才能妥善解决发生的质量纠纷，从而直接或间接提高产品的质量。

（2）产品质量管理投入费用

由于发展基础薄弱，企业对产品质量管理的投入费用不足，出现模仿和"复制"等严重问题，严重影响产品质量。为实现降低产品成本的目的，企业的领导层和管理层都将工作重点放在表面的成本和费用上，如员工工资、办公经费等，虽然以上措施在一定程度上降低了产品生产的成本，但是对提高产品质量毫无帮助，相反可能造成产品质量低下的现象。因此，企业需要投入合理的质量管理费用，这样在降低产品成本的同时才能保证产品的质量。

（3）地区财政收入

地方财政收入高的地区产品质量水平相对较高。因此，产品质量的水平和地方财政收入有着密切的关系。

2. 经济因素

（1）地区生产总值

地区生产总值是指本地区所有常住单位在一定时期内生产活动的生产总值之和。若要评价一个地区的经济发展，通常会把地区生产总值作为评价指标。地区生产总值不仅是一个地区经济发展水平的表现，还是提高地区产品竞争力的有利条件。地区产品竞争力高说明该地区产品质量水平较高，产品质量符合广大消费者的要求。因此，地区生产总值能作为衡量区域产品质量水平的指标。

（2）地区工业生产总值

地区工业生产总值是我国地区生产总值重要的组成部分，工业生产也是目前我国主要的生产方式。

（3）地区第三产业产值

在传统的产业结构中，第一产业占有重大比例，随着经济社会的发展，产业结构逐渐向第二、第三产业过渡。第三产业产值占比的增加是经济发展的必然结果。第三产业的发展可以提高经济增长速度，有利于缓解人口大国的就业紧张问题，从而提高综合国力。因此，第三产业产值是地区经济发达程度的重要指标。

（4）地区规模以上工业企业数量

在我国，规模以上工业企业是指年主营业务收入在 2000 万元以上的工业企业。在这些企业中，标准化程度普遍较高，产品效率普遍较广，消费者认可程度也比较高。因此，地区规模以上工业企业数量越多，便可以为该地区贡献越多的高质量产品，保证较高的消费者满意度。

3. 社会因素

（1）地区普通高等学校数量

经济基础决定上层建筑，教育属于上层建筑的范畴。一个地区高校的数量越多，为该地区贡献的科研成果、专业人才和受教育机会越多。作为重要的社会环境影响因素，我们将地区普通高等学校数量作为衡量区域产品质量的影响因素。

（2）大专及以上学历人才数量

改革开放以来，我国重视人才的培养和教育的发展，逐渐普及义务教育及初高中教育，接受大专以上高等教育的人口也越来越多，这为我国积累了大量的人力资本。人才对于科技发展、技术创新的作用是无可取代的，城市要发展，必须由高素质的人才作为支撑。因此，高学历人才可以为企业带来更强的执行力、更优秀的企业文化。因此，高学历人才数量可以作为影响区域产品质量的重要因素。

（3）居民消费水平

居民消费水平的高低由居民收入水平和地方经济发展水平决定。

4. 技术因素

（1）地区科学与技术支出

科学与技术支出内容包括研究与发展、科技成果转化与应用、科技服务 3 个方面。将科技投入当作财政预算所关心的重点，按照有关法规的要求，使科学技术支出的增幅高于财政经常性收入的增幅。将科技成果更多地转化到生产中，可以降低企业的生产成本、提高生产效率，更能提高产品质量。

（2）地区高科技产品产值

发展高科技，建立高科技产业，关键是开发高科技产品。因为高科技本身并不是现实生产力，只有当其与生产生活紧密结合得到开发应用时，才能产生巨大的经济效益和社会效益。

（3）地区专业技术人员数量

专业技术人员是企业发展的中坚力量，一个企业的设备再先进，如果没有人才和合理的人才结构，也难以得到良好的发展。专业技术人员可以利用自身拥有的技术，发挥专业和技能优势，提高企业的生产能力，进而提升企业竞争力和产品质量。

5. 环境因素

（1）地区环境污染状况

环境是人类赖以生存和发展的基础。新中国成立后的很长一个阶段，我国更加注重经济的发展速度，而不是质量，片面强调速度的结果就是牺牲环境，造成环境的污染和能源的消耗。这种先发展后治理的模式，不但导致后期的治理难度大，而且成本高，给经济的发展造成很大的负面影响。保护环境就等同于保护资源，对经济的可持续发展非常重要，同时为产品质量的保证提供基础物质条件。

（2）地区环境治理能力

地方各级人民政府是保护环境的责任主体，负责统筹社会各方力量，进行环境的保护和污染的治理。这不仅是政府的自身职责，还是法律赋予政府的义务，因此，政府应该提高执行力，增强环境治理能力，从而为民众营造良好的生活环境，实现可持续发展。污染治理能力的强弱不仅是政府执行力的表现，还象征着当地科学技术水平的高低。

6. 法律因素

（1）地区律师从业人数

地区律师从业人数多意味着该地区人们的法律意识强，对产品质量问题爆发的处理能力就会较强，这样就可以避免产品问题发生、增强预防，对产品质量的提升起到激励作用。

（2）消费者维权意识

消费者提高维护自身合法权益的意识对企业的产品生产起到监督的作用。作为供应链的最终环节，消费者的维权意识单薄或不正确，会在一定程度上纵容企业的不良行为。因此，消费者的维权意识和产品的质量有着密切联系。

（3）律师事务所数量

地区的律师事务所数量能够体现该地区的民众知法、懂法等法律意识，在一定程度上可以监督企业产品生产的质量。

（五）区域品牌的应用趋势

1. 单一产业区域品牌趋于成熟，全域区域品牌模式艰难探索

全域区域品牌在品牌打造和运营上受到很多因素的制约。例如，品牌命名品类不清，只能重新创意一个奇特且能够注册的新商标作为品牌名称，给新品牌的创意策划、宣传推广消费者的快速认知带来了诸多不便。另外，一个新品牌的成功推广，又往往高度依赖持续高额的宣传

费，这无疑给很多地方带来非常大的困扰。

单一产业区域品牌大多以现有地理标志产品为主，作为最成熟、最方便推广复制的品牌模式，在有关部门的积极推动下，其以产品标准统一、品类指向清晰、企业参与积极、产业带动效益显著等诸多优势，备受业界领导、专家和地方主管部门的欢迎，并在全国得到广泛推广，取得了良好的效果。

同时，一些地方因受产业小而散、品牌多而弱等条件限制，不适宜实现产业的规模化发展，全域区域品牌模式应运而生。这些地方将多个产业、多品类产品和品牌统一打包推广，并在全国大量出现。

2. "价值统一型"品牌模式独辟蹊径，引领区域品牌新方向

区域品牌形象系统构建不仅包括品牌名称，还包括品牌 Logo、品牌定位、品牌口号、品牌形象、品牌核心产品、品牌行为等，它是一个品牌内涵及外延的综合形象表达。

随着各地在区域品牌建设上的深入实践，一种"价值统一型"区域品牌的打造模式逐渐被更多人认可。该模式在品牌命名方面既沿用了"产地+"的基本原则，在品牌价值塑造方面又兼顾产业端和消费端的双向价值表达。多个地方区域品牌的实践应用表明，该模式对解决全域品牌面临的问题有着明显的优势。

3. 品牌国际化

当前，中国发展迈入新时代，经济发展也进入高质量发展阶段，随着我国市场的更加开放和国际市场影响力的快速提升，中国品牌建设和国际影响力取得明显成效。除中国家电、中国高铁、中国核电、中国陶瓷等"中国制造"已经成为世界各国人民熟知的国际知名品牌外，中国茶叶、中国白酒、中国丝绸等集群品牌已经享誉世界。随着与国际接轨的深入，未来中国将有更多品牌更快地融入国际舞台。

4. 打造线上品牌，直播、短视频成为重要的宣传工具

受 2020 年疫情冲击，电商化、数字化进程加速。随着中国未来消费形态的全面升级，新基建大力推进和 5G 技术的成熟运用，品控标准化、管理营销数字化、产销溯源一体化、推广传播新媒体化的进程进一步加速。打造线上品牌，直播、短视频成为重要的宣传工具。

三、企业品牌与区域品牌的关系

（一）企业品牌与区域品牌的区别

1. 品牌主体不同

首先，品牌的承载主体不同。企业品牌具有明确的法律主体，具有品牌专用性。区域品牌是产业集群内相关企业共同拥有的，这就决定了它的利益主体具有广泛性。其次，品牌的投资主体不同。企业品牌的建设由单个企业进行投资，区域品牌则需要产业集群内的众多企业共同投资建设。

2. 品牌效应不同

企业的品牌效应只能惠及本企业的产品和服务。企业的经营影响着企业品牌效应的大小和

时间长短，经营不善可导致企业品牌衰落。相对于企业品牌，区域品牌具有更广泛、更持久的影响力，它不会因为产业集群内少数企业的衰亡而没落，因此它的生命力更强，品牌效应更持久。

3. 品牌独立性不同

企业品牌是某个企业所私有的，当品牌发展到一定水平时，就可以进行有效的品牌延伸和品牌资产交易。区域品牌对于产业集群内的企业具有公有性，难以脱离特定的区域和产业存在，对区域和产业具有较强的依附性，因此难以进行品牌延伸和品牌资产交易。

4. 政府的介入程度不同

政府在企业品牌的创建中作用甚微，一般不会直接参与企业创建品牌的过程，而区域品牌的创建是离不开政府参与的，政府在区域品牌的建设中发挥着促进和引导作用。

（二）企业品牌与区域品牌的依存关系

我们可以把企业品牌与区域品牌的关系比喻成树木和森林的关系，树木根深叶茂，聚集在一起便形成茂密的森林，森林也能够为树木提供庇护。在产业集群的发展中，企业品牌与区域品牌存在密切的关系，二者相互促进。

1. 企业品牌是区域品牌建设的重要基础

区域品牌是众多企业品牌精华的浓缩和提炼，产业集群内的企业积极创建自己的品牌有利于区域品牌的形成。企业品牌的数量和实力决定着区域品牌基础是否稳固。如果集群内企业品牌数量众多，并且企业品牌实力较强，那么区域品牌就能够在众多实力强大的企业品牌基础上稳健地发展。当遇到风险时，这些强有力的企业品牌能够为区域品牌分担风险，这也使区域品牌具有较强的抵御风险能力。

2. 企业品牌有助于区域品牌的维护

拥有自己品牌的企业通常很注重自身品牌的维护，一般具有先进的经营管理理念，重视维护品牌的形象和声誉。在产业集群中，这种企业的成功能够起到示范带头作用，带动其他企业也采取维护品牌行为，从而培育出积极健康的经营环境，保障区域品牌的健康发展。

3. 区域品牌有助于企业品牌之间开展合作

产业集群中存在大量的企业品牌和产品品牌，它们相互联系逐渐形成区域品牌，区域品牌的创建能够引导企业间建立合作共赢的关系，避免企业间的恶性竞争，推动企业走创名牌的道路。在面对外部竞争时，区域品牌作为众多企业品牌的保护伞，依靠产业集群的支撑，可以提高企业品牌的竞争力，降低企业品牌的传播和推广成本，更有利于企业品牌的发展。对实力较弱的中小企业来说，它们往往还不具备强势的企业品牌，也缺乏人力、物力、财力等资源去打造名牌，区域品牌能够帮助它们打开市场，被消费者认可，积累资本发展壮大。实力强大的企业之间虽然存在竞争关系，但在区域品牌层面上，区域品牌的提升对区域内所有企业都是有益的，也就是说，企业在区域品牌的利益上是一致的，这种利益的一致性也在一定程度上保证了同质企业间避免恶性竞争，从而避免对企业和区域品牌造成伤害。因此，集群的企业之间的关系不仅是竞争的还是合作的。

（三）区域品牌对企业品牌起到的作用

1. 背书作用

区域品牌会对企业品牌起到背书作用。区域内的企业品牌受到区域品牌的庇佑能够降低其产品推向市场带来的风险，进而让企业能够加倍大胆地开发新产品、新服务，帮助其提高市场竞争力。区域品牌的背书作用还体现为区域品牌在市场中为企业品牌的质量作出保证，帮助企业树立良好的形象。在市场环境恶化时，拥有区域品牌庇护的企业品牌在市场上的表现更好，能够减少受到市场波动的阻碍。

2. 提升作用

区域品牌所代表的优质形象将规范企业行为，帮助企业品牌提升水平。区域品牌成立在良好的消费者口碑上，区域品牌必须维持其良好的形象来避免市场占有率的流失，因此就要求在区域内的企业品牌保证产品的质量，重办制造低质产品破坏区域品牌形象的企业。区域产业协会在标准区域产业质量标准的进程中起到了重要的作用。行业协会由行业内各家企业的代表组成，一起协商爱惜它们所依托的区域品牌，对在协会中违背规则的企业给予惩罚。

3. 展现专家形象，为品牌追加优势

区域品牌在行业中的领先地位会帮助企业品牌树立专家形象，为企业品牌加分。消费者之所以更偏向于购买原产地的产品，是因为他们认为原产地所代表的是最为纯正的工艺和专家的形象，令拥有相同技术却不在原产地生产的企业的产品显得不如原产的好。这实际上是消费者的心理在作怪。消费者面对相同质量的产品在不同的暗示作用下将产生不同的成效。这是因为原产地的信息已经在消费者心目中作出体会性的评判，从而阻碍消费者客观地评判产品。区域品牌给企业品牌贴上的专家标签将会使消费者在购买产品前在心中作出评判，这将扩大区域企业品牌的优势。

第二节　成长为区域品牌的发展路径和培育策略

一、成长为区域品牌的发展路径

1. 区域品牌建设背景

虽然区域品牌的建设已经走过一段里程，各地也摸索出一些成功经验，为产业集群的发展起了一定的作用，但是也不可避免地存在一些问题，这就需要对区域品牌的建设模式做进一步的思考。

经过多年的自我发展和政府培育，沿海各地产业集群星罗棋布，无疑是经济增长的亮点，其经济总量和国际国内贸易量所处的地位举足轻重，已经成为我国市场经济的重要载体。但是，大多数产业集群的发展轨迹走的是粗放型发展模式，是通过做强制造能力、做大专业市场和完善产业配套能力发展起来的，表现为加工能力过剩，企业数目多且规模小，过度竞争；以贴牌生产为主，缺乏自主品牌；技术对外依赖性强，自主创新不足。

针对产业集群目前以贴牌生产为主，处于产业价值链低端的现实，品牌战略被提到了前所未有的高度。这其中不只是企业的产品品牌，还有对于产业集群来说更重要的区域品牌。各地政府都不遗余力地引导和支持区域品牌的打造，纷纷制定区域品牌发展战略，从政策、资金等方面给予积极支持。

2. 区域品牌的发展路径

区域产品是区域品牌的原始积累阶段，表现为企业提供市场上富有功能价值但缺少情感价值的产品。伴随着创新、模仿的产业扩散过程，区域内产品开始低水平集聚。随着完成原始积累，政府、行业协会（商会）部分企业认识到质量与品牌的重要性，共同努力推动产业集群的良性成长。龙头企业、骨干企业开始创建自主品牌，并将品牌打造成名牌，带动一大批企业注册商标、运营品牌。政府和行业协会（商会）运用区域政策和区域营销手段，引导企业开展质量与品牌建设，并营造宜商的区域环境，促使产业集聚成长。伴随着大量同一产业的名牌产品、名牌企业在特定区域集聚，区域品牌初步成形。具体区域品牌阶段特征如下。

区域品牌的发展路径的五阶段模型，可以较为清楚地判断区域品牌的发展阶段及各阶段特征。

第一阶段是区域产品。这是区域品牌的初级阶段，企业集群依靠企业集聚形成的区域优势提供市场上富于竞争力的产品，但这些产品几乎没有品牌附加值。随着其他区域经济的快速发展，产业转移将不可避免，如果区域产品不能与品牌有机融合，集群又不能尽快实现产业结构的升级，区域产品的竞争力将逐渐丧失。

第二阶段是政府参与下的区域认知。企业集群发展到一定程度，必然引起政府的重视和培育。为了振兴地方经济，政府将出台一系列的优惠政策和措施，随着政府或行业协会区域营销手段的运用，集群的概念品牌引起众多相关产业和消费者情感活动的参与，区域品牌与集群产品有了一定程度的融合，但这种融合还处于情感价值的表层，认知度需要进一步提升。

第三阶段是技术创新、品质提升带来的区域美誉。区域美誉是集群产品与区域品牌的有机融合，这一阶段，产业集群已经突破单纯依靠低质低价的量的扩张，集群中更多企业依靠质量管理来保证产品的品质，依靠技术创新提高产品的生产效率和附加值，集群的产业结构得到进一步优化和升级，区域品牌在消费者心目中建立了较高的美誉度。

第四阶段是沉淀的区域文化。随着区域美誉度在消费者心目中的积累，区域品牌的情感性价值逐渐增加，鲜明的个性、丰富的联想和独特的市场定位使区域品牌突出，并逐渐沉淀为一种文化和精神价值。在消费者眼中，品牌背后所承载的文化是如此强大，以至于代替了他们所描述的实际功能。

第五阶段是教义化的区域信仰。区域品牌的最高境界是一个产业集群形成被消费者认可的信仰或信念。

总之，区域品牌的成长路径为区域产品集聚→强势企业创牌→产业集聚成长→同业名牌集聚→区域品牌形成。

区域品牌的形成是宏观因素（环境）、中观因素（产业发展）和微观因素（企业主体）3个维度相互作用的结果。首先，宏观层面的环境为区域品牌的成长提供了适宜的土壤。良好的社会资本、创新的制度政策是最重要的环境因素。其次，中观层面的产业发展为区域品牌的形成打下了良好的产业基础。通过产业集聚，众多特色产业的竞争优势更加明显，在国内甚至国际上的市场占有率越来越高，提升了区域的知名度和美誉度。最后，微观层面的企业主体的自我成长为区域品牌的形成奠定了坚实的微观基础。区域内品牌产品、品牌企业集聚，逐步形成品牌梯队结构，从而有利于区域品牌的形成。

二、成为区域品牌的培育策略

1. 打造区域品牌的策略

（1）增加品牌在区域市场的曝光率

如果无法增加品牌在全国市场的曝光率，完全可以退而求其次，即增加品牌在区域市场的曝光率。

当前，很多地方电视台可以做有线电视或数字电视的广告投入，还有公交车体、墙体、形象店打造等也是增加品牌在区域市场曝光率的有效手段，而产品促销的宣传单的发放针对性就更加明显了，而针对某个区域市场的产品与精耕细作也相对容易多了。

增加品牌在区域市场的曝光率是一项运作相对简单、费用相对低廉的有效提升区域市场品牌曝光率的有效手段，也可以有效提升品牌在区域市场的知名度。

（2）构建统一的品牌 VI 系统

品牌 VI（visual identity，视觉识别）系统可以增加消费者对品牌的认知，如果消费者在电视、终端、交通工具等上看到同一品牌的企业 VI，那么消费者对品牌的认知就会在潜移默化中增强。

（3）培育核心消费群体

对于区域市场而言，周围人的消费行为会对消费者的消费行为形成无形的影响，而且口碑的传播与影响远远高于品牌广告的影响，这就是人们的从众心理。

打造区域强势品牌，当品牌在当地消费的人群越多，消费者的口碑就越好，品牌影响力就越大。逐步建立企业的 VIP 客户升级与激励体系就是一套培养核心消费群体的有效方式，这部分核心客户会对品牌进行良好的口碑宣传。

（4）演绎品牌故事

每个品牌都可以挖掘自己独有的品牌故事，只不过这个故事要有足够的吸引力，同时具备品牌特性，让故事带动品牌的传播。如果品牌故事能够与社区生活的人群产生某种关联性，那么这个故事的影响力与传播速度就会呈现几何倍数的增长。

（5）增加消费者接触体验的机会

企业应为消费者创造接触产品的机会，以此增加消费者对产品的信任度。

因此，虽然做一个全国性的强势品牌很难，但是打造一个区域性的强势品牌很容易，只要企业从顾客实际需求出发，充分挖掘、创造与顾客进行深度接触的机会，建立更多的有助于顾客信任与口碑传播的渠道，就可以打造出一个区域性的强势品牌。

2. 成长为区域品牌的政府策略

总体来说，我国区域品牌建设的主要特征表现为产业集群的形成、企业产品的集聚、专业市场的建立和当地政府的打造。目前区域品牌的建设主要依靠政府的投资和主导运作，而企业和中介机构的参与程度还远远不够，尽管大多数企业受益于区域品牌的打造。政府所做的也主要是挂牌、注册和对外宣传，对于打造区域品牌这个系统工程的长期性和艰巨性，以及如何从主导操作的角色转换到引导扶持的角色，政府的认识程度还有待提高。对此，有以下建议可供参考。

（1）地方政府应认清区域品牌建设对整个区域发展的拉动作用

地方政府应认清区域品牌建设对整个区域发展的拉动作用，将区域品牌建设作为区域经济全面发展的抓手，筹集专项发展资金，制定与实施产业扶持政策，保护品牌发展。地方政府应积极推动产品生产，助力品牌营销，扩大产业规模，提高产品质量，构建产业集群和区域品牌生态圈，不断提升区域核心能力，使区域品牌获得集生产、加工、包装、贮藏、物流运输和旅游休闲于一身的区域系统性竞争优势。

（2）地方政府必须认识到区域品牌的建设是一个复杂的系统工程

在打造区域品牌的过程中，地方政府必须认识到区域品牌的建设是一个复杂的系统工程。区域品牌必须构建相关利益主体之间及其与资源、环境、产品、品牌之间的协调关系，实现协同发展、共赢共生。这不仅需要地方政府积极推动并给予资金等多方面的支持，还需要依托科研院校的技术优势，聘请国内一流专家组成产业专家顾问团实时把控产业发展，更需要龙头企业、合作社、电商和媒体等在市场营销、品牌打造与推广过程中发挥积极作用，同时也需要质监部门做好监督检查及品牌保护等工作。

（3）地方政府应对标所处阶段，明确阶段性发展目标

区域品牌建设须对标所处阶段，明确阶段性发展目标。在具体的建设过程中，应客观审视区域品牌发展状况，认清所处的发展阶段，脚踏实地，致力于各阶段发展目标的实现，夯实区域品牌发展的基础。在品类方面，发展目标是形成具有当地特色的区域核心产品，并通过不断的试验试错和技术探索对产品品种进行优化，完善配套设施建设，稳步提升产品产量。在品质方面，应以科学技术为支撑，不断提升产品质量，提高产品的消费者认可度。政府需要在标准制定、供应链构建、发展规划制定与实施等多方面发挥作用，并引入社会资本，培育龙头企业。在品牌方面，应完善营销体系，加强区域品牌的保护，规范区域品牌运营标准，整合资源，拓展营销渠道，丰富产品文化内涵，提升品牌影响力和美誉度，建立品牌保护的监督与惩罚机制，最终形成区域品牌的生态圈。

总之，政府应加强宣传引导力度，建立品牌培育库。动员各地推荐遴选"头部企业""产业链链主企业""独角兽""小巨人"企业及新兴产业中的优秀中小企业等，建立品牌培育库。同时，鼓励库内企业申报示范企业。

发挥奖励激励作用，树立质量品牌标杆。出台相关质量提升奖励政策，对示范企业、获得知识产权保护及运用和省、市政府质量相关奖的企业加大奖励力度，充分发挥质量标杆引领示范作用，引导企业走品牌发展道路。

营造良好的市场环境，推动质量品牌发展。通过抓好营商环境、质量基础、产权保护、质量提升、信用监管等系列工作，进一步传播质量品牌发展理念，为品牌建设营造良好的市场环境，形成良好的育牌、创牌、保牌、用牌氛围。

参 考 文 献

[1] 戴颖达. 质量管理实务[M]. 4版. 北京：科学出版社，2022.

[2] 董丹丹，周谦，张宜明，等. 基于电感耦合等离子体质谱检测市售大米中22种元素[J]. 安徽农业科学，2020，48（5）：201-205.

[3] 冯晓群. 食品仪器分析技术[M]. 重庆：重庆大学出版社，2014.

[4] 国家质量监督检验检疫总局产品质量监督司. 产品质量安全知识读本：日用消费品（二）[M]. 北京：中国标准出版社，2013.

[5] 国家质量监督检验检疫总局产品质量监督司. 产品质量安全知识读本：日用消费品（一）[M]. 北京：中国标准出版社，2013.

[6] 胡雪琴. 食品理化分析技术[M]. 北京：中国医药科技出版社，2017.

[7] 黄高明，黄秀锦. 食品检验工（中级）[M]. 2版. 北京：机械工业出版社，2016.

[8] 《计量培训实用教程》编委会. 计量培训实用教程[M]. 北京：中国质检出版社，2013.

[9] 李广泰. 防错、防误与防呆措施应用技巧[M]. 深圳：海天出版社，2006.

[10] 李明荣. 质量管理[M]. 3版. 北京：科学出版社，2018.

[11] 梁文革，杨君，高涛，等. 陕西省宝鸡市食用菌铅、镉含量测定及污染的风险评估[J]. 医学动物防制，2020，36（6）：527-529，533.

[12] 刘光明. 现代企业文化[M]. 北京：经济管理出版社，2005.

[13] 刘璟，孙彩英，高玉斌. 我国公共服务标准化建设探析[J]. 中国标准导报，2013（2）：28-29，2013.

[14] 迈克尔·波特. 竞争论[M]. 高登第，李明轩，译. 北京：中信出版社，2003.

[15] 齐文娥，欧阳曦，周建军. 区域品牌成长路径及其机理：基于赣南脐橙的案例分析[J]. 中国流通经济，2021，35（12）：90-101.

[16] 苏来金. 食品安全与质量控制[M]. 北京：中国轻工业出版社，2020.

[17] 温德成，李正权. 面向战略的质量文化建设[M]. 北京：中国计量出版社，2006.

[18] 文应财. 特种设备安全管理[M]. 贵阳：贵州科学技术出版社，2017.

[19] 解楠，徐红斌，胡其敏，等. 微波消解-电感耦合等离子体-质谱和原子荧光光谱测定海产品中总砷含量差异的研究[J]. 光谱实验室，2011，28（2）：645-649.

[20] 徐航，李国新. 工厂5S管理实务[M]. 北京：中国时代经济出版社，2008.

[21] 薛凤. 食品检验技术[M]. 北京：化学工业出版社，2015.

[22] 杨小杰，陈昌华. 质量管理[M]. 成都：西南财经大学出版社，2016.

[23] 张立庆. 无机及分析化学实验[M]. 杭州：浙江大学出版社，2015.

[24] 张文律. 区域品牌的成长机理和路径分析：以温州为例的研究[J]. 西安石油大学学报：社会科学版，2010，19（2）：43-47.

[25] 张艳，王琦，陈也然，等. 微波消解-原子荧光光谱法测定云南食用玫瑰中重金属元素[J]. 食品研究与开发，2019，40（23）：185-190.

[26] 赵志顺. 食品检验与分析实训[M]. 北京：中国农业大学出版社，2016.